农村土地制度改革

大理试点的探索实践

大理市农村土地制度改革三项试点工作调研课题组 著

中国社会科学出版社

图书在版编目（CIP）数据

农村土地制度改革：大理试点的探索实践/大理市农村土地制度改革三项试点工作调研课题组著 . —北京：中国社会科学出版社，2018.11

ISBN 978 - 7 - 5203 - 3649 - 9

Ⅰ.①农… Ⅱ. ①大… Ⅲ.①农村—土地制度—经济体制改革—研究—大理市 Ⅳ.①F321.1

中国版本图书馆 CIP 数据核字（2018）第 266283 号

出 版 人	赵剑英
责任编辑	卢小生
责任校对	周晓东
责任印制	王 超

出 版	中国社会科学出版社
社 址	北京鼓楼西大街甲 158 号
邮 编	100720
网 址	http://www.csspw.cn
发 行 部	010 - 84083685
门 市 部	010 - 84029450
经 销	新华书店及其他书店

印 刷	北京明恒达印务有限公司
装 订	廊坊市广阳区广增装订厂
版 次	2018 年 11 月第 1 版
印 次	2018 年 11 月第 1 次印刷

开 本	710×1000 1/16
印 张	24.5
插 页	2
字 数	401 千字
定 价	98.00 元

凡购买中国社会科学出版社图书，如有质量问题请与本社营销中心联系调换
电话：010 - 84083683

前　言

　　土地制度是国家的基础性制度。深化农村土地制度改革，既是全面深化改革的重要内容，也是构建城乡融合发展的体制机制和政策体系、建立城乡统一的建设用地市场、实施乡村振兴战略的重要支撑。随着经济社会的发展和改革的深入推进，现行农村土地制度与社会主义市场经济体制不相适应的问题日益显现。党的十八届三中全会以来，党中央、国务院陆续出台了《关于全面深化改革若干重大问题的决定》《中共中央关于制定国民经济和社会发展第十三个五年规划的建议》《国务院关于深入推进新型城镇化建设的若干意见》等文件，就深化农村综合改革、推进农村集体产权制度改革和农业供给侧结构性改革、深化农村土地制度改革、赋予农民更多财产权利、健全城乡发展一体化体制机制、加快培育农业农村发展新动能等做了安排部署，对加快农村各类资源资产权属认定、落实宅基地集体所有权、维护农民宅基地占有和使用权、加大盘活农村存量建设用地力度、支持农村新产业新业态发展等工作进行了明确。2015 年 3 月，大理市作为云南省唯一一个改革试点县市，承担农村宅基地制度改革试点工作；2016 年 9 月，大理市在做好农村宅基地制度改革试点工作的基础上，统筹推进农村土地制度改革三项试点；2017 年，经全国人大授权延长试点期限一年，所有试点地区均开展土地制度改革三项试点，要求试点地区做到全面覆盖、深度融合。

一　大理市基本市情

　　大理市位于云南省西部，是大理白族自治州州府所在地，集"全国历史文化名城""国家级风景名胜区""国家级自然保护区""苍山世界地质公园""国家园林城市"等多项桂冠于一体，是"全国科技进步先进

市""全国文化先进市""中国优秀旅游城市""最佳中国魅力城市"之
一。全市辖 10 个镇 1 个乡、大理国家级经济技术开发区、大理省级旅游
度假区、大理海东开发管理委员会，有 111 个村委会、32 个社区居委会
（见图 1）。大理市是以白族为主体的少数民族聚居区，境内居住着 25 个
民族的同胞，白族、汉族、彝族、回族、傈僳族、藏族、傣族为世居民
族。截至 2014 年年底，户籍人口 61.77 万，其中，白族占 68%；乡村人
口 31.03 万，城镇人口 30.74 万，户籍人口城镇化率 49.76%；农村常住
居民人均可支配收入 11095 元，城乡居民收入比为 2.38：1。农民出租农
房或自办乡村客栈促进了全市旅游业的发展，已经成为国内最大的民宿
聚集地，正在形成就地就近新型城镇化模式。

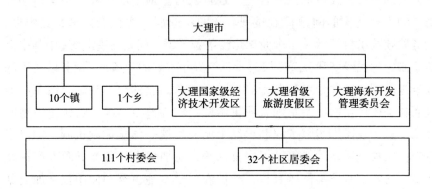

图 1　大理市行政区划管理结构

　　大理市地处云贵高原与横断山系的接合部，东与宾川县、祥云县接
壤，南与巍山县、弥渡县毗邻，西与漾濞县交界，北与洱源县连接。东
西横距 46.4 千米，南北纵距 72.3 千米，滇藏公路、滇缅公路纵横贯穿市
境。境内玉案山、哀牢山、点苍山三山环状相连，湖泊、河流、丘陵、
盆地交错相间，最高点苍山马龙峰海拔 4122 米，最低点太邑乡坦底摩村
海拔 1340 米，复杂的地形大体可以分为高山峡谷地形、高山山麓洪积扇
地形、湖滨倾斜坝地形、中山宽谷及复合地形和中山谷地及湖滨复合地
形五个地貌单元。
　　大理市文化独特，是中华西南最早的文化发祥地、南诏国和大理国
的都城。作为古代云南地区的政治、经济、文化中心长达五百余年，历
史文化厚重，文人名流荟萃，史籍文献甚丰，素有"文献名邦"之称。

多元文化与本土文化在这里碰撞、交流，形成了灿烂的南诏大理文化、鲜明的白族文化、浓郁的民族风情和璀璨的人文景观，其中，以白族服饰、白族民居、白族本主信仰、三月街、绕三灵、火把节、大本曲、霸王鞭、洞经古乐、白族扎染、大理石制作等为代表的民族民俗文化，是中华民族重要的物质和非物质文化遗产。全市现有 81 个重点文物保护单位，其中，崇圣寺三塔、太和城遗址、喜洲白族古建筑群、元世祖平云南碑、佛图寺塔属国家级重点文物保护单位。

大理市环境宜人，属北亚热带高原季风气候类型，以风高著名，故有"风城"之称。下关风、上关花、苍山雪、洱海月的"风花雪月"自然景观久负盛名，拥有得天独厚的高原湖泊洱海和生态屏障苍山，形成了特别适宜人类居住发展的地理和气候环境。境内的苍山洱海是国家级自然保护区，苍山属横断山脉云岭余脉，由 19 座南北走向的山峰组成，全长 48 千米，平均海拔 3782 米；洱海是我国著名的七大淡水湖泊之一，素有"高原明珠"的美称，南北长 40.5 千米，东西宽 3—9 千米，水面海拔 1966.044 米，最大水深 20.7 米，平均水深 10.2 米，蓄水量 30 亿立方米。

大理市资源富集，云南省处于承东启西、连北接南的优越位置，曾经是我国"南方丝绸之路"和"茶马古道"的重要中转站，是中国连接东南亚、南亚国际大通道的滇西枢纽和物资集散地，在区域经济发展中处于重要的战略地位。风能资源独特，具有开发利用价值。矿产资源丰富，有驰名中外的大理石大型矿床。水资源丰富，有淡水湖泊洱海、苍山泉水、地下水和温泉。生物资源丰富，有"植物宝库"之称，生物资源开发有较好的发展前景。旅游资源独特丰富，具有历史文化、自然风光和民族风情"三位一体"的优势。

据 2014 年土地变更调查数据，大理市土地总面积 173863.33 公顷，其中，农用地 118646.43 公顷，占 68.24%；建设用地 14723.88 公顷，占 8.47%；其他土地 40493.02 公顷，占 23.29%。建设用地中，城乡建设用地 12118.52 公顷，占 82.31%；交通水利用地 2102.75 公顷，占 14.28%；其他建设用地 502.61 公顷，占 3.41%。农村居民点用地 5102.27 公顷，占城乡建设用地的 42.10%；乡村人口人均建设用地 164.59 平方米，户均宅基地面积约 351 平方米，人均宅基地面积 88 平方米。在本轮土地利用总体规划（2015—2020 年）中，建设用地总规模

16223.34 公顷，占总面积的 9.30%；城乡建设用地规模 13319.44 公顷，占建设地的 82.04%；农村居民点用地 5156.16 公顷，占城乡建设用地的 38.87%。

2014 年，大理市生产总值 316.65 亿元，增长 9%。其中，第一产业增加值 21.19 亿元，增长 6%；第二产业增加值 152.56 亿元，增长 10.1%；第三产业增加值 142.9 亿元，增长 8.1%；财政总收入 40.57 亿元，增长 6.76%；公共财政预算收入 27.53 亿元，增长 7.57%；公共财政预算支出 41.92 亿元，增长 4.20%；固定资产投资 267.57 亿元，增长 23.65%；社会消费品零售总额 112.63 亿元，增长 14.48%；接待海内外游客 918.17 万人次，增长 11.99%；旅游社会总收入 135.01 亿元，增长 24.41%；城镇常住居民人均可支配收入 26445 元，增长 9.8%；农村常住居民人均可支配收入 11095 元，增长 14.5%。

2015 年，大理市生产总值 333.98 亿元，增长 8.5%。其中，第一产业增加值 22.56 亿元，增长 6%；第二产业增加值 156.16 亿元，增长 7.3%；第三产业增加值 155.26 亿元，增长 10.2%；财政总收入 42.64 亿元，增长 5.09%，公共财政预算收入 29.19 亿元，增长 6.02%；公共财政预算支出 46.59 亿元，增长 11.15%；固定资产投资 282.77 亿元，增长 5.68%；社会消费品零售总额 124.72 亿元，增长 10.74%；接待海内外游客 1027.56 万人次，增长 11.91%；旅游社会总收入 173.82 亿元，增长 28.75%；城镇常住居民人均可支配收入 28693 元，增长 8.5%；农村常住居民人均可支配收入 12150 元，增长 9.51%。

2016 年，大理市生产总值 352.07 亿元，增长 8.5%。其中，第一产业增加值 23.96 亿元，增长 5.6%；第二产业增加值 158 亿元，增长 5%；第三产业增加值 170.11 亿元，增长 12.4%；财政总收入 47.23 亿元，增长 10.78%；一般公共预算收入 30.07 亿元，增长 3%；一般公共预算支出 46.80 亿元，增长 0.44%；固定资产投资 297.30 亿元，增长 5.14%；社会消费品零售总额 139.90 亿元，增长 12.18%；接待海内外游客 1507.73 万人次，增长 46.73%；旅游社会总收入 246.71 亿元，增长 51.33%；城镇常住居民人均可支配收入 31205 元，增长 8.8%；农村常住居民人均可支配收入 13329 元，增长 9.7%。

2017 年，大理市生产总值 379.68 亿元，增长 8.1%。其中，第一产业增加值 24.75 亿元，增长 4.5%；第二产业增加值 170.63 亿元，增长

7.6%；第三产业增加值 184.30 亿元，增长 9.1%；财政总收入 53.06 亿元，增长 12.33%；一般公共预算收入 31.67 亿元，增长 5.33%；一般公共预算支出 53.79 亿元，增长 14.94%；固定资产投资 315.16 亿元，增长 6%；社会消费品零售总额 156.90 亿元，增长 12.2%；接待海内外游客 1674.27 万人次，增长 11.05%；旅游社会总收入 292.58 亿元，增长 18.59%；城镇常住居民人均可支配收入 33857 元，增长 8.5%；农村常住居民人均可支配收入 14609 元，增长 9.6%。

二　农村土地制度改革三项试点有序推进

大理市在各级党委的坚强领导下，坚守"土地公有制性质不改变、耕地红线不突破、粮食生产能力不减弱、农民利益不受损"四条底线，按照"农村宅基地制度改革试点全域推开，农村土地征收改革试点时段内所有项目试行制度，市域范围内所有符合入市条件的农村集体经营性建设用地均可入市"的思路开展工作，把改革试点与洱海保护治理、民族历史文化保护传承、全域旅游示范区创建、国家新型城镇化试点和国家、云南省在大理开展的其他试点紧密结合，坚持问题导向和底线思维，注重制度创新，大胆探索实践。

全域推进农村宅基地制度改革试点。针对取得困难、利用粗放、权能不清、退出不畅的农村宅基地管理现状，深入细致地进行摸底调查，超前编制修订村庄规划，全面开展确权登记颁证，探索建立依法公平取得、节约集约使用、自愿有偿退出的农村宅基地制度。完成了"两探索、两完善"试点任务，并在历史遗留问题处置、户宅界定、有偿使用和收益调节、农村建房一体化管理上进行深入探索。试点中形成的村庄土地规划建设专管员制度在全省推广，"空心村"整治经验在全州推广，村集体收取土地收益金的做法唯大理独有。

审慎稳妥，推行农村土地征收制度改革。全面梳理总结缩小范围、规范程序、多元保障的实践经验，针对城乡建设发展空间狭小、新增城镇开发性用地量少而洱海保护等生态建设用地需求增加、征地补偿资金筹集压力大的实际，探索健全土地征收制度，推行征地协商和争议仲裁机制，提高土地征收补偿标准，健全被征地农民社会保障机制。海东、挖色、上关 3 个镇的水厂项目（征地面积 110 亩，涉及农户 500 余户）已全面试行制度并取得成效；对因洱海保护治理、规划调整等因素无法使用的部分已获批土地，积极争取进行区位调整，为洱海保护治理和新一轮"三退三还"提供用地路径安排。

因地制宜，开展农村集体经营性建设用地入市试点。探索同权同价、流转顺畅、收益共享的农村集体经营性建设用地入市制度，建立城乡统一用地市场。结合农村土地确权调查，摸清存量集体建设用地现状，对全市 10 个乡镇 1 个办事处共 87 个村委会、1261 个村民小组 71745.9 亩集体建设用地进行调查，完成《大理市农村集体经营性建设用地入市成本分析报告》，搭建了农村产权交易平台，市域范围内所有符合入市的地块均可开展入市工作。2018 年 1 月 12 日，银桥镇银桥村 4.34 亩地块以租赁方式入市，成交价 225 万元；2 月 3 日，大理镇西门村 5.8 亩地块以公开拍卖方式入市，成交价 2610 万元。

统筹结合，放大农村土地制度改革试点效应。采取"土地制度改革＋"模式，以农村土地制度改革三项试点工作为引领，协同推进其他 9 项涉农改革试点，放大改革试点效应。围绕城乡一体化目标，发挥市场在资源配置中的决定性作用，建立城乡统一的用地市场，维护农民权益，夯实农村集体土地权能，建立兼顾国家、集体、个人的土地增值收益分配机制，推进农业现代化和新型城镇化进程。

抢抓机遇，以改革试点促进乡村振兴战略落实。下大力气处理农村土地管理中存在的各类问题，有效地维护农民和农村集体权益，推进农民集体产权制度改革，提升农村基层治理能力和水平。统筹安排生态文明建设、文化传承发展、旅游业转型升级和村庄建设发展空间，节约集约利用资源，提升公共服务均等化水平，促进城乡一体化、全域景区化和农民就近就地城镇化。积极探索宅基地"三权分置"，着力完善农村土地利用管理体系，为推进乡村振兴战略实施提供制度供给，将洱海流域乡村生态优势转化为发展生态经济的优势，全面加快滇西中心城市、生态宜居城市、旅游度假城市和民族团结示范城市建设。

2017 年 6 月 16—17 日，国土资源部督查组实地督查后认为，大理市改革试点思路清晰、措施有力，基础工作扎实，工作有突破、有创新、有特色、有亮点。11 月 18 日，国务院参事室调研组先后到浙江义乌、江西余江、云南大理实地调研后认为，试点地区农村宅基地改革解决了公平合理、集约用地、集体经济收入来源的问题，加强了乡村治理，增加了集体经济收入和农户的财产性收入，农村更和谐了。

　　编写本书，我们是以虔诚、敬仰的态度来从事的，主要着眼于记录大理市近四年来的农村土地制度改革试点实践与经验。本书中选用的相关文章和观点，有些还在著作权法的保护期限之内，本应征得著作权人或著作权继承人的同意才能使用，但由于具体操作的困难，有些作者没有联系上，在此我们谨致歉意！此外，在写作中，参考先贤和时贤的著作不少，并得到了相关领导和专家的悉心指导，也在此一并声明并致谢忱！由于编者能力水平所限和时间仓促，难免有局限性和疏漏之处，恳请读者予以指正。

目　录

第一篇　概述

第二篇　宅改

第三篇　征地

第四篇　入市

第五篇　统筹

第一篇　概述

第一章 大理市改革试点工作的基础

第一节 农村土地制度改革试点的背景

土地制度是国家的基础性制度，事关经济社会发展和国家的长治久安。习近平总书记在中央政治局常委会议上指出，要充分认识土地问题的本质，把握好土地与广大农民的切身利益，把握好土地与城乡统筹、土地与经济发展方式转变、土地与生态文明建设的内在联系和发展规律。土地的稳定性决定了我国现在社会结构的稳定性、人口分布的有序性。如果不考虑发展阶段，打破了这种稳定性，会造成社会的不稳定，可能会反过来影响到经济发展。大理市农村土地的内涵大致图1-1所示。

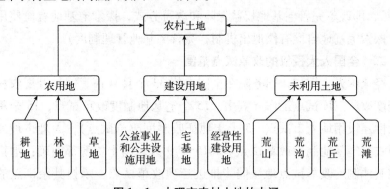

图1-1 大理市农村土地的内涵

一 农村土地制度改革试点的顶层设计

2014年12月31日，中共中央办公厅、国务院办公厅印发的《关于农村土地征收、集体经营性建设用地入市、宅基地制度改革试点工作的意见》（中办发〔2014〕71号）明确了农村土地制度改革试点指导思想：认真贯彻落实党的十八大和十八届三中、四中全会精神，立足我国基本国情和发展阶段，坚持问题导向和底线思维，使市场在资源配置中起决定性作用和更好地发挥政府作用，兼顾效率与公平，围绕健全城乡发展一体化体制机制目标，以建立城乡统一的建设用地市场为方向，以夯实农村集体土地权能为基础，以建立兼顾国家、集体、个人的土地增值收益分配机制为关键，以维护农民土地权益、保障农民公平分享土地增值收益为目的，发挥法律引领和推动作用，着力政策和制度创新，为改革完善农村土地制度，推进中国特色农业现代化和新型城镇化提供实践经验。

国土资源部《关于印发〈农村土地征收、集体经营性建设用地入市和宅基地制度改革试点实施细则〉的通知》（国土资发〔2015〕35号），明确农村土地制度改革试点目标：健全程序规范、补偿合理、保障多元的农村土地征收制度（主要内容包括：缩小土地征收范围，规范土地征收程序，完善对被征地农民合理、规范、多元保障机制，建立土地征收中兼顾国家、集体、个人的土地增值收益分配机制），建立同权同价、流转顺畅、收益共享的农村集体经营性建设用地入市制度（主要内容包括：完善农村集体经营性建设用地产权制度，明确入市范围和途径，建立健全市场交易规则和服务监管制度，建立兼顾国家、集体、个人的土地增值收益分配机制，合理提高个人收益），建立健全依法公平取得、节约集约使用、自愿有偿退出的宅基地管理制度（主要内容包括："两探索、两完善"，即改革完善宅基地权益保障和取得方式，探索宅基地有偿使用制度，探索宅基地自愿有偿退出机制，完善宅基地管理制度）。

二 全国人大授权的改革试点范围

经全国人大授权，国务院在全国选择33个县（市、区）开展农村土地制度改革三项试点工作（其中，15个宅基地制度改革试点，15个集体经营性建设用地入市试点，3个土地征收制度改革试点），大理市被列为全国农村宅基地制度改革试点。2016年9月，国土资源部明确：承担农村宅基地制度改革试点地区同步推进三项改革试点，承担其余试点的地区协同推进除宅基地制度改革试点外的另一项改革试点。按要求，大理市协同开展农村土地制度改革三项试点。2018年，全国人大授权延长试点期限一年，改革试点进一步全面推开、深度融合，所有试点地区均开展三项改革试点，充分体现了农村土地制度改革试点的重要性和复杂性。

2015年2月27日，全国人大常委会决定授权国务院在北京市大兴区等33个试点县（市、区）行政区域（见表1-1），暂时调整实施《中华人民共和国土地管理法》《中华人民共和国城市房地产管理法》关于农村土地征收、集体经营性建设用地入市、宅基地管理制度的有关规定。根据决定，暂时调整实施的内容包括：

表1-1　　　农村土地制度改革33个试点县（市、区）分布

序号	省份	县（市、区）	改革任务
1	河北	保定市定州市	土地征收制度改革
2	内蒙古	呼和浩特市和林格尔县	土地征收制度改革
3	山东	德州市禹城市	土地征收制度改革
4	北京	大兴区	集体经营性建设用地入市制度改革
5	山西	晋城市泽州县	集体经营性建设用地入市制度改革
6	辽宁	鞍山市海城市	集体经营性建设用地入市制度改革
7	吉林	长春市九台区	集体经营性建设用地入市制度改革
8	黑龙江	绥化市安达市	集体经营性建设用地入市制度改革
9	上海	松江区	集体经营性建设用地入市制度改革
10	浙江	湖州市德清县	集体经营性建设用地入市制度改革
11	河南	新乡市长垣县	集体经营性建设用地入市制度改革
12	广东	佛山市南海区	集体经营性建设用地入市制度改革
13	广西	玉林市北流市	集体经营性建设用地入市制度改革
14	海南	文昌市	集体经营性建设用地入市制度改革
15	重庆	大足区	集体经营性建设用地入市制度改革
16	四川	成都市郫县	集体经营性建设用地入市制度改革
17	贵州	遵义市湄潭县	集体经营性建设用地入市制度改革
18	甘肃	定西市陇西县	集体经营性建设用地入市制度改革
19	天津	蓟县	宅基地制度改革
20	江苏	常州市武进区	宅基地制度改革
21	浙江	金华市义乌市	宅基地制度改革
22	安徽	六安市金寨县	宅基地制度改革
23	福建	泉州市晋江市	宅基地制度改革
24	江西	鹰潭市余江县	宅基地制度改革
25	湖北	襄阳市宜城市	宅基地制度改革
26	湖南	长沙市浏阳市	宅基地制度改革
27	四川	泸州市泸县	宅基地制度改革
28	云南	大理州大理市	宅基地制度改革
29	陕西	西安市高陵区	宅基地制度改革
30	西藏	拉萨市曲水县	宅基地制度改革
31	青海	西宁市湟源县	宅基地制度改革
32	宁夏	石嘴山市平罗县	宅基地制度改革
33	新疆	伊犁州伊宁市	宅基地制度改革

一是暂时调整实施集体建设用地使用权不得出让等的规定。在符合规划、用途管制和依法取得的前提下，允许存量农村集体经营性建设用地使用权出让、租赁、入股，实行与国有建设用地使用权同等入市、同权同价。

二是暂时调整实施宅基地审批权限的规定。使用存量建设用地的，下放至乡（镇）人民政府审批；使用新增建设用地的，下放至县级人民政府审批。

三是暂时调整实施征收集体土地补偿的规定。综合考虑土地用途和区位、经济发展水平、人均收入等情况，合理确定土地征收补偿标准，安排被征地农民住房、社会保障；加大就业培训力度，符合条件的被征地农民全部纳入养老、医疗等城镇社会保障体系；有条件的地方可采取留地、留物业等多种方式，由农村集体经济组织经营。

三 全国农村土地制度改革试点的推进历程

党的十八届三中全会以来，党中央、国务院陆续出台了《中共中央关于全面深化改革若干重大问题的决定》《中共中央关于制定国民经济和社会发展第十三个五年规划的建议》《国务院关于深入推进新型城镇化建设的若干意见》等文件，就深化农村综合改革，推进农村集体产权制度改革和农业供给侧结构性改革，深化农村土地制度改革，赋予农民更多财产权利，健全城乡发展一体化体制机制，加快培育农业农村发展新动能等做了安排部署，对加快农村各类资源资产权属认定、落实宅基地集体所有权、维护农民宅基地占有和使用权、加大盘活农村存量建设用地力度、支持农村新产业新业态发展等工作进行了明确。

2013 年 11 月，党的十八届三中全会决定提出，要"坚持农村土地集体所有权，建立城乡统一建设用地市场，赋予农民更多财产权利，加快构建新型农业经营体系，推进城乡要素平等交换和公共资源均衡配置"。

2014 年 1 月，《关于全面深化农村改革 加快推进农业现代化的若干意见》（中央一号文件）单列"深化农村土地制度改革"一节，提出"完善农村土地承包政策，引导和规范农村集体经营性建设用地入市，完善农村宅基地管理制度，加快推进征地制度改革"，为"三块地"改革试点的正式开启铺路奠基。

2014 年 12 月 31 日，中共中央办公厅、国务院办公厅印发《〈关于农村土地征收、集体经营性建设用地入市、宅基地制度改革试点工作的意见〉的通知》，明确了改革指导思想、目标内容和工作步骤，标志农村土地制度改革三项试点工作拉开大幕。

2015 年 2 月 27 日，全国人大常委会授权，国务院选取全国 33 个县（市、区）开展农村土地制度改革三项试点工作。同时，在试点地区暂时调整实施《中华人民共和国土地管理法》等法律法规相关条款规定。

2017 年 5 月 23 日，《中华人民共和国土地管理法（修正案）》（征求意见稿）发布；结合征求意见，又进行了 18 处修改，修正案送审稿于 7 月 27 日正式上报国务院审议。

2017 年 11 月 20 日，党的十九届中央全面深化改革领导小组第一次会议决定，将宅基地制度改革试点从 15 个拓展到 33 个试点地区，三项改革试点进入了全面覆盖、统筹推进、深度融合的新阶段。

2013 年 11 月至 2018 年 1 月农村土地改革三项试点文件汇总如图 1 - 2 所示。

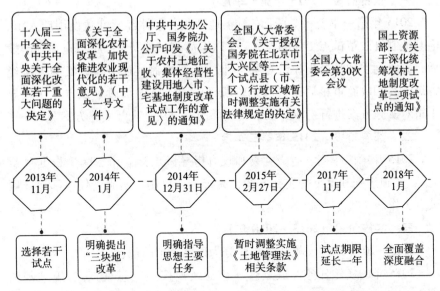

图 1 - 2　2013 年 11 月至 2018 年 1 月农村土地三项改革试点文件

第二节　农村土地制度改革试点的步骤

农村土地制度试点改革是党的十八届三中全会全面深化改革重大战

略部署的一个重要方面。《中共中央关于全面深化改革若干重大问题的决定》以及相关的文件对农村土地制度改革目的和实施步骤进行了全面的部署（见图1-3）。

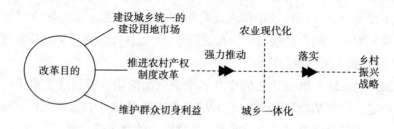

图1-3　农村土地制度改革目的和实施步骤

一　报批阶段（2015年第一季度）

2015年第一季度：《关于农村土地征收、集体经营性建设用地入市、宅基地制度改革试点工作的意见》（以下简称《意见》）和实施细则印发后，省级党委和政府指导试点县（市、区）编制实施方案，实施方案经省级党委和政府审核后，报国土资源部。国土资源部改革试点工作领导小组对实施方案进行初审并征求相关部门意见后，批复实施方案。

二　部署阶段（2015年第二季度）

2015年第二季度，省级党委和政府指导试点县（市、区）根据《意见》、实施细则和批复的实施方案，完善工作机制，明确责任，部署开展试点工作。

三　实施阶段（2015—2018年）

2015—2018年的实施任务具体分为以下三个阶段：

2015年的实施任务。试点县（市、区）按照《意见》、实施细则和实施方案，完成组织动员、成立机构等基础工作，按要求推进试点。11月底前，试点县（市、区）就试点工作启动机构设立、规章制度建设、部署实施等情况，形成年度进展报告，经省级党委和政府审核后，报国土资源部。国土资源部会同有关部门，形成年度试点工作情况报告，上报中央全面深化改革领导小组。

2016年的实施任务。国土资源部、云南省着力加强对试点工作的指导，及时研究解决试点中存在的问题。11月底前，试点县（市、区）就试点做法与成效等形成年度进展报告，报国土资源部。国土资源部会同有关部门对试点工作开展中期评估，形成试点中期评估报告，上报中央全面深化改革领导小组。

2017—2018 年的实施任务。试点县（市、区）按照"边试点、边研究、边总结、边提炼"的要求推进试点工作。11 月底前，试点县（市、区）形成全面系统的总结报告和政策实施效果及相关法律法规的修改建议，经省级党委和政府审核后，报送国土资源部，国土资源部会同相关部门全面总结点经验，形成全国试点工作总结报告，按程序报送党中央、国务院。

第三节　大理市具备的改革试点基础

近年来，大理州、市两级结合洱海保护、海西保护和民族历史文化保护传承，通过地方立法，借助科技手段及制度创新，在农村土地规划建设管理方面进行了积极的探索实践，农村土地管理工作走在了全省前列。

一　法律基础

大理州自 2010 年以来先后颁布实施了《大理白族自治州村庄规划建设管理条例》《大理白族自治州洱海海西保护条例》和《大理白族自治州洱海保护管理条例》，从源头上规范农村宅基地利用管理、加强全州耕地保护工作，为大理市推进农村土地制度改革奠定了政策与法律基础。

二　规划基础

大理市于 2006 年启动村庄规划编制工作，在全省率先采用卫星影像图结合野外调绘编制村庄规划，到 2011 年年底，已实现市域村庄规划全覆盖。同时，充分发挥大理市设计院的技术、人才优势，在银桥、大理、喜洲、双廊、海东等镇成立了 8 个设计分院，开展村庄规划和农村建房设计服务工作。在相关政策的具体指导下，大理市在村庄规划编制实施和农村建设管理过程中，坚持"生态优先、彰显特色"的原则，突出农村生态文明建设，突出乡村和民族特色，注重历史文化传承，始终以基础设施建设和公共服务配套为重点，积极组织开展了白族民居建筑风格整治、洱海流域"百村整治"、海西村庄及农田生态林建设等工作。2014

年，结合国家"多规合一"改革试点要求，又启动了村庄规划修编工作，为进一步推进农村土地制度改革奠定了扎实的规划基础。

三　群众基础

自 2015 年以来，大理市按照"管住当前、消化过去、规范未来"的思路，以空前的力度和举措，全面打响洱海保护治理攻坚战。通过实施综合整治，全力整治私搭乱建行为，清理叫停 453 个自然村、7431 户农村住房在建户，累计拆除违章建筑 1020 户、12 万多平方米，立案查处土地违法案件 856 件，无序发展乱象得到遏制。并且，在洱海流域范围内，建立了市、镇（乡）、村（社区）、组四级洱海保护治理网格化管理责任制，促使洱海保护治理逐步走上规范化、常态化轨道。通过实施洱海流域综合整治，农村个人建房行为得到有序规范，广大群众在了解、参与洱海保护的过程中强化了环保意识、依法依规建设意识，为进一步推进农村土地制度改革奠定了群众基础。

四　工作基础

梳理分析近五年土地征收情况，编制完成《大理市征地成本和增值收益测算报告》。全面调查摸底，编制完成《大理市存量集体建设用地分析报告》和《大理市增减挂钩资源分析报告》。2013 年，大理市银桥镇广泛征求村组和群众意见，制定印发了《关于开展农村宅基地适应性调整 促进节约集约利用土地试点工作的通知》，积极探索农村宅基地集中调整定点审批试点工作，走出了一条"不多占耕地、保障村民建房刚性需求"的路子。在探索实践中，建立了农户建房管理的良性发展长效机制。与此同时，选择双鸳自然村等开展了"空心村"整治试点，探索整合农村集体建设用地、拓展经济社会发展空间的新路径。通过上述实践，提升了全社会对宅基地利用管理工作的关注程度，基层土地管理机制建设有效加强，村民积极参与、相互监督和自我管理意识明显增强，为农村土地制度改革奠定了扎实的工作基础。

第四节　大理市推进改革试点的工作机制

大理市被列为全国农村土地制度改革试点县（市、区）以来，省、州、市各级紧扣党的十八届三中全会提出的农村土地制度改革任务，深入贯彻落实习近平总书记系列讲话、考察云南重要讲话和对大理工作重要指示精神，按照"四个全面"总体战略布局，贯彻创新、协调、绿色、开放、共享五大发展理念，准确把握农村土地制度改革三项试点工作要求，坚持问题导向和底线思维，构建起全面推进农村土地制度改革试点的工作机制。

一　党委领导上下贯通，构建高效的工作机制

按照"省委直接抓、试点地方党委负责"的工作要求，省、州高度重视，市委、市政府全力以赴，各乡镇、村组积极发挥主体作用，形成了"上下齐抓、合力推动"的工作局面，各项阶段性目标任务按计划稳步推进。国土资源部、省州党委政府和省国土资源厅在人力、财力、业务等方面给予了大力支持，全市试点工作按照"打牢基础、典型引路、分类推进、重点突破"的思路，积极稳妥地推进。

（一）组织机构建设

明确各部门工作职责，夯实改革基础。省、州、市三级分别成立农村土地制度改革三项试点工作领导小组及办公室，负责全面统筹、协调、推进试点工作。国家土地督察成都局、大理州委分别派出专人到大理市挂职指导改革试点。乡镇相应地成立以党委主要领导为组长的改革试点工作领导小组，负责组织实施本辖区内的土地制度具体实践。各村委会在市、乡镇工作领导小组的指导支持下，成立村级改革试点工作组，负责落实试点工作任务。具体组织机构建设情况如图1-4所示。

省州级任务：落实中央关于农村土地制度改革三项试点工作的安排部署，落实国土资源部农村土地制度改革试点工作领导小组的工作要求，指导和督促试点工作的组织实施，研究审议试点工作的实施方案、重大政策、重大问题、立法建议和年度工作计划等，统筹协调解决试点工作中遇到的突出问题，确保试点工作顺利推进。

市级任务：建立市委领导下、各部门齐抓共管的试点工作机制，紧密结合洱海保护治理、民族历史文化保护传承、国家新型城镇化试点和全域旅游示范创建，全面推进农村土地制度改革试点工作。

乡镇任务：承担各项改革实践探索任务，负责建立和完善村民自治主体和民主协商制度，负责组织群众改革的宣传发动、协调推进。

村组任务：对各项改革试点工作进行实践探索，落实试点各阶段具体任务。

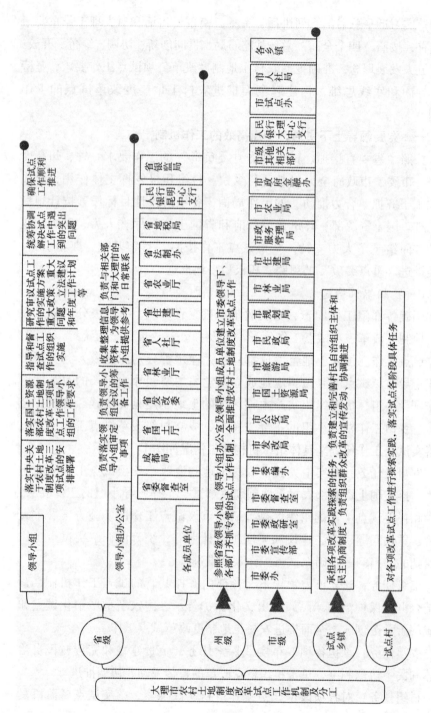

图1-4　大理市农村土地制度改革试点工作组织机构建设情况

（二）时间节点安排

制订了《大理市农村宅基地制度改革试点实施方案》《大理市农村宅基地制度改革试点三年实施计划》和《大理市农村宅基地改革试点全面推进工作方案》，明确了五个方面的工作内容、牵头单位和完成时限。改革试点工作分为动员部署宣传（2016 年 2 月 5 日前）、调查核实及制定指导意见（2016 年 4 月 30 日前）、分类认定（2016 年 6 月 30 日前）、分类处置（2016 年 9 月 30 日前）、统筹推进（2016 年 12 月 30 日前）和总结考核（2017 年 1 月至 6 月 30 日）六个阶段。根据十九届中央全面深化改革领导小组第一次会议安排及全国人大授权，农村土地制度改革三项试点延长一年，总结提炼工作延至 2018 年上半年。具体任务分工为：

1. 夯实改革试点基础。由市规划局负责修编完善村庄规划，市旅游文体广电局负责编制洱海旅游产业布局专项规划，市国土资源局负责扎实推进宅基地确权登记和妥善处理农村宅基地历史遗留问题。市委编办、市国土资源局负责整合不动产登记机构。市国土资源局负责，市土投公司、市财政局、市政府金融办配合建立宅基地制度改革融资平台。

2. 探索农民住房保障的多种实现形式。由各乡镇负责完善宅基地分配使用认定标准。市住建局、市国土资源局负责探索农民住房保障，实现多种形式的"户有所居"。

3. 探索宅基地有偿使用方式。由市国土资源局、各乡镇人民政府负责结合美丽乡村建设，推进宅基地节约集约利用。市国土资源局负责探索一定条件下的农村宅基地有偿使用制度。人民银行大理中心支行负责探索农民住房财产权抵押试点工作。

4. 探索农村宅基地自愿有偿退出机制。由市政务服务管理局、市国土资源局负责建立农村宅基地流转工作平台。市国土资源局负责结合国家新型城镇化试点开展工作，探索宅基地自愿有偿退出机制。市农业局负责健全宅基地收益管理办法。

5. 完善宅基地管理制度。由市国土资源局负责加强宅基地总规模控制，改革宅基地审批管理制度，实行严格农民住房建设管理。市民政局负责对发挥村民自治主体作用进行探索。

6. 农村土地征收。由市国土资源局梳理近五年征地情况，测算土地征收增值收益，按新办法组织实施土地征收工作，市人社局摸清全市被征地农民情况，将完全失地农民纳入社会基本养老保障。

7. 农村集体经营性建设用地入市。由市国土资源局完成制度设计，摸清全市存量农村集体建设用地情况和入市增值收益分配比例，市政务服务局搭建入市交易平台，市财政局负责增值收益收取。

（三）主要过程控制

1. 方案报批（2015年4—7月）。根据中共中央办公厅、国务院办公厅印发《〈关于农村土地征收、集体经营性建设用地入市、宅基地制度改革试点工作的意见〉的通知》（中办发〔2014〕71号）、《国土资源部关于印发〈农村土地征收、集体经营性建设用地入市和宅基地制度改革试点实施细则〉的通知》（国土资发〔2015〕35号）文件要求，建立健全规章制度，及时编制实施方案，2015年6月29日，《云南省大理市农村宅基地制度改革试点实施方案》报国土资源部批复实施。

2. 工作部署（2015年8—9月）。2015年9月2日，云南省召开大理市农村宅基地制度改革试点工作启动会。在深入调研、多方听取意见的基础上，制定下发《大理市农村宅基地制度改革三项试点领导小组及办公室工作规则》《大理市农村宅基地制度改革试点三年实施计划》，明确责任、年度工作目标，建立高效的工作机制，全面部署农村宅基地制度改革试点工作。

3. 实施试点（2015年9月至今）。自2015年9月起，在全市全域开展农村宅基地制度改革试点。2016年1月，印发《大理市农村宅基地制度改革试点全面推进方案》，明确各部门职责，全面推开改革试点工作。

4. 统筹推进（2016年9月至2017年12月）。按要求，增加土地征收制度改革和集体经营性建设用地入市两项试点内容。及时调整试点工作机构，开展摸底调查，明确制度设计及工作要求。《云南省大理市农村土地制度改革三项试点实施方案》于2016年10月28日上报审批，并通过国土资源部备案，全面统筹推进三项改革试点。

5. 深度融合（2018年1—12月）。全国人大常委会决定延长授权国务院在北京市大兴区等33个试点县（市、区）行政区域暂时调整实施有关法律规定期限，将农村土地制度改革三项试点期限延长1年，至2018年12月31日。根据国土资源部通知要求，大理市于2018年1月制定印发了《大理市深化统筹农村土地制度改革三项试点工作方案》，深入推进三项试点。

二 强化宣传，营造氛围，提升改革的社会认知

市委宣传部制订了宣传工作计划，市委办公室印发了《大理市全面深化改革宣传方案》，在印发宣传材料、张贴宣传标语、电视广播等传统宣传渠道的基础上，通过网络、短信、微信等方式不断强化改革的宣传力度，广泛宣传解读农村土地制度改革政策，让广大民众深入了解改革试点工作思路、工作措施、工作方式，提升农村土地制度改革的社会认知度，赢得社会对三项试点工作的理解和支持。试点开展以来，全市累计发放《大理市农村宅基地改革试点工作手册》《大理市农村宅基地改革试点工作知识问答》和改革试点工作宣传折页 6.2 万份，书写标语 1270 条；开展动员培训 57 场次，培训镇村干部 2898 人次；市委先后三次组织市、镇、村、组和部分村民代表共计 6000 余人次集中学习改革试点工作政策知识；在广播、电视、报纸、网络、微信平台开设了专栏，"999 微大理"收集群众留言、提问 233 条，反馈答复 208 条。通过广泛而有效的宣传教育，达到了统一思想、凝聚共识的目的，营造了重视、关心、参与和支持改革的良好氛围，群众对试点工作的理解不断加深，基本上没有出现上访现象。

专栏 1-1

大理"宅改"试点迸发生机活力

云南网讯 "我们以'尺子'说话，一把是丈量面积的'尺子'，一把是对照政策的'尺子'。一户一宅、批新退旧，既体现了公开、公平、公正，又实现了节约集约用地，盘活了集体用地，改善了公共设施，促进了和谐发展。"大理市银桥镇鹤阳村党总支书记董余香说起"宅改"试点工作，如数家珍。

该村通过村民民主决策，按每亩 10 万元的价格从 18 家农户手中收回 6 亩村庄空闲地，集中规划宅基地 13 宗，如今已把 10 宗分配给符合宅基地审批条件的 10 家住房困难户建房，其余 3 宗作为将来新增住房困难户预留用地。

2015 年 3 月，大理市被列为我省唯一的全国农村宅基地制度改革试点县（市）。在银桥镇先行启动的基础上，于 2016 年 1 月起在全市的 111 个

行政村全面推进。全市围绕健全"依法公平取得、节约集约利用、自愿有偿退出"的农村宅基地制度，积极"完善宅基地权益保障和取得方式，探索宅基地有偿使用制度，探索宅基地自愿有偿退出机制，完善宅基地管理制度"，同时，紧密结合洱海保护治理、民族历史文化保护传承、全域旅游示范区创建、国家新型城镇化试点，创新开展农村宅基地制度改革试点工作，目前基本完成农村"宅改"试点任务并取得阶段性成效。

大理市结合宅基地使用现状和地方传统习俗，明晰了宅基地申请使用条件，明确了"户"与"宅"标准。坚持"一户一宅"，区分山区、坝区、城郊接合部和脱贫攻坚等类型，采取统规自建、多户联建和探索农民公寓、货币补助等方式，保障"户有所居"。同时，规范了宅基地流转退出制度。

分类处置、维护农民财产权益。大理市制定了不同时期宅基地遗留问题的分类认定标准和分类处置办法，界定了宅基地登记发证上限标准。对历史形成的超占宅基地，探索按年有偿使用和一次性有偿使用。对利用宅基地及地上房屋从事经营活动的，按宅基地现有使用面积由村集体收取土地收益调节金，维护集体所有者权益。破解农村房地一体不动产登记难题，按不动产权发证标准，明确遗留问题处置办法，探索分级审核机制，通过登记颁、证进一步明晰权能、固定权属。支持农民拓展用益物权，推进农民住房财产权抵押贷款试点。

按"管住当前、消化过去、规范未来"的思路，全面实施洱海流域环境综合整治攻坚战，有效遏制了违法违规建设蔓延势头，优质耕地得到有效保护。

同时，牢牢把握"处理好农民和土地的关系"这条主线，采取"宅基地＋"模式，同步推进国家和省在大理市实施的新型城镇化、"多规合一"等10多项涉农改革试点，打造出一批农村综合改革发展示范村，带动全市农村改革高效推进。

明确细化了监管责任，严格奖惩兑现；完善了农村建房管理制度，形成全过程监管服务体系；在全省率先组建自然村村庄土地规划建设专管员队伍，实现网格化管理；在镇、村两级成立村庄规划建设管理促进会，激发村民参与管理村内事务的积极性和主动性，提升了基层自治能力。

（资料来源：《云南日报》2018年1月18日，庄俊华）

三　夯实基础，务实探索，建立完备的制度体系

在制度建设完善方面，制定带有根本性、全局性的制度，形成系列制度 42 项。农村宅基地制度改革工作方面出台 8 项制度，土地征收制度方面出台 10 项制度，集体经营性建设用地入市方面出台 9 项制度，其他方面出台 15 项制度。此外，大理市在机构、制度建设的基础上，通过完成全市农村宅基地确权调查测量，全面启动自然村村庄规划修编，搭建农村宅基地动态监管、不动产登记和产权流转交易三大服务管理平台，完成城市周边基本农田划定和土地利用总体规划调整完善工作，夯实了改革基础。还通过推进自然村村民自治试点，设立村庄规划建设管理促进会，充分发挥村集体主体作用；通过组建村级土地规划建设专管员队伍，设立乡镇规划设计分院，实施农村建设项目规划许可、建设许可和竣工验收制度，实现农村住房建设从宅基地审批到不动产登记全过程服务监管；通过加大宣传，明确市、镇、村、组、农户责任，加强指导，积极在全市范围内试行制度；通过充分发挥典型引路作用，实施示范村建设，以点带面加快改革推进步伐。

专栏 1-2

改革试点出台文件制度

宅基地制度方面 8 项：《大理市关于农村集体经济组织成员资格认定的指导意见（试行）》《大理市农村宅基地审批管理办法（试行）》《大理市农村宅基地流转管理办法（试行）》《大理市农村宅基地退出管理办法（试行）》《大理市农村宅基地有偿使用指导意见（试行）》《大理市农村宅基地历史遗留问题处理意见》《大理市农村宅基地有偿使用费及土地收益调节金收取管理使用办法》和《大理市关于积极探索宅基地所有权资格权使用权分置的实施意见》。

土地征收制度方面 10 项：《大理市集体土地征收管理办法（试行）》《大理市集体土地征收程序规定（试行）》《大理市农村土地征收增值收益分配指导意见》《大理市改革完善被征地人员基本养老保障实施办法（试行）》《大理市征地补偿安置争议处理办法（试行）》《大理市土地征

收社会稳定风险评估指导意见》《大理市缩小土地征收范围试点实施意见》《大理市人民政府关于集体土地征收补偿标准的指导意见》《大理市集体土地上房屋征收补偿安置办法（试行）》和《关于加强洱海东北片区规划建设管理的意见》。

集体经营性建设用地入市方面9项：《大理市农村集体经营性建设用地入市管理办法（试行）》《大理市招标拍卖挂牌出让农村集体经营性建设用地使用权规范（试行）》《大理市农村集体经营性建设用地协议入市办法（试行）》《大理市农村集体经营性建设用地土地增值收益调节金征收使用管理办法（试行）》《大理市农村集体经营性建设用地入市收益分配指导意见》《大理市农村集体经营性建设用地登记管理实施办法（试行）》《大理市农村集体经营性建设用地使用权抵押登记办法（试行）》《大理市农村集体经营性建设用地项目规划建设管理办法（试行）》和《关于建立大理市农村土地民主管理工作机制的指导意见》。

农民住房财产权抵押贷款方面5项：《大理市农民住房财产权抵押贷款风险补偿基金管理实施细则》《大理市农民住房财产权抵押登记办法》《大理市农民住房财产权价值评估工作指引》《大理市农民住房财产权抵押贷款抵押物处置指导意见》和《大理市农村宅基地及地上房屋转让和出租实施细则》。

农村房地一体不动产登记方面4项：《关于农村房地一体不动产登记中历史遗留问题的处理意见》《大理市洱海保护治理"七大行动"农村房屋权籍调查实施方案》《大理市农村房地一体不动产登记颁证分级认定审查意见》和《大理市加快农村房地一体不动产登记颁证工作意见》。

配套制度6项：《大理市空心村整治实施办法（试行）》《大理市农村宅基地集中调整定点审批实施办法（试行）》《大理市农村住房项目建设审查审批若干意见》《大理市农村个人建房联审联批制度（试行）》《大理市乡村民宿客栈管理办法（试行）》和《大理市餐饮业管理办法（试行）》。

四　全面覆盖，积极整合，统筹协调形成改革合力

一方面，大理市紧紧围绕洱海保护、海西田园风光保护、民族历史文化保护传承等特色工作，联动推进农村土地制度改革，积极实现改革的协同效应；另一方面，依托改革叠加优势，牢牢把握"处理好农民和土地的关系"这条主线，采取"农村土地制度改革＋"模式（见图1－5），统筹推进农村综合改革。

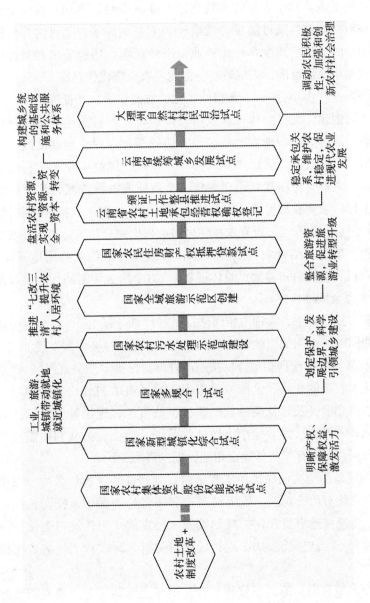

图1-5 "农村土地制度改革+"模式

通过缩小征地范围，可以控制城市盲目扩张，入市能够补充减少征地后的建设用地供应，集体建设用地价值显化能够促进节约利用土地，盘活闲置宅基地，村庄土地的有效利用又能减少耕地占用；自愿有偿退出的宅基地，整治后既可满足自然增长的宅基地需求，又可弥补集体存量建设用地的不足，减少乡村旅游业、服务业刚性用地需求对耕地的占用，实现缩小征地范围，实现城乡一体化、农业现代化目标。

同步推进"多规合一"、新型城镇化、农民住房财产抵押贷款、全域旅游示范区创建、农村集体资产股份权能改革、农村土地承包经营权确权颁证整县推进等9项涉农改革试点；协同深化农村土地制度改革，提高了改革的系统效能。结合"多规合一"试点，围绕实现土地利用总体规划调整，完善与村庄规划无缝对接，全面完成洱海流域自然村村庄规划修编工作。结合农村房地一体不动产登记及住房财产权抵押贷款试点，市级财政筹资500万元，设立农村住房财产权抵押贷款风险基金，农房抵押贷款稳步推进。结合农村殡葬改革，积极探索节约集约用地新途径，制定《农村公益性骨灰堂建设总体规划》，力争用五年时间，建设骨灰堂34座，实现全域推广。

试点实践过程中，大理市始终坚持做好"四个结合"，在全面完成试点任务的同时，运用试点政策，积极促进地方经济社会协调发展。

1. 与洱海保护治理相结合，按照严守洱海保护"三条红线"、严禁违法占用基本农田的要求，全面叫停洱海流域所有农村住房在建项目。实行逐户建档立卡，及时分类处置，整村整改复工，现场挂牌公示，立案查处"两违"案件。结合缩小土地征收范围，严控非公共利益需要的建设用地布局，挖掘存量集体建设用地，促进洱海保护。

2. 与民族历史文化保护传承相结合，处理好传统民居保护与农房保障关系。强化对历史建筑、传统村落、名镇名村的保护，扎实做好古院落普查、传统村落申报和保护规划编制。已完成9个传统村落保护规划编制，对85座历史建筑、183院传统民居院落、2442棵古树名木实施挂牌保护。

3. 与全域旅游示范区创建相结合，做好土地利用总体规划调整完善与全域旅游发展规划的有效衔接。按照"城乡一体设计定坐标、生态环境保护定底线、民族历史文化定特色"的要求，加强建筑风貌管控，充分利用农村集体建设用地建设村落污水处理设施和游客服务站。进一步规范全市 2852 户民宿客栈的用地管理，引导民宿有序经营。

4. 与新型城镇化综合试点相结合。以农村土地制度改革试点为抓手，统筹推进农村环境连片整治、农村危房改造、农村公路建设、传统村落保护和农村殡葬改革等工作，提升城乡基本公共服务均等化水平。力求通过改革试点，增强后续发展能力，推动就近就地城镇化。

五　明确职责，真督实查，确保各项改革举措落地生根

责任细化到部门、乡镇、村组和具体责任人，建立健全市级领导联系乡镇、市级部门挂钩行政村、乡镇干部职工包村组的工作机制。大理市委、市政府将农村土地制度改革试点工作纳入年度重点工作进行考核，定期召开会议分析研究，定期通报工作进度；组建市重点工作第四督查组全程跟踪督查，组织力量对阶段性工作逐村检查验收，安排市纪委监察局进行专项纪律检查，严格执行问责和召回制度，确保各级各部门落实责任。市人大、市政协将督促检查试点工作纳入年度工作要点，多次组织代表、委员开展调研、视察和检查，发挥法律监督、工作监督和民主监督作用，确保试点工作按计划推进。

第二章　大理市改革试点的实践特征与成效

第一节　大理市改革试点的主要内容

大理市在农村土地制度改革试点中，按照依法改革、锁定期限、封闭运行、风险可控的要求，有序推进三项试点改革。

一　完善制度，规范管理，扎实开展宅基地制度改革

（一）完善宅基地权益保障和取得方式

1. 加快推进农村宅基地确权登记颁证工作。全面完成全市农村房地一体权籍调查，启动农村不动产登记，及时出台农村不动产登记历史遗留问题处理、分级认定审查等意见，保障宅基地权利人的合法权益。

2. 明确农村宅基地申请资格和使用面积标准。以集体经济组织成员资格认定成果为基础，结合全市宅基地使用现状和地方传统习俗，对"户"与"宅"标准进行了界定，明晰了农民申请宅基地的资格条件和使用面积标准。完成全市农村集体经济组织成员资格认定 42.97 万人、10.56 万户。

3. 探索农民住房保障的多种实现形式。通过摸底调查，准确掌握全市 4336 户住房困难户的用地需求和分布情况，针对市情实际，结合坝区、山区特点，探索统规自建、多户联建、农民公寓和指标管理 4 种农民住房保障在不同区域"户有所居"的实现形式，切实保障宅基地在初次分配中的公平公正。

4. 开展宅基地集中调整定点审批，实现落地建房。淡化指标管理，强化规划管控，调整衔接自然村村庄规划和土地利用总体规划，选定 466 块 5456 亩集体土地开展宅基地集中调整定点审批，目前，22 个村已调整出土地约 430 亩，初步规划宅基地 1020 宗，解决了住房困难户宅基地指标落地难问题。

（二）探索宅基地有偿使用制度

1. 探索宅基地使用初次分配按成本价取得制度。由村集体主导，对有偿收回的废弃宅基地、预留建设用地进行统一规划，并完善配套基础设施，符合宅基地审批条件的农户可按照成本价取得宅基地使用权，有效地遏制了乱占乱建行为，走出了一条既保护耕地又保障村民建房刚性需求的新路子。

2. 探索一定条件下的宅基地有偿使用制度。对因历史原因形成的少批多占、一户多宅以及非本集体经济组织成员因继承房屋或其他方式占有使用宅基地的行为，由村集体主导一次性或按年收取有偿使用费；对利用宅基地上住房从事客栈、餐饮等经营活动的，按使用面积收取土地收益金。

3. 探索宅基地用益物权的多种实现形式。积极开展农民住房财产权抵押贷款试点工作，完善宅基地用益物权，增加农民财产性收入。市政府设立风险补偿基金，鼓励各金融机构开办抵押贷款业务。

（三）探索宅基地自愿有偿退出机制

1. 探索宅基地流转退出。搭建产权交易平台，规范宅基地流转、退出行为，明确宅基地可在本乡镇内流转，对全部退出宅基地或放弃宅基地申请资格、全家迁移到城镇购房居住的，在规定面积标准内，由政府按购房面积给予 200 元/平方米奖励。

2. 探索"空心村"整治退出。由村集体主导实施"空心村"集中整治。目前，已完成大理镇西门、凤仪镇小赤佛、银桥镇双鸳等 5 个村的整治工作，共退出闲置宅基地 152 院 74 亩，规划宅基地 180 宗，可满足上述村组 5—8 年宅基地需求，减少农村新建房屋占用耕地约 148 亩。

3. 探索宅基地折股退出。结合集体经营性建设用地入市和农村集体资产股份权能改革试点，对有保护利用价值的古村落闲置宅基地，探索以折价入股方式有偿退出，现海东镇石头村可退出盘活宅基地 120 余亩。

（四）完善宅基地管理制度

1. 加强宅基地总规模控制。按照"多规合一"试点要求，完成《大理市城乡总体规划（2015—2030 年）》编制和自然村村庄规划修编，利用建设环村路（林）方式，明确划定村庄增长边界，严格控制宅基地总规模。

2. 改革宅基地审批管理制度。明确使用存量建设用地，由乡镇人民政府审批；申请使用新增建设用地的，由村集体提出分配方案，经乡镇人民政府同意，报市人民政府审批，建立宅基地审批报备制度，强化审批监管。

3. 发挥村民自治组织主体作用。开展以自然村为基本单元的村民自治试点，赋予村集体土地管理权责，将宅基地新批、退出、有偿使用、登记审核等事项纳入民主决策。

4. 构建农村住房建设全过程监管服务体系。每年投入 600 万元，组建村庄土地规划建设专管员队伍，推行网格化管理，构建了市级领导包镇、镇领导及市级部门包村、村组干部包组的巡查管理责任机制，建立起了农村建房从宅基地申请、规划许可、建设审批、竣工验收到不动产登记全过程的监管服务体系。

（五）探索宅基地"三权分置"

按照 2018 年"中央一号文件"的要求，深入探索宅基地"三权分置"。针对农村宅基地及农房用于经营现象突出的实际，出台《大理市关于积极探索宅基地所有权资格权使用权分置的实施意见》，落实宅基地集体所有权，强化农民集体对成员认定、规划编制管理、居住权益保障、收益及分配等民主管理的权利，解决集体所有权虚置问题。保障宅基地农户资格权和农民房屋财产权，确保农民集体成员享有实现、保留和放弃初次分配宅基地资格的权利。经农民集体认定的、本集体经济组织成员组成的自然户，符合宅基地审批条件的，以户为单位享有宅基地分配资格权。全面贯彻落实"不得违规违法买卖宅基地，严格实行土地用途管制，严格禁止下乡利用农村宅基地建设别墅大院和私人会馆"的要求，在维护集体经济组织成员依法占有和使用宅基地权利的基础上，以农户居住权益得到稳定保障为前提，适度扩展宅基地及农房的用途和流转范围，积极盘活闲置宅基地和闲置农房，同时，平等保护依流转方式取得的宅基地和农房使用权，适度放活宅基地和农民房屋使用权，赋予经营、收益、抵押和在一定范围内流转的权利。

二　规范程序，完善补偿，稳妥推进征地制度改革

近年来，大理市结合自身资源环境特征和经济社会发展条件，优化调整城市空间布局，严格控制开发建设边界，多渠道增加农民收入，着力改善农村人居环境，通过就业安置、留地、留商铺等形式，保障农民失地不失利，为推进农村土地征地制度改革打下了良好的基础。在此次

试点工作中，通过制定《土地征收目录》，严控非公共利益需要的建设用地布局，积极探索运用已批土地区位调整等试点政策，支持洱海保护项目实施，实现了逐步缩小土地征收范围的目标；通过细化土地征收民主协商等具体内容，建立了社会稳定风险评估和征地补偿安置争议处理机制；综合考虑土地用途、区位、地类、产值和人均收入等实际因素，合理提高并统一征收补偿标准，参照国有划拨住宅用地标准，规范集体土地上房屋征收补偿安置工作，切实保障被征地农民利益；针对留地安置规划建设散乱、开发利用效率低下的实际，探索留地安置回购及统筹开发利用新举措，进一步完善多元保障的方法和措施；按照"全覆盖、保基本、多层次、可持续"的要求，推行被征地人员基本养老保障与基本养老保险制度并轨，降低参保门槛，提高保障标准，覆盖面扩大到市域范围内的所有完全失地农民。目前，上关等 3 个镇的水厂项目（征地面积 110 亩，涉及农户 500 余户）已全面试行制度。

三　健全机制，活化资产，积极探索集体经营性建设用地入市改革

一方面是有效衔接土地利用总体规划和全域旅游示范区规划，在满足村民住房需求、合理预留产业发展用地的基础上，明确集体经营性建设地入市的主体、范围、途径和方式。设计了较为规范的集体经营性建设用地入市操作流程，建立了市场交易平台、规则和服务监管制度，研究了兼顾国家、集体和个人的入市增值收益分配机制，对选取的入市试点地块进行成本核算，根据区位和用途确定了 30% —45% 的增值收益调节金征收比例，对集体收益的管理使用进行了规范。

另一方面是充分挖掘和高效利用存量集体建设用地，因地制宜，建设村落污水处理设施和环洱海旅游基础设施，"空心村"整治出的建设用地在保障集体内部住房困难户宅基地需求后可申请入市，激活集体土地资源，促进旅游业转型升级，带动农业转移人口实现就近就地城镇化。银桥镇银桥村 4.34 亩地块以租赁方式入市，成交价 225 万元；大理镇西门村 5.8 亩地块以公开拍卖方式入市，成交价 2610 万元。

第二节　大理市改革试点的鲜明特征

大理是人多地少、土地资源稀缺、生态脆弱的少数民族地区。大理市在农村土地制度改革探索实践中，始终坚持问题导向、突出地域特色，把生态保护放在首位，注重民族历史文化的保护传承，注重节约集约利用土地，按照"留得住青山绿水，记得住乡愁"的要求，探索遵循乡村自身发展规律、符合地域实际、体现农村特点的改革模式。

一　理权源，绘谱系，确权颁证夯实基础

确权颁证是农村土地制度改革基础工作的重中之重，但同全国大多数地方一样，大理市的宅基地权属也存在家底不清、一户多宅、面积超标、违法占地、分配占有不公平、历史遗留问题难处理等诸多问题。不仅如此，大理市在宅基地管理上长期存在指标少、落地难的问题，导致部分农民住房困难；历史上多次清理农村违法占地、超批准面积占用，致使遗留问题较多，群众对通过确权颁证维护权益的愿望迫切。在此次改革中，大理市本着务实的态度，求稳不求快，充分尊重当地习俗和农民意愿，以全面摸底调查、农村集体经济组织成员资格认定、一户一宅界定为基础，以历史遗留问题处置为抓手，以不动产统一登记为契机，扎实全面推进房地一体的宅基地和农房确权登记，为之后的深化宅基地制度改革奠定了坚实的基础。做法特色主要表现在以下四个方面：

（一）结合民族特色，因地制宜界定"一户一宅"

在"户"的界定上，结合当地习俗，明确分户标准，规定父母不得单独确定为一户，需要随其中一位子女组成一户，既减少了分户的次数和户的总数，控制了宅基地总量，又有效地解决了老年人赡养问题，弘扬了孝道；结合白族按照院落居住的特征，将"宅"确定为包含住房、厨房、圈房、天井等的宅院，并区分坝区和山区、是否占用耕地等分类确定面积标准。

（二）农民参与，确保确权结果真实可靠

大理市农村不动产调查测量中，始终坚持公平、公正、公开，程序完善，不走形式，调查结果，老百姓认可。确权登记实行分级认定审查机制——农村房地一体不动产权登记由权利人提出申请，对提交的资料和申请内容的真实性负责；村民小组是集体土地的所有权人，对宅基地的分配使用和确权登记履行主体责任，对申请登记人提交资料的有效性做出认定；市、镇、村三级根据工作职责，对辖区内农村房地一体登记申请资料分级进行审查（审核）把关，出具审查（审核）意见。市不动产登记机构根据主体认定和分级审查（审核）意见进行统一登记颁证。

（三）分类处置历史遗留问题

在全面摸底调查和充分征求民意的基础上，区分"少批多占""一户多宅""未批先占""主体资格不符""增加用途"等不同情形，结合宅基地有偿使用手段，分类处理历史遗留问题，并结合不动产统一登记，对农村住房建设涉及规划建设方面的违法违规行为同步予以解决，有效地保障了85%左右的农户可申领不动产权证书。在处理违法问题时，做到全面、公平、规范、合法，对可以实行有偿使用的轻微违法情形，依法先做出行政处罚，再实行有偿使用；在确定有偿使用标准时，体现公平合理，农民集体根据有偿使用指导意见和各自实际，通过民主决策程序确定收取标准，不搞"一刀切"。

（四）厘清亲属关系图，公平扎实确权颁证

确权颁证是改革的基础工作，也是不易见成效的难点工作。此次改革任务重、时间紧，但大理市本着实事求是的精神，"不急不抢"，不搞面子工程，不回避困难矛盾，扎扎实实做好改革基础工作。在开展农房和宅基地不动产统一登记时，创新性地制作家庭成员关系图，不仅明确了宅基地和房屋等不动产权属的来龙去脉，让每一本证都可以寻根溯源，经得起检验，而且有利于平等保障户内成员权益。这些扎实有效的工作，一方面让农民吃下了"定心丸"，增强了农民获得感；另一方面也为包括宅基地"三权分置"在内的深化改革奠定了坚实的基础。

二　拓权能，调收益，分置放活稳健有序

盘活农村闲置浪费的宅基地和其他集体建设用地，既是此次改革试点的要求，也是为乡村振兴提供用地保障的有效途径。为促进以乡村旅游为主的农村新产业、新业态发展，大理市积极开展集体经营性建设用地入市改革，盘活村庄存量建设用地。但是，由于存量集体经营性建设用地数量少、占比低，入市潜力并不大等情况，大理市把工作重点放在盘活闲置宅基地和农房上。大理市作为旅游胜地，外来资本租用农房用于经营民宿客栈由来已久，盘活低效利用或闲置的宅基地也是其市场自发的内生需求，但是，市场的自发生长容易带来私搭乱建、环境污染、管理无序等问题。在按照中央部署开展"两探索、两完善"的同时，大理市还结合当地旅游发展特色，推进宅基地的有序分置放活。其主要做法有以下五个方面：

（一）分区域，多途径保障户有所居

区分坝区、山区、城区等不同区域，采取差别化的农民住房保障措施，除常见的住房保障手段外，针对宅基地用地紧张的实际情况，强化规划管控、淡化指标管理，通过宅基地集中调整、定点审批，实现应保尽保，切实保障农户基本宅基地权益，确保户有所居。

（二）村庄规划全覆盖，加强宅基地审批和建房管理

一方面，通过分类处理历史遗留问题、宅基地有偿使用等手段，促进宅基地资源在集体经济组织成员之间的公平享有；另一方面，通过明确集体经济组织成员资格、严格界定"一户一宅"、村庄规划"多规合一"全覆盖、规范建房审批等举措，从源头上堵死宅基地无序扩张和多占乱建。在此轮改革中，对原村庄规划进行全面修编，合理划定村庄禁建区、限建区、适建区，利用环村林、环村路明确标注村庄增长边界。截至目前，城市规划区外的411个自然村全部实现了"多规合一"规划全覆盖，为农村土地制度改革工作扎实有序推进夯实了基础。

（三）拓权放活，规范管理，有序盘活闲置宅基地和农房

一方面，专门出台《大理市农村宅基地流转管理办法（试行）》，允许农户的宅基地使用权以转让、出租、继承、赠与、抵押、合作经营等多种方式流转，并允许宅基地和农房用于经营性用途，这一做法既为农户宅基地充分赋权，又为社会资本参与盘活利用宅基地和农房提供了丰富的途径。另一方面，通过流转条件设置和程序控制规范宅基地流转行为，不仅区分不同类型设置了差异化的前提条件，还为所有流转行为设置了"农民集体同意—村委会审核—乡镇政府审批"的三道把关程序。

（四）实行宅基地用途变更报备制度

针对部分宅基地和农房转为经营性用途的实际需求，既没有一棍子打死，也没有放任自流，而是以规划管控为基础，既放权又规范管理，规定宅基地和农房在符合相关规划要求时可以用于经营，但必须经集体经济组织同意后，报乡（镇）人民政府批准，即实行宅基地用途变更的审批报备制度。这种做法既拓展了农户宅基地使用权的权能，让农户得以获取更多的宅基地用途转变的增值收益，也保障了宅基地的有序利用。

（五）创新性地收取宅基地转经营性使用的增值收益调节金

在试点中，对于利用宅基地上的住房从事客栈、餐饮等经营性活动，或将宅基地以出租、入股等方式从事经营性活动的，按宅基地现有使用

面积，由集体经济组织收取土地收益调节金，并区分山区、洱海保护核心区域、距离洱海界桩的远近等因素，因地制宜，制定收取标准。这种做法体现了村庄旅游资源集体共享的理念，有利于平衡在宅基地经营性使用背景下不同农户间因宅基地区位不同而可能存在利益失衡，也是宅基地所有权人分享宅基地增值收益的有效手段。

大理市以上述五个方面为主要特点的宅基地盘活利用探索契合了2018 年"中央一号文件"提出的宅基地"三权分置"的要求，尤其是其对宅基地转经营性使用进行报备，并由集体经济组织收取收益调节金的制度设计，极大地丰富了宅基地"三权分置"的实践。

三　党领导，聚合力，共治共享，公正公平

在此次改革中，大理市通过加强党的领导，充分发挥基层党组织的战斗堡垒作用，通过完善村民自治体制机制，调动农民土地改革各方面的积极性，通过建立科学的收益调节制度，保障改革成果公平共享。

（一）通过加强党的领导，增强改革凝聚力

按照"省委直接抓、试点地方党委负责"的要求，省、州、市组建了高规格的领导机构和工作机构，强化对改革试点的领导、统筹、协调和推动落实。结合试点工作，大理市建立了市级领导挂钩乡镇、部门包村的市级挂钩联系工作制度，建立以乡镇领导挂钩村、干部联系组、村组为主体层层抓落实的工作责任机制，乡镇、村、组工作组采取不同形式、多种渠道进村入户积极宣传改革试点政策和精神，既答疑解惑又深入了解社情民意。这些做法既增强了党员干部同人民群众的血肉联系，密切了党群干群关系，也收获了广大农户对改革的信任和支持。

（二）通过多途径自治举措，保障农民知情权、参与权和决策权

充分发挥村民自治的作用，除依据《中华人民共和国村民委员会组织法》在行政村一级健全自治组织，推进"四议两公开"的议事制度，保障农民参与改革外，还结合已开展的自然村村民自治试点工作，充分发挥自然村村民理事会和自然村土地民主管理工作小组在土地管理中的作用，在集体经济组织成员资格认定、村庄规划修编、有偿使用标准确定、历史遗留问题处理、土地收益调节金收取等方面，让村民广泛参与到改革的决策过程中。这种实事求是、因地制宜的做法，既激发了农民参与土地改革的热情，保障了农民在改革中的主人翁地位，又完善了乡村治理机制，助力推动乡村振兴。

（三）通过科学的制度设计，保障改革利益共享

通过推行宅基地有偿使用、对宅基地经营客栈餐饮等收取土地收益调节金、健全集体经济组织制度、健全村民自治体制机制、建立集体土地收益分配制度等举措，保障集体成员公平分享改革成果。尤其是对宅基地经营客栈餐饮等收取收益调节金是大理市首创的制度，该制度不仅扩展了试点政策中宅基地有偿使用的内涵，而且有助于落实宅基地集体所有权，并能有效地平衡宅基地用于经营活动时集体经济组织成员之间的利益。

四 重统筹，促融合，保护发展稳定和谐

大理市站在解决"三农"问题、实现乡村振兴的高度统筹推进农村土地制度改革和相关改革，通过"三个统筹协调"发挥改革试点的综合效应、叠加效应和放大效应，并通过"四个结合"实现经济发展与生态保护齐头并进、相辅相成，促进人与自然的和谐发展和美丽大理建设。

（一）统筹协调好三项改革试点内部联系

通过公共利益和入市范围的界定，协调好征地项目和入市项目的关系；通过提高征地补偿标准、实行多元化补偿机制、分类收取土地增值收益调节金等举措，平衡农民在征地和入市中的收益关系；通过完善宅基地征收补偿制度、制定合理的宅基地退出补偿标准等举措，平衡农户在宅基地征收和宅基地退出中的利益关系；通过对宅基地转经营性用途收取土地收益调节金，协调宅基地改革与入市改革的关系。

（二）统筹协调好三项改革试点与其他涉农改革试点的关系

通过"土地制度改革＋"模式，同步推进农村土地制度改革三项试点和包括国家级"多规合一"试点、国家新型城镇化试点、国家级农村集体资产股份权能改革试点、国家级农民住房财产权抵押贷款试点、全国农村污水处理示范县建设、国家全域旅游示范区创建、省级农村土地承包经营权确权颁证试点、省级统筹城乡发展试点、州级自然村村民自治试点等在内的9项涉农改革，有力地发挥了改革试点的综合效应、叠加效应和放大效应。

（三）统筹协调好三项改革试点与全市经济社会发展重点工作的关系

洱海保护治理、民族历史文化保护传承、全域旅游发展、新型城镇化是当前大理市经济社会发展的重点工作。大理市把农村土地制度改革三项试点工作与上述重点工作相结合，实现"四个结合"：一是结合洱海

保护治理，为生态文明建设调整布局空间做出路径安排；二是结合民族历史文化保护传承，为美丽大理建设提供空间支持；三是结合全域旅游示范区创建，为旅游产业发展提供规划支撑；四是结合国家新型城镇化试点，为实现城市发展目标奠定基础。通过"四个结合"让农村土地制度改革成为促进大理绿色发展、共享发展、跨越发展的有力举措。

第三节　大理市改革试点的显著成效

大理市农村土地制度改革三项试点工作在国土资源部、省委、省政府、国家土地督察成都局和省国土资源厅的关心支持下，坚守四条底线，坚持问题导向，紧密结合实际，注重制度创新，大胆探索实践，全面深化统筹推进，特别是农村宅基地制度改革在全域展开，取得了显著成效。

专栏 2 - 1

大理市农村土地制度改革三项试点见成效

本报讯　大理市在农村土地制度改革试点工作中，坚持问题导向，坚守改革底线，采取有效措施，彰显农村集体所有者地位，切实维护所有者、使用者权益。

做实农村土地集体所有权。改革试点坚持农村土地公有制性质不改变的底线，在工作中突出彰显村、组集体对农村集体土地的所有者地位。通过村民理事会、监事会等形式，加强村组基层能力建设，加强自我管理的能力。以村组为主体，开展"空心村"整治和适应性调整工作，解决村庄散乱和村民建房落地难题；针对一户多宅、少批多占、继承等历史遗留问题的处理，在市相关指导意见框架下，由村、组一事一议，公示后决定，提升集体的凝聚力和向心力。

规范农村集体土地使用权。根据农村集体资产股份权改革试点对农村集体组织成员资格认定成果，结合地方传统习俗和农村宅基地使用现状，提出"户"与"宅"的认定标准，明晰农村宅基地申请、转让、继承等资格。开展农村"两权"调查，厘清农村宅基地使用现状，掌握住房困难户分布及特点，结合坝区、山区、城郊接合部等不同区位，因地制宜，采取多种方式，保障农民居住权益，明确在农村宅基地居住属性的基础上增加用途的，必须是合法建筑且经过村组同意并报乡镇备案。

搞活农村住房用益物权。通过增加农房抵押贷款、农村房地一体不动产确权颁证等多项试点，增加改革试点耦合性，放大改革试点效应，农村住房实现从资源—资产—资本的转变。通过处理历史遗留问题，可确保85%以上农户申领不动产权证书，通过农村住房财产权抵押贷款，破解农村融资"瓶颈"。改革试点中，对多占集体资源、增加农村不动产功能的，由集体主导收取超占费、土地调节金，实现集体增收、个人增效的目标，兼顾土地所有者、使用者权益。

（资料来源：《大理日报》2017年5月19日，陶家祥）

一　增强了农民的获得感

（一）宅基地制度改革的红利

宅基地制度改革保障了农户居住权益实现，并拓展了宅基地和农房财产权益。一是保障农户居住权益实现。通过明确"户"与"宅"的认定标准和宅基地申请审批资格条件，防止不合理分户家庭挤占住房刚性需求农户的建房用地指标；通过开展"空心村"整治和宅基地集中调整定点审批等具体举措，将村庄周围符合村庄规划的土地由集体统一收回、统一规划。符合宅基地申请条件的农户，经村民小组会议同意、张榜公示无异议，报乡镇人民政府审批后，农户按成本价有偿取得建房用地，有效地解决了困难户有宅基地指标而没有符合规划的地块、私自调地成本高昂等问题；通过摸底调查，查清住房困难户现状，各乡镇根据实际情况，制订了相应的住房保障权益方案。二是农房和宅基地财产价值显化。通过农村房地一体不动产登记颁证和农民住房财产权抵押贷款试点工作，全市农房抵押贷款余额从2014年年末的8.43亿元增长到2018年4月末的13.18亿元，抵押贷款数增加1669户，实施住房财产权抵押贷款后，户均贷款额度可增加10万元，解决了农民群众融资难题，初步实现了资源—资产—资本的转变；通过探索实施宅基地有偿使用制度，对农户超占、多占实行有偿使用，对利用农村宅基地发展客栈、餐饮等农户收取土地收益调节金，增加了村集体经济组织的收入。以银桥镇为例，目前由村集体主导已经收取 4 个村 131 户 271.2 万元土地收益调节金，为村内公共设施、环境治理等公共事务发展提供了有力的资金支持。

（二）土地征收制度改革的红利

土地征收制度改革让农民在收入、就业、养老保障等多方面受益。通过推行改革试点政策，土地征地数量缩小明显，2017 年，全市征收土地面积 514 亩，比前三年年均征地面积（2460 亩）减少 79.11%，征地面积大幅减少，新征土地主要保障公益性项目建设；建立多元化补偿机制保障农民长远生计，推行被征地人员基本养老保障与基本养老保险制度并轨，将因政策时间节点等原因，完全失地但未纳入社保的 4.23 万多人全部纳入基本养老保险保障范围；集体分享土地增值收益比例明显提高，在实行改革的征地项目中，土地增值收益在国家、集体之间的分配比例从试点前的 3.2∶1 调整为 1.8∶1。以下关镇荷花村为例，土地征收后，为集体经济组织安排 15% 以内的预留用地用于发展产业，并支持其开发运营学生公寓，通过此种方式，农民得以持续分享土地增值收益，长远生计得到保障。2016 年年底，荷花村集体资产突破 3 亿元，全村经济总收入 5.3 亿元、村集体经济年收入 1200 万元、农民人均年收入 14328 元，村庄基础设施大幅改善，村民福利保障大幅提高。

（三）集体经营性建设用地入市的红利

集体经营性建设用地入市显化土地价值，增加了农民土地收益。在集体经营性建设用地入市过程中，探索建立兼顾国家、集体、个人的入市增值收益分配机制，合理提高个人收益，实现收益共享。目前，银桥镇银桥村 4.34 亩地块以租赁方式实现入市交易，大理镇西门村 5.8 亩地块以公开拍卖方式实现入市交易。以大理镇西门村为例，该村 5.8 亩地块以公开拍卖方式入市，起拍价 150 万元/亩，成交单价 450 万元/亩，溢价率高达 200%，成交总价 2610 万元，扣减土地取得相关成本 291.17 万元，土地纯收益 2318.83 万元，按比例缴纳土地增值收益调节金后，集体实际纯收益达 1739.1225 万元，按照《大理市农村集体经营性建设用地入市收益分配指导意见》，西门村三组可按《股份合作社章程》规定，将收益的 30% 留作集体经济发展和公共设施建设，70% 用于股东红利分配，人均可分得 4 万余元。

二 提高了农村土地利用与管理效率

（一）建立全域空间管理体系

结合国家级"多规合一"改革试点，按照"统筹城乡、全域管控"的原则，积极推进城乡总体规划、土地利用规划和村庄规划修编工作，着力实现"规划一张图、建设一盘棋、管理一张网"的目标，建立了以"四区九线"为基础的全域空间管理体系。通过划定建设用地增长边界、生态保护"红线"、产业区块控制线等重要规划控制线，切实解决了村庄规划与土地利用规划及相关规划之间的矛盾，防止村庄无序发展，促进了村庄建设更加科学、合理，改善了村庄风貌。

（二）形成农村建房全过程监管服务体系

规范宅基地审批管理，明确使用存量建设用地的，由乡镇人民政府审批；申请使用新增建设用地的，由村集体提出分配方案，经乡镇人民政府同意，报市人民政府审批；建立审批宅基地报备制度，强化宅基地审批监管；提出强化规划管控、淡化指标管理的工作思路，积极向上争取改革宅基地的农地转用核销方式，有效地解决了指标少、审批慢的问题。实行农村建设规划许可和准建证制度，组建村庄土地规划建设专管员队伍，实施网格化管理，形成了农村建房全过程监管服务体系。

（三）搭建三大管理平台

搭建了宅基地动态监管平台，根据农村"两权"调查数据，认真梳理农村宅基地位置、坐落、面积等使用情况，建立数据库查询系统，方便全市宅基地管理查询工作；搭建不动产登记平台，接入国家级信息平台，实现登记信息的互联互通，开展房地统一登记工作；搭建农村产权流转交易平台，实现农村产权流转统一交易规则、统一信息发布、统一交易鉴证、统一监督管理。

（四）明晰管理权责关系

通过改革试点进一步明确了市、镇、村、组和市级相关部门在农村土地管理及耕地保护上的责任；同时，在全市11个乡镇和2个办事处的132个自然村开展了自然村村民自治试点工作，将宅基地新批、退出、因特殊困难缓缴或免交有偿使用费等纳入了村民民主决策事项，村集体作为土地所有者主体地位日益提升，村民积极参与、相互监督和自我管理意识明显增强。

三　保障了洱海治理和生态文明建设

（一）为生态用地供给提供制度支撑

利用前期精准掌握的农村土地利用现状数据，合理编制发展规划，科学布局用地空间，调整用地结构，积极探索运用已批未用土地区位调整、生态用地征收多种补偿方式等试点政策，支持洱海保护项目实施，为生态用地的供给提供制度支撑。一是加快"森林大理"建设。新增营造林19.5万亩，退耕还林4.1万亩，建成省级生态乡镇8个；新建污水处理厂6座、村落污水处理系统42座、垃圾中转站10座，海东垃圾焚烧发电厂、顺丰公司有机肥加工项目投入运行。二是科学编制《洱海保护治理与流域生态建设"十三五"规划》，洱海环湖截污PPP项目、北干渠综合管网等重大环保工程项目正在加快建设。

（二）有效遏制洱海周边村庄无序发展乱象

坚持疏堵结合，着力规范农村个人建房行为。一是及时修编自然村村庄规划。安排农民住房保障和村庄产业发展用地5456亩，通过权益互换、征收、有偿使用费调节等措施，促进洱海流域水生态保护区核心区内的1806户农户实施搬迁，落实搬迁用地1386亩。二是建立土地利用变化动态监测系统，大力开展环洱海流域违法用地整治，依法拆除违法违规建筑，坚决封堵排污口，规范市场经营秩序，自2015年4月以来，先后三次全面叫停全市农村住房建设。截至2017年年底，共立案查处历史遗留的土地违法案件2107起，拆除违法建筑1885户、26.55万平方米；全面核查核心区宅基地用于餐饮、客栈经营的行为，并关停1900户，封停经营面积8.3万平方米。

四　优化了乡村治理体系

（一）健全村民自治组织机构

在行政村一级健全自治组织，形成了村党总支部、村委会、勤廉委的自治组织架构，以及"四议两公开"议事制度，建立了村民自治组织推进农村土地制度改革的组织架构，为开展其他工作提供了参考借鉴。通过组织村组干部和村民代表集中学习农村土地制度改革试点工作政策，提高了村组干部开展农村土地制度改革的能力和水平，加强了村"两委"班子成员和群众之间的沟通联系，锻炼了基层干部的工作能力。

（二）健全村民民主管理机制

开展自然村村民自治试点，成立自然村村民理事会，在镇村两级成立村庄规划建设管理促进会，积极发挥"两会"在开展农村土地制度改革宣传、动员，以及农村土地民主管理中的作用，进一步畅通了农民参与农村土地改革渠道，调动了农民主人翁意识和改革积极性，为健全乡村治理体系提供了坚实的群众基础。

（三）成立农村集体经济组织

全面完成有经营性资产的 37 个村委会、134 个村民小组的股份量化和股权设置，成立村经济股份合作社 171 个，量化经营性资产（原值）16.54 亿元，确定股东 19.5 万人，发放股权证 94157 本，有经营性资产和资源的村组股份权能改革完成率达 100%。固化资源性资产 3.8 万亩，对没有（或有少量）经营性资产资源的村组进行了股东固化，固化集体经济组织成员股东 14.24 万人。

五　促进了城乡经济统筹发展

（一）提高农民经济收入

农村土地制度改革三项试点在农村基础设施建设、乡村旅游发展、土地股份合作经营、集体经营性建设用地盘活等方面推动了经济发展。从城乡居民收入看，试点前的 2014 年，大理市农民人均纯收入 11095 元，城乡居民收入比为 2.38 : 1；2017 年，大理市农村常住居民人均纯收入 14609 元，平均增幅达 9.6%，城乡居民收入缩小为 2.32 : 1，优于全国平均水平。

（二）带动产业转型升级

在改革试点积极支持土地股份合作经营、规范餐饮客栈经营等情况下，加快了农业现代化进程，促进了旅游产业的转型升级。2017 年，全市完成农业总产值 47.03 亿元，比 2014 年增长 16.84%；产业结构优化，第一、第二、第三产业比重从 2014 年的 6.7 : 48.2 : 45.1 调整到6.5 : 44.9 : 48.6，第三产业比重上升 3.5 个百分点。从大理市的支柱产业旅游业的发展看，2017 年，全市接待海内外游客 1674 万人次，同 2014 年的 918 万人次相比，增长 82.35%；2017 年，实现旅游社会总收入292.58 亿元，同 2014 年的 135.01 亿元相比，增长 116.71%。

六　形成了可复制可推广的试点经验

（一）通过制度试行积累了改革经验

深化农村土地制度改革是推进体制机制创新、强化乡村振兴制度供给最核心的内容。大理市在农村土地制度改革三项试点探索实践中，共印发实施试点制度 42 项。改革试点的制度试行推动了经济社会发展，同时也积累了改革经验——改革试点工作中形成的村庄土地规划建设专管员制度在全省推广，"空心村"整治和农村公益性骨灰堂建设经验在全州推广。

（二）通过改革探索实践提出了修法建议

在宅基地的法定权益保障、审批、用途管制等6个方面，对《土地管理法》提出了3条修改建议和6条补充建议，对《物权法》提出了1条补充建议，对《土地管理法（修正案）》（征求意见稿）提出了5条修改意见。

2017年6月，国土资源部督察组到大理市实地督察后认为：大理市改革试点思路清晰、措施有力，基础工作扎实，工作有突破、有创新、有特色、有亮点。摸底调查工作深入、全面，确权登记、村庄规划编制修订工作细致、超前，确权登记颁证率高，取得了很好的改革试点实践经验。

2017年11月，国务院参事室调研组实地调研后认为：试点地区农村宅基地改革解决了公平合理、集约用地、集体经济收入的来源问题，加强了乡村治理，增加了集体经济收入和农户的财产性收入，农村更和谐了。

国土资源部姜大明部长在2017年10月31日召开的十二届全国人大常委会第三十次会议上，就延长农村土地制度改革三项试点期限做说明时，对大理市工作给予了肯定。

习近平总书记指出：判断改革是否成功的标准有两条：一是看经济是否发展了；二是看人民群众是否有实实在在的获得感。大理市农村土地制度改革的初心是为广大农民群众谋福祉，让农民群众有实实在在的获得感，大理市的改革体现了初心，也实现了初心。

第二篇　宅改

第三章 大理市农村宅基地制度
改革试点的总体情况

第一节 大理市农村宅基地管理的历史沿革

大理市的前身是大理县和凤仪县。新中国成立以来，行政辖区经多次变更，历史沿革复杂。1952年，大理、凤仪两县划出部分地区设下关市。1958年，大理、下关、凤仪、漾濞合并，成立大理市。1961年，撤大理市恢复大理县、下关市、漾濞县。1983年10月，撤销大理县、下关市，合并设立大理市。2004年，洱源县的江尾镇、双廊镇划归大理市。历史上，大理市的农村宅基地管理使用主要依据相关的法律法规，并结合传统民居的传承和建筑文化的演进，形成了具有民族地域特色的建房习俗。

一　农村宅基地管理变迁的政策依据

1982年以前，主要依据《高级农业生产合作社示范章程》和《农村人民公社工作条例修正草案》以及云南省人民委员会对大理州人民委员会《关于如何处理社员盖房占用土地的请示报告》批复的相关规定管理宅基地。社员建房所需宅基地，本着节约用地的原则，由合作社和生产队统筹解决，在充分和贫下中农商量后，提请社员大会通过批准。

1982—1986年，主要依据《云南省贯彻执行国务院〈村镇建房用地管理条例〉实施办法》的规定管理宅基地。社员建房所需宅基地，结合每户人口数和人均耕地面积，审批120—220平方米，利用荒山荒地建房、边疆少数民族地区适当放宽。

1987年至今，主要依据《中华人民共和国土地管理法》《云南省土地管理条例》《大理市实施〈中华人民共和国土地管理法〉办法》《大理白族自治州村庄规划建设管理条例》等法律法规和政策规定，明晰宅基地的审批条件、审批面积、执法监管等内容。村民建房所需宅基地，区分城市规划区内外、坝区和山区、住房用地和生产辅助设施用地等情况，审批面积为100—350平方米。

二 大理市农村建房民俗

大理市农村建房风格以白族传统民居"三坊一照壁"（占地约420平方米）为主，农村宅基地承载居住、生活和部分生产用地功能，历史上，宅基地批准面积相对较大。1999年，《云南省土地管理条例》明确农村宅基地审批标准150平方米/户，由市人民政府审批。2011年，《大理白族自治州村庄规划建设管理条例》出台，明确农村宅基地审批标准为："坝区村庄每户住房用地不超过180平方米，生产辅助设施用地不超过90平方米；山区村庄每户住房用地不超过200平方米，生产辅助设施用地不超过150平方米。占用耕地的下调10%。"由市人民政府下达年度用地指标，乡镇人民政府审批、登记，报市国土资源局备案。

试点工作开展以前，在宅基地审批上，严格执行"一户一宅"规定，推行"三公开、四到场、一监督"（年度下达指标、申请户情况、审批结果公开；受理申请审查是否符合条件、拟用地审查是否符合规划、依法批准后丈量放线、房屋竣工用地情况复核都到现场；宅基地审批管理情况接受社会和群众监督）。在农村集体成员权管理上，以农村户籍人口和农业承包人口为基础，由村民自治来明确，基本没有成文规范的规定。在申请人资格管理上，主要以依法登记的独立户口为单位，以村民户口簿户主为申请人。在分户管理上，主要按传统习俗，以村组干部、家族长辈鉴证的家庭内部分家析产分户结果为准，没有统一明确规范的分户标准。在宅基地分配上，村组对符合宅基地申请资格条件的农户，实行排队，根据年度下达指标情况，逐年有序解决。在宅基地用地落实上，在符合土地利用总体规划和村庄规划的前提下，主要以农户自有土地或调换取得为主。在农村土地利用调查方面，按规定按年全面开展土地利用变更调查，及时掌握农村土地利用现状；完成农村集体土地所有权调查颁证工作；城镇地籍调查已全面完成，城镇周边农村、乡镇政府所在地农村地籍调查已完成，其余农村的地籍调查，结合农村宅基地确权调查加快推进。

第二节　大理市农村宅基地管理存在的问题

大理市在农村实行包产到户责任制后，促进了农村经济社会的快速发展，农民收入的不断增加，激发了广大农户改善原有住房条件的热情，对宅基地的需求日益增长，同时也出现了农村建房乱占滥用耕地的现象，农村宅基地管理上长期存在指标少、落地难，部分农民住房困难，历史上多次清理农村违法占地、超批准面积占用，遗留问题较多，群众对通过颁证维护权益的愿望迫切，特别是农民出租住房、增加宅基地用途等缺少规范管理等问题，推进农村宅基地制度改革试点，除自身制度改革与政策创新外，还与农村居民实现发展、田园风光保护、民族历史文化保护、旅游产业转型升级等交织在一起，成为大理市在推进旅游富民兴市、生态文明建设和新型城镇化中必须面对和解决的关键问题。

一　农村土地资源稀缺，发展空间狭小

大理市山多地少，其中，山地面积占 70.5%，坝区面积占 15.8%，洱海水域面积占 13.7%。土地资源尤其是耕地资源极为稀缺是其基本特点。苍山洱海自然保护区生态管控严格，城乡居民生产生活空间主要集中在坝区 280 平方千米内，村民生产生活区域与游客休闲观光区域高度重合，发展空间狭小，海西 12 万亩耕地是海西田园风光和农耕文化的核心及重要承载区，农民住房权益保障和耕地保护压力大。宅基地改革时，大理市宅基地利用情况如图 3-1 所示。

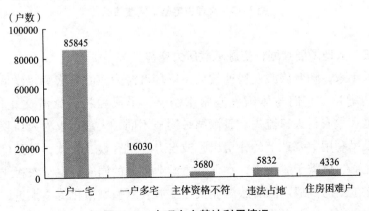

图 3-1　大理市宅基地利用情况

二 农村土地管理家底不清，历史遗留问题复杂

大理市农村集体建设用地、宅基地家底不清。宅基地形成历经不同审批阶段，由于各阶段审批权限不同，批准标准不一，再加上继承、赠与等因素，导致一户多宅、超标占用等具有复杂背景。历史上，多次清理农村违法占地、超批准面积占用，但处罚的主体、方式、标准多样，多数宅基地权证面积不准确，四至界限不清，遗留问题较多，"批新不让旧""建新不拆旧"现象比较突出，一户多宅、少批多建不同程度存在，既浪费了土地资源，加剧了人地矛盾，又阻碍了城乡一体统筹发展。管理基础薄弱与历史遗留问题相互叠加，增加了改革的复杂性和敏感性。根据对上关镇等6个乡镇的调查结果，目前已查明闲置宅基地2216宗，占全市总宗数的1.76%，其中，太邑乡、凤仪镇和银桥镇闲置宅基地宗数较多。宅基地改革时，大理市宅基地闲置情况如图3-2所示。

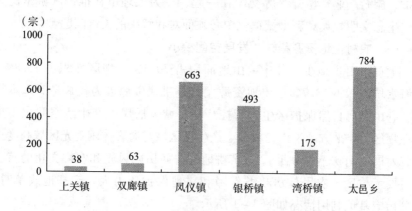

图 3-2　大理市宅基地闲置情况

三 人地矛盾加剧，资源承载压力空前

近年来，随着旅游业快速发展，以环洱海为核心的旅游客栈呈"井喷式"增长，它们与休闲度假紧密结合，形成独特的旅游文化体验。与全国多数农村人口流失、日渐凋敝明显不同，大理市农村人口稳定增长，农民利用宅基地上的住房出租或自办乡村客栈、餐饮，导致宅基地需求旺盛、供需矛盾突出，在促进旅游业发展的同时，也给农村土地管理带来了新的挑战。随着旅游业快速发展和新型城镇化持续推进，外来人口大量集聚，开发强度不断加大，资源环境约束进一步加剧。全面实

施洱海流域"两违"整治、村镇"两污"整治、面源污染减量、节水治水生态修复、截污治污工程提速、流域执法监管、全民保护洱海任重道远。

四　农民住房财产权益没有显化，权能不清

由于基础工作滞后，农村宅基地底数不清，户均宅基地面积、一户一宅、一户多宅底数不清，住房困难户权益维护困难。农民建房的宅基地实行指标分配，从根本上说，带有福利性质，农村产权交易流转困难，农村不动产登记和农民住房财产权抵押贷款工作进度滞后，农民住房从资产—资本—资金转化困难，推进农业现代化、实现城乡一体的新型城镇化进程和农村新业态发展遇到了资金"瓶颈"。

五　农村集体主体地位弱化，凝聚力向心力不强

农村集体作为土地所有者地位弱化，无相应的集体资产支撑，空壳村现象突出。村党支部、村民小组的领导能力不足，不同程度地存在不想管、不愿管、不敢管现象。部分乡（镇）、村、组的农民建房管理力度不够，管理不规范，未批先建、批东建西、少批多建现象普遍。根据宅基地入户调查核实结果，凤仪镇、海东镇、大理镇、双廊镇和太邑乡未批先建户较多。宅基地改革时，大理市宅基地未批先建情况如图3-3所示。

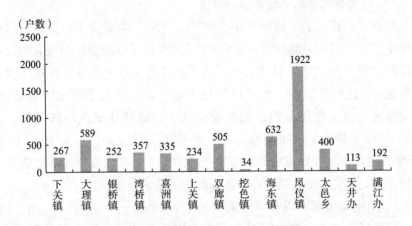

图3-3　大理市宅基地未批先建情况

第三节　农村宅基地改革工作推进情况

按照"省委直接抓、试点地方党委负责"的工作要求，省、州、市各级深刻认识土地制度改革的重大意义，认真学习，贯彻落实习近平总书记在中央全面深化改革领导小组历次会议上的重要讲话精神和党中央国务院关于农村土地制度改革的安排部署，深刻认识农村土地制度改革的重大意义，坚持从"四个全面"战略布局的高度和全国、全省的角度认识试点工作，把推进改革试点作为促进大理市经济社会发展的重大历史机遇，组建了高规格的领导和工作机构，安排专人挂职指导改革试点工作，农村宅基地制度改革试点在全市所有自然村全域推开。

一　改革完善农村宅基地权益保障和取得方式

（一）加快推进农村宅基地确权登记颁证，摸清"家底"

投入 1500 万元，全面完成全市 10.6 万户宅基地调查测量，清楚地掌握了农村宅基地使用现状，准确掌握全市 4336 户住房困难户的用地需求和分布情况。为合理确定保障大多数农户利益的政策措施边界、科学规划村庄发展规模、精准打击违法违规建设行为提供了准确依据。

（二）明确宅基地申请资格、标准

坚持"一户一宅"的核心在"户"与"宅"的认定上，国家法律明确规定"一户农户只能拥有一处宅基地"，但是，目前国家和地方均没有具体的"户"与"宅"认定标准。大理市结合全市宅基地使用现状和地方传统习俗进行了界定。对"户"与"宅"标准进行了界定（界定户、宅的做法在国土资源部组织的经验交流中，被其他试点地区认可、借鉴），明确宅基地的取得资格标准，宅基地实际需求户从 8.5% 下降到 5.6%，在公平公正保障农民住房权益的前提下，最大限度地减轻宅基地分配压力，切实保障宅基地在初次分配中的公平公正。

（三）探索农民住房保障的多种实现形式

通过摸底调查，准确掌握全市住房困难户的用地需求和分布情况，针对市情实际，结合坝区、山区特点，探索四种农民住房保障在不同区域"户有所居"的实现形式，因地制宜，采用四种方式，保障"户有所居"，切实保障宅基地在初次分配中的公平公正。

专栏 3 – 1

四种"户有所居"实现形式

　　一是在太邑乡和其他镇山区村组，在规划范围内，继续沿用指标管理、自行选址的宅基地取得方式；二是在银桥镇、挖色镇等 9 个环湖镇坝区，采用"统一规划、逐年审批、分户建设、多户联建"等方式落实"一户一宅"；三是在下关镇、大理镇、凤仪镇的城郊接合部，探索集中建设农民公寓、农民住宅小区，改善农民居住条件；四是在基础设施齐全、土地价值高的中心城区，不再分配宅基地，所涉及农户纳入居民住房保障体系。此外，针对精准扶贫建档立卡对象，实行政府兜底、"扫地入住"，确保贫困家庭"户有所居"，切实保障宅基地在初次分配中的公平公正。

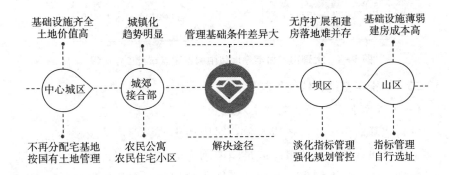

4 种"户有所居"实现形式

　　（四）开展宅基地集中调整定点审批，实现落地建房

　　调整衔接村庄规划和土地利用总体规划，加快推进农村宅基地集中调整定点审批，解决宅基地指标落地难问题。大理市通过开展宅基地集中调整定点审批工作（审批工作流情况见图 3 –4），已从根本上解决宅基地指标少、建房落地困难问题。

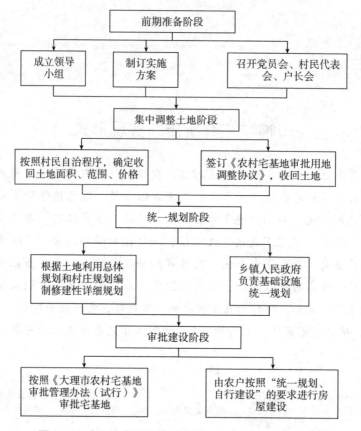

图3-4 大理市农村宅基地集中调整定点审批工作流程

二 探索宅基地有偿使用制度

（一）有偿使用，维护集体个人权益

农村宅基地初次取得按成本价，对因历史原因形成的少批多占、一户多宅以及非本集体经济组织成员因继承房屋或其他方式占有使用宅基地的行为，分梯度由村集体主导一次性或按年收取有偿使用费。结合不动产登记，对农村住房建设涉及规划建设方面的违法违规行为，形成处理意见，同步予以解决，确保大多数农户可申领不动产权证书，切实维护农民权益。支持指导集体对利用宅基地上的住房从事客栈、餐饮等经营性活动，或将宅基地以出租、入股等方式从事经营性活动的，按照宅基地现有使用面积，由村集体收取土地收益调节金，重点解决村集体土地所有者、使用者、经营者收益共享问题。

2017年3月17日，在全市农村土地制度改革三项试点工作领导小组会议上，对以下问题进行明确：

1. 关于制度衔接问题。2013 年 12 月，大理市人民政府下发的《大理市违法违规建筑综合整治中有关问题的处理意见》（大市政发〔2013〕89 号）规定：

"对符合土地利用总体规划和村庄规划的超批准面积，原则拆除恢复，确属无法拆除的，可实施有偿使用，征收集体建设用地有偿使用费。批准面积与超批准面积之和不超出《云南省大理白族自治州村庄规划建设管理条例》规定的住宅用地标准的，超批准面积一次性征收每平方米 200 元；超出《云南省大理白族自治州村庄规划建设管理条例》规定的住宅用地标准的超面积部分，由集体经济组织（土地所有者）先收回土地使用权后出租，用于自住的每年每平方米征收 30 元集体建设用地有偿使用费，用于出租或经营的每年每平方米征收 200 元集体建设用地有偿使用费。"

"对未经批准实施建设的已建违法建筑物，其用地符合土地利用总体规划、村庄规划，但属'一户多宅'或原宅基地出租的，应限期拆除、退还土地并恢复原状，确属无法拆除的由集体经济组织（土地所有者）先收回土地使用权后出租。用于自住的每年每平方米征收 30 元集体建设用地有偿使用费，用于出租或经营的每年每平方米征收 200 元集体建设用地有偿使用费。"

上述规定在 2015 年 5 月市委、市政府下发《大理市深入开展洱海流域环境综合整治的实施方案》后得到执行，截至目前，除凤仪外，各乡镇共登记的有偿使用户 1692 户均为整治中的在建户，收取有偿使用费 1155.44 万元，其中，自住 1500 户、640.97 万元，经营 192 户、514.47 万元，对此前建成的宅基地未收取相关费用。

在试点政策制定过程中，宅改办工作人员对全国 14 个农村宅基地改革试点中的 8 个县市做了调查了解，大理市的收费标准较高。在深入乡镇调研中，各乡镇均认为历史遗留的宅基地违法违规行为量大面广，仅银桥镇历史形成的超占面积就达 42 万平方米，如严格执行 89 号文件，一方面工作难度较大，另一方面也与"维护绝大部分农民权益、不增加农民负担"的要求不一致，再者大理市农村宅基地经过多次"清非"，且违法处罚收取主体不同、标准不一，情况十分复杂。省国土资源厅指导组建议合理确定相关费用标准，充分考虑历史遗留问题处理的延续性，程序上先考虑解决土地超占问题，在此基础上解决宅基地用于经营问题。

通过对全市宅基地摸底调查，现有宅基地总宗地面积在 450 平方米以内的约占85%，划定宗地450平方米以内的少批多占面积实行一次性有偿使用可解决全市不低于85%的宅基地不动产登记问题，切实解决宅基地权益完整、权能保障问题。根据调查数据，制度设计中确定了几个方面的标准：一是由集体收取有偿使用费，解决超占宅基地来源问题，符合规划、历史原因形成的少批多占面积，450平方米以内的多占部分，按阶梯收取一次性有偿使用费后予以登记，对超占面积单独载明，标准为不低于60元/平方米，超过450平方米的多占部分，按年收取有偿使用费，且不予登记；二是由集体收取收益调节金，解决集体土地增值收益公平分配问题，宅基地改变用途、从事经营活动的，经审批备案后，按实际使用的全部土地面积，以不低于5元/平方米·年的梯度收取土地收益调节金；三是综合整治中被认定为应当接受处理但未处理完毕的在建户，按89号文件执行一年后，再按宅改试点相关标准缴纳有偿使用费和土地收益调节金；四是需要说明的问题，宅基地制度改革试点中制定的有偿使用费和土地收益调节金指导意见，其标准为下限标准，各乡镇应当指导各村根据实际情况，通过村民民主程序，确定具体收取标准。

总之，宅基地历史遗留问题历时长、问题多、政策性强，在制度设计中虽已做了充分的考虑，但在执行过程中还存在概念模糊、理解偏差等问题，我们将进一步加大宣传、培训，对各乡镇遇到的问题进行详细解答，确保改革试点工作加快推进。

2. 关于违法用地处罚标准。土地管理法实施条例规定，"对未经批准违法占用土地的行为，给予每平方米30元以下的处罚"，鉴于少批多占量大面广，省国土资源厅相关处室指导建议，适当减轻处罚或免予处罚。为保证处罚的公平公正，将改革试点与综合整治做到最大限度的融合，全力配合好洱海流域保护治理七大行动，拟在农村不动产登记工作中，对历史原因形成且符合处罚条件的违法违规占地行为按照5—10元/平方米的标准进行行政处罚。

3. 关于农村不动产登记历史中遗留问题的处理。

（1）涉及规划的问题。2015年5月《大理市人民政府办公室关于对全市农村住房在建项目开展联合复查的通知》（大市政办发〔2015〕56号）首次提出，农村建房（不含下关城区）体量不超过450平方米的标准。之前，各乡镇、村组对农户建房主要审查其用地是否符合规划、建筑风格是否符合要求、建筑高度是否超标准等。拟明确：中心城区控规范围外，在

2015 年 4 月 23 日前已建成使用的农村住房在符合规划控制要求，建筑面积小于 450 平方米的，经乡镇人民政府备案后予以登记；建筑面积超过 450 平方米的，由乡镇人民政府出具审核意见后予以登记；在 2015 年 4 月 23 日后建成使用的农村住房，按规划批准面积和综合整治处罚认定面积予以登记；超规划批准面积和综合整治处罚认定面积建设的，不予登记。

（2）涉及"一户多宅"的处理。1999 年 1 月 1 日修订的《中华人民共和国土地管理法》实施前，没有提出"一户一宅"的概念，修订的《中华人民共和国土地管理法》第六十二条规定："农村村民一户只能拥有一处宅基地""批新退旧"。结合改革试点并借鉴其他试点地区做法，坚持处理历史遗留问题的导向，妥善处理历史遗留问题。《村镇建房用地管理条例》实施前已建房屋，形成"一户多宅"使用至今未扩大用地面积的，按现有实际面积分别进行登记；《村镇建房用地管理条例》实施后至修订的《中华人民共和国土地管理法》实施前，形成的一户多宅，经处罚和集体收取有偿使用费后予以登记；修订的《中华人民共和国土地管理法》实施起至 2015 年 4 月 24 日《大理市人民政府关于开展洱海流域农村宅基地专项整治的通告》发布止，已建房屋形成"一户多宅"，由农户自行确定其中的一宅申请登记，对"多宅"部分，原则上应当退还集体，确属无法退出的，由村集体主导实行按年收取有偿使用费。

（3）特殊区域的处理。在城郊接合部，属旧城改造、棚户区改造划定项目规划范围、重点项目计划征拆范围及其他特殊区域，暂不开展登记工作。

专栏 3 - 2

有偿使用费和土地收益金收取标准指导意见

根据《大理市农村宅基地历史遗留问题处理意见》《大理市农村宅基地有偿使用指导意见（试行）》，明确对因历史原因形成的少批多占、一户多宅以及非本集体经济组织成员因继承房屋或其他方式占有使用宅基地的行为，由村集体主导一次性或按年收取有偿使用费，对现宗地面积不大于 450 平方米的少批多占部分，按不低于 60 元/平方米、90 元/平方米、

120元/平方米的标准分梯度一次性收取有偿使用费，超过450平方米的少批多占部分，按不低于10元/平方米·年的标准收取有偿使用费；对"一户多宅"的，根据占地时间，按不低于5元/平方米、10元/平方米·年的标准分类收取有偿使用费；对继承取得主体资格不符的，按不低于5元/平方米的标准一次性收取有偿使用费；特别明确，位于下关城区控规和洱海、海西保护禁建区范围内的少批多占部分，只能按不低于10元/平方米·年的标准收取有偿使用费；对利用宅基地上住房从事客栈、餐饮等经营活动的，按宅基地现有面积以不低于5元/平方米、10元/平方米、20元/平方米·年的标准分区域由集体收取土地收益调节金。

（二）开展住房财产权抵押贷款实现用益物权

开展农民住房财产权抵押贷款试点工作，探索宅基地用益物权的多种实现形式，大理市农村合作银行在原有开展金融创新累计发放12.76亿元农村住房信用贷款的基础上，2016年6月16日发放了首批农民住房财产权抵押贷款。

三　探索宅基地自愿有偿退出机制

（一）建立宅基地流转机制

出台大理市农村宅基地流转、退出管理办法，搭建产权交易平台，规范宅基地流转、退出行为，对全部退出宅基地或放弃宅基地申请资格、全家迁移到城镇购房居住的，在规定的面积标准内，由政府按购房面积给予200元/平方米奖励。规范宅基地再开发行为，推行宅基地流转、增加用途审批登记备案制度，促进民宿业经营者进行有序投资开发。

专栏3-3

大理市农村宅基地流转管理办法（试行）

第三章　流转范围、条件及程序

第七条　宅基地转让是指农民将住房所有权及所占宅基地使用权转

让给符合条件的受让人，由受让人支付价款的行为。

宅基地转让必须同时具备以下条件：

（一）转让的宅基地必须经依法登记，且产权明晰无争议；

（二）宅基地使用权不得单独转让，必须与地上房屋一并转让；

（三）转让行为须经集体经济组织（村民小组）同意；

（四）转让人在转让后有一处以上独立所有权的居住场所；

（五）转让人和受让人必须是大理市同一乡（镇）、办事处辖区内的农村村民；

（六）受让人符合宅基地申请资格条件。

（二）开展"空心村"整治

结合传统村落保护推进"空心村"整治，解决农民建房选址和用地置换难、建设散乱的问题。目前，已完成大理镇西门、凤仪镇小赤佛、银桥镇双鸳等5个村的"空心村"整治，共退出闲置宅基地，减少农村新建房屋占用耕地。

专栏 3-4

美化人居环境　提升幸福指数

——记银桥镇古主庄自然村"空心村"整治

银桥镇新邑村委会古主庄自然村有3个村民小组，有农民290户，乡村人口1132人，其中，农业人口1012人。国土面积0.8平方千米，其中，耕地790亩，人均耕地0.73亩。在农村土地制度改革试点工作过程中，古主庄自然村通过"空心村"整治，有效地遏制占用良田建房的势头，美化人居环境，确保全村新农村建设取得新的成效。

完善基础设施　焕新村容村貌

【银桥镇副镇长　赵××】 在古主庄自然村"空心村"整治中，通过拆除旧房，整理出 10.9 亩闲置土地。规划出宅基地 7 宗、菜市场 1 块、活动广场 1 块。村里引进资金统一规划建设好水、电、路、沟等基础设施和其他公用事业。按照统一规划、统一布局、统一风格、统一施工的原则进行改造新建。老百姓都看到了改造所带来的极大好处，美化了环境，改善了人居环境，群众的支持率和呼声也越来越高。原来的脏、乱、差现象得到改善，人们的生活习惯、卫生意识、环保意识都发生了改变。同时，严格落实"一户一宅"的规定，避免了乱占耕地。

【古主庄自然村 8 组小组长　杨××】 我们村的"空心村"现象带来了一系列的问题，严重影响村容村貌，村外新房一大片，村内旧房、破房随处见，使村庄品位大打折扣。以前村里面基本上没有公共设施、绿化、硬化和排水沟渠，也难以进行设施建设，一遇到下雨天，污水横溢，道路泥泞。不少旧房年久失修成危房，却仍用于堆放稻草、养鸡，甚至住人，遇到灾害性天气安全隐患较高。

通过这次"空心村"整治，一来解决了住房困难户的住房问题。二来修辑了道路，建了菜市场、活动广场。三来邻里干群关系得到明显改善。村庄规划整治前，不少农户为争宅基地，与邻里纠纷不断，有的受旧习惯和封建思想影响，常常与邻里比台阶，争屋顶高低，造成邻里反目，上访告状，邻里关系紧张。村庄规划整治后，由于统一了标准，做到了公开、公正、透明，原有的矛盾彻底解决，各种住宅纠纷烟消云散，新的农村文明新风逐步形成。

自愿有偿退出　盘活闲置土地

【退出宅基地群众　董××】 我家有 8 人，原来我家的老房子由于交通不便，年久失修，就把我家的房子盖到外面去了，这里的老房子就空了下来。董福旺小组长也来做我的思想工作，说这次"空心村"的整治小组长问我愿不愿意退出。我想老宅子闲着也是浪费，为了"空心村"连片开展整治，为了改善我们自己的居住环境我也支持，这样，一来可以让我们村的老百姓做的绣花鞋、橡塑加工品能够顺利地用车子拉走；二来以后买菜也不用跑到别的村或者跑到镇上；三来老人、小孩都可以到广场上活动，咱们也可以过上城里社区那些人一样的生活。就希望能得到合理补偿。在进行了相关的评估程序之后，我家的老宅基地0.189亩，按10万元/亩补偿，我家宅基地补偿1.89万元，地上房屋评估为1.5万元，村上和我签订《大理市空心村整治宅基地使用权回收协议书》，累计补偿我家3.5112万元。

合理规划利用　解决住房难题

【住房困难群众　董××】我家是住房困难户，现村上安排我在这里建房。我家的宅基地指标也是2015年前就有了，在村庄规划范围内没有合适的地块建房。想和别的农户调换村庄规划区内的6分地，人家还要我再补3万元。现在村上搞"空心村"整治，给我安排了建房宅基地，按成本价6.8万元/宗交给集体。这样一来，不仅给我省了调换土地多补偿的钱，还实现了落地建房，同时村里面还建了菜市场和小广场，让我们的生活便利了许多，我真的是感觉到既高兴又幸福啊！

古主庄自然村"空心村"整治贯彻了"科学规划、合理利用、集约节约、有序开发"的社会主义新农村建设的基本思路，加强全村耕地保护，提高土地使用效率，美化人居环境，提高全村人们的生活质量和幸福指数。农民生活环境得到较大改善，原来脏、乱、差的现象经过整治，铲除了卫生死角，硬化了路面，绿化了村庄，美化了环境，人们的生活习惯、卫生意识、环保意识也随之发生变化，一个现代文明花园式新农村展现在人们面前！

四　完善宅基地管理制度

（一）村庄规划布局进一步优化

将土地利用总体规划调整完善与村庄规划全面修编进行有机结合，编制了《村庄规划修编成果技术标准（试行）》，按照"多规合一"要求，大理市投入6000余万元，全面启动全市自然村村庄规划修编，利用工程方式建设环村路（生态林带），明确划定村庄增长边界，留足生态环保用地，合理预留宅基地和集体经济发展用地，规划明确各有关村庄的宅基地总规模，目前全部自然村村庄规划修编已完成。建立健全以规划建设许可和用地审批为核心的审批机制，根据建设用地适宜性评价结果和镇村发展目标、规模，划定各村庄的禁建区、限建区、已建区和适建区。

专栏 3-5

湾桥镇古生村以村庄规划引领美丽乡村科学发展

古生村隶属于大理市湾桥镇中庄村委会，全村439户，人口1746人，白族人口占98%以上，有耕地面积1220亩。村庄位于洱海之滨，景色优美，村内有建于明清时代的古桥、古庙、古树、古戏台，是一座有着2000多年历史的典型白族自然村落。在推进农村土地制度改革试点过程中，古生村以高标准的村庄规划为引领，合理利用土地资源，传承民族文化风貌，创新保护发展思路，着力打造让人"记得住乡愁"的中国美丽乡村典范。

规划先行 狠抓落实 推动村庄科学发展

【湾桥镇镇长 怀×××】习近平总书记来到我们这里的时候讲，古生村保持着古朴形态，环境整洁，住房有特色，依山傍水，得天独厚，人与自然融合得很好。总书记来到古生村，给了我们很大的鼓舞。古生村的发展得到了各级党委、政府的关注和关心。为了把古生村建成美丽乡村典型和省级民族特色旅游示范村，在市委、市政府的推动下，我们委托上海同济城市规划设计研究院编制了《大理市湾桥镇中庄村委会古生村省级示范村寨规划》，通过村庄规划修编，切实解决古生村发展规划中存在的问题。规划突出了一条古街展历史、一条主巷载乡愁、一个中心便民生、一条溪河护清源、一条景带引产业、一个节点纪本生"六个一"的示范重点。这些年，在重视和落实规划管理方面，我们重点开展了古迹修旧如旧，村庄道路、广场和旅游设施建设，加大白族民居建筑风格整治力度，划定1200多亩基本农田保护区，严格村民建房审批规划选址，免费为建房户提供3—4套白族民居建筑图纸等工作。通过发挥规划引领作用，古生村正在科学有序发展的道路上不断向前迈进。

政策落地 成效显著 获得百姓认可支持

【自然村支部书记 何××】我认为,村庄规划很重要。打个比方,以前大家盖房子都是自己选个地方就去批建,盖房子的时候也是想着能多占一点是一点,这样子,村子里面的路就比较乱,有的地方特别窄,大一点的车子就开不过去了。规划好了,执行好了,村子就越来越漂亮了。为了发展,政府在古生村投入310万元,进行水管网建设;投入370万元,实施了龙王庙周边环境整治工程;投入198万元,修复道路、营造景观、对村中心广场进行改造投入将近100万元,建设了古生村北路;投入280万元,在进村道路边上种植了樱花等植物,修建了一座旅游厕所。我们还实施了供电、通信和有线电视"三线入地",拆除了环海路东边的3院房子,建设了3300平方米的湿地景观公园。统一规划以后,村子的面貌发生了很大改观,老百姓的生活环境改善了,过来旅游的人多了,村子的知名度也提高了。

【群众 李××】我们家的房子在村子主干道边上,以前因为太靠着路,大车开过来的时候就走不通,村里面让我们把围墙拆掉一点,刚开始我们不愿意。后边做我们思想工作,我们就拆掉了。现在拆掉以后,路变宽了,不堵车了,交通方便了。政府帮我们的围墙也画上了彩绘,看着比以前漂亮多了。

群众参与 积极改革 增添农村发展动力

【村民小组长 杨××】最近这几年,在政府的支持和帮助下,古生村发展得越来越好了。老百姓都有目共睹,有切身体会。一是村子变漂亮了;二是来旅游的人多了,老百姓开餐馆、小卖店,家里面的收入增加了。现在我们在搞土地改革,少部分群众有抵触情绪,但是,大部分的老百姓都比较支持。去年宅基地改革入户调查、分类认定,总的来讲,老百姓都能够积极配合我们村组的工作。作为村民小组长,我们一定会按照政府的要求,把群众工作做到位,把业务工作干好,自己带头支持改革、推动改革,为村子的建设和发展贡献自己的一点力量。

交通便利　村庄优美　带动旅游快速发展

【游客　潘××】这个村子规划得很好，房子具有民族特色，村庄环境优美，旅游基础设施比较完善。我们骑自行车到村子里转了一圈，发现村里的水晶宫、古戏台等古迹保护得很好，青瓦白墙和各种彩绘很好地体现了民族特色。洱海边景色优美，建了观景长廊，停下来，看一看洱海风光，有心旷神怡的感觉。我们还去了习近平总书记到过的农民家里，了解到了总书记对洱海保护的嘱托，体验了白族"三坊一照壁"的庭院生活，我很喜欢大理，很喜欢这里。

古生村以村庄规划引领美丽乡村科学发展，通过制定并落实村庄发展规划，扎实开展村庄基础设施和旅游基础设施建设，严格执行耕地保护和建房审批管理等制度，实现了村庄科学有序发展。古生村，这个被习近平总书记赞为"记得住乡愁"的地方，已经成为四面八方游客寻觅而来，追忆"乡愁"味道的大理旅游新时尚和新亮点。目前，大理市已实现自然村村庄规划全域覆盖，规划引领城乡科学发展的格局正在加快形成。

（二）宅基地审批管理进一步规范

明确使用存量建设用地的，由乡镇人民政府审批；申请使用新增建设用地的，由村集体提出分配方案，经乡镇人民政府同意，报市人民政府审批，建立审批宅基地报备制度，强化宅基地审批监管。提出强化规划管控、淡化指标管理的工作思路，积极向上争取改革宅基地的农地转用核销方式，有效地解决指标少、审批慢的问题。

（三）村民自治主体作用进一步发挥

在充分发挥村民理事会在宅基地新批、退出中的作用，村集体作为土地所有者，主体地位日益提升，村民积极参与、相互监督和自我管理意识明显增强。全市11个乡镇、2个办事处的132个自然村开展村民自治，形成"党支部＋代表（户长）会议＋村民理事会"三位一体的组织格局。

专栏 3 - 6

加强自然村村民自治　提升基层治理能力

——以大理镇龙下登村为例

　　龙下登村是洱海西岸的古村落，隶属大理镇龙龛村委会，是白族的传统聚居地。龙下登村辖 3 个村民小组、273 户、农业人口 1120 人，劳动力 723 人。全村国土面积有 1218 亩，其中，耕地面积 491 亩，人均耕地 0.47 亩，2014 年农民人均纯收入 10715 元。龙下登村以"坚持党的领导、严格依法办事、充分发扬民主"为原则，充分发挥村民主体作用，扎实开展以自然村为基本单元的村民自治试点，探索建设一个"环境优美、文化浓郁、产业发展、社会和谐"的海滨传统村落保护及民俗文化旅游村。

明确工作职责　实现共建共管　促进社会治理创新

　　【龙下登村党支部书记　张××】 2014 年 7 月 24 日，由全体村民直接选举产生了大理州第一家自然村民自治组织龙下登村民理事会，选举产生了村民代表会和村民监事会，并经过村民代表会议表决，通过了《村民代表会议制度》《村民理事会章程》《村民监事会章程》和《村规民约》，逐步实现"村民的事村民办"。村民理事会成立以来，理事会在村党总支、本村党支部的直接领导下，在村委会的指导下，坚持自我教育、自我服务、自我管理，自己办理自己的事，大胆履行村民赋予的责任，做了大量的工作，村容村貌焕然一新，赢得了广大村民好评。

　　【龙下登村民理事会理事长　张××】 在党支部的领导下，理事会协助做好村内公共事务管理，完善了《村规民约》、卫生保洁、垃圾收费、门前三包责任、建设规划管理等长效机制，把农户建房规划审批列入《村规民约》内容。"村民的主体地位得到确立和尊重，当家做主不再是一句空话；过去是'要我做'，现在是'我要做'，突出的矛盾问题减少了；遇到事情如何开会、讨论和形成意见，让村民也得到了一次自我教育。"理事会成立后，征求大家的意见，制定《村规民约》三十三条，细化了村民的管理规范。有的村民一开始对理事会不看好，持有怀疑态度。每次村里有建设项目结束，理事会总会把村民请去，把每笔账公布给大家，接受群众监督。

推行村民自治 夯实发展基础 实现产业兴村

【龙下登客栈协会会长、"古渡缘"客栈主人 李××】村民理事会办事公道，村民都非常支持，在民族旅游特色村建设中，200万元项目资金实现了效益最大化，铺设了3.5千米石板路，架设6座石牌坊，从大丽路至村内设置了中英文旅游标志，开展了村内绿化；解决了过去村民随意堆放石头、侵占路面、道路凹凸不平问题，做到强弱电入地，还安置了路灯。由于完善《村规民约》，加强基础设施建设，改善生态环境和居住环境，龙下登乡村旅游健康发展，现全村从事乡村旅游的户数已达50多户，龙下登从事旅游行业人员已超过400多人，旅游业的发展加快全村发家致富进程。

挖掘民俗文化 完善《村规民约》 建设美丽乡村

【龙下登老协会会长 李××】理事会成立以来，对龙龛古渡、海宴庵、本主文化遗址、碉楼遗址、幽巷古院等古迹进行修复。对"龙龛"的历史渊源、"中元会""耍香龙""放海灯"等独特民俗非物质传统文化进行挖掘。龙下登村请白研所主编撰写了《龙下登村村志》，编制《龙下登少数民族特色村寨旅游发展规划》，按照修旧如旧，强化村庄规划管理建设；通过农户庭院污水净化池、排污管道铺设、村落污水处理等一系列建设，形成村庄排污的三级体系，实现污水应收尽收、达标排放，人居环境不断改善。理事会还针对村里没钱办事的实际，把闲置土地整合为停车场，现在每年有30万元的集体收入。村集体有了钱，村民也得到了实惠，理事会给村民买了意外伤害保险，有村民出现意外伤害后，理事会都亲自上门为受害人办理相关赔偿事宜。这些事情，让持有怀疑态度的村民，从怀疑到自觉服从村里制定的《村规民约》。

【龙下登村村民 李××】对婚丧嫁娶请客进一步规范，形成《村规民约》，移风易俗，勤俭节约，建起便民食堂，八人一桌、不留座、不带菜，对农民建房乱占村间道路、乱堆乱放进行监督管理，形成了良好的社会新风尚。在村办客场所的墙上，醒目地张贴着《村规民约》和《办客规定》。我儿子结婚办客，特意到管理食堂的监事会成员李亚东那里办审批手续，他告诉我们有这样的食堂后，他只要每桌付200元钱就有监事会统统给办理，不用担心桌数和菜品超出规定标准，而且每个菜是谁负责烹饪都有详细记录，食品安全问题也不用担心，总之，就是省心。

龙下登村因地制宜，发挥村民主观能动作用，把群众公认的能人、致富带头人选进村民理事会，与原有的自然村党支部书记、村民小组组长等组成治理结构的有效对接，形成村庄治理合力。自然村自我管理、自我发展能力增强，通过理事会工作，克服了自然村公共事务具体管理主体不明晰、管理缺位的问题，填补了自然村公共事务管理的空白。

___

五　其他创新做法实践

（一）形成农村建房管理一体化管理机制

与开启抢救式保护洱海模式相结合，规范环湖周围民宿客栈、餐饮的用地管理，引导民宿有序经营。建立了农村土地规划建设系列服务管理制度，每年投入600万元，组建村庄土地规划建设专管员队伍，实现村庄土地规划建设网格化管理。出台农村住房项目建设审查审批和个人建房联审联批制度，实行农村建设规划许可和准建证制度，明确规划服务、过程监管和竣工验收全过程监管及责任，确保农村住房依法依规建设、传统民居建筑风格有效传承。

（二）推进民族古村落保护延续历史文脉

坚持改革试点与历史形成的民族民居特色、文化保护并重，制定了《大理市历史建筑保护管理办法》和《大理市名木古树保护管理办法》，扎实做好古院落普查、传统村落申报和保护规划编制工作，对历史建筑、传统民居院落、古树名木实施挂牌保护，完成传统村落保护规划编制，加强传统村落保护。

（三）强化洱海保护治理，打造新型城镇化

紧紧围绕"管住当前，消化过去，规范未来"的总体要求，严格落实洱海周边村庄宅基地总规模控制，合理安排生态用地，结合海西田园风光保护和美丽乡村建设，采取工程造林和工程管护方式，实施生态林建设，明确划定村庄规划和基本农田保护区域，控制村庄无序蔓延扩张。结合大理市的城镇规划和产业发展布局，积极推进全域旅游示范区建设，带动洱海周边农民群众就近就地城镇化。

专栏 3-7

实施洱海保护治理"七大行动"

2016 年 11 月 30 日，云南省政府第 103 次常务会议专题听取洱海保护治理情况汇报，陈豪书记做出"采取断然措施、开启抢救模式、保护治理好洱海"的重要指示。

2017 年 1 月 9 日，大理州委、州政府召开了大理州开启洱海保护治理抢救模式实施"七大行动"动员大会。

2017 年 1 月 11 日，大理市召开开启洱海保护治理抢救模式实施"七大行动"动员大会，全面贯彻落实省委、省政府和州委、州政府关于实施洱海抢救性保护治理工作的重要指示要求，全面打响洱海保护治理攻坚战。

动员部署会议要求全面抓实流域"两违"整治行动、村镇"两污"整治行动、面源污染减量行动、节水治水生态修复行动、截污治污工程提速行动、流域执法监管行动、全民保护洱海行动"七大行动"，以壮士断腕的勇气和魄力，推动各项工作落实。加快推进截污治污、入湖河道综合整治、流域生态建设、水资源统筹利用、产业结构调整、流域监管保障"六大工程"。切实增强开启"抢救模式"保护洱海的责任感和紧迫感，以更高的工作目标、更强的责任担当和更实的工作作风，迅速强力地推进开启洱海保护治理抢救模式"七大行动"，坚决打赢洱海保护治理攻坚战。

流域"两违"整治行动：要划定洱海流域水生态保护区核心区，全面开展违章建筑及餐饮客栈违规经营整治行动，实现洱海周边农村建房规范有序、餐饮客栈等服务业得到有效管控。将洱海海西、海北（上关镇境内）1966 米界桩外延 100 米、洱海东北片区环海路（海东镇、挖色镇、双廊镇境内）临湖一侧和道路外侧路肩外延 30 米、洱海主要入湖河道两侧各 30 米，划定为洱海流域水生态保护区核心区。在"核心区"内，禁止新建除环保设施、公共基础设施以外的建筑物、构筑物，实行只拆不建，禁止拆旧建新，对确属住房困难的农户和危房改造户，统一集中到城镇、中心集镇或村庄规划范围内妥善解决。全面暂停洱海流域农村建房审批，对农村建房实行"乡镇初审、市级复核、乡镇审批"，严控环洱海农村建房增量、体量和风貌，并严格用途管制。以乡镇为单位，对所有停建的在建户进行逐户复核，2017 年 2 月 28 日前完成复核审查，4 月 30 日前完成整改，整改不到位的，一律不得复工。对现有餐饮客栈等服务业进行拉网式排查，在"核心区"内，实行"总量控制、只减不增、科学布点、计划搬迁"。对违规经营、违章建筑和违法排污行为，实行"零容忍"。未取得排污许可证、营业执照及国土规划手续不完善的客栈餐饮经营户，一律关停，限期整改；对污水直排洱海及入湖河道的，一经发现，永久关闭。

村镇"两污"整治行动：要整治村镇污水，全面排查已建污水处理设施和污水收集管网，对排查发现的问题，要及时整改，确保原有环保设施正常运行并发挥效益。要整治村镇垃圾，巩固提升洱海流域"户清扫、组保洁、村收集、乡镇清运、县市处理"的城乡一体化垃圾收集处理工作机制，深入开展流域"三清洁"环境卫生整治活动，完善长效机制，确保流域内的垃圾得到全面收集处理。

面源污染减量行动：要划定禁种禁养区，将城市建成区和洱海周边 500 米、流域主要入湖河道周边 200 米的范围划定为规模化畜禽禁养区。"禁养区"内对手续齐全的养殖场，确保在 2018 年前完成搬迁；对手续不齐全的一律取缔。其他区域为限养区，限养区实行总量控制，只减不增，推行适度规模化集中养殖，按规定配套污染收集处理设施，发现违法排污的，一律关停。发展高效生态农业。加大农业产业结构调整力度，积极发展绿色生态、观光休闲农业，把洱海流域建成高效生态农业示范区、农业面源污染防治示范区。加快实施农业面源污染综合治理试点示范项目。

节水治水生态修复行动：严格水资源管理，推进节水灌溉工作，开展无序取水整治，增加清水入湖补给量，推进河道生态治理、湖滨湿地恢复、面山绿化等生态系统建设，增强水源涵养保持能力，促进流域生态环境得到根本改善。实施环洱海流域湖滨缓冲带生态修复与湿地建设项目。对洱海1966米界桩以内未清退的2900亩农田、130院房屋、42院客栈、20亩鱼塘进行清退，实施湖滨带生态修复及湿地建设，优化湖滨带生态系统结构，完善和提升湖滨带生态功能。根据洱海保护实际，科学论证，实施封湖禁渔，确定封湖时限，制订年度捕捞计划，科学捕捞，让湖泊休养生息。提升流域水源涵养功能。巩固非煤矿山专项整治成果，对洱海流域挖砂采石矿山一律关停，以凤仪、海东、挖色、双廊等为重点，全力推进退耕还林、陡坡地生态治理、水土流失防治及面山生态修复治理。

截污治污工程提速行动：按照"目标倒逼、工期倒排、挂图作战"的工作要求，通过细化工作任务，强化施工管理，全力加快实施《洱海保护治理与流域生态建设"十三五"规划》项目，加快流域截污治污工程，争取提前实现截污治污全覆盖。加快入湖河道综合治理工程。实施洱海主要入湖河道综合治理工程，对洱海34条主要入湖河道实施河道截污、水土流失、农田面源污染、河道生态恢复等生态治理，改善河道生态环境。加快流域生态建设工程。"北三江"湿地恢复建设工程，提前半年至2017年1月31日前完成建设；罗时江入湖河口环保疏浚工程，力争提前一年完成，项目试验示范成功后，将进一步推广实施，努力探索湖泊内源污染减量化措施。

流域执法监管行动：突出各级党委、政府在洱海保护治理中的主体作用，严格落实洱海保护治理"党政同责、一岗双责"，形成齐抓共管合力。严格执法监管，整合执法力量，对违章建筑、环保违法行为"零容忍"，铁腕执法，确保洱海流域各类违法违规行为及时发现，有效处置。要强化市级领导巡查、强化网格化管理，严格执法监管。

全民保护洱海行动：要突出各级党组织、各级政府、村民自治组织基层主体作用，创新全民保护机制，实施宣传教育工程，充分依靠基层组织和广大人民群众，建立全民参与洱海保护治理机制，深入实施洱海流域保护治理宣传教育工程，动员全社会力量参与洱海保护治理，将"洱海清、大理兴"的理念变成自觉行动，提高全民生态环境保护意识，变"要我保护为我要保护"，努力营造"保护洱海，共建生态文明"的良好社会氛围。

第四章　夯实改革试点工作的基础

第一节　全面澄清底数

我国西部地区经济社会发展滞后于中东部地区，农村宅基地管理中普遍存在超占抢占、底数不清、现状不明等突出问题。全面澄清底数，固定利用现状，能够为合理制定保障大多数农户利益的政策措施，科学规划村庄发展规模，精准打击违法违规建设行为提供准确依据。

一　摸清农村集体经济组织成员底数

大理市政府出台了《关于农村集体经济组织成员资格认定的指导意见（试行）》，完成集体经济组织成员资格认定42.97万人，以集体经济组织成员资格认定成果为基础，明晰了农民申请、流转宅基地的资格条件。关于"户"和"宅"的定义见图4-1。

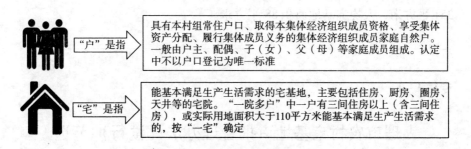

图4-1　"户"和"宅"定义

集体经济组织成员资格认定程序大致如图4-2所示。

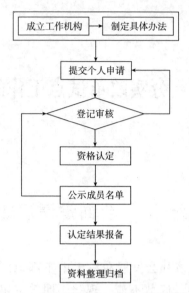

图 4 - 2 集体经济组织成员资格认定程序

二 摸清农村宅基地底数

试点工作开展以来,投入 2000 万元,完成了全市农村宅基地调查测量,全面准确地掌握了全市农村宅基地用地规模、权属来源、分布特点、住房困难户用地需求、历史遗留问题类型及数量等详细数据。调查显示,全市共认定 10.56 万户、12.22 万宗宅基地,认定集体经济组织成员资格 42.97 万人;宅基地"一户一宅"8.58 万户,占 81.3%;"一户多宅"1.6 万户,占 15.2%;"主体资格不符"3680 户,占 3.5%;违法占地 5832 户,占 5.5%;住房困难户 4336 户,占 4.1%。户均宅基地面积约 351 平方米,人均宅基地面积 88 平方米。

专栏 4 - 1

大理市农村宅基地审批管理办法(试行)节选

第三章 申请条件和审批程序

第十条 农村村民住宅用地实行"一户一宅",以户为单位申请宅基地。

（一）"户"是指具有本村组常住户口、取得本集体经济组织成员资格、享受集体资产分配、履行集体成员义务的集体经济组织成员家庭自然户。一般由户主、配偶、子（女）、父（母）等家庭成员组成。

1. 农村独生子女户，由父母和子女等家庭成员组成，确定为一户。

2. 农村多子女户，子女已结婚的可确定为一户。父母不得单独确定为一户，须随其中一位子女组成一户。

3. 无直系亲属的单身可以确定为一户。

（二）"宅"是指能基本满足生产生活需求的宅基地，主要包括住房、厨房、圈房、天井等的宅院。"一院多户"中一户有三间住房以上（含三间住房），或实际用地面积大于110平方米，能基本满足生产生活需求的按"一宅"确定。

第十一条　农村村民一户只能拥有一处宅基地，宅基地面积按下列标准执行：

（一）坝区村庄每户住房用地不超过180平方米，生产辅助设施用地不超过90平方米；

（二）山区村庄每户住房用地不超过200平方米，生产辅助设施用地不超过150平方米；

（三）占用耕地的分别下调10%。

三　摸清农村房屋权籍底数

投入1500万元，全面启动农村房屋权籍调查，清理历史颁发的8.1万本宅基地使用证、集体土地使用证和3046本集体所有权证的档案，按不动产统一登记颁证标准，全市全面完成10.56万户、12.22万宗宅基地和3457.02万平方米房屋的权籍调查，颁发不动产权证书2018本。

第二节　整治建房秩序

针对城乡建房急剧增长、违规建设屡禁不止的严峻形势，大理市按照"管住当前、消化过去、规范未来"的思路，全面打响洱海流域环境综合整治攻坚战，重拳出击，铁腕整治，依法治理，及时全面地叫停全市城乡个人建房项目，逐一入户清理核查，依法严厉打击乱占乱建行为，坚决堵住违法违规建设蔓延势头，严格村庄规划建设管理，洱海周边违章建筑得到有效遏制，城乡人居环境明显改善。

一　依法制定标准，严守"三条红线"

制订《大理市提升城乡人居环境实施意见》和行动计划，以及 5 个配套制度办法，明确了各项工作任务和具体措施。根据《大理州洱海保护管理条例》《大理州洱海海西保护条例》《大理州村庄规划建设管理条例》，制定出台整治标准，按照严守洱海保护"三条红线"、严格执行宅基地"一户一宅"、严格禁止违法占用基本农田的要求，自 2015 年 4 月以来，分三轮对洱海流域农村建房项目进行排查整治。

二　逐户建档立卡，全市联合复核

自 2015 年 4 月开展整治以来，全面叫停洱海流域农村住房在建项目；2016 年 10 月再次叫停 4472 户个人建房在建项目，按照统一标准，对土地、规划、建设等审批情况进行逐户清理检查，建档立卡，分类造册。市级成立 8 个联合复核组，对清理情况进行联合复查和交叉检查，要求各镇村按照"保护古建、引导在建、规范未建、改造老建、打击违建"的工作思路，实施综合整治。

三　及时分类处置，整村整改复工

在 2015 年的整治过程中，以自然村为单位，对建设手续合法的下达复工通知，对手续不完善但符合相关法律法规的责令依法完善手续，对不符合洱海保护、海西保护等相关要求的依法予以强制拆除，各自然村必须确保村内在建户全部整改到位后才能统一复工。自 2016 年 10 月起，以镇为单位进行整治，全镇所有在建房整改完成后方能复工。目前，第三轮叫停后的复核工作已完成。自 2015 年以来，全市已累计制止和拆除各类违法建筑 1800 多户，拆除面积约 24 万平方米。

四　现场挂牌公示，全民参与监督

实行农村建房"红""蓝"牌制度，对所有农村住房建设项目实行现场公示，将建设业主、施工单位、建设规模、审批图纸、监督方式等内容详细列出，审批手续齐备的悬挂蓝牌，手续不齐备的悬挂红牌，固定现状，限期整改，接受社会监督。在建项目做到 100% 纳入整治，100% 挂牌公示。

专栏 4 - 2

洱海保护治理"七大行动"推进情况报告

认真贯彻落实省政府第 103 次、第 107 次常务会议精神和省委、省政府主要领导做出"采取断然措施、开启抢救模式，保护好洱海流域水环境"的指示要求，按照州委陈坚书记"领导干部要作'我不上谁上'的表率示范、参战人员要尽'我不干谁干'的责任担当、广大群众要有'我不护谁护'的行动自觉"的指示要求，大理市成立了洱海保护治理"七大行动"指挥部，以严明的政治纪律、严格的工作标准、严厉的督查问责，深入持续推动洱海保护治理"七大行动"各项工作落地、落细、落实。

截至 2018 年 6 月 30 日，工作推进情况如下：

一　流域"两违"整治行动

一是加快"三线"划定实施。涉及的 1806 户搬迁户全部完成入户宣传、调查工作，截至目前，进入评估 261 户，完成初评 136 户，签订协议 27 户，启动拆除 11 户，建成过渡期安置房 30 套。

二是持续整治违章建筑。2017 年，对 4691 户农村个人建房户进行停建整治，排查出的 450 户（核心区 126 户）违章建筑全部完成拆除，拆除面积 4.39 万平方米（核心区 1.8 万平方米），4691 户农村个人建房户目前已复工 2919 户、暂缓复工 1772 户；2018 年，查处存量违法违规建筑 172 户（核心区 48 户）、面积 4.51 万平方米（核心区 1.58 万平方米），拆除违章建筑 154 户（核心区 38 户）、面积 3.11 万平方米（核心区 0.81 万平方米）。

三是持续整治违规经营。2017 年 4 月，关停洱海流域餐饮客栈等经营户 1900 家，截至目前，关停的餐饮客栈经复核确认且公示期满无异议已恢复营业的经营户有 111 家（其中餐饮 33 家、客栈 78 家）。

二　村镇"两污"治理行动

一是全力整治村镇排污。大理市各镇正在对 151 个红白理事场所污水预处理设施进行初验，97 所中小学校有 92 所建成污水处理设施；持续开展农村生活污水收集大行动，聘用污水收集清运人员 553 人，投入污水清运车 201 辆，发放污水收集桶 3.2 万个，累计清运污水 14.97 万车次、53.04 万立方米。

二是强化污水处理设施运行监管巡查。加强对 146 座村落污水处理设施的日常运行管理，累计巡查 3138 人次，排查管网 481 千米，应急清运污水 6.99 万立方米。

三是持续开展"三清洁"环境卫生整治。开展"三清洁"活动累计参加人数 55.44 万人次，清运处理生活垃圾 15.6 万吨、建筑垃圾 3807 吨、淤泥杂物 2.02 万吨、农业生产废弃物 2099 吨，清理河道 5419 千米，整治点源污染 1819 处。

三　面源污染减量行动

一是实施农业面源污染防治大行动。建设完成 1 万亩水稻、油菜生态化种植和车厘子等特色水果水肥一体化技术示范基地；开展有机肥替代化肥生态种植，目前累计发放有机肥 1.25 万吨；洱海海西农业面源污染综合治理试点项目主体工程全面完成，累计完成投资 4253.53 万元；加大洱海流域种植结构调整力度，大蒜种植面积 2018 年为 2.91 万亩，比 2017 年减少 1.7 万亩。

二是大力整治畜禽养殖污染。大理市禁养区 43 家畜禽规模养殖场已全面完成关停或搬迁，限养区 132 家畜禽规模养殖场已关停 15 家，搬迁 1 家，整治完成粪污设施配套建设 116 家；建成有机肥加工厂 1 座、畜禽粪便收集站 2 座，累计收集畜禽粪便 4.11 万吨；洱海西北部入湖口区域农业面源污染综合治理试点项目主体工程全面完成，累计完成投资 3391.17 万元。

四　节水治水生态修复行动

一是持续整治无序取水。大理市城乡统供水项目建设，银桥水厂、喜洲水厂、双廊水厂和古城三水厂的二期工程正在进行供水支管铺设和沉淀池、清水池建设；统筹供水户表改造工程中，双廊镇 2102 户农户、经营户完成水表安装；在城市建成区已封堵地下井 5824 口，封堵了苍山十八溪农业灌溉取水口 106 个。

二是加快实施生态修复。3900 亩造林工程已完成双廊镇 1600 亩到户面积测绘工作；大理国家储备林建设洱海流域生态质量提升一期工程、210 亩试验段正在实施，项目实施单位正在海东镇、挖色镇开挖种植塘和进行苗木种植；湖滨缓冲带生态修复与湿地建设工程，1400 亩上关兆邑片区湿地建设工程已完成外围绿化隔离带和施工便道工程；继续推进非煤矿山植被恢复工程，普和箐矿区（一期、二期）、云浪箐矿区和 7 个非煤矿山生态修复工程已完成并进入植被养护阶段。

三是实施高效节水灌溉。大理市 5 万亩高效节水灌溉工程已进场施工，完成海西高效节水灌溉项目（一期）建设招标工作，先期启动了中庄试验段建设工作，建成中庄、向阳溪生态调蓄库塘 4 座。

四是严控农业生产用水。聘请 165 名管水员，加强田间用水管理。

五是推进河（湖）长治湖。建立河湖渠名录，设置了 141 个河道断面水质监测点，安装河长制公示牌 483 块，修改完善了 29 条主要入湖河道的"一河一策"工作方案。

六是全力做好蓝藻防控。计划投资 1.42 亿元的洱海蓝藻控制与应急处置工程（二期），目前桃源、挖色、马久邑以及龙凤大沟蓝藻处置与污染控制工程已进场施工。

七是坚持科学治湖。正在开展 2018 年封湖禁渔工作；水生植物补充工作和重点湖湾恢复工程已完成施工；"三库连通"应急工程二期项目引水线总长 29.64 千米，目前完成隧洞掘进 590 米、管道安装 17.92 千米。

五 截污治污工程提速行动

一是全力推进"十三五"规划项目实施。目前，"十三五"规划 110 个项目中，16 个项目完成主体工程建设，64 个项目正在抓紧推进，30 个项目正在开展前期工作。目前，共到位各类资金 95.54 亿元，资金到位率 47.9%；累计完成投资 135.66 亿元，占规划总投资的 68.02%。

二是全力提速截污治污工程。6 月 30 日，洱海流域截污治污工程体系实现闭合，进入调试阶段。大理市新建城镇污水处理厂 7 座，迁建分散式村落污水处理设施 29 座，新建成污水收集管网 1487.4 千米、农户污水收集化粪池 5.2 万口、尾水塘库 45 座。

六 流域综合执法监管行动

一是加大综合执法力度。洱海流域环境综合执法累计共出动 3007 人次，对洱海流域的 395 家企业、客栈、餐饮进行了执法检查，要求整改 75 家，共立案查处环境违法案件 70 件，处理投诉 112 件，处罚到账金额共计 342.02 万元。

二是强化联合联动执法。洱海流域 6 个联合联动执法组累计出动

15015 人次，检查餐饮客栈等服务业 670 家、污水处理设施 76 座，查处非法捕捞 3262 起，整治主要入湖河道沟渠和滩地违法 6996 起，案件立案查处 74 件，处理投诉 35 件，共计罚款 62.08 万元。

三是全面加强"禁磷""禁白"执法。开展宣传活动 492 次，发放宣传资料 12.1 万份、无纺布袋 9.4 万个，制作宣传布标和公益广告 708 条（块）；出动执法人员 1.61 万人次，检查市场主体 2255 次，查处案件 262 件，收缴一次性塑料袋 937.77 千克，罚没款 1.21 万元。

七　全民保护洱海行动

一是加大新闻宣传，做好舆论引导。继续在中央、省、州级媒体宣传报道"七大行动""百日攻坚大会战"进展情况，召开了洱海生态环境"三线"划定新闻发布会，累计在中央、省、州各级媒体刊播洱海保护新闻报道 859 条。

二是层层发动，做好社会宣传。持续开展"保护洱海开学第一课"活动及"七大行动"进企业、进农村、进机关、进校园、进社区、进军营、进网络等系列宣讲活动，累计参与人数 13.92 万人次；参与"大理州青少年保护洱海志愿行动示范区"建设和"保护洱海·巾帼活动"活动人数 9.35 万人次，开展《情系洱海》巡演活动 91 场，农村乡镇进村入户宣讲 7.61 万户次、召开群众会和户长会 2124 场次，对餐饮客栈经营户进行宣传引导 8233 户。

三是发布公益广告，营造良好氛围。累计发布公益广告、宣传标语 3815 条（幅），发放法规、知识宣传材料 32.23 万份。

四是及时研判舆情，做好舆论引导。进一步完善舆情应对应急预案，扎实做好舆情监测、分析研判，有效处置舆情 4 类 17 条。

（资料来源：《"七大行动"工作推进情况半月报》第 5 期，2018 年 6 月 30 日）

第三节　完善相关规划

大理市紧抓国家级"多规合一"试点机遇，按照"统筹城乡、全域管控"的原则，重点推进城乡总体规划、土地利用规划和村庄规划调整完善，着力实现"规划一张图、建设一盘棋、管理一张网"的目标，建立了以"四区九线"为基础的全域空间管理体系，划定建设用地增长边界、生态保护红线、产业区块控制线等重要规划控制线，切实解决村庄规划与土地利用规划及相关规划之间的矛盾，有效地控制村庄边界增长，防止村庄无序扩张，促进村庄建设更加科学、合理，提升村庄村容风貌。

专栏 4 - 3

"四区九线"内涵

一　禁止建设区

禁止建设区包括依法划定的生态保育区中的禁止建设区、依法划定的人文资源中的禁止建设区和受自然环境条件制约的禁止建设区。

（一）依法划定的生态保育区中的禁止建设区的具体内容为：①"绿线"中"苍山洱海国家级自然保护区、苍山洱海国家级风景名胜区、苍山国家地质公园、林地保护线"的禁止建设区域；②"蓝线"中"洱海及环湖湿地、入洱河流、水库、其他湿地及水域"的禁止建设区域；③"褐线"中"粮食安全——基本农田保护线、饮用水安全——水源地保护线"的禁止建设区域。

（二）依法划定的人文资源中的禁止建设区的具体内容为："紫线"中"历史文化名城名镇名村（大理古城、龙尾关、喜洲、双廊、挖色、周城）、文物保护单位及历史建筑保护界线、传统村落保护界线"的禁止建设区域。

（三）受自然环境条件制约的禁止建设区的具体内容为："黑线"中"地质灾害防护线、地震断裂带（断层带）及防护线、行洪通道"的禁止建设区域。禁止建设区内应保育生态环境。严格依据法律法规和相关规划，对全市自然和人文资源保护区域实行强制性保护，控制人为因素对自然生态的干扰，归并位置相连、均质性强、保护对象相同但人为划分为不同类型的禁止开发区。

二 限制建设区

限制建设区包括依法划定的生态保育区中的限制建设区、依法划定的人文资源中的限制建设区、重大基础设施布局的限制建设区和受自然环境条件制约的限制建设区。

（一）依法划定的生态保育区中的限制建设区的具体内容为：①"绿线"中"苍山洱海国家级自然保护区、苍山洱海国家级风景名胜区、苍山国家地质公园、林地保护线"的限制建设区域；②"蓝线"中"洱海及环湖湿地、入洱河流、水库、其他湿地及水域"的限制建设区域；③"褐线"中"粮食安全——基本农田保护线、饮用水安全——水源地保护线"的限制建设区域。

（二）依法划定的人文资源中的限制建设区的具体内容为："紫线"中"历史文化名城名镇名村（大理古城、龙尾关、喜洲、双廊、挖色、周城）、文物保护单位及历史建筑保护界线、传统村落保护界线"的限制建设区域。

（三）重大基础设施布局的限制建设区的具体内容为：①"黑线"中"高压走廊控制线、生命安全通道、危险化学品仓储区"的限制建设区；②"红线"中"铁路、公路、港口、机场、管道、轨道交通、索道、慢行系统、交通枢纽、社会停车场"限制建设区。

（四）受自然环境条件制约的限制建设区的具体内容为："黑线"中"地质灾害防护线、地震断裂带（断层带）及防护线、行洪通道"的限制建设区域。

限制建设区内应按照地方事权划分，明确管制措施，进行监督和管理，在允许的范围内进行建设。

三 适宜建设区

适宜建设区包括除禁止建设区、限制建设区和已建区以外的用地。

适宜建设区的资源环境承载能力较强、经济条件较好，应引导人口和产业向适宜建设区集聚，保护农业和生态发展空间，促进人口、产业与资源环境协调发展。适宜建设区内各类建设行为需按照法定程序管理，经过审批后方可进行建设。

四 已经建成区

已经建成区包括市域范围内已经建成的城镇建成区和村庄居民点用地。

已经建成区应根据地方社会经济发展的要求，通过城镇用地结构，优化城镇功能布局。与禁止建设要求冲突的区域，应严格冻结建筑存量，杜绝建设增量，有条件的地区实行建设清退。已建区与限制建设要求冲突的区域，片区更新需满足限建要求。

"九线"空间管理部门事权划分

九线	主要内容及范围
蓝线	为全域地表水体保护和控制线，包括洱海保护线及滨湖湿地、河流、水库、其他湿地及水域
绿线	为全域生态空间控制线，包括苍山洱海国家级自然保护区、苍山洱海国家级风景名胜区、苍山国家地质公园、苍山保护界线、林地保护线、公园绿地和防护绿地
褐线	为全域战略安全保障界线，包括粮食安全——基本农田保护线、饮用水安全——水源地保护线、危险化学品仓储区、高压走廊控制线和生命安全通道
黑线	为全域灾害防护界线，包括地质灾害防护线、地震断裂带（断层带）及防护线、行洪通道
橙线	为全域城乡建设用地边界控制线，包括城镇居民点建设用地（不包括工业园区建设用地）、农村居民点建设用地、工业园区建设用地、特殊用地、采矿用地和其他建设用地
紫线	为全域历史文化遗产保护界线，包括历史文化名城名镇名村（大理古城、龙尾关、喜洲、双廊、挖色、周城）的保护范围界线，文保单位、历史建筑保护界线和传统村落保护界线
红线	为全域交通设施控制线，包括铁路、公路、港口、机场、管道、轨道交通、水上交通、索道、慢行系统、交通枢纽和社会停车场的控制界线
黄线	为全域基础设施用地界线，包括区域供水设施（不含管线）、区域排水设施（不含管线）、区域供电设施（不含管线）、区域供燃气设施（不含管线）、区域通信广电设施（不含管线）、环卫设施、消防设施、防洪设施和市政管线
粉线	为全域公益设施控制线，包括文化设施、教育科研设施、体育设施、医疗卫生设施、社会福利设施、宗教设施及旅游服务

一　完善土地利用总体规划，科学管控空间资源

调整完善《大理市土地利用总体规划》（见表 4-1），落实"生产、

生活、生态"空间管制，实现对用地规模的刚性约束，实现土地利用总体规划和村庄规划无缝对接，划定永久基本农田 16.39 万亩，其中，坝区 14.15 万亩，占 86.3%，为有效地控制村庄发展规模和开发建设范围、减少土地征收、保护坝区耕地提供明确依据。

表 4-1　大理市土地利用总体规划（2010—2020 年）调整完善方案

单位：公顷

行政区	面积	水田	水浇地	旱地
喜洲镇	1898.98	1791.63	0.00	107.35
凤仪镇	1598.41	845.02	17.92	735.47
下关镇	751.74	620.22	13.49	118.03
大理镇	1905.14	1829.70	23.01	52.43
湾桥镇	1252.08	1245.14	0.00	6.94
银桥镇	1555.51	1495.13	2.49	57.89
海东镇	453.73	193.78	0.28	259.67
挖色镇	438.35	400.83	0.69	36.83
双廊镇	110.30	107.24	0.00	3.06
上关镇	960.70	890.78	0.71	69.21
太邑乡	0.00	0.00	0.00	0.00
合计	10924.94	9419.47	58.59	1446.88

二　完善村庄规划修编，锁定村庄发展边界

大理市村庄规划编制始于 2010 年，并于 2011 年完成了 110 个行政村 515 个自然村村庄规划的编制和审批工作，基本做到了市域村庄规划全覆盖。2015 年，为适应大理市农村的快速发展，在原村庄规划基础上，全面开展村庄规划修编工作，印发《大理市人民政府办公室关于印发大理市村庄规划修编组织实施方案的通知》（大市政办发〔2015〕103 号），合理划定村庄禁建区、限建区、适建区，利用环村林、环村路明确标注村庄增长边界，2016 年完成了第一批环洱海 152 个自然村村庄规划修编成果评审工作。2017 年，第二批需修编的 166 个自然村已按计划完成。截至目前，全部自然村村庄规划修编成果评审工作全部完成。

第四节 搭建管理平台

大理市搭建了宅基地动态监管平台、不动产登记平台和农村产权流转交易平台,通过搭建三大管理服务平台,盘活农村集体资产,规范农村宅基地及土地承包经营权流转行为,促进农村产业健康发展提供及时有效的管理服务。

一 搭建宅基地动态监管平台

根据农村两权调查数据,认真梳理农村宅基地位置、坐落、面积等基本情况,建立数据库查询系统,方便全市宅基地管理查询工作。将农户身份信息、家庭情况、宅基地权属证明材料、房屋建筑基本情况和其他相应图片资料全部纳入数据库,实现市、乡镇联网,资料共享。

二 搭建不动产登记平台

大理市按照省国土资源厅要求,成立不动产登记中心,搭建不动产登记平台,于2017年4月1日,成功接入国家级信息平台,实现登记信息的互联互通。不动产登记中心严格按照《不动产登记暂行条例》《不动产登记暂行条例实施细则》和《不动产登记操作规范》的相关规定,开展房地统一登记工作。截至2017年12月,不动产登记中心共受理各类不动产登记申请17799件,办结完成12356件,完成率为69%,登记费收入63.2万元。受理新建房地产开发项目10个,约8600件,现正按程序办理中。汇交国家不动产登记信息平台登记信息3715条,占全州总量的88.9%。大理市将继续深入推进不动产登记,着力提升乡镇不动产登记服务站业务水平,加快建立覆盖城乡、管理规范、高效便捷的不动产登记服务平台。

三 搭建农村产权流转交易平台

大理市依托大理公共资源交易中心和各乡镇公共资源交易中心,搭建农村产权流转交易平台,实现农村产权流转统一交易规则、统一信息发布、统一交易鉴证、统一监督管理。一是积极将农村产权交易并入公共资源交易中心集中交易,构建健康、有序、良好的公共资源交易和农村产权交易环境。大理公共资源交易中心实行"州市同城合设、州市共管、以州为主"的运行模式,并于2017年7月31日顺利完成首个农村产权交易项目。二是各乡镇在乡(镇)公共资源交易中心加挂农村产权交易中心牌子，严格执行《大理市乡（镇）公共资源交易中心实施意见》和《交易规则》，严肃工作纪律、责任追究，做到公开、公平、公正交易，农村产权交易各项工作正常开展。三是研究拟定《大理市农村产权交易平台建设工作实施方案》《大理市农村集体资产资源交易管理办法》《大理市农村产权项目进场交易规则》等相关制度，为规范农村产权交易行为提供制度保障。

第五章　建立宅基地使用权取得的公平机制

第一节　认定成员资格

开展集体经济组织成员资格认定是深化农村产权制度改革，促进农村社会和谐发展，妥善化解农村集体分配矛盾，切实保障农村集体经济组织成员正当权益的首要基础。对此，大理市人民政府在大理市农村土地制度改革三项试点工作前期，研究出台了《大理市关于农村集体经济组织成员资格认定的指导意见（试行）》（以下简称《指导意见》），为推进宅基地制度改革试点，规范农村宅基地审批、有偿使用、历史遗留问题分类处置提供认定依据。

一　规范决策，统一步调

《指导意见》对农村集体经济组织成员资格认定提出了"坚持以户籍登记为基础，以法律法规为依据，以《村规民约》为参考，以实践经验为借鉴，以履行义务为条件，以民主评议为结果，综合户籍关系、土地承包、居住情况、经济分配、履行义务等因素，依法、民主、合理进行界定，确保历史与现实相衔接、权利与义务相对等、改革与稳定相统一"的总体要求，以及"坚持依法指导和村民自治相结合，坚持尊重历史和承认现实相结合，坚持处理好资格认定与集体分配关系，坚持先行试点、逐步推开"的四个原则。

（一）关于村集体经济组织成员资格的取得

1. 户籍在当地村委会或村民小组的原集体经济组织成员，且长期生产生活在本村、组所在地的农村居民及其所生子女；户口已"农转城"的成员。

2. 因与本集体经济组织成员有婚姻、血缘、收养等法定关系，和本集体经济组织形成权利义务关系，即符合下列取得资格条件之一：

（1）农村户口人员与本集体经济组织成员形成法定婚姻关系（包括"嫁入""入赘"），将户口（包括本人和依法随其生活的未成年子女）迁入本集体经济组织，婚出地未保留集体经济组织成员资格。

（2）本集体经济组织成员所生育或合法收养，且登记落户在本集体经济组织所在地的子女。

3. 在校大中专院校学生、服兵役人员、服刑人员。

（二）关于村集体经济组织成员资格的丧失

1. 集体经济组织成员死亡，其村集体经济组织成员资格自死亡时起丧失。

2. 已取得其他集体经济组织成员资格的，自取得其他集体经济组织成员资格时起，其原有村集体经济组织成员资格丧失。

3. 纳入国家公务员序列、事业单位编制或者城镇企业职工社会保障体系的，自纳入国家公务员序列、事业单位编制或者城镇企业职工社会保障体系之日起，其原有的村集体经济组织成员资格丧失。

专栏 5 - 1

几类特殊人员村集体经济组织成员资格的认定

1. 户口仍在村委会、村民小组原籍的行政机关和全民事业单位编制内的职工及离退休人员；国有企业职工及离退休人员，不应认定具有村集体经济组织成员资格。

2. 由外地转入的空挂户、挂靠户，不应认定具有村集体经济组织成员资格。

3. 丧偶和离婚妇女。丧偶和离婚的妇女、丧偶和离婚妇女再嫁，丧偶和离婚妇女抚养的与前夫结婚生育的未成年子女，应以户籍为条件进行村集体经济组织成员资格认定。

以上农村集体经济组织成员资格认定的基本条件，国家法律、法规、规章和上级人民政府另有规定的，从其规定；本意见无明确规定的特殊人员，由本人或法定代理人向村级农村集体经济组织成员资格认定工作组提出书面申请，由村民小组按法定民主决策程序讨论认定。

二　程序公开，操作透明

各乡镇、办事处成立农村集体经济组织成员资格认定工作指导小组，会同村党总支、村委会、村务监督委员会，负责组织、指导并全程监督相关工作的开展。

（一）成立工作机构

各村民小组召开村民小组会议，推选7—11名村民（必须是单数），成立村级农村集体经济组织成员资格认定工作组；除村民小组党支部书记和小组长为成员外，其余成员应从熟悉村情村史、公道正派的村民中选举产生，由村民小组党支部书记或村民小组长担任工作组负责人，并在村务公示栏中予以公布。

（二）制定具体办法

村级农村集体经济组织成员资格认定工作组根据《指导意见》，结合本村实际情况制定具体的认定办法，明确资格认定的时点，书面征求全体村民意见，经2/3的村民同意，报村委会审核，报所在乡镇人民政府（办事处）审查批准后正式开展认定工作。认定办法应在村务公示栏中予以公布。

（三）提交个人申请

符合认定办法规定的村民，由本人或法定代理人向村级农村集体经济组织成员资格认定工作组申请成员资格认定，并提交相关的证件（原件和复印件）、证明（原件）。具体所需证件、证明内容和出具证明单位及证明内容的真实性，由各村组根据核实情况需要，另作详细规定。

（四）登记审核情况

村级农村集体经济组织成员资格认定工作，组负责收集村民个人申报材料，在审核相关证件、证明齐全规范之后，以户为单位对申报人员进行登记，并将相关证件的复印件和证明的原件整理附后。

（五）资格认定

村级农村集体经济组织成员资格认定工作组逐户核实申报登记情况，评议农村集体经济组织成员资格条件。对符合条件的对象，将名单提供村民小组会议表决；对不符合条件的对象，退回资格认定相关材料，做好政策解释；对一时难以认定资格的特殊人员，应提出认定意见，及时向所在乡镇人民政府、办事处请示，最终由村民小组会议表决认定。

（六）公示成员名单

村民小组会议表决通过的本村集体经济组织成员名单应进行公示，公示期为 7 天。有 1/10 以上村民提出异议的，由村级农村集体经济组织成员资格认定工作组根据群众反映的有关问题进行再次调查核实认定，交由村民小组会议进行重新表决认定，并进行终榜公示。终榜公示后，对本集体经济组织成员资格认定仍有异议的，由村党总支、村委会、村务监督委员会共同进行调解。

（七）认定结果报备

终榜公示认定的本集体经济组织成员名单，由村级农村集体经济组织成员资格认定工作组所有成员会签，加盖所在村委会公章，将电子版和纸质版一同上报所在乡镇人民政府（办事处）审核备案。

（八）资料整理归档

村级农村集体经济组织成员资格认定工作组应同时注意做好档案整理留存工作。归档保存材料包括：

1. 村民提交的与成员资格认定相关的申报材料，以户为单位建档保存。

2. 与成员资格认定有关的会议记录、影像资料和表决材料，分类建档保存。

3. 终榜公示的集体经济组织成员名单。

三　认定资格，明确成员

2016 年 4 月，大理市各乡镇、办事处根据《指导意见》相关规定，坚持分类指导，全面完成了人口调查、成员资格认定工作，具体成效主要体现在以下两个方面：

（一）抓好人口调查

采取剖析典型村、现场培训等多种形式，将调查摸底工作的步骤、环节和程序对镇村工作人员进行反复培训，强化实战能力和经验。人口调查中，以户为单位编制底稿，以组为单位编印成册，经各农户核对无误后，由户主签字确认，做到户数清、人口清。人口调查后，进行张榜公布，做到群众认可无异议。工作中共完成人口调查 11.6 万户、43.78

万人。

（二）抓好成员资格认定

各村（组）按照"宽接收、广覆盖"的要求，坚持"依据法规、尊重历史、程序公开、权利义务对等、村内标准一致"的原则，科学合理确定认定成员资格基准日，制定《本村组集体经济组织成员资格认定办法》，按照集体经济组织成员资格认定办法，认真审核集体经济组织成员，以户为单位编制底稿，以组为单位编印成册，经各农户核对无误后，由户主签字确认，然后提交村民户长会或代表会议讨论审核通过后发布公告，张榜公布，做到群众认可无异议，并报乡镇人民政府备案、市档案局归档。对一些特殊情况，由村组召集户长会讨论处理。比如，天井办事处在成员资格认定中，对原买入本村户口未入社的外来挂靠人员，认真分析成员资格认定入户调查摸底工作情况，结合实际认真研究后，印发了两份《成员资格认定指导意见通知》，对确实需要核实身份的特殊人员，在大理市户改办的支持下印发公函，采用询证、电话、走访等方式核实，然后提交户长会表决。根据全市各村组成员资格认定审核结果，截至 2016 年 6 月 16 日，共完成成员资格认定 42.97 万人。

第二节　开展分类认定

坚持"一户一宅"的核心在"户"与"宅"的认定上。大理市根据全市宅基地使用现状和地方传统习俗，对国家土地管理法律法规中没有明确的"户"与"宅"标准进行了界定。为推进宅基地制度改革试点，规范农村宅基地审批、有偿使用、历史遗留问题分类处置提供认定依据。"户"与"宅"的明确界定，以"人"找"户"，以"户"找"宅"，确保人人有房住；通过以"宅"找"户"，以"户"找"人"，确保房房有人住，实现供需平衡。有利于公平公正地保障农民住房权益，减轻宅基地分配压力，促进土地节约集约利用，解决农村经济社会发展中的结构性问题，山水田林路交相辉映，城市农村一体相依相偎，苍山洱海相得益彰，人与自然和谐发展，大力推进农村住房供给侧结构性改革。

一 明确户宅认定标准

针对农村宅基地管理中存在的家底不清、管理手段落后、历史遗留问题较多、宅基地增加用途现象突出、村组集体土地管理责任弱化、群众对通过试点给予颁证的愿望迫切等问题，大理市制定了《大理市农村宅基地审批管理办法（试行）》，明确了农村宅基地使用面积标准，结合大理市宅基地使用现状和地方传统习俗，对"户"与"宅"标准进行了界定。

（一）"户"的认定

"户"是指具有本村组常住户口、取得本集体经济组织成员资格、享受集体资产分配、履行集体成员义务的集体经济组织成员家庭自然户。一般由户主、配偶、子（女）、父（母）等家庭成员组成。农村独生子女户，由父母和子女等家庭成员组成，确定为一户；农村多子女户，子女已结婚的可确定为一户。父母不得单独确定为一户，须随其中一位子女组成一户；无直系亲属的单身可以确定为一户。

按家庭自然户进行认定，不按户口簿认定。自然户家庭成员必须已经取得本集体经济组织成员（以下简称本组成员）资格。几种特殊情况的认定：

1. 农村家庭有两个子女，都是本组成员，都未婚的，只能和父母认定为一户；其中一个子女已婚或两个子女都已婚，可按两户认定，父母不能单独立户，只能认定为两户，不能是三户。

2. 农村家庭有两个子女，其中一个子女是本组成员，父母只能和农村子女认定为一户；另一个子女不是本组成员的，分两种情况：已婚且配偶或子女是本组成员的，也可按一户认定；已婚但配偶和子女都不是本组成员和未婚的，不能认定为一户，不能通过分家析产将父母分归该户赡养而认定为一户。

3. 子女都不是本组成员的，父母可认定为一户。

4. 已离婚回本村居住，是本组成员的，可认定为一户。在本村无其他兄弟姊妹的，只能和父母认定为一户。

（二）"宅"的认定

"宅"是指能基本满足生产生活需求的宅基地，主要包括住房、厨房、圈房、天井等的宅院。"一院多户"中一户有三间住房以上（含三间住房），或实际用地面积大于 110 平方米，能基本满足生产生活需求的，按"一宅"确定。

二　全面开展分类认定

（一）明确标准，分类认定

1."一户多宅"的认定："一户多宅"是指一户农村家庭实际拥有两处或两处以上符合认定为"一宅"标准的宅基地。

2."未批先占"的认定："未批先占"是指1982年2月《村镇建房用地管理条例》实施以后，农村村民未经批准，违法占用集体土地，实际已建成房屋。

3."主体资格不符"的认定："主体资格不符"是指非本集体经济组织成员通过继承房屋或其他方式使用农村宅基地。原宅基地使用权人"农转城"的，不认定为"主体资格不符"。

4."少批多占"的认定："少批多占"是指宅基地实际占地面积大于批准面积和经处罚使用面积。

5."继承取得"的认定："继承取得"是指继承人依法继承取得房屋所有权后，在房屋所有权存续期内，经集体同意，继续使用宅基地的行为。

6."住房困难户"的认定："住房困难户"是指现住房用地面积，坝区村庄每户小于110平方米，山区村庄每户小于120平方米，或者人均住房用地面积坝区村庄小于30平方米，山区村庄小于35平方米的。

全市共认定10.56万户、12.22万宗宅基地，认定集体经济组织成员资格42.97万人。

（二）试点先行，以点带面

在农村土地制度改革试点工作过程中，大理市积极探索因历史原因形成的少批多占、一户多宅及非本集体经济组织成员通过继承房屋等方式占用宅基地的"户与宅"情况。通过在喜洲镇周城村开展"户与宅"的认定试点工作，一是摸清了周城村宅基地使用现状，摸清了户宅底数（全村共2328户，其中，一户一宅1866户，占80.1%；一户多宅365户，占15.7%；主体资格不符97户，占4.2%。其中，住房困难户242户，占10.4%）。二是充分挖掘出了村里的闲置宅基地，村集体通过统一规划，集中调整，解决了住房困难户和部分符合申请条件农户的住房问题，有效地降低住房困难户比例。

周城村委会认为，在农村开展"户与宅"的认定过程中，既尊重历史，又考虑了当前，体现了公平合理，解决了村"两委"的宅基地管理难题。周城村人多地少，宅基地比较紧张，每年申请宅基地指标的农户较多，但下达的指标远远不能满足需求。过去，在审核时，注重的是住房困难户，对户的认定没有统一的标准，户与宅的结合不明显。有的农户一家人由于各种原因，拥有几院房产；但有的农户却连住处都没有，存在不公平现象。现在通过农村宅基地改革，户与宅的认定，使近几年来一直压着无法审批的200多户的宅基地申请得到了逐步消化。户与宅认定后，规范了档案管理，使宅基地管理工作更加科学合理，更加有利于工作的开展。

通过开展"户与宅"的认定，周城村准确地掌握了宅基地使用现状，摸清了整个村的户宅家底，厘清了住房困难户，有效地规范了农村建房管理秩序，为解决不同时期的历史遗留问题，在推进探索农村宅基地有偿使用、有偿退出方面做了较好的探索，也为全市全面铺开"户与宅"的认定提供了参考。

"户与宅"的界定，为探索实施一户多宅、少批多占、主体资格不符等宅基地分类有偿使用，提供精准决策依据，为整个宅基地制度改革工作的推进奠定了坚实基础，也为推进农村宅基地制度改革、解决不同时期的历史遗留问题做出有益的实践。

第三节 保障户有所居

大理市结合洱海保护治理工作，对环洱海周边、人均耕地较少的平坝地区，充分发挥规划引领作用，落实洱海保护禁建区要求，在农民自愿的基础上，在符合土地利用总体规划和村庄规划的前提下，对规划布局为宅基地的预留用地，采用集体集中连片统一调整方式，由村集体经济组织通过协商有偿方式收回土地，实行统一规划、逐一审批、分户建设；有条件的村集体探索集中统建、多户联建，落实"一户一宅"工作。对下关、大理城郊接合部和中心集镇附近的村组，结合城乡统筹发展，探索集中建设农民公寓、农民住宅小区等方式，改善农民居住条件。

一 摸清住房困难户情况

大理市在明晰宅基地申请使用条件的基础上，利用集体经济组织成员认定成果，结合全市宅基地使用现状和地方传统习俗，对国家土地管理法律法规中没有明确的"户"与"宅"标准进行界定，有效地解决了农村宅基地申请、使用、继承、转让等主体资格不清的问题，防止了不合理分户挤占宅基地指标的情况。通过界定"户"与"宅"，全市符合住房困难户标准的有 4336 户。

二　多种实现形式探索户有所居

通过摸清住房困难户情况、淡化指标管理、强化规划管控，在坚持一户一宅的前提下，区分山区、坝区、城郊接合部和脱贫攻坚等类型，采取统规自建、多户连建和探索农民公寓、货币补助等方式，维护住房困难户居住权益。

1. 明确在太邑乡和其他镇山区村组，在规划范围内，继续沿用指标管理、自行选址的宅基地取得方式。

2. 在银桥镇、喜洲镇等 9 个环湖镇坝区，采用"统一规划、逐年审批、分户建设、多户联建"等方式，落实"一户一宅"。

3. 在下关镇、大理镇、凤仪镇的城郊接合部，探索集中建设农民公寓、农民住宅小区等方式改善农民居住条件。

4. 针对精准扶贫建档立卡对象，实行政府兜底、"扫地入住"，确保贫困家庭户有所居，切实保障宅基地在初次分配中的公平公正。

三　探索农村住房保障新机制

大理市在农村土地制度改革三项试点中，通过统一规划、集中建设，完善村庄规划建设管理体系，处理好传统民居保护与农民住房保障关系，创建了环境优美、交通便捷、设施齐备、功能完善而又具有民族文化特色的现代化居住区。通过推行宅基地集中调整定点审批，可以从根本上解决宅基地指标少建房落地困难的问题。同时，规范宅基地流转退出，健全工作机制，审慎稳妥地推进"空心村"整治，盘活利用闲置土地资源，发挥农村闲置土地的最大效用。

（一）以喜洲镇仁里邑村为例

仁里邑村为解决村庄建筑风格不统一、布局不合理、规划不落实和住房困难户居住权益得不到及时保障的问题，经村"两委"研究决定，在老村以北新建一个具有白族建筑文化特色的统规自建住宅区，改变过去农户宅基地分散无序自建的传统方式，走由村委会对农户的宅基地建房实行统一规划、自行建设的新农村建设之路。委托大理城乡建设学校，编制了《修建性详细规划》，对规划区人少地多的农户，按 2.5 万元/亩的标准有偿收回，对涉及的 13 个村民小组的土地做了置换调整，采取改良土壤等措施，切实保障群众利益不受损失，赢得了群众的支持。通过这种"集中定点、统规自建"的农村建房管理模式，做到了"疏堵结合"，既管好了土地，又有效地解决了群众的建房需求。从 2015 年到现在，仁里邑村没有出现过一宗违法用地。

通过积极探索农村建房"集中定点、统规自建"的改革思路，既实现了节约集约用地，又切实改善农村居住环境，有效地改变了村庄布局不合理、基础设施不配套、建筑风格五花八门、村容村貌杂乱无章、建筑功能不完善、土地利用率低下的状况。

目前，在宅基地制度改革试点工作中，仁里邑村结合取得的成功经验，规划设计了三个宅基地集中调整、定点审批片区（面积约 46 亩），按照宅基地制度改革的相关要求，正在推进和落实三个片区的宅基地适应性集中调整工作。

（二）以大理镇南五里桥村为例

村组利用村集体经济收入和村民筹资的 700 多万元，在清真寺内的集体空闲地上，建成了 3 栋 18 套、三室一厅每套面积 100 平方米的保障房，在供穆斯林专科学校老师住宿的同时，将其中 5—7 套用于解决村内困难户的住房需求，在村级建设农民保障房的做法，在全市属于首创，这一做法不仅节约了土地，保护了耕地，而且有效地利用了集体房屋资源，探索了解决宅基地落地难、困难群众建房难问题的新途径。

专栏 5-2

民族团结共建美丽乡村　盘活资源保障居住权益
——以大理镇南五里桥村为例

大理镇阳和村委会南五里桥自然村共有 5 个村民小组、362 户、1509 人，耕地面积 369 亩、人均 0.26 亩。村内有回族、汉族、白族、彝族、藏族、纳西族 6 个民族聚居，其中回族占总人口的 80% 以上。近年来，南五里桥村夯实发展基础，建设美丽乡村，入选 2017 年中国美丽乡村百家范例，同时，壮大集体经济，发展社会事业，充分利用集体房屋、土地资源，着力保障住房困难户居住权益，提升农村人居环境。

加快建设　夯实村庄发展基础

【南五里桥村党支部书记　马××】我们村非常重视基础设施建设，村组集体超前谋划，按照城乡一体化的要求，统筹考虑布局水电路、公共活动场所、产业发展、文教卫体、社会事业，超前编制村庄建设规划，绘制发展蓝图。村口建了两座具有民族性、文化性和标志性的石牌坊；投入 100 多万元，对村里的 400 米主干道清真路和 500 米村南道路进行了水泥硬化；投资了 90 万元，埋设排污管网，收集全村污水，并在全市全镇率先实现电力、电信、广电"三线"入地，还在道路两旁进行了绿化美化和彩画亮化。

开拓创新　发展壮大集体经济

【南五里桥村致富带头人　马××】我们村充分发挥北临苍洱大道、毗邻大理学院和财校的区位优势，积极开拓创新，努力发家致富，全力将村北苍洱大道南面打造成清真美食一条街，实现了产业发展一体化。目前，已有特色民居接待典型户 42 户，带动发展从事农家乐、清真餐饮、清真食品加工、家庭小旅馆等 60 多户，同时利用便捷的交通条件，发展旅游运输，目前营运车辆已超过 80 辆，人均收入达到 2 万元。

盘活资源　推动社会事业发展

【南五里桥村二组组长　秦××】我们村经济发展了，基础设施建好了，我们也同步推动文化事业发展，丰富村民的文化生活。投入 600 万元，新建 2000 平方米的综合楼，购置办公设施，订阅报纸、杂志及各种图书；通过提升完善，南五里桥清真寺成为全市 18 座清真寺中规模最大、设施最全、文化底蕴最为丰富的一座清真寺。我们对九宗闲置宅基地以每分两万元的标准收回集体，用于打造 1000 多平方米充满民族特色和文化氛围的综合广场。在盘活闲置宅基地、探索宅基地有偿退出的同时，也为村民休闲、活动、停车、红白喜事待客提供了良好的场所。

积极探索 保障村民居住权益

【南五里桥村寺管会负责人 马××】我们村的村民已经具有较高的经济收入和物质生活条件，村内先富起来的村民在积极带领帮助其他村民发展经济的同时，还会每年捐出年收益的2.5%作为帮贫济困资金，在村内初步形成帮扶、救济保障机制。村组利用村集体经济收入和村民筹资的700多万元，建成了3栋18套保障房，在供穆斯林专科学校老师住宿的同时，有效地解决了村内困难户的住房需求。

在全市农村土地制度改革试点过程中，南五里桥村以及其他经济基础好、村组干部积极性高的沿湖农村，积极作为，大胆实践，盘活闲置宅基地，探索多种形式保障农民住房权益，使改革成果惠及广大农民，改革试点初见成效。

第六章　探索建立宅基地有偿使用机制

第一节　宅基地有偿使用的历史背景

1986年3月21日,《中共中央、国务院关于加强土地管理、制止乱占耕地的通知》要求认真检查清理非农业用地。对清查出来的违法占地问题,都要按照国家有关法规严肃处理,该补办手续的补办手续,该罚款的罚款,该没收的没收,该判刑的判刑。在全面查清非法占地的基础上,各地要对所有非农用地进行登记和发证,建立健全地籍管理等制度。运用经济手段,控制非农业用地,要区别土地的不同用途和不同等级,征收不同数量的土地税和土地使用费。

1986年6月25日,第六届全国人民代表大会常务委员会第十六次会议通过了《中华人民共和国土地管理法》,农村宅基地管理进入了有法可依时代。《中华人民共和国土地管理法》颁布实施后,全国200多个县的部分乡、村试行了宅基地有偿使用,取得了明显成效。

1986年11月3日,大理市人民政府制定下发了《大理市村镇建房用地管理实施细则(草案)》。明确规定社员建房用地均须缴纳土地补偿费。占用水田的,每分地交150元;占用园地的,每分地交250元;占用旱地的,每分地交100元;占用荒山、荒地、荒滩的,免交土地补偿费。收取的土地补偿费交乡政府(现村委会),收入总数中以70%留给被占地的农业社使用,30%归乡使用。土地补偿费主要用于农田水利建设,发展乡村企业和农副业生产,不准挪作他用,不准分配给社员。

1988年11月17日,大理市人民政府转发州人民政府"关于印发《大理白族自治州实施〈中华人民共和国土地管理法〉暂行规定》的通知"明确规定:在征收上述土地补偿费的同时,征收土地管理费。具体标准为：非耕地每平方米收壹角，旱地每平方米收贰角，水田、菜地、园地每平方米收肆角。所收取土地管理费的30%按规定上缴上级土地管理部门，其余70%交市土地管理部门留用。

1990年1月3日，国务院批准《国家土地管理局〈关于加强农村宅基地管理工作请示〉的通知》，明确了进行农村宅基地有偿使用试点，强化自我约束机制。要求做好以下工作：一是切实加强领导，选择经济基础较好，耕地资源紧张的县、乡、村，有组织、有步骤地进行试点。二是确定宅基地有偿使用收费标准时，对在规定用地标准以内的，既要体现有偿原则，又要照顾群众的经济承受能力，少用少交费，多用多交费；超标准用地的，应规定较高的收费标准；对级差收益较高地段，收费标准要适当提高。三是建立和完善土地使用费管理制度。宅基地使用费要本着"取之于户，收费适度；用之于村，使用得当"的原则，实行村有、乡管、银行立户制度。专款专用，主要用于村内基础设施和公益事业建设，不得挪作他用。四是云南省人民政府转发了《国务院批准〈国家土地管理局关于加强农村宅基地管理工作请示〉的通知》。

1993年12月20日，市政府发布经大理市第四届人民代表大会常务委员会第五次会议批准的《大理市实施〈中华人民共和国土地管理法〉办法》，明确规定社员建房用地应缴纳土地补偿费和土地管理费，缴纳标准同上。

1996年8月21日，云南省人民政府转发《省土地管理局关于加强城乡居民自建住宅用地管理规定》。明确规定农村居民宅基地占用耕地的，应向乡（镇）政府缴纳占用耕地补偿费，标准是该耕地年产值的4—6倍。所收的占用耕地补偿费70%返回该村社，用于耕地复垦、农田水利和村社公益事业建设。农村村民宅基地超过法定标准占用土地除按《云南省土地管理实施办法》第三十六条规定处罚外，对于不影响村镇规划、不便拆除的、超占土地面积在10平方米以内的加收5—10倍的占用耕地补偿费。

1996年12月16日，大理白族自治州人民政府制定印发《大理州加强城乡居民自建住房用地管理规定（试行）》，明确规定农村居民宅基地占用耕地的，须向乡（镇）政府缴纳占用耕地补偿费，标准是该耕地年产值的4—6倍。农村居民宅基地超过规定标准部分，应按《云南省土地管理实施办法》第三十六条规定处理。对于不影响村镇规划，又不便拆除的，应收超占土地补偿费，具体标准为：（1）超占土地在10平方米以内的，加收超占部分 5—10 倍的占用耕地补偿费；（2）超占部分在 10 平方米以上的，加收 10—15 倍的占用耕地补偿费。占用耕地补偿费、超占土地补偿费，实行分级管理，由乡（镇）人民政府统一收取，70% 返回村社，20% 留乡（镇）土地管理所，10% 上交县土地管理部门，专户储存。主要用于耕地开发、复垦、农田水利建设和村社公益事业建设。农村居民占用耕地建住宅，每亩按占用耕地补偿费提取 3% 的土地管理费；占用非耕地建住宅的，每亩收取 500 元的土地管理费，作为县、乡（镇）两级土地管理部门的业务经费。

1997 年 4 月 15 日，中共中央、国务院《关于进一步加强土地管理切实保护耕地的通知》要求对辖区内 1991 年以来各类建设（包括各类开发区建设）以及农村宅基地用地情况进行全面的清查，对发现的问题，要依法处理。

1997 年 9 月 18 日，国家土地管理局《关于非农业建设用地清查有关问题处理的原则意见》明确提出，对于面广、量大、涉及千家万户且情节轻微的违法用地，应本着教育从严、处罚从宽的原则，妥善处理，防止矛盾激化。对于未经批准或骗取批准、超过批准面积非法占用土地的，其占用的土地已经使用，且符合土地利用总体规划、村镇建设规划的，可给予经济处罚后，依法办理用地手续。

1998 年 8 月 29 日，第九届全国人民代表大会常务委员会第四次会议修订《中华人民共和国土地管理法》，新修订的《中华人民共和国土地管理法》，自 1999 年 1 月 1 日起施行。新法明确规定国家实行占用耕地补偿制度。非农业建设经批准占用耕地的，按照"占多少，垦多少"的原则，由占用耕地的单位负责开垦与所占耕地的数量和质量相当的耕地；没有条件开垦或者开垦不符合要求的，应该按照省、自治区、直辖市规定缴纳耕地开垦费，专款用于开垦新的耕地。

1999 年 9 月 24 日，云南省第九届人民代表大会常务委员会第一次会议审议通过了《云南省土地管理条例》，条例明确规定，从事非农业建设的单位和个人，经批准占用耕地的，应当开垦与所占耕地数量和质量相当的耕地；没有条件开垦的，应当按照所占耕地前三年平均年产值的 3—8 倍的标准缴纳耕地开垦费；开垦的耕地不符合要求的，对不符合的部分缴纳耕地开垦费。自 2000 年 7 月 1 日起施行的新修订的《大理市实施〈中华人民共和国土地管理法〉办法》明确规定，社员建房用地，应缴纳土地补偿费和耕地开垦费。土地补偿费缴纳的标准为：占用菜地、水田建房的，每平方米缴纳30元；占用旱地建房的，每平方米缴纳20元；占用未利用地建房的，每平方米缴纳15元。土地补偿费由农业社收取。耕地开垦费缴纳标准为每亩2000元，由市土地主管部门负责征收。社员宅基地审批的土地管理费，按土地补偿费的5%由市土地主管部门收取。

2001年8月15日，国家发展计划委员会、财政部、农业部、国土资源部、建设部、国务院纠风办《关于开展农民建房收费专项治理工作的通知》，要求必须严格执行《中共中央、国务院办公厅关于对涉及农民负担项目审核处理意见的通知》中明令禁止在农村地区收取的宅基地有偿使用费、宅基地超占费、土地登记费、村镇规划管理费、建设用地规划许可政费、房屋所有权登记费。国务院以及财政部、国家计委批准的涉及住房建设行政事业性收费项目，凡未明确向农民收取的，一律不得向农民收取。省、自治区、直辖市人民政府及其财政、价格部门批准的涉及农民建房的行政事业性收费项目，除依法颁发的证照可收取工本费外，其他行政事业性收费项目一律不得向农民收取。国务院其他部门，各省、自治区、直辖市人民政府的其他部门，省以下各级人民政府及各部门自行出台的涉及农民建房的行政事业性收费，属于乱收费，要一律取消。收费执收单位违反规定乱收费的，一律依法查处。

第二节　有偿使用的实践与创新

探索一定条件下的宅基地有偿使用制度是此次农村宅基地制度改革试点中"两探索"任务中的主要内容。中央顶层制度设计对此提出了相关的具体要求。中共中央办公厅、国务院办公厅《关于农村土地征收、集体经营性建设用地入市、宅基地制度改革试点工作的意见》（中办发〔2014〕71号）明确提出：对因历史原因形成超标准占用宅基地和一户多宅的，以及非本集体经济组织成员通过继承房屋等占有宅基地的，由农村集体经济组织主导，探索有偿使用；明确有偿使用的主体、标准和使用的管理制度。

一　存在的问题

在此次农村宅基地制度改革试点之前，大理市在宅基地的批后监管与利用管理方面相对较为欠缺。一是新批宅基地难以落地与村内宅基地利用粗放并存，宅基地退出不畅、退出困难。二是历史上多次清理农村违法占地、超批准面积占用，遗留问题较多，群众对通过颁证维护权益的愿望迫切。三是宅基地权能不清，村组集体作为农村土地所有者，主体作用发挥不充分，管理责任弱化。

面对宅基地利用管理中亟待解决的现实问题，同时也遵循中央对此次改革试点的顶层设计，大理市制定了《云南省大理市农村宅基地制度改革试点实施方案》，明确提出探索一定条件下的宅基地有偿使用制度。宅基地使用面积严格按照法律法规确定的标准执行，对因历史原因形成的超批准面积占用宅基地、一户多宅以及非本集体成员通过继承房屋或其他方式占有使用宅基地的，建立农村集体经济组织主导下，分门别类征收有偿使用费制度。

尽管法律法规政策都对宅基地的取得和利用有着严格的规定，即"依法审批，面积法定，一户一宅"。但在现实中，由于历史原因和监管不到位，大理市在宅基地利用与管理方面主要存在"一户多宅""少批多占""未批先占"等现象仍较为明显。这主要是由于各农户所属地块的难分割性，农户乐意按照地块大小和地块形状建房，而不是按照政府批准建设的面积建房，因为农户认为所选地块中超批准面积的土地难以分割出来流转给其他建房农户，用于建房是改善居住条件的最佳用途。从而致使村民对宅基地的普遍超占，也加大了配套公共设施的建设难度，增加了管理成本。

二 主要做法

在分类处置历史遗留问题上，创新突破，探索宅基地有偿使用制度。针对住房困难户有宅基地指标而没有符合村庄规划的地块、导致建房落地困难的问题，探索宅基地使用初次有偿取得制度。由村集体主导，有偿收回部分农户符合土地利用总体规划耕地的土地承包经营权，经统一规划后，按成本价安排给住房困难户建房使用。从根本上解决私下调换成本高、建房落地困难的问题，有效地遏制乱占乱建行为，走出一条既不多占耕地，又保障村民建房刚需的新路子。

为解决宅基地利用管理中的历史遗留问题，同时也为了促进农村建设用地节约集约利用甚至倒逼农户将多余或多占的宅基地退出来，在广泛调查研究，与镇、村、组干部和群众座谈，专家咨询等基础上，制定了《大理市农村宅基地有偿使用指导意见（试行）》，对因历史原因形成的少批多占、一户多宅以及非本集体经济组织成员通过继承房屋或其他方式占有和使用宅基地等行为实行有偿使用。

（一）有偿使用费的收取标准

1. 属少批多占、未批先占的宅基地，未退还集体的，经处罚后，由集体经济组织（村民小组）收取有偿使用费。有偿使用费，采取一性收取和按年度收取两种方式。少批多占实行一次性有偿使用的，根据超占面积的不同，分别按总超占面积不低于 60 元/平方米、90 元/平方米和 120 元/平方米三档标准收取；少批多占实行按年度有偿使用的，按总超占面积不低于 10 元/平方米·年的标准收取。

2. 属一户一宅的，如面积未超过 450 平方米，其少批多占面积实行一次性有偿使用，予以登记；如面积超过 450 平方米，经批准和处罚面积予以登记，现少批多占面积实行按年有偿使用，不予登记；如属未批先占，且不符合规划的，但符合宅基地申请资格条件，按不低于 5 元/平方米·年收取，不予登记。

3. 属一户多宅的，区分建房时点。对 1982 年 2 月《村镇建房用地管理条例》实施以前的，免收有偿使用费；对 1982 年 2 月至 1999 年 1 月 1 日《中华人民共和国土地管理法》实施前的，属少批多占的，按上述一户一宅少批多占的收取标准执行。属未批先占的，宗地总面积在 180 平方米以内的由村集体按照不低于 60 元/平方米一次性收取有偿使用费后予以登记，超过 180 平方米以上的面积部分按不低于 10 元/平方米·年收取有偿使用费且不予登记；对 1999 年 1 月 1 日至 2015 年 4 月 24 日《大理市人民政府关于开展洱海流域农村宅基地专项整治的通知》发布止的，由农户自行确定其中一宅申请登记，该宅涉及"少批多占"的，按上述"一户一宅"少批多占规定执行。"多宅"部分中经批准和经处罚的面积部分按不低于 5 元/平方米·年收取有偿使用费，少批多占面积按不低于 10 元/平方米·年收取有偿使用费，属未批先占的由集体经济组织在收回后返租给现房屋所有人，按不低于 10 元/平方米·年收取有偿使用费。

4. 属主体资格不符的，因非本集体经济组织成员通过继承房屋占用农村宅基地，经批准和处罚面积按不低于 5 元/平方米一次性收取有偿使用费后进行登记。

（二）有偿使用费的收取程序

1. 村委会指导支持集体经济组织（村民小组）对本集体内拟收取对象、面积、标准进行认定公示。

2. 如果农户对公示信息（主要是宅基地面积）有异议，可请第三方有资质的机构进行自测。

3. 公示无异议后，由集体经济组织（村民小组）书面下达通知宅基地使用人，签订有偿使用协议，缴纳有偿使用费，并经村委会报乡（镇）人民政府备案。

有偿使用费的收取程序如图 6-1 所示。

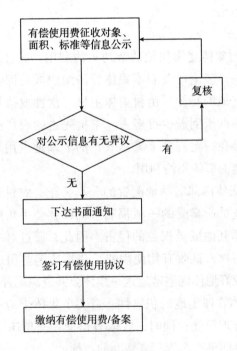

图 6-1　有偿使用费的收取程序

（三）有偿使用费的管理使用办法

对于农村宅基地有偿使用费的使用，原则上 30% 用于收取工作、村庄土地规划建设监管等管理性支出；70% 用于本集体经济组织（村民小组）的公益事业及基础设施建设。此外，在征收有偿使用费的过程中，也制定实施了相关奖惩办法：

1. 已缴纳有偿使用费使用未满一年，现退回宅基地的，集体经济组织（村民小组）应全额退还有偿使用费。

2. 按年缴纳有偿使用费的，一次缴纳两年有偿使用费按应缴总额 90% 收取，一次缴纳三年有偿使用费按应缴总额 80% 收取，不得一次缴纳三年以上的有偿使用费。

3. 未按期缴纳有偿使用费的，自欠缴之日起按日加收应缴数额1‰的滞纳金。连续三年不缴纳有偿使用费的，由集体经济组织（村民小组）按照民主决策程序做出处理。在有偿使用费收取过程中，对确因家庭特殊困难无法缴纳或按时缴纳的，可由集体经济组织（村民小组）按民主决策程序做出决定，予以缓交或减免。

三　成效与不足

（一）主要成效

1. 促进了农村集体建设用地的节约集约利用。通过对因历史原因形成的少批多占、一户多宅以及非本集体经济组织成员因继承房屋或其他方式占有使用宅基地的行为，由村集体主导一次性或按年收取有偿使用费。这样，不仅有助于倒逼少批多占、未批先占的农户退出闲置和废弃的宅基地，也能够在一定程度上警示农户的宅基地占用行为，从而引导和促进农村宅基地的节约集约利用。

2. 实现了村集体内部宅基地配置的公平公正。农村宅基地是村民作为集体经济组织成员所享受的一项福利。就社会公平角度而言，超占宅基地是对集体内部其他成员权益的侵占。因此，通过对少批多占、未批先占的宅基地使用权人征收有偿使用费，并将这笔费用反馈用于村内的公共事务，能够较好地体现宅基地这一集体公共资源配置的公平公正。

3. 提升了集体管理土地的积极性，夯实了集体土地所有者地位，强化了村级集体的管理职能；同时，收取有偿使用费解决了集体经费紧张问题，实现了农村的事有人管、有钱办的目标。

（二）面临问题

1. 按年收取有偿使用费的办法难以有效实施，尤其是对于那些目前政策规定中不可能合法化的宅基地，其使用权人会抵制有偿使用制度。从目前相关政策的实践结果来看，政策难以执行下去。

2. 无论是一次性有偿使用或者按年有偿使用，对于不按时主动缴纳有偿使用费的农户，缺乏相应的惩处措施。

3. 农户对于缴纳有偿使用费存在观望思想。

第三节　有偿使用的磻溪村案例分析

银桥镇磻溪村委会下辖木易、城外庄、南磻上登、南磻下登、北磻 5 个自然村、12 个村民小组、1063 户、4113 人。全村耕地面积 2572 亩，人均耕地面积 0.63 亩，林地面积 938.9 亩。村庄南北向（临洱海岸线）长 3.5 千米，东西向长 1.5 千米。在农村宅基地制度试点改革中，磻溪村在坚持政策底线的前提下，积极探索宅基地有偿使用机制，因地制宜，积极探索完善宅基地权益的实现途径，与洱海保护治理相结合，探索村庄有序建设和产业科学发展模式。

一　村宅基地占有利用情况

尽管国家和地方都对宅基地的取得和利用有着严格的规定，即"一户一宅，面积法定"。但在现实中，由于历史原因和监管的不到位，磻溪村在宅基地利用与管理方面主要有以下两个方面的问题：一是村内宅基地"一户多宅""少批多占""未批先占"等现象仍较为明显。根据此次改革试点的入户调查数据，目前磻溪村已完成认定的 953 宗农户宅基地中，涉及"一户多宅"66 户、"少批多占"15 户和"未批先占"15 户，分别占 6.9%、1.57% 和 1.57%。这主要是由于各农户所属地块的难分割性，农户乐意按照地块大小和地块形状建房，而不是按照政府批准建设的面积建房，因为农户认为所选地块中超批准面积的土地难以分割出来流转给其他建房农户，用于建房是改善居住条件的最佳用途。从而致使村民对宅基地的普遍超占，也加大了配套公共设施的建设难度，增加了管理成本。二是私自转变用途，用于经营客栈或餐饮等。截至 2017 年 3 月 23 日，全村共有经营户 60 户，（其中客栈 33 户，餐饮 27 户）。自主经营或出租给他人经营的农户无疑从福利性获取的宅基地上获得了不菲的经济收益，但作为宅基地所有权主体的集体经济组织却并未获得应得的权益，而且还要担负相应的公共设施支出和环境维护费用。

二　磻溪村宅基地有偿使用的做法

为解决上述宅基地利用与管理中的主要问题，在大理市农村宅基地制度改革试点的统筹安排下，磻溪村主要开展了以下两方面涉及宅基地有偿使用的试点探索工作：一是基于对农户宅基地占有情况的全面调查，分类型、有差别地征收有偿使用费，以促进农村宅基地的节约集约利用，倒逼农户退出多占的宅基地；二是探索对在宅基地上从事客栈、餐饮等经营活动的使用权人征收土地收益调节金，以保障集体土地所有者的权益，同时也维护农村宅基地配置利用的公平公正。

（一）宅基地有偿使用制度

为解决宅基地利用管理中的历史遗留问题，同时也为了促进农村建设用地节约集约利用，甚至倒逼农户将多余或多占的宅基地退出来，在全市统一的政策文件指导下，磻溪村探索实施了针对不同类型农户宅基地的有偿使用制度。从具体的办法和流程等来看，磻溪村基本上遵循《大理市农村宅基地有偿使用指导意见（试行）》，针对因历史原因形成的少批多占、一户多宅以及非本集体经济组织成员通过继承房屋或其他方式占有和使用宅基地等行为实行有偿使用的，同时对于新批农村宅基地，磻溪村也根据集体土地成本实行了有偿使用。

1. 有偿使用费的收取标准：（1）少批多占、未批先占的宅基地，未退还集体的，经处罚后，由集体经济组织（村民小组）收取有偿使用费。有偿使用费采取一性收取和按年度收取两种方式。少批多占实行一次性有偿使用的，根据超占面积的不同，分别按总超占面积不低于 60 元/平方米、90 元/平方米和 120 元/平方米三档标准收取；少批多占实行按年度有偿使用的，按总超占面积不低于 10 元/平方米·年的标准收取。（2）属一户一宅的，如面积未超过 450 平方米，其少批多占面积实行一次性有偿使用，予以登记；如面积超过 450 平方米，则经批准和经处罚面积予以登记，现少批多占面积实行按年有偿使用，不予登记；如属未批先占，且不符合规划的，按不低于 5 元/平方米·年收取，不予登记。（3）属一户多宅的，区分建房时点，对 1982 年 2 月《村镇建房用地管理条例》实施以前的，免收有偿使用费。对 1982 年 2 月至 1999 年 1 月 1 日《中华人民共和国土地管理法》实施前的，属少批多占的，按上述一户一宅少批多占的收取标准执行；属未批先占的，宗地总面积在 180 平方米以内的由村集体按照不低于 60 元/平方米一次性收取有偿使用费后予以登记，超过 180 平方米以上的面积部分按不低于 10 元/平方米·年收取有偿使用费且不予登记；对 1999 年 1 月 1 日至 2015 年 4 月 24 日《大理市人民政府关于开展洱海流域农村宅基地专项整治的通知》发布止的，由农户自行确定其中一宅申请登记，该宅涉及"少批多占"的，按前述规定执行，"多宅"部分中经批准和经处罚的面积部分按不低于 5 元/平方米·年收取有偿使用费，少批多占面积按不低于 10 元/平方米·年收取有偿使用费，属未批先占的由集体经济组织在收回后返租给现房屋所有人，按不低于 10 元/平方米·年收取有偿使用费。（4）属主体资格不符的，如非本集体经济组织成员通过继承房屋占用农村宅基地，经批准和经处罚面积按不低于 5 元/平方米一次性收取有偿使用费后进行登记。

2. 有偿使用费的征收程序：（1）村委会指导支持集体经济组织（村民小组）对本集体内拟收取对象、面积、标准进行认定公示；（2）如果农户对公示信息（主要是宅基地面积）有异议，可请第三方有资质的机构进行自测；（3）无异议后，由集体经济组织（村民小组）书面下达通知宅基地使用人，签订有偿使用协议，缴纳有偿使用费，并经村委会报乡（镇）人民政府备案。

3. 有偿使用费的管理使用与奖惩办法：农村宅基地有偿使用费的使用，原则上 30% 用于收取工作、村庄土地规划建设监管等管理性支出；70% 用于本集体经济组织（村民小组）的公益事业及基础设施建设。此外，在征收有偿使用费的过程中，也制定实施了相关奖惩办法：（1）已缴纳有偿使用费使用未满一年，现退回宅基地的，集体经济组织（村民小组）应全额退还有偿使用费；（2）按年缴纳有偿使用费的，一次缴纳两年有偿使用费按应缴总额 90% 收取，一次缴纳三年有偿使用费按应缴总额 80% 收取，不得一次缴纳三年以上的有偿使用费；（3）未按期缴纳有偿使用费的，自欠缴之日起按日加收应缴数额 1‰ 的滞纳金。连续三年不缴纳有偿使用费的，由集体经济组织（村民小组）按照民主决策程序做出处理。在有偿使用费收取过程中，对确因家庭特殊困难无法缴纳或按时缴纳的，可由集体经济组织（村民小组）按民主决策程序做出决定，予以缓交或减免。

（二）土地收益调节金制度

大理市在宅基地利用管理方面除要处理复杂的历史遗留问题外，还有一项棘手的工作，就是沿洱海边利用宅基地上住房从事客栈和餐饮等经营性活动的管理问题，这也是大理市在此次改革试点之初提出的"四个结合"（与洱海保护治理相结合、与民族历史文化保护传承相结合、与全域旅游示范区创建相结合、与国家新型城镇化试点相结合）中的重要内容。对此，大理市在推进农村宅基地制度改革的过程中，创新性地提出了"针对利用宅基地上的住房从事客栈、餐饮等经营性活动，或将宅基地以出租、入股等方式从事经营性活动的，按宅基地现有使用面积，由集体收取土地收益调节金"的制度。

土地收益调节金的收取标准分三种情况：（1）洱海界桩外延 15 米范围内（含 15 米）的经营户，按不低于 20 元/平方米·年收取；（2）洱海界桩外延 15—100 米内（含 100 米）的经营户，按不低于 10 元/平方米·年收取；（3）其他区域的经营户，原则上按不低于 5 元/平方米·年收取。山区村庄可减半执行。土地收益调节金的征收程序和使用基本与前述宅基地有偿使用费一致。根据磻溪村的最新统计数据，全村 60 户经营户实占面积 2.5 万平方米（其中，合法经营面积 1.94 万平方米，违法经营面积 0.56 万平方米），2017 年度共收取土地收益调节金 137.4 万元。

三 取得的显著成效

（一）促进了农村集体建设用地的节约集约利用

通过对因历史原因形成的少批多占、一户多宅以及非本集体经济组织成员因继承房屋或其他方式占有使用宅基地的行为，由村集体主导一次性或按年收取有偿使用费，不仅有助于倒逼少批多占、未批先占的农户退出闲置和废弃的宅基地，也能够在一定程度上警示农户的宅基地占用行为，从而引导和促进农村宅基地的节约集约利用。

（二）壮大了集体经济实力，有助于村庄公共事业的发展

宅基地的有偿使用，尤其是针对利用宅基地上房屋从事经营活动的使用权人征收土地收益调节金，明显增加了磻溪村的集体经济积累。从前面的分析可以看出，仅 2017 年度，磻溪村征收的土地收益调节金就高达 137.4 万元。在后农村税费改革时代，每年有这笔可观的土地收益调节金，无疑能够为村内的公共设施、环境治理等公共事务发展提供有力的资金支持。

（三）实现了村集体内部宅基地配置的公平公正

农村宅基地是村民作为集体经济组织成员所享受的一项福利。就社会公平角度而言，超占宅基地是对集体内部其他成员权益的侵占。因此，通过对少批多占、未批先占的宅基地使用权人征收有偿使用费，并将这笔费用用于村内的公共事务，能够较好地体现宅基地这一集体公共资源配置的公平公正。

（四）体现了集体土地所有者的权益

众所周知，宅基地的基本功能是居住。尽管宅基地使用权人可以依法享受对宅基地的居住和收益权利，但作为宅基地的所有者，显然也具有相应的权利。因此，农户直接利用或出租区位好的宅基地用于经营活动所获得的收益，作为土地所有者的集体同样有权分享。对此，大理市通过由集体主导征收土地收益调节金，无疑能在一定程度上体现了集体作为土地所有者应获得的权益。

四　面临的主要问题

磻溪村以及大理市的其他相关村庄，在探索实施宅基地有偿使用制度的过程中，也面临着一些难题。

一是按年收取有偿使用费的办法难以有效实施。尤其是对于那些目前政策规定中不可能合法化的宅基地，其使用权人会抵制有偿使用制度。从目前相关政策的实践结果来看，这也是磻溪村有偿使用费收取不够理想的主要原因之一。

二是不论少批多占的宅基地能否合法化，对相关农户征收有偿使用费都会给其传递出"能够将多占或为违规占用的宅基地合法化"的信号。这不仅会影响到当地宅基地有偿使用制度的可持续性，甚至还可能潜藏未来的政策风险。

三是土地收益调节金的征收标准有待完善。从目前出台的相关规定来看，大理市人民政府只是提出了一个供参照的最低标准，具体由村集体自行决定标准收取。从目前磻溪村实际执行的标准来看，由于缺乏对经营户投资收益的动态监管和科学测算，土地收益调节金的标准还是相对偏低的。

五　思考与建议

磻溪村的实践探索，可以说是大理市和银桥镇在农村宅基地有偿使用制度改革试点方面的一个缩影。从磻溪村这一个案中也不难看出：

（一）宅基地有偿使用费的征收仍面临较大阻碍

政策设计中通过一次性收取有偿使用费后将相关违规超占的宅基地予以合法化的举措得到了相关农户的广泛支持，相关政策条款的实施效果也较为明显。但是，对于一些需要按年有偿使用，且不能合法化的宅基地使用权人而言，有偿使用的办法难以让其接受，目前这方面的政策可能也较难执行下去。

（二）针对宅基地用于经营性用途而征收土地收益调节金的办法，可以说是大理市的独创

这项政策的试点探索收到了出乎意料的好效果。从磻溪村乃至整个大理的相关试点村庄来看，基本实现了应收尽收。几乎没有经营户不交土地收益调节金的情况。当然，土地收益调节金制度有效落实的意义并不在于收到了多少钱，而是为今后农村宅基地管理中有偿使用制度的探索提供了一条切实可行的路径。我们在其他一些试点地区的调研中也发现，单纯针对居住用途的宅基地征收有偿使用费（即使是历史遗留问题，或有一户多宅、违规超占等情况）在现实也受到了不小的抵制，制度政策实施的可行性不强；而若是将这一制度政策修正为针对宅基地用途转变征收相关有偿使用费，则很可能是切实可行的。

大理市在下一步深化改革试点的过程中还有必要在宅基地的有偿使用制度方法上采取相应的完善措施。一是完善相关配套措施（如对于不按时缴纳有偿使用费的农民给予相应的惩处措施），以更好地落实有偿使用费，特别是针对无法合法化的使用权人的宅基地有偿使用费的征收工作。二是加大对违规占地行为的查处，尽管对于历史原因造成的未批先占等行为出台了有偿使用的办法，但是，从规范未来的角度出发，还是应该尽可能地通过倒逼腾退或强制拆除来解决。

第七章　节约集约高效使用宅基地资源

第一节　自愿有偿退出，盘活闲置宅基地

大理市积极探索自愿有偿退出闲置宅基地的统筹利用方式。对村庄内的闲置宅基地由村集体经济组织与农户协商，有偿回购闲置宅基地的使用权，实施"空心村"整治后，重新规划利用。整治出的土地，优先满足符合条件农民的建房需求，剩余部分由村集体统筹用于活动场所、菜市场等公共设施建设。盘活闲置宅基地遵循"政府引导，规划引领，村组主导，农民参与"的基本原则。从实践成效来看，这一做法既增加了退出宅基地农户的经济收入，保障了住房困难户的建房用地需求，又有力地推动了村庄布局优化调整、农村人居环境的改善和提升。

一　"空心村"的形成

新型城镇化快速推进阶段，由于大理市村庄规划相对滞后、建房审批管理不够规范、农户之间老宅基地归并困难等原因，导致很多农户选择把新房建到公路附近和村庄外围等交通便利处，宅基地"批新不让旧"、房屋"建新不拆旧"的情况普遍存在，部分村庄出现了外实内空、外新内旧、外齐内乱等"空心村""田中村""路边村"的现实问题。其中，"空心村"的情况尤为突出，"空心村"内大量闲置、废弃宅基地一直处于"沉睡"状态。宅基地上有的房屋尚完好但早已无人居住，有的房屋破败不堪，有的房屋已经倒塌，有的院落成了公共垃圾场。大理市"空心村"中遗留下来的旧房子大多为土木结构，年久失修的旧房子容易发生倒塌事故，同时存在安全隐患。为了让"空心村"变废为宝，老百姓盼政策引导盘活"沉睡资源"的愿望也日益强烈，"空心村"整治势在必行！

二 "空心村"整治试点先行

2011 年 11 月，大理市率先在银桥镇双阳村委会双鸳自然村开展了"空心村"整治工作。通过调查村庄基本情况→成立领导组及办公室→对改造区进行测绘→制订实施方案→编制"空心村"整治规划→对拟拆除建筑物进行评估、公示→筹集项目资金→签订补偿安置协议→拆除房屋、平整土地→完成配套基础设施建设等工作后，共整治出可利用宅基地 22.24 亩，可规划 49 宗宅基地，整治出的土地可以保障该村 8—10 年的宅基地需求，目前已分两批共安置了 19 户住房困难户。

三 "空心村"整治全面推进

2015 年 6 月 12 日，大理市委、市人民政府出台了《大理市"空心村"集中整治工作实施方案》（大市办通〔2015〕47 号）文件，明确"空心村"整治是指对村庄范围内利用低效、相对集中、现状闲（空）置的宅基地和废弃圈舍、厕所、零星空闲地采用由集体经济组织主导的有（无）偿收回重新规划利用的行为。文件对大理市实施"空心村"整治工作做出了总体部署和安排。

大理市在双鸳自然村试点取得经验的基础上，决定在每个乡镇选择不少于两个自然村实施"空心村"集中整治工作。目前，全市已完成大理镇西门村、凤仪镇小赤佛村、银桥镇双鸳村等 5 个村的空心村整治，在有效地保障上述村组宅基地刚性需求的同时，也减少了农村新建房屋占用耕地约 148 亩。

专栏 7-1

大理镇西门村委会石门自然村"空心村"整治实践

根据大理州"空心村"整治试点工作领导小组办公室《关于下达县市"空心村"整治试点村的通知》和大理市人民政府办公室《关于印发大理市〈"空心村"整治集体建设用地管理使用暂行办法〉的通知》的精神，西门村经召开党支部会议、村民代表会议、村民户长会议后同意实施"空心村"整治。在州、市政府政策的指导下，由村组两级共同主导实施石门村"空心村"整治工作，现已取得阶段性成果。

一　西门村基本情况及"空心村"整治范围

大理镇西门村委会石门自然村位于大理古城以西、三月街街区以南，辖第九、第十二两个村民小组，现有农户 135 户，总人口 480 人。近年来，石门村内村民纷纷建起新房，但由于家庭内部矛盾、邻里纠纷等诸多因素，许多老房子一直未被归并，一直处于闲置状态。闲置老房由于管理不善以及风吹雨淋等诸多不可抗力的自然因素，现已成为杂草丛生、残垣断壁且存在严重安全隐患的"空心村"。

由于"空心村"片区规划不合理、废弃房屋较多、道路设施差、交通不方便，已不能满足现行居住需求，严重阻碍村庄发展，影响村容村貌，"空心村"整治势在必行。

石门自然村"空心村"整治范围为村中偏西区域：东起卢玉芬、张红英等 8 户宅院西外皮，南至村庄规划南边线，西至西门村委会第 9、第 12 村民小组道路，北接石门村老年协会东大门。经前期调查统计，整治范围涉及 27 户农户，院落 6 个，房屋 37 间，占地面积 6.23 亩。

二　突出问题、基本思路和工作程序

（一）突出问题

1. 大量土地资源闲置荒废，宅基地得不到充分利用。一是存在一户多宅、批新占旧、归并难等问题；二是旧宅大都存在安全隐患。

2. 年年建新楼，岁岁无新貌。村内新旧民宅交错，杂乱无章，毫无美感。

3. 基础设施建设不完善。一是除进村主通道外，村内其余巷道都未硬化；二是村内无配套排水排污设施，污水横流，垃圾随处可见。

（二）基本思路

1. 对有价值的旧院落进行保留修缮，对无价值的院落进行拆除。

2. 在专家指导下，重新进行规划布局，按评审方案进行回迁安置房建设。

3. 就地利用原有石料修缮道路，完善村内排水排污设施，增设消防设施、公共活动空间等。总体格局保持原有风貌，让乡愁更加浓郁。

（三）工作程序

2015 年 2 月，大理镇启动了石门村"空心村"整治的前期准备工作。经村组申请、镇人民政府推荐后，报请市、州两级政府审查。审查认为，石门村的该片区：收回宅基地相对容易，整治成本不大，便于统一规划，且具有代表性和交流性，可列为"空心村"整治试点。2015年3月26日，石门村"空心村"整治工作正式列入州级"空心村"整治试点项目。

1. 加强组织保障，明确前期工作任务。大理镇成立"空心村"整治工作组，石门自然村成立"空心村"整治工作组，并制订相应实施方案。按照实施方案要求和部署，明确了对整治区进行基本情况调查、录像摄制、院落四至界限界定、院落测绘等前期的工作任务。

2. 调动村民参与的积极性。开展宣传工作，做到家喻户晓，提高村民的积极性与参与度。大理镇制定下发"空心村"整治宣传提纲；石门村召开党员和户长会议，宣传开展"空心村"整治的重大意义和工作内容；整治工作组入户发放宣传资料向村民宣传"空心村"整治工作。

3. 制定、审批收回集体土地补偿补助办法。根据《大理市"空心村"整治集体建设用地管理使用暂行办法》明确的相关土地使用权收回的政策规定，以征地价为基数，确定收回土地补偿价为20万元/亩；以房屋评估的评估价为依据，进行地上房屋和设施的补偿，并形成补偿办法，报请镇人民政府批准，按批准办法全面推进。

4. 签订收回协议。按批准的补偿补助办法，由工作组人员入户进行协商，在自愿的基础上签订《大理市空心村整治宅基地使用权收回协议书》。采取先易后难的办法，签订一户、补偿一户，接收土地并平整一户，有序推进工作。

5. 拆除地上房屋。拆除已签订协议农户的房屋，同时强力推进达不成协议农户的土地收回法律程序。通过召开户长会议，明确是否收回土地等相关事项，并形成决议，由工作组按决议，实施收回土地的具体事宜，需明确强制拆除的，报请批准后强制拆除。

6. 建设基础配套设施。根据整治区域的村庄规划，由整治工作组列出实施规划的具体建设项目，按照项目招投标程序，确定中标单位后实施。

7. 总结验收。妥善处理试点工作中的各种遗留问题，完成项目扫尾工作。开展考核验收并对"空心村"整治工作中取得的经验进行总结，逐级上报市、州两级政府。

三 推进情况、取得成效及制度创新成果

（一）推进落实情况及取得的成效

1. 摸清底数，明晰产权。对整治范围内房屋的现状、权属、面积等

进行了核实。①整治范围内共涉及村民27户，除3户租给他人居住外，其他24户全处于闲置状态。②27户中持有宅基地使用证16户，祖遗地7户，其他用地4户。③整治范围内房屋最大面积为261平方米，最小面积为18平方米，27户总占地面积为2464平方米（合3.7亩），占整治范围总面积的59.4%。其他用地为道路、公共设施、共用天井等。

2. 先易后难，主动作为。党员、干部家庭带头签订收回协议，消除其他农户的思想顾虑。针对有疑虑的农户，工作组与其进行多次接触、交谈，在政策范围内满足其合理的诉求，并主动表态承担责任。

3. 整合资金，全方位统筹。此次整治按照"三三制"筹集资金，即由自然村自筹、银行融资和上级财政补助三部分组成。目前，石门村已争取补助资金140万元，启动资金借款100万元。

4. 拆除旧房，收回土地。完成了整治范围内27户的37间房屋拆除工作，与24户农户签订了回收补偿协议，并兑付补偿资金约145.35万元。与此同时，及时解除了3户出租户的租赁关系，保障了项目的顺利推进。

5. 完善规划，优化方案。本次"空心村"整治对整治范围开展了地形图测绘，并邀请专家及专业规划部门，对改造整治方案进行设计，进一步优化了方案。

6. 核算投资，配套建设。石门村预计投资300万元，开展基础设施建设。按要求进行招标后，现已完成100米主干的道硬化及排污管网、供排水管道埋设，后续施工正加紧推进。

7. 保持稳定，兼顾利益。认真听取农户对整治工作的意见建议，接纳合理的群众诉求，对安置回迁进行前置审查，做好规划实施。

（二）制度创新成果

1. 坚持集体土地集体管理、群众受益的原则。"空心村"整治试点目的在于盘活村内闲置建设用地，切实改善村内人居环境。通过整治盘活的建设用地，用于满足村民合理的建房需求和完善村庄公共设施，整治成果由村民共享，做到取之于民、用之于民。通过对整治范围内"空心房"、废弃旧房、畜禽厩舍等用地收回，石门村盘活村内闲置地12.46亩，经统一规划，可以满足20户住房困难户的建房用地需求，缓解了宅基地供求矛盾，同时结合整治工作，进一步完善了村庄公共设施。

2. 坚持乡镇主导、自然村为主体的原则。大理镇成立西门村委会石门自然村"空心村"整治试点工作领导小组和办公室，负责对试点村的试点工作的组织领导和统筹协调，是试点工作的责任主体；村组相应成立"空心村"整治工作领导小组及工作促进会，负责"空心村"整治各项工作的具体实施，是试点工作的实施主体。

3. 坚持依法依规、合理补偿的原则。对符合收回条件但拒不交回老宅基地的行为，由户长会议表决，按表决结果依法收回。对收回集体的宅基地可以参照同期国家征地价，按实际面积进行补偿，对于地上建筑物及附属物给予合理补助。

4. 采取先退让、先取得宅基地审批的原则。村民住宅用地是指农民依法取得的用于建造住宅及生活附属设施的集体建设用地，退让户在具备宅基地审批条件的前提下，可优先获批规划区内的宅基地用地指标或在整治安置片区得到安置。

5. 合理规划，突出特色，配套建设。根据"空心村"土地闲置的情况，合理确定整治范围，并报请列入村庄规划。按批准规划收回农户宅基地，按照民主决策程序，对整治的集体土地，先进行公共设施建设配套和公益用地保障，再做安置用地和宅基地审批。

6. 强化管理，严纪护航。①村民除依法合理分家析产外，不得以隐瞒、变通、买卖及其他手段规避老房拆除。②对符合收回条件但拒不交回宅基地的农户，要依法予以收回。③村集体经济组织及工作人员严格履行协议，及时兑付补助资金，不得以权谋私或徇私舞弊，不得对村民有刁难、克扣等行为；不得侵占、挪用专项资金。④对无理干扰、阻碍、煽动或以其他形式影响试点工作推进的组织和个人，根据情节轻重，追究相关责任。⑤参与试点工作的相关工作人员，在工作中违反法律法规及本办法规定，玩忽职守、滥用职权的，根据情节轻重，追究相关责任。

7. 强化考核，严格奖惩。建立健全对试点工作的考核奖惩办法，对按时、按质、按量完成试点工作任务的，根据市对镇的考核办法，由镇"空心村"整治领导小组办公室对村进行考核奖惩。

四　存在的问题和下一步工作计划

（一）存在的问题

1. 村民没有充分认识到"空心村"改造与农村现代化建设乃至全面建设小康社会的关系及其重要意义。

2. 农户宅基地所有权归集体的观念淡薄。一些农户认为，自己的住宅用地归自己所有；一些农户则认为，宅基地为祖先遗产，属于私有财产。

3. 拆除旧房阻力大，回迁安置困难。有些农户认为，若要收回整治范围内土地，必须置换回相应的土地，加之农村家族势力影响等多方面的因素，拆除旧房时遇到的阻力重重。

4. 村集体经济发展落后，在房屋补偿和基础设施建设时面临资金筹集难的问题。

5. 个别钉子户百般刁难、恶意阻挠、与集体对抗、攻击干部、提无理要求等，导致房屋收回困难。

6. 工作组对"空心村"整治工作没有经验，属于摸着石头过河，工作推进缓慢。

（二）下一步的工作

1. 强化法规政策的宣传引导，提高村民思想认识。

2. 加强村民的沟通、协商，积极稳妥地加快签订补偿协议。

3. 多方筹集建设资金，最大限度地争取政府资金支持。

4. 加快基础设施项目建设进度，做好回迁安置划定和有偿使用费征收工作。

5. 做好项目的验收和审计结算。

省、州领导多次到大理市进行实地调研后，充分肯定了大理市"空心村"整治工作取得的成绩。目前，大理市"空心村"整治工作取得的成功经验已经在全州范围内得到了推广。

专栏 7-2

大理市关于农民宅基地退出的调查报告（节选）

大理市农村宅基地"少批多占""一户多宅""批新未退旧"等情况较为突出。本文通过回顾新中国成立以来大理市农村宅基地退出主要模式、不同退出模式下农民权益损益情况分析，提出了大理市农村宅基地制度改革试点中制定宅基地退出相关政策的对策和建议。

一　大理市农村宅基地退出的主要模式

一是新中国成立初期土改时，村民按政策分得的一院多户的共用宗宅基地，经邻里间相互协商，自愿有偿归并的模式。

二是改革开放后，随着农民建房经济条件的改善、收入的增加，部分富裕起来的村民为改善生产生活条件，将原老旧住房连同宅基地，按"批新退旧"的政策要求，退出宅基地的模式。

三是以解决历史遗留问题为主导，对历史形成的"少批多占""一户多宅""批新未退旧""未批先建"等超标准占用和违法违规占用宅基地按分类采取不同方式退出的模式。

四是因实施公益事业、公共基础设施建设、环境保护、洱海保护治理退出禁建区的农民住房退出模式。

五是通过开展"空心村"集中整治，有偿退出宅基地后再利用的模式。

六是对部分村民违法违规建房占有宅基地进行综合整治，强制退出违法违规占用宅基地的模式。

七是实施白族民居古村落保护退出宅基地的模式。

八是结合实施扶贫攻坚，异地搬迁退出宅基地的模式。

二　不同宅基地退出模式下农民权益损益情况分析

（一）"一院多户"旧房归并的宅基地退出模式

一是"一院多户"交通不便等情况下旧房归并的宅基地退出模式。由于村心村庄道路窄，生产生活不便，多数村民乐意将宅基地归并给他人，相对容易退出。但在实践中存在归并补偿费用偏高，无人愿意去归并他人宅基地的情况。多数村民认为，出较高的补偿费去归并交通不便的宅基地，还不如去新批新建一宅，可以一次性解决交通不便和环境差、面积小的问题。

二是"一院多户"交通便利等情况下旧房归并的宅基地退出模式。在交通便利、周围环境较好的情况下，归并的主要困难有：一是只要有一户不愿归并退出，就影响整院宅基地的退出；二是"一院多户"由于形成历史较长，权属关系复杂，有的还产生过邻里纠纷，彼此有积怨，不愿归并的情况较为普遍；三是少数农民有坚守祖屋的传统观念，导致退出难。

"一院多户"旧房归并的宅基地退出模式，对宅基地及地上房屋的补偿方面，充分体现了自愿有偿原则，归并所得涉及的补偿问题，均由归并方和被归并方友好协商，达成一致意愿，农民权益可得到充分保障。

（二）异地拆迁安置的宅基地退出模式

因公共基础设施建设、洱海保护治理等需要，多数采取异地拆迁安置的方式来退出宅基地。这种方式可以确保绝大多数农民的利益不受损。

但是，由于被拆迁安置户的原宅基地取得方式不同，不同项目补偿安置标准不同，存在部分退出户利益受损的情况。如铁路、公路等项目建设，拆迁退出宅基地的补偿标准相对较低，房地产等经营性建设项目补偿标准相对较高，同一阶段、同一时期退出的宅基地，由于不同项目的建设占用有不同的补偿标准，农户之间受益不均等。

（三）违法违规建房强制退出或责令自行退出的模式

按法律规定，对违反土地利用总体规划，未经批准，擅自将农用地改为建设用地的，限期拆除地上建筑物恢复土地原状。2014年4月至2018年5月的综合整治中，对全市7431户在建户进行全面的清查，对违法违规建设通过强拆与自拆相结合的方式，对377户进行了整体拆除，643户进行局部拆除，共退出宅基地200余亩。

强制退出宅基地的模式，虽然严厉打击了违法违规建房的行为，但被拆除农户经济上受到了很大的损失，各级政府也投入了大量的人力、物力、财力，增加了宅基地退出的经济成本。

（四）"空心村"集中整治有偿退出的模式

"政府引导、规划引领、村组主导、农民参与"的"空心村"之中整治工作程序规范，成效突出。但也存在资金需求量大，在市、镇、村三级没有足够资金垫支，难以通过融资贷款等方式解决的情况下，导致部分实施"空心村"整治的村难以启动收回老宅基地、拆除地上建筑物和附着物的相关工作的现实难题。

（五）白族民居古村落保护的宅基地退出模式

据初步调查，大理市517个村落中，都不同程度地分布有形式各异的白族民居古建筑，具有保护价值的古院落有近千院。此次宅基地制度改革试点将古村落保护性开发作为一种退出模式，但面临着引进项目困难或者项目成效难以达到预期目标等方面的挑战和风险。

（六）扶贫攻坚异地搬迁的宅基地退出模式

积极探索以异地扶贫搬迁、地质灾害搬迁、产业发展集聚等方式，建设中心村或推进自然村向中心村靠拢的宅基地退出模式。这种模式既解决了农民的建房需求，有效地保护了耕地资源，又能实现村庄建设的科学性、合理性，切实改变村庄面貌和人居环境。但仅限于山区村庄，且需要投入大量的人力、物力和财力资源。

三　农村宅基地制度改革试点中宅基地退出的对策建议

（一）在宅基地改革试点中，明确大理市农村宅基地退出的范围

明确退出原则：要坚持"保障权益、农民受益、尊重民意、公平和谐、自愿和有偿相结合"的基本原则。

明确退出范围："一户一宅"超批准占用面积；"一户多宅"部分或"批新未退旧"超出"一户一宅"标准的应当退出面积；"未批先建"的宅基地面积；非本集体经济组织成员通过继承或其他方式占有使用的宅基地；经批准已建房，但不符合土地利用总体规划或村庄规划的应当退出。

（二）在宅基地制度改革试点中，制定鼓励宅基地有偿退出的措施和办法

对居住面积不足且符合宅基地申请条件而自愿放弃，仍然在村内居住的，经与村集体签订永久性自愿放弃申请资格承诺书后，可从村集体资金中对不足的居住面积部分进行一次性补偿。

对村内没有宅基地且符合申请条件而自愿放弃申请资格，准备进城居住的，经与村集体签订永久性自愿放弃申请资格承诺书后，可从村集体经济收益中获得一次性奖励。

集体经济组织回购闲置宅基地价格由集体经济组织与宅基地使用权人协商确定；经协商达不成协议的，由集体经济组织召开成员大会或成员代表会议，按照"民事主管、一事一议"的原则，依法处理。

（三）在宅基地制度改革试点中，规范宅基地退出的程序

按照农民申请、村组审核、乡（镇）批准、市级审查备案、签订退出协议、变更登记的方式和程序进行。同时，明确退出宅基地的村民一旦签订退出协议，领取补偿或补助款后，要将退出宅基地的使用证书交回村集体，依法办理土地使用权变更手续；对村内退让出来的空闲地或少批多占部分的拆除退让，集体收归时由原权利人和村集体共同提交资料将土地权利变更到集体名下；对"一户多宅"、继承取得或进城自愿退

出的，可以通过一定的补偿后交还集体，也可以直接通过农村产权交易平台按相关规定进行流转，办理使用权变更登记手续。

（四）在宅基地制度改革试点中，统筹利用好退出宅基地

由集体经济组织与农户协商有偿回购闲置宅基地使用权，通过整治规划后重新利用，优先满足符合条件农民的建房需求，剩余部分由村集体统筹管理使用，建立"政府引导、规划引领、村组主导、农民参与"的合理利用闲置宅基地制度，促进闲置废弃宅基地盘活利用，改变农民沿村庄周围占用良田好地、分散选址建房的传统做法。

第二节 通过统规自建，实现集约利用土地

为切实解决许多住房困难户在村庄规划区找不到土地导致宅基地指标落地难，以及农村建房分散、监管难、少批多占、批而未建、规划滞后、基础设施配套难等问题，进一步盘活村庄规划区的死角地、空闲地，有效满足农村建房需求，大理市深入贯彻落实党的十八届三中全会以来党中央关于土地制度改革的相关指示要求，坚持"政府引导、村级主体"的原则，积极探索实施农村宅基地适应性调整，创新土地管理新机制，促进集约节约利用土地资源。

一 存在问题及破解思路

村庄布局不合理、建房指标落地难、乱占乱建违法情形多、"空心村"现象突出、村容村貌脏乱差等一系列问题和情况，既浪费了土地资源，加剧了人地矛盾，又影响了村容村貌，破坏了人居环境。宅基地适应性调整、集中调整定点审批的重点，就是要解决这些现实的突出问题。一是将部分符合土地利用总体规划和村庄规划的承包经营土地，由村组进行合理补偿后收回承包经营权，专门作为本村村民建房预留的宅基地，建房时统一集中在预留片区按规划要求建房。二是通过加强宅基地布局规划引导，优先选择村庄中间的空闲地块，"填空式"地规划审批利用宅基地，实现与旧村改造提升相结合。大理市农村宅基地集中调整定点审批工作，在具体实施过程中，要求选址不得占用基本农田，不得选址在

海西保护、洱海保护禁建区范围，要求优先选择在村庄范围内或紧邻村庄的空闲地。

二 制定相关制度和方案

2012年6月18日，《中共大理州委办公室、大理州人民政府办公室关于印发〈大理州加强海西农田保护严格村庄规划建设管理的工作意见〉的通知》（大办发〔2012〕15号）指出：要高度重视村庄规划预留建设用地调整工作，建立以乡镇为主导、村组为主体，适应村庄规划实施的集体土地调整机制，按照"大稳定、小调整"的原则和规范审批的要求，研究制定具体的村庄规划预留建设用地调整办法，引导支持村组对集体土地进行必要调整，解决建房农户在村庄规划预留建设用地范围内无法获得建房用地的难题，确保村庄规划的有效实施。

2015年6月12日，中共大理市委、大理市人民政府出台了《大理市耕地保护、宅基地集中调整定点审批工作实施方案》（大市办通〔2015〕46号）（以下简称《实施方案》）文件，明确"宅基地集中调定点审批"是指通过村组集中统一调整出一定面积的村民建房建设预留用地，进行统一规划后，逐年实施审批的行为。宅基地集中调整定点审批工作，要求强化宅基地布局规划引导，整合集体空闲地，解决好村庄布局散乱、土地利用粗放、村民无序建房的问题。

三 宅基地适应性调整定点审批实践

试点以来，大理市在全市11个乡镇均选定了地块，积极探索宅基地适应性调整集中定点审批工作。根据《实施方案》及相关文件的要求，在实际操作中，宅基地适应性调整大致按以下四个步骤进行：

第一步：收回安置用地。各自然村因地制宜地选择最适合规划宅基地的地块，优先选择村庄中间的空闲地块，"填空式"地规划审批利用宅基地，实现与旧村改造提升相结合。经乡镇政府研究同意后，村组按照协议土地补偿价格从农户手中收回用于集中规划宅基地的地块。

第二步：编制建设规划。根据土地利用总体规划和村庄整治与建设规划，编制宅基地及公共设施修建规划。

第三步：分配建房指标。政府根据住房困难户户数和规划的宅基地宗数等情况，下达宅基地指标；各自然村按照"总体规划、分期建设"的原则，有计划地统筹安排村民近期和远期的建房用地需求；各自然村按照指标数将宅基地公开、公平、公正地有偿分配到急需建房的住房困难户。

第四步：退旧批新建房。申请新批宅基地农户原来占有的老宅基地，在取得新住宅用地使用权之前，必须签订《新批准宅基地农户退让旧宅基地承诺书》，或者由集体出面协商流转给其他住房困难户。农户的建房设计图纸经审批通过后，方可发放《大理市农村建设项目准建证》，房屋建设完工并通过验收后，发放《云南省村镇规划建设许可证》。

专栏 7-3

集中调整定点审批保障建房指标落地
——以银桥镇下阳波村为例

银桥镇阳波村委会下阳波村自然村有 2 个村民小组，208 户 793 人。全村宅基地总面积约 100 亩，户均 0.5 亩（含村庄道路、公共设施和公益事业用地）。经过入户调查核实，下阳波村"一户一宅"171 户 171 宗，占总农户的 81.04%，面积 78.07 亩，其中少批多占面积 8.99 亩；"一户多宅"30 户 62 宗，占总农户的 14.22%，面积 20.27 亩，其中少批多占面积 1.49 亩；"主体资格不符"3 户 3 宗，占总农户的 1.42%，面积 0.49 亩，其中少批多占面积 0.04 亩；"未批先占"7 户 7 宗，占总农户的 3.32%，面积 2.2 亩；有住房困难户 9 户。在农村宅基地制度改革试点中，下阳波村立足实际，积极探索实施农村宅基地集中调整定点审批工作，有力地促进了节约集约利用土地。

集中调整　节约集约用地

【国土所长　杨××】为切实解决许多住房困难户在村庄规划区找不到建房用地，导致宅基地指标落地难以及农村建房分散、监管难、少批多占、批而未建、规划滞后、基础设施配套难等问题，进一步盘活村庄规划区的死角地、空闲地，有效地满足农村建房需求。我们根据各自然村的建房需求实际，将村庄周边符合土地利用总体规划的区域，每村调出 5—10 亩，专门留下用于村民建房使用。在具体方法上，采取由村民小组通过与农户协商签订协议，收回部分农户土地承包经营权，以每亩 8 万—10 万元进行补偿，经村组补偿收回后，以统一进行规划、统一安排使用的方式实施。

定点审批　建房指标落地

【建房户　赵××】我家住房最困难，村组两年前同意批给我家一份宅基地指标，叫我找块符合规划的地块，但我家没有在规划区的地块，与别人协商，别人不愿意置换，住房困难问题没有得到解决。去年，听村干部说，为了解决住房困难户的建房用地选址问题，准备在村边符合村庄规划建设的地方，由村里统一调出一块土地，专门用于解决住房困难户的建房问题，并且由村里统一进行基础设施配套，将场地平整、道路、水电路、排水排污等建设问题一次解决，规划好每户的用地面积。像我家这样的住房困难户，集体批给我指标时，建房地块也能够一并落实，实实在在地解决了我们的困难。

切合民意　减轻农民负担

【建房户　赵××】我家有4口人，原来住在三户一院的老房子里面，去年村里在集中统一调出的地块里给我安排了1份宅基地，今年新房子就建好了，终于解决了我家多年来一直想解决的大问题。这块地面积3分2厘，我交了8万多元的成本费。如果没有搞集中调整，让我自己去规划区找人调换，我测算了一下，要花费15万元左右。这块地是统一规划的，大小都一样，道路也修好了，可以将车直接开到院子里，水、电也通了，现在房子也建起了，钱也节约了，我觉得这种做法很好。

疏堵结合　保护田园风光

【镇党委书记　杨××】农村宅基地集中调整定点审批试点工作，经实践得到了广大村民的拥护，一致认为是村上为村民做的一件大好事、大实事。充分体现了村民建房从分散建设到集中建设转变、从无序落地到规划引领转变、从空间规划向时空规划转变、从农户行为到集体意志转变、从分散监管到集中监管转变的制度创新，宅基地集中调整定点审批工作，为实现科学高效管理利用宅基地和保护苍洱田园风光奠定了坚实的基础。

第三节　统规自建模式的银桥镇试点案例

宅基地是农村建设用地中最重要的组成部分，是农民建造住宅的物质保障和基本生活资料。农村宅基地管理涉及农民切身利益，事关农村社会稳定和经济发展，也是基层土地管理的重点和难点。在城镇化快速推进和耕地保护刻不容缓的背景下，如何高效配置农村宅基地成为推动农村节约集约利用土地的重要平台和统筹城乡发展的有效抓手。我国农村宅基地政策由于存在制度设计缺陷，实现宅基地供需平衡，不仅面临巨大的交易成本，而且难以实现集约节约利用土地的目标。银桥镇在农村宅基地制度改革试点中，建立农村宅基地集中规划建设审批的整合流转制度，探索"统规自建"模式、路径，努力实现农村宅基地的供需平衡。

一　宅基地政策执行中亟待解决的问题

我国现行的农村宅基地供给制度设计在土地流转的各个环节上均面临较高的交易成本。交易前，建房户不仅选择适合交易地块的信息收集成本高，而且会产生较高的协商谈判成本；交易时，建房户难以量体裁衣地流转到与政府批准的宅基地建设面积相吻合的地块，导致难以依法充分有效地利用流转到的地块；交易后，政府对农户超面积占地建房行为的监管难度加大，而且难以按照村庄规划高效节约地配套基础设施。我国现行的农村宅基地供需平衡方式，面临着较高的交易成本以及难以集约节约利用土地的弊病，其具体表现在以下五个方面。

（一）农地自发流转难

当前，中国农地制度安排已经演化出诸多弊端，特别是随着人口的增多，土地承包不断地将土地细分，人口越多，土地分化越细，每人分得的土地越少。因此，推进土地交换是必然选择。要进行宅基地流转的交易，流转一方必须搜寻愿意与他进行交易的另一方，这种搜寻的过程不可避免地会产生费用。在流转信息不对称的情形下，双方就会存在无效率的多次协商谈判的局面，产生谈判和决策费用。另外，长履行宅基地流转交易的过程中，为了杜绝违约现象发生、保护流转双方的权利并监督其执行合约的条款过程中产生监督和合约义务履行的费用。根据银桥镇农村宅基地管理使用情况调研课题组的逐户调查统计结果，2008 年以来，银桥镇涉及宅基地流转 79 户，共流转土地 92 宗，流转面积 40.8 亩，其中，出租土地 47 宗、面积 24.98 亩，转让土地 45 宗、面积 15.82 亩。由于现行宅基地流转制度缺失，所弃旧宅基地只能荒废或私下转让，新批宅基地需要流转地块的情况也比较频繁，导致交易纠纷频发。

（二）农户土地分割难

《云南省大理白族自治州村庄规划建设管理条例》第二十二条规定：坝区村庄每户住房用地不超过 180 平方米，生产辅助设施用地不超过 90 平方米；山区村庄每户住房用地不超过 200 平方米，生产辅助设施用地不超过 150 平方米。占用耕地的下调 10％。银桥镇属于坝区，宅基地占用面积不能超过 270 平方米。但是，由于各农户所属地块的难分割性，农户乐意按照地块大小和地块形状建房，而不是按照政府批准建设的面积建房，因为农户认为所选地块中超批准面积的土地难以分割出来流转给其他建房农户，用于建房是改善居住条件的最佳用途。在经济制度偏离以转让产权为中心、经济政策偏离以交易成本为基准的地方，占用土地资源的机会成本极其低下，势必刺激很高的占地需求。这也是农村产生大量的农户超标准占用宅基地的重要原因。银桥镇许多农户占有半亩至一亩宅基地，建筑面积只占其中的一小部分。院落内房屋布局凌乱，宅基地用地景观效果差。农村宅基地缺乏统一规划，星状分布，院落布局凌乱，户型不一、户均用地差距大，严重影响公共设施建设和公共安全管理。松散的村庄建房布局体系，不仅土地利用效率低下，而且加大了配套公共设施的建设难度，增加了管理成本。

（三）布局分散监管难

《中华人民共和国土地管理法》第六十二条明确规定："农村村民一户只能拥有一处宅基地，其宅基地的面积不得超过省、自治区、直辖市规定的标准。"但是，农村宅基地布局凌乱难以监管。由于现有村级规划较为薄弱，农户建房主要是为了生产生活方便，在基层土地管理部门监督不严、村"两委"宅基地管理无序的情况下，农民擅自挤占道路建房、沿村落边缘占地建房、扩建院墙、强占面积，造成村庄形状的破碎、无序蔓延，进而增加了宅基地管理难度。银桥镇农村宅基地管理使用情况调研课题组的全面调查统计结果显示，全镇农村宅基地"少批多占"的有 159 户，占全镇农业总户数的 2.3％；实占土地 84.44 亩，超占土地

38.27 亩，超占面积占总面积的 45%，平均每户超占 0.24 亩，建房面积
26760.33 平方米，户均 168 平方米；"未批先占"的有 345 户，占全镇农
业总户数的 5.0%，占地面积 179.03 亩，户均占地面积 0.52 亩，建筑面
积 47447.05 平方米，户均 138 平方米；"一户多宅"的有 311 户，占全镇
农业总户数的 4.5%，总占地面积 234.37 亩，其中，老宅基地占地面积
173.77 亩，新批占地面积 144.13 亩，户均总占地面积 0.75 亩。

（四）基础设施配套难

农村基础设施建设存在邻里之间的正外部性，受传统小农经济思想
的影响，这种"邻里外部性"可能导致农户邻里双方彼此做出积极的邻
里预期，即双方都预期对方会进行基础设施的建设，并都想从中获取外
部经济效益，从而产生了类似于"囚徒困境"的博弈问题。因此，除政
府或村组投资建设基础设施外，农户个体无法提供公共设施的供给。即
使政府或村组投资建设基础设施，也由于村庄布局分散凌乱，增加了基
础设施配套的难度，降低了基础设施的使用效益，其结果是农户住房坚
固气派，而院外缺乏良好的公共设施。村内缺乏污水处理管线，居民只
能以明沟方式将污水排向村内水塘或其他地方，导致水体严重污染。村
内公路严重不足，且路面较宽窄不一，通行能力低。由于基础设施不健
全、不配套，许多农户为求宽敞、讲美观、图方便，就舍弃老宅破屋，
纷纷向村外路边寻求"风水宝地"，更愿意将新房建到公路附近等生产生
活便利处，形成"路边村"和"田中户"，村庄建设"摊大饼"式蔓延。

（五）村庄规划实施难

村庄规划是对农村土地资源的开发、利用、整治和保护在时间和空
间上所做的总体安排，是优化土地利用结构、提高土地利用率的关键。
但是，目前村庄规划编制远远滞后于农村经济发展速度和农民建房需求。
现行的农村宅基地规划为 1∶10000 的数字规划，没有落实到具体的点和
面上，缺乏村庄建设规划、村庄布局规划和控制性详细规划，规划滞后，
规划的引导作用和控制力度不够，未能合理确定小城镇和农村居民点的
数量、布局范围和用地规模，从而在一定程度上阻碍了城镇化及居民小
区、中心村的建设，导致农村住宅建设用地规模在一定程度上失控。由
于宅基地审批缺乏详细的规划依据，只要符合宅基地指标申请条件的农
户选择建房的地块属于村庄规划预留建设用地，政府就必须予以批准，
导致住宅建设凌乱，村庄整体布局不合理。一旦路边的房屋建设完了，

没有为后面的宅基地建设留足道路等设施用地，就会产生新的"死角地"，浪费了村庄规划预留建设用地指标。

二　政府引导的宅基地"统规自建"模式

土地资源优化配置是以土地产权流动（交易）及地权运行为基础的。土地产权的界定、规范及运行是有费用的，即交易成本。一方面，交易成本的增加意味着社会资源的浪费；另一方面，土地产权的明确又会促进土地资源的有效利用，从而减少土地资源的浪费。交易成本的大小取决于产权要素在不同主体之间的配比关系，即产权组织方式。产权结构意味着土地产权要素（使用权、收益权、处置权）在不同财产主体之间的配比关系，而土地产权管理实质上是如何将产权要素在不同财产主体之间进行分配的问题。土地产权管理的效率目标是制度交易成本最小、资源配置效率最大。

由于不同财产主体（国家、集体、企业、农民）行为方式、目标和行为的有效性不同，同一产权要素在不同行为主体之间的投入会产生不同的边际收益，合理的土地产权结构应该是产权要素在不同行为主体之间分配，使制度创新及行为运行的交易成本最小，效率最大。为切实解决农村建房分散、监管难、少批多占、规划滞后、基础设施配套难等问题，进一步盘活村庄"死角地"、空闲地，有效地满足农村住房困难户的建房需求，银桥镇以降低交易成本为着力点，坚持"政府引导、村级主体"的原则，以宅基地供需平衡为目标，探索实施农村宅基地集中规划建设审批的整合流转制度。

（一）镇政府设计方案

银桥镇政府与相关专家对宅基地制度和供需平衡机制进行研究，以政府引导土地有序流转为抓手，以疏堵结合调节供给与需求为手段，以实现土地集约节约利用为目标，充分发挥镇政府的引导作用和各级村民组织的积极性与主动性，进行宅基地制度顶层设计。为有效地推进宅基地制度改革，印发了《大理市银桥镇人民政府关于农村宅基地集中规划建设审批试点工作的通知》，明确了试点工作步骤及要求，成立了农村宅基地集中规划建设审批试点工作领导小组和办公室，负责对试点村的试点工作的组织领导和统筹协调；各村相应成立了村庄规划建设管理促进会，作为试点工作的实施主体，负责各项具体工作。

（二）自然村选择地块

土地是农民的米袋子、菜篮子、命根子，选择好各村集中规划建设宅基地的地块，对于保护好农田和建设好村庄至关重要。银桥镇各自然村在镇政府的国土、规划等业务管理部门的指导下，充分征求群众意见，尽量尊重农户意愿，因地制宜，选择最适合规划建设宅基地意向性地块。地块选择综合考虑以下因素：地块总面积控制在3—7亩；优先选择村庄中间的空闲地块，实施"填空式"地规划建设审批宅基地；选择在一般耕地、建设用地预留范围、符合村庄规划的地块；选择靠近现有旧村庄的地块，有预见性地实现与旧村改造提升相结合；选择环境影响最小的地块。

（三）村集体收回土地

各自然村充分发挥村庄规划建设管理促进会的群众自治协商、自主流转、自我管理职能，根据自身实际情况，自主创新土地流转方式，从农户手中有偿流转收回用于集中规划建设宅基地的地块。目前的主要流转方式有：一是等面积置换。土地提供者等面积挑选宅基地使用者的土地进行置换。二是货币补偿。商定补偿价格，土地补偿价格不得超过10万元／亩，按照面积兑现流转出来的土地补偿金。土地承包户与自然村签订《农村宅基地审批用地调整试点承诺书》，同意将位于村庄规划区内用于集中规划建设农村住房的承包土地自愿流转归还集体，土地流转补偿方式同意按照村民代表大会集体协商决定的方案实施。

（四）规划院编制详规

2013年12月24日，大理市规划设计研究院在银桥镇政府挂牌成立了银桥规划分院，安排3名规划专业人员，专职负责编制银桥镇各村集中规划建设宅基地的地块规划。根据土地利用总体规划和村庄整治与建设规划，按照科学性、前瞻性和合理性的要求，在银桥镇国土、建设、规划等部门的指导下，充分征求村组和群众的意愿，编制修建性详细规划。在实地勘察地形图的基础上，科学规划住宅、道路、供水、排水、消防、供电、通信、生产生活服务设施、垃圾收集、绿地等各项设施布局。

（五）镇政府下达指标

修建性详细规划编制完成后，上报银桥镇政府。银桥镇规划委员会领导小组召开规划例会，对自然村上报的农村宅基地集中规划建设审批地块修建性详细规划进行评审。评审通过后，银桥镇政府根据该自然村人口数、住房困难户数、该地块修建性详细规划等因素，整合宅基地资源，经银桥镇党政联席会议集体研究后，书面下达该自然村当期可建设的宅基地指标和对应的宅基地宗数。镇政府主导分配宅基地建设计划，促进各自然村集中规划建设审批地块按照"总体规划、分期建设"的原则，有计划地满足村民近期和远期的建房用地需求。

（六）自然村分配指标

自然村将规划好的各宗宅基地按照镇政府下达的指标有偿分配到急需建房的住房困难户。各自然村制定住房困难户的认定标准，并公示拟安排宅基地建房指标农户的现有家庭人口结构和住房情况，接受群众监督，公开、公平、公正地分配宅基地。建房户按照土地流转协议，采取有偿使用的方式获得宅基地指标和建设宗地。村民住宅用地实行一户一宗、退旧批新的原则，在取得新住宅用地使用权前，必须签订《银桥镇新批准宅基地农户退让旧宅基地承诺书》。有下列情形之一的农户，不予批准住宅用地：①原有住房用地达到或者超过本条例规定的住房用地面积的；②拒绝签订原有住宅用地退旧协议的；③一户具有两宗以上住宅用地的；④出卖、出租或将原有住宅赠与他人的；⑤现有宅基地用于商业经营的。

（七）建房户选择图纸

建房户按自己意愿自主委托大理市规划设计研究院银桥规划分院或者其他具有相应执业资格的设计单位或个人设计图纸，或者在《大理白族自治州农村住房建筑适用图集》中选择通用图纸。大理市规划设计研究院银桥规划分院的农户建房图纸设计实行优惠价格收费，特困户持村委会开具的困难证明免费设计图纸。建筑设计方案必须符合《大理市洱海海西田园风光和白族民居建筑风格保护办法》和《云南省大理白族自治州洱海海西保护条例》规定的相关要求：农户住房建筑突出以白族民居为主的建筑风格，建筑层数不能超过三层，建筑总高度不能超过12米。农户住房建设必须按照图纸施工，无图纸或图纸不合格的不得开工。房屋设计图纸经审批通过后发放准建证。房屋建设完工并通过验收后发放《云南省村镇规划建设许可证》。

（八）促进会建立机制

为充分发挥村民自治能力，注重村民在实施宅基地制度创新管理中的积极作用，银桥镇各村委会成立了村庄规划建设管理促进会，通过制定村规民约和工作方案等方式探索建立长效机制，使制度的设计符合目标指向，制度的执行准确到位。一是宅基地供需平衡调节机制。在银桥镇农村宅基地集中规划建设审批过程中，村庄规划建设管理促进会通过"一个池子蓄水，集体收储宅基地"，"另一个池子放水，将宅基地分配给最急需的住房困难户"，构建了宅基地供需平衡机制。同时，加强对村内集体建设用地、公益建设用地、村民建房、规划管理、违章建房、矛盾调处等方面进行有效管理和监督，切实维护村民和集体的公共利益。二是农村宅基地批新让旧机制。严格执行一户一宅的政策，对于申请新批宅基地农户原来占有的老宅基地、没有办理转让手续的祖遗宅基地，必须交回集体或者由集体出面协商，将宅基地调整转让给符合条件的其他农户。对老宅基地没有进行处置的农户，不能新批宅基地，努力实现一户一宅（院）。三是农村宅基地回收补偿机制。对于农户交回集体的祖遗老宅基地、新批宅基地后原来占有的老宅基地、公益设施建设占用的土地和其他零星土地，由集体参照市场完全重置价对房屋建筑物进行评估补偿后退回村集体。对于村集体整理出来的土地，村庄规划建设管理促进会按照不赔不赚的原则，按照总成本扣除国家投入部分后的净成本向申请安排宅基地的农户收取占用费，在不同地块之间可以实现土地级差价格。村集体回收整理出来的土地主要用于解决本村住房困难户的需求，禁止城镇居民到农村购买宅基地。四是年度实绩考核奖惩新机制。银桥镇探索建立了与《银桥镇农村建房规划建设管理办法（试行）》的实施、督查、考核相配套的镇纪委督查通报制度、村组干部绩效考核一票否决制度、镇挂钩组包村指导和与村组同等问责制度、村庄规划审批例会制度、有奖举报制度、定期巡查制度六项制度。年初，银桥镇政府与各村负责人签订《银桥镇国土监督管理目标责任书》和《银桥镇规划监督工作管理目标责任书》，确保各司其职，督查检查到位。实践充分证明，银桥镇依靠各项制度和有关法律法规政策，充分发动社会各界参与农田保护和村庄规划建设管理的热情，提高了村社干部和群众参与的积极性和主动性，筑牢保护好农田和建设好村庄的群众基础。

四　"统规自建"模式的绩效评价

银桥镇辖区内有 8 个村委会、32 个自然村。其中，南阳、北阳、凤上中、凤北、白塔邑、凤西南、下银、鹤上、鹤中、古主庄、上波淜、五里桥、庆安里、沙栗木庄、松鹤里、北磻、南磻上登、富美邑、上阳波、下阳波 20 个自然村，在村庄规划区有偿流转收归村组村庄规划预留建设用地 135 亩，共规划 265 宗建房用地，目前已将其中的 195 宗分配给急需建房的住房困难户。宅基地"统规自建"适应性调整工作探索贯彻"六个转变"的试点理念：从分散建设向集中建设转变；从无序落地向规划引领转变；从农户行为向集体意志转变；从行政管理向社会治理转变；从粗放模式向集约用地转变；从难以监管向高效监管转变。

（一）降低了建房监管成本

在新农村建设过程中，农村宅基地管理一直是农村国土资源管理工作中的薄弱环节。农村现阶段一户多宅、少批多占的现象严重影响了耕地保护。如何有效管理宅基地的使用权对其进行科学规划，关系到广大农民福祉。在农村宅基地集中，规划建设审批的整合流转制度的具体规划和管理中，银桥镇解决了农房布局凌乱等问题，通过规划引领集中建设，以道路为界限，消除了农户建设少批多占的土地空间，如果超占会影响周边农户的土地利用空间，引起周边农户的不满，及时制止超占行为，达到邻居自发监督邻居建设行为的目的，切实减轻了政府监管成本，实现了政府对农户建房行为监管"无为而治"的实效。

（二）实现了集约节约用地

我国宅基地取得制度主要围绕农村宅基地所承担的社会保障功能而展开设计。随着人口的增长、经济建设用地的需求与日俱增，耕地保护压力越来越大，宅基地取得制度的设计必须要有利于切实保护耕地这一基本国策的落实。银桥镇在规划的基础上，适当增加基础设施建设投入，将闲置、分散、占地面积过大的宅基地集中整合，从而减少占地面积，优化空间布局，提高宅基地的利用效益。单宗宅基地节约集约利用度的提高表现在容积率提高和占地面积的减少；区域范围内的农村宅基地节约集约利用度的提高表现在单位面积宅基地承载人口数量的增加、村庄集中度和规模度的提高等方面。通过政府引导、村民主体的宅基地流转优化配置，宅基地利用由分散布局结构走向集中规范布局，由粗放利用走向集约利用，减少了对周边耕地的占用，有利于保护耕地。

（三）盘活了集体建设用地

宅基地供需平衡机制不仅实现了住房困难户有地方建房的目标，切实解决了许多住房困难户没有合适的集体建设用地导致宅基地指标落地难问题或者土地私下无序低效交易的问题，而且从规划上消灭了"死角地"，杜绝了产生新的路边村、田中村、空心村，也解决了少批多占监管难、基础设施配套难的问题。农村宅基地集中规划建设审批的整合流转制度，将集体建设用地存量高效配置到建房需求户，盘活了规划区内的集体建设用地。按照地块的修建性详细规划和镇政府下达的指标数，分期逐宗建设农户住宅，不仅注重村庄规划的空间属性，而且赋予了村庄规划区的时间属性，在规划上明确各宗宅基地依次先建与后建的问题，有利于实现村庄规模有序发展，促进宅基地的资源高效配置和供需平衡。

（四）解决了公共设施配套

完善的基础设施和公共服务设施是农村建设的重要内容，银桥镇在宅基地集中规划建设审批管理中，向每个建房户分摊120平方米的公共道路，实现村庄道路"户户通"，而且在地下统一规划埋设自来水管、电路、雨污收集管网，彻底解决了村庄饮用水源、供水设施、污水处理设施、道路交通设施、通信设施、生活垃圾收集设施、公共绿化等公共设施配套问题和农户雨水、污水统一收集问题，促进了公共资源的高效利用和水土环境保护。

（五）促进了社会民主和谐

社会公平问题是政府和社会必须面对和处理的问题，如果社会严重不公会严重侵蚀广大社会成员对整个社会规范的信任和遵从，动摇公民对整个社会规范和社会秩序的信心，进而造成社会的恶性循环和畸形发展。近年来，随着经济、社会、文化的发展，农村居民的民主意识、法律意识以及维权意识也得到了较大幅度的提高。但是，在民主、法律与维权意识增强的同时，村民民主参与能力与依法维权能力未能同步发展，而往往出现意识到位—行动缺位、意识到位—行动越位、意识缺位—行动越位等问题，进而产生了村民在公共事务中参与不足、过分诉求以及非理性参与等不良现象，给基层社会治理带来了诸多管理困难与治理压力，对治理提出了新的要求，必须强化村民的参与，拓展参与渠道，切实实现民主决策、民主管理和民主监督，由过去的行政依附型走向自我管理型。以自然村为单位，成立村庄规划建设管理促进会，建立工作章程和相关制度，对村内集体建设用地、公益建设用地、村民建房、规划管理、违章建房、矛盾调处等方面进行有效管理和监督，切实维护村民和集体的公共利益。通过充分发挥农户在宅基地制度创新管理中的主体作用，尊重农村的家庭和家族观念、公私观念等传统习俗，保护农民的宅基地权益。在政府的指导下，坚持以人为本，充分调动农民在宅基地使用管理中的积极性和自主性，让农民思想意识上更容易理解和接受，实现政府对宅基地管理的目标和均衡各主体间的利益，达到政府行政目标和农民利益保障"双赢"的成效。

　　总之，银桥镇农村宅基地"统规自建"供需平衡机制的实践探索，通过降低交易成本促进了宅基地的供需平衡，不仅在节约集约利用土地中规范了农村宅基地管理，而且在推进村庄规划建设管理中改善了农村生产生活条件；不仅向住房困难户有效提供了建设住房的宅基地，而且以规划引领集约节约用地和完善配套基础设施，实现村庄规模有序发展，确保按照规划"建得起、建得好、建得美、建得规范、建出特色"。

第八章　切实维护农民宅基地权益

第一节　妥善处理历史遗留问题

农村宅基地问题可以说是一个非常大的历史遗留问题，关系着农民的切身利益。历史问题往往基于当时的历史背景而存在，在改革过程中，历史遗留问题应该随着当下的实际变化而逐渐解决。然而，在现实情境中，种种历史遗留问题，或者涉及利益纠葛，或者遭遇机制"瓶颈"，不但没有解决，反而随着权责关系和历史条件的变化而成为改革的阻力。大理市面对众多违反土地、规划管理方面法律法规建设的农房，针对各时期的政策和历史条件的原因，制定《大理市农村宅基地历史遗留问题处理意见（试行）》，分类处理历史遗留问题的办法，实现了宅基地制度改革"注重历史、消化问题、规范管理"。

一　历史遗留问题的形成原因

（一）农村建房违法占地严重，村庄规划执行困难

近几年，随着经济社会的发展，农民收入不断增加后，建房能力增强，但是，由于村庄发展规划实施起来要损害到一部分人的利益以及缺乏有效的监管手段，村庄发展和建设没有严格按照村庄规划的要求实施，加上大理洱海周边宅基地上房屋用于经营的情形获得了丰厚的经济收益，导致农村无序建房成风，违法占地现象严重。

（二）基层国土部门缺乏有效的监管手段

农村宅基地监管是国土部门的职责，但法律却没有赋予其相应的执法权限或程序过于繁复导致监管缺位。如对于农户占用承包耕地违章建房，原则上应尽早制止和拆除，将农户的损失降至最低。但是，根据相关法律法规，完整履行法定程序，至少需要 60 天左右，而两个月的时间房屋基本建成了，这些凝聚着农户一家人心血与积蓄的新房，若强行拆除必然引起村民的激烈抗争。一边是拆违，一边是维稳，基层土地管理人员陷入"两难"境地。

（三）历史上曾停止宅基地审批，其间部分村庄私搭乱建问题较为严重

因洱海保护等原因，大理市曾暂停农村宅基地审批，导致一些村镇的农户分家立户后需要新增宅基地建房的问题无法解决，受到利益的强烈驱动，很多农户在原有宅基地范围内私搭乱建，能盖的地方都盖上了房子，有的家庭的庭院甚至挤占道路，造成了一些村庄布局混乱，环境脏、乱、差。

（四）宅基地隐性交易市场已有相当规模

我国明确禁止向城镇居民出售农村宅基地，但私下交易现象屡禁不止。据统计，在经济发达地区特别是城乡接合部，农村宅基地通过房屋买卖、出租、抵押变相流转已是普遍现象，形成了自发的隐性市场。乡村旅游发展迅速的大理市，农村宅基地主要以买卖、出租两种方式变相流转，其中出租流转的情形最为普遍。

（五）宅基地回收制度不完善是宅基地零成本扩张的重要影响因素

目前，关于宅基地回收的制度规定并不完善。虽然《关于确定土地所有权和使用权的若干规定》第四十八条涉及这一问题，但是，没有明确指出对以前超占的宅基地和闲置的宅基地该如何管理。由于农村宅基地无偿无期限使用，以及当下农村宅基地使用权管理的混乱，一些村农户超标准建房，建了新房也拒不交出闲置下来的老宅基地，大多数村民"宅基地属私有财产"的思想根深蒂固，认为将空置宅基地收回是一件不可理解的事，宅基地收回工作阻力大。此外，农村有相当数量的年轻人进城务工，但目前来看这种迁移尚未构成永久性迁移流动，许多进城务工者不愿意放弃宅基地，造成了相当数量宅基地的闲置。另有一些先富起来的市郊农民进城购房，宅基地处于闲置状态，这些在市区购房的农民留在农村的宅基地由于受现行法律、法规的限制，不能进行公开合法的转让，村集体组织也难以收回。

二　历史遗留问题的分类

通过普查汇总分析，大理市农村宅基地的历史遗留问题主要可以分为以下七类：

1. 有宅基地批准手续，但建房未按批准地块建设，"批甲地，建乙地"，建设不符合村庄规划。

2. 有宅基地批准手续，但建房未按批准用地面积建设，形成"少批

多占"。

3. 有宅基地批准手续，但未严格落实"批新退旧"政策，形成"批新未退旧"。

4. 无宅基地批准手续，自行在承包田或自留地建房，形成"未批先占"。

5. 不属于住房困难户，但通过弄虚作假等取得宅基地批准手续，形成"一户多宅"。

6. 通过"继承取得"形成"一户多宅"。

7. 非本集体经济组织成员通过继承房屋或其他方式使用农村宅基地，形成"主体资格不符"。

三　历史遗留问题处理的创新与实践

针对宅基地管理上长期存在指标少、落地难、部分农民住房困难；宅基地管理不规范，部分农户超批准面积占用；农民出租住房、增加宅基地用途缺少规范管理；历史上多次清理农村违法占地后遗留较多等问题，以及群众通过颁证维护权益的愿望迫切等现实情况，在农村宅基地制度改革试点工作中，大理市以保障农民宅基地权益为出发点和落脚点，本着尊重历史的原则，对不同历史阶段、不同用地类别进行分类处置。通过"户"与"宅"的认定、批准机关与批准面积有效性的认定、人均宅基地面积和住房面积的认定来破题，对现实存在的宅基地各种取得方式、使用情况进行分类认定。在此基础上，根据各个历史阶段的政策标准，认真研究制定宅基地制度改革试点对历史遗留问题处理的政策和制度，妥善解决全市农村宅基地管理使用方面的一系列历史遗留问题。

大理市农村宅基地历史遗留问题分类处置工作流程如图 8 - 1 所示。

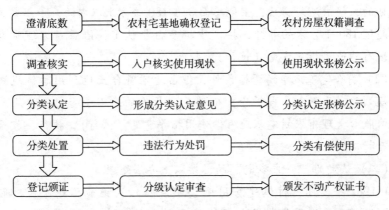

图 8 - 1　大理市农村宅基地历史遗留问题分类处置工作流程

专栏8-1

《大理市农村宅基地历史遗留问题
处理意见（试行）》（节选）

三 分类处置办法

（一）认定为"一户一宅"的，按以下办法处理

1.1982年2月《村镇建房用地管理条例》实施前已建成房屋使用至今未扩大用地面积的，按现有实际面积进行登记。

2.1982年2月《村镇建房用地管理条例》实施后批准的，现实际面积等于或小于经批准和经处罚面积，按现有实际面积进行登记；现实际使用面积大于经批准和经处罚可使用面积的，少批多占面积按《大理市农村宅基地有偿使用指导意见（试行）》的规定处理。

3. "批新未退旧"的，待农户按照"批新退旧"的规定退出旧宅基地后，方可对其新批宅基地进行登记（该"旧宅基地"是指一户农村家庭拥有一处独立宗宅基地的同时，在"一院多户"的共用宗宅基地内有三间住房以下，或实际用地面积小于110平方米，不能满足生产生活需求）。

4. 认定为"一户一宅"，但属"未批先占"的，按以下办法处理：

（1）符合宅基地申请资格条件，且占地符合土地利用总体规划和村庄规划的，经依法处罚后，宗地总面积在180平方米以内的，予以完善手续。超过180平方米的部分，按"少批多占"认定，依照《大理市农村宅基地有偿使用指导意见（试行）》执行。

（2）符合宅基地申请资格条件，但占地不符合土地利用总体规划和村庄规划的，原则上应当拆除，确属无法拆除的，不予登记，依法处罚后，依照《大理市农村宅基地有偿使用指导意见（试行）》执行，直至其搬迁至村庄规划区内。

（二）认定为"一户多宅"的，按以下办法处理

1.1982年2月《村镇建房用地管理条例》实施前已建房屋，形成"一户多宅"使用至今未扩大用地面积的，按现有实际面积分别进行

登记。

2. 1982 年 2 月《村镇建房用地管理条例》实施后至 1999 年 1 月 1 日修订的《中华人民共和国土地管理法》实施前，用地经批准和经处罚的，已建成房屋形成"一户多宅"使用至今，按经批准和经处罚面积分别进行登记；属"少批多占"的，原则上应当退还集体，确属无法退出的，按《大理市农村宅基地有偿使用指导意见（试行）》的规定处理；属"未批先占"的，应当退出，确属无法退出的，经依法处罚后，宗地总面积在 180 平方米以内的，由村集体按不低于 60 元/平方米收取一次性有偿使用费后予以登记；超过 180 平方米以上的面积部分，按不低于 10 元/平方米·年收取有偿使用费，不予登记。

3. 1999 年 1 月 1 日修订的《中华人民共和国土地管理法》实施起至 2015 年 4 月 24 日《大理市人民政府关于开展洱海流域农村宅基地专项整治的通告》发布止，已建房屋形成"一户多宅"，按照"农村村民一户只能拥有一处宅基地"的规定，由农户自行确定其中的一宅申请登记。申请登记的宅基地属"少批多占"的，按《大理市农村宅基地有偿使用指导意见（试行）》执行；对"多宅"部分，原则上应当退还集体，确属无法退出的，村集体主导实行按年收取有偿使用费，其中，经批准和经处罚的面积部分按不低于 5 元/平方米·年收取有偿使用费，少批多占面积按不低于 10 元/平方米·年收取有偿使用费，直至"一户多宅"状态消除。属"未批先占"的，占地符合土地利用总体规划和村庄规划，原则上应当拆除，确属无法拆除的，不予登记，经处罚后，由集体经济组织收回土地使用权后返租给现房屋所有人，按不低于 10 元/平方米·年收取有偿使用费；占地不符合土地利用总体规划和村庄规划的，依法予以拆除建（构）筑物，退还土地。

4. 本集体经济组织成员因继承房屋占用宅基地，形成"一户多宅"，继承房屋所占用的宅基地，免收有偿使用费，予以登记，并在登记证书内注明"该权利人为本农民集体原成员住宅的合法继承人"；属"少批多占"的，按《大理市农村宅基地有偿使用指导意见（试行）》执行。

（三）认定为"主体资格不符"的，按以下办法处理

1. 非本集体经济组织成员通过继承房屋使用农村宅基地，经村组集体同意，经批准和经处罚面积由村集体按不低于 5 元/平方米一次性收取有偿使用费后进行登记，并在登记证书内注明"该权利人为本农民集体

原成员住宅的合法继承人";属"少批多占"的,按《大理市农村宅基地有偿使用指导意见（试行）》执行。

2. 原属本集体经济组织成员通过合法审批取得宅基地,后因就业或其他原因将户口迁移出本集体经济组织,或非农业户口居民（含华侨）原在农村合法取得的宅基地及房屋,房屋产权没有变化的,经该农民集体出具证明并公告无异议的,予以登记,并在登记证书内注明"该权利人为非本农民集体成员";属"少批多占"的,按《大理市农村宅基地有偿使用指导意见（试行）》执行。

（四）几类特殊问题的处理

1. 房屋在1982年2月《村镇建房用地管理条例》实施前已建成使用至今未扩大,其间经首次登记发证,只登记了房屋占地面积,院心部分未进行登记的,经集体经济组织（村民小组）出具证明并公告无异后,按现有面积进行登记。

2. 宅基地使用证证载"实占面积"大于证载"批准面积"的,大于部分有处罚依据的,按证载"实占面积"登记;不能提供处罚依据的,按证载"批准面积"登记。

3. 2000年6月13日《大理市实施〈中华人民共和国土地管理法〉办法》（大市政发〔2000〕27号）实施前,农户提供的用地依据无具体批准面积及四至表述的,参照大理市人民政府〔1993〕70号文件规定,批准占地面积按240平方米认定,超出部分按"少批多占"处理;大市政发〔2000〕27号实施后,农户提供的用地依据无具体批准面积及四至表述的,批准占地面积按150平方米认定,超出部分按"少批多占"处理。

4. 原"三退三还"时,登记为国有划拨土地的农村村民建房占地,应纳入分类认定范围;参照周边标准收取有偿使用费和土地收益调节金。

5. 在集体、相关企业资产处置过程中通过购买方式取得的集体建设用地使用权,不纳入宅基地分类认定范围。

四　洱海保护范围内历史遗留问题的处理

1. 环洱海界桩外延15米内和《大理白族自治州洱海海西保护条例》规定的禁建区范围内已建成使用的,经批准和经处罚的面积,予以登记;属"少批多占"的,由村组按不低于10元/平方米·年收取有偿使用费。用地未经批准,属2013年6月1日前已建成形的,由村组按不低于10元/平方米·年收取有偿使用费,不予登记;属2013年6月1日后已建成形的，不得收取有偿使用费，不予登记，依法处罚并拆除。

2. 如因洱海保护治理需要，另有明确要求的，按相关要求执行。

五　洱海流域环境综合整治中宅基地问题的处理

1. 已列入农村住房在建项目的农户，涉及违法违规用地的处理严格依照《大理市人民政府办公室关于对全市农村住房在建项目开展联合复查的通知》（大市政办〔2015〕56号）文件执行。

2. 涉及"少批多占"的，已处罚并交纳一次性有偿使用的，进行登记；已按年交纳有偿使用的，次年起执行《大理市农村宅基地有偿使用指导意见（试行)》。

六　支持乡村旅游发展中历史遗留问题的处理

结合大理"国家全域旅游示范区"创建，认真落实《国土资源部、住房和城乡建设部、国家旅游局关于支持旅游业发展用地政策的意见》，积极引导乡村旅游有序发展，多渠道增加农民财产性收入；农民利用自有住房开展旅游服务经营活动的，必须按照农户申请、村组同意、乡镇审批后依法经营。宅基地改变用途用于经营的，按照《大理市农村宅基地有偿使用指导意见（试行)》执行。2015年4月24日前已建成的房屋，按照完善手续要求，进行联审联批；2015年4月24日后建成的房屋，必须符合洱海保护相关要求，经村组审核同意，乡（镇）人民政府批准后，方可办理经营手续。

七　在历史遗留问题处理过程中

对确因家庭特殊困难无法缴纳或按时缴纳有偿使用费的，可由集体经济组织（村民小组）按民主决策程序做出决定，予以缓交或减免。

……………

四　目的与意义

1. 结合农村集体经济组织成员资格认定，明确界定了"户"与"宅"的认定标准和宅基地申请审批资格条件，有效地防止不合理分户家庭挤占住房刚性需求农户的建房用地指标。

2. 明确批准机关与批准面积有效性的认定标准，确认每一宗宅基地的土地权属来源，为农村房地一体不动产登记提供必要条件。

3. 制定统一分类认定标准，完成对每一户农户的每一宗宅基地进行分类认定，为公平公正分类处置历史遗留问题打下了坚实基础。

4. 尊重历史，对不同时期、不同用地类别的历史遗留问题制定相应的分类处置标准，通过有偿使用、有偿退出等方式，妥善处理宅基地历史遗留问题。

5. 结合宅基地上房屋的规划建设历史遗留问题处理意见，加快推进全市农村房地一体不动产登记工作，切实维护农民权益。

专栏 8 - 2

界定户宅维护权益　促进宅基地公平使用
——以喜洲镇周城村为例

喜洲镇周城村位于大理苍山苍浪峰下，村民有 2328 户，人口 8359 人，是全国最大的白族聚居村，全村耕地面积 2851.88 亩，村域面积 6675 亩。在农村宅基地制度改革试点工作中，周城村贯彻落实《大理市农村宅基地审批管理办法（试行）》，开展了农村宅基地入户调查核实，根据农村集体经济成员资格认定办法和宅基地改革试点制度进行了户与宅的认定，准确掌握了宅基地使用现状，摸清了整个村的"户""宅"家底。

认定公平　群众广泛支持

【住房困难户　杨××】我们家总共有 9 口人，户口都在村子里面，只有一本户口本，一大家子人一直住在这院老房子里面，土地面积也就有两分多一点。大儿子已经成家，小儿子也快要娶媳妇了，到那时候住在一起就住不下了。现在按照村上户与宅的认定结果，我们家可以分为两户，而且已达到了住房困难户的标准，可以重新申请一块宅基地。听村上说，住房困难户还可以优先审批宅基地，这个政策可以说解决了我们全家人一直以来的心病，希望能够早一点批到宅基地。

【"批新未退旧"户　张××】我们家有 6 口人，房子有大小两院，娃娃已经成家，跟我们已经分户了，各有一本户口本，但还是住在一起。前段时间，听说一家有两院房子的要开始收有偿使用费或者要退出其中一院，我们一家人还是有点担心的，要是把我们的房子退出一院，还真的是有些舍不得呢。我家两院房子，一院是几家人共用一个院子、有两间住房的那种，面积也就90多平方米，是老祖辈留下的祖遗地，现在是空着；另外一院是前两年新批的宅基地，就是我们现在住的地方。这两院房子，说实话，退出哪一院我们都不情愿，毕竟在这里住了这么多年，还是有些感情的。后来从村上了解到，像我家这种属于批新未退旧，按规定是要将老宅基地退出后才能批新的宅基地，但是，现在又有了新的规定，就是两院房子，其中一院面积小于110平方米的，只登记成一宅，不用退出也不用有偿使用。了解这个情况以后，全家人心里就踏实了，我们觉得这个新规定还是比较合理的，也是站在了我们老百姓的角度来考虑和制定的。对于这种结果，我们全家人都非常满意、很高兴。

尊重历史 维护群众权益

【"少批多占"户 张××】我们家原来批了243平方米的宅基地，是批在自己家的田里，当时盖房子的时候想着多占它一小点，把院子多围大些，家里的生产生活也就方便一些。前段时间来了几个人，把我家实际占地面积测量了一遍，结果比原来的批准面积多了23平方米，这个多出来的面积我心里还是有数的，毕竟当时确实也是多占了，只是没有好好地量过一下，不清楚到底多占了多少。现在心里也清楚了，村干部说，像我家这种存在少批多占面积不太大的，可以先交点罚款，再一次性缴纳有偿使用费后，就可以把面积超占的部分认定给我们，心中的顾虑从此也就打消了。罚点款，交点钱，我们心里也乐意。

【"一户多宅"户 段××】我们家有两院房子，一院是我以前批的，一院是前些年归并邻居住宅得到的，现在我们一家5口人，父母、娃娃和我们两口子，原先是两本户口本，应该算两户，但是，在这次宅基地改革的户认定时，把我们认定成了一个自然户；现在搞的户与宅认定，又把我们认定为"一户多宅"，给我们两个选择，要么退出、要么有偿使用。我们一家人也很是纠结，很长时间都拿不定主意。原先认为多占多得，现在是多占多出，让人一下子还有点儿反应不过来，仔细想一想，这地终究还是属于集体的，多占多出也在情理之中。目前，我们还是决定先选择有偿使用，先交几年看看，但今后也许会考虑退出的问题。

【"主体资格不符"户 段××】我们这院房子占地面积不大，是老宅基地，我读书毕业后一直在外面工作，根据户与宅的认定，我属于主体资格不符那一类。前几年家里分家，按照我们这边农村的习俗，家里老人非得要给我分一份。我也了解现在的农村宅基地制度改革政策，像我这种情况属于主体资格不符，要交有偿使用费。说句实话，当时我心里还是有点儿想法的，毕竟是家里祖祖辈辈留下来的，从心底我和家里人都觉得这块地就是我们自己的，现在分给了我却要交费了，刚开始真的是想不通的。但一段时间后，细细地想了想，觉得村里搞户与宅的认定还是有其合理性的，这样，能使宅基地更加公平、合理地得到分配和使用。就拿我们这些主体资格不符的人来说，我们在外面工作生活，常年不住在村里，没有为村里做贡献，还占用着村里的一份土地资源，其实，心里还是有点过意不去的。实行有偿使用也让我们这些人的心里多少平衡一些，我们应该支持，甚至必要的时候，还是要把土地退还给村集体。

认定合理　　解决管理难题

【村委会副书记　董××】我们村人多地少，宅基地比较紧张，每年申请宅基地指标的农户较多，但下达指标远远不能满足需求，过去在审核时注重的是住房困难户，对户的认定没有统一的标准，户与宅的结合不明显。有的农户由于各种原因，拥有几院房产；但有的农户却连住处都没有，存在不公平现象。现在通过农村宅基地制度改革户与宅的认定，澄清了周城村户宅底数和宅基地使用现状，全村一户一宅 1866 户、一户多宅 365 户、主体资格不符 97 户，住房困难户有 242 户。通过开展这项工作，为我们村以后更加科学合理地管理和使用宅基地奠定了良好的基础。

【村民小组长　董××】以前，每年宅基地指标一下达，我们几个小组长就头疼，指标就一两个，申请的农户却很多，每家都说自己符合条件，现在好了，户要认定，宅基地也要认定，并且张榜公示了好几次，不但自己认可，其他村民也认可，哪户属于什么情况，分类认定清楚，底子也清楚。过去，对户、宅的理解不是很清楚，通过农村宅基地制度改革，让多占、超占的多交钱，对符合条件的给予审批，体现了宅基地管理的公平、公正。

第二节　推行农村房地一体化登记

不动产是指土地、海域以及房屋、林木等定着物，不动产登记是指不动产登记机构依法将不动产权利归属和其他法定事项记载于不动产登记簿的行为。1986 年 6 月 25 日，《中华人民共和国土地管理法》公布，明确了土地所有权和使用权的确认、登记、发证规定；2007年 3 月 16 日，第十届全国人民代表大会第五次会议审议通过《中华人民共和国物权法》，对不动产统一登记、更正登记等进行了规定，对土地登记程序和管理方式提出了新的要求；2014 年 11 月 24 日，李克强总理签署第 656 号《中华人民共和国国务院令》，公布《不动产登记暂行条例》，自 2015 年 3 月 1 日起施行。大理市在农村宅基地制度改革试点过程中，把为宅基地确权颁证作为一项基础性、全局性的工作来抓落实。

一　大理市农村房地一体不动产登记工作开展情况

大理市立足于全面澄清全市农村房屋基本情况，为掌握洱海保护治理生态移民搬迁基础数据，加强土地资源科学管理和合理开发利用，根据国土资源部《关于进一步加快宅基地和集体建设用地确权登记发证有关问题的通知》（国土资发〔2016〕191 号）文件精神，结合《大理市开启洱海保护治理抢救模式，全面加强洱海保护治理工作实施方案》，制订了《大理市洱海保护治理"七大行动"农村房屋权籍调查实施方案》，在宅基地调查测量的基础上，结合洱海保护治理"七大行动"，市政府积极筹集资金，按照"房地一体"农村不动产登记的标准，在全市范围内全面推开农村房屋权籍调查工作。

（一）制定技术规范，确定作业单位

市国土资源局依据《不动产登记暂行条例》《不动产权籍调查技术方案（试行）》和《农村地籍和权籍调查技术方案（试行）》要求，结合宅基地制度改革试点工作实际，按照"统一调查、房地一体、便民高效"的原则，制定了农村房屋权籍调查的技术标准和操作规范，将全市 11 个乡镇根据工作量的大小划分为 7 个标段，确定作业单位，签订技术合同。

（二）加强宣传动员，强化业务培训

在通过电视、报刊、标语等多种形式开展宣传的同时，针对农村房屋权籍调查工作量大、涉及面广、情况复杂、历史遗留问题较多等情况，为使工作顺利开展并取得实实在在的成效，市国土资源局（市农村房屋权籍调查工作领导小组办公室）以动员会、培训会、交流学习等方式，认真组织开展了镇、村、组相关负责人及业务人员的培训。通过培训，使工作人员掌握了农村房屋权籍调查的目的意义、工作任务和开展宗地复核、房产测量、权籍调查、资料收集、分级认定等方面的工作内容和相关要求。

（三）结合实际现状，出台政策制度

实施方案下发后，大理市人民政府印发了《关于农村房地一体不动产登记颁证分级认定审查意见》，要求各村民小组（自然村）通过民主决策程序，成立由自然村支部书记、村民小组长、村民理事会理事长和村民代表等组成的认定工作组，认定工作组报村委会、乡（镇）人民政府、市不动产登记中心备案后，赋予其对宅基地历史遗留问题进行分类处置的权利，履行对申请人提交资料有效性认定的主体责任。市国土、规划、住建、财政四个部门联合印发了《关于农村房地一体不动产登记中历史遗留问题的处理意见》，明确了历史遗留问题处理的相关要求。

（四）强化经费保障，确保工作成效

为确保全市农村房屋权籍调查工作顺利有序推进，市政府安排市财政专门筹集了 2000 万元资金专项用于开展农村房屋权籍调查。同时，按 10 元/户的标准补助各乡镇用于工作经费支出；各村民小组可从集体收取的土地有偿使用费和收益调节金中按照不高于 10 元/户的标准列支工作经费，用于村民小组（自然村）认定工作领导小组人员的误工补助等。

（五）定期召开例会，严格督查通报

为及时掌握全市农村房屋权籍调查工作进展，研究解决工作中出现的新情况和新问题，市国土资源局（市农村房屋权籍调查工作领导小组办公室）明确每周一晚上 7：30 召开市农村房屋权籍调查工作领导小组办公室工作例会，分析解决存在问题、安排部署下一步工作。市人民政府将该项工作纳入全市重点工作内容进行专项督查督办，明确各乡镇每周向市政府督查室、市农村房屋权籍调查工作领导小组办公室报告工作进展情况。对工作推进落实过程中协调不到位、指导不力、推进缓慢的乡镇或部门予以通报批评、限期整改或约谈问责，确保农村房屋权籍测量工作按计划稳步推进。

　　大理市已经完成了全市宅基地的调查测量，准确掌握了全市农村宅基地用地规模、权属来源、分布特点、住房困难户用地需求、历史遗留问题类型及数量等详细数据。在宅基地调查测量的基础上，清理了历史颁发的 8.1 万本宅基地使用证、集体土地使用证和 3046 本集体所有权证的档案，完成农村房屋测绘，同时依申请颁发了农村不动产权证书 2018 本。

　　大理市加快推进农村房地一体不动产登记流程及工作要点如图 8 - 2 所示。

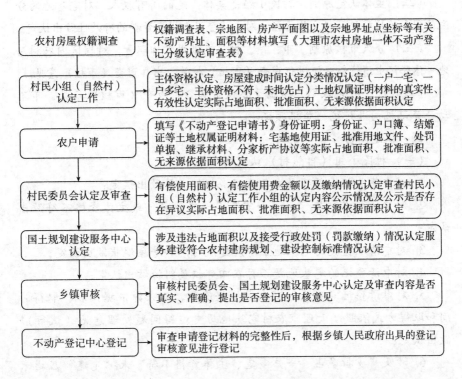

图 8 - 2　大理市加快推进农村房地一体不动产登记流程及工作要点

专栏 8－3

《大理市加快推进农村房地一体不动产登记若干意见》（节选）

三 工作原则

（一）申请登记原则。农村房地一体不动产权登记由权利人提出申请，对提交的资料和申请内容的真实性负责。

（二）主体认定原则。村民小组是集体土地的所有权人，对宅基地的分配使用和确权登记履行主体责任，对申请登记人提交资料的有效性做出认定。

（三）分级审核原则。市、镇、村三级根据工作职责，对辖区内农村房地一体登记申请资料分级进行审查（审核）把关，出具审查（审核）意见。

（四）统一登记原则。根据主体认定和分级审查（审核）意见，市不动产登记机构进行统一登记颁证。

四 认定内容

（一）村民小组（自然村）认定内容

1. 对申请登记人是否属本集体经济组织成员做出认定；

2. 对申请登记户属"一户一宅""一户多宅"或主体资格不符做出认定；

3. 对申请人提交的宅基地上房屋建成时间和房屋现状做出认定；

4. 对申请登记的宅基地是否存在四邻权属纠纷做出认定；

5. 对申请登记宅基地的有来源依据面积、无来源依据面积、取得时间和取得方式依照《大理市农村宅基地历史遗留问题处理意见（试行）》做出认定；

6. 涉及"少批多占、一户多宅、主体资格不符、未批先建"应退未退的，按照《大理市农村宅基地有偿使用指导意见（试行）》规定，对有偿使用面积做出认定；

7. 因继承或分家析产需变更登记人的，对继承材料或分家析产协议等材料的有效性做出认定。

（二）村民委员会认定内容

对申请登记宅基地涉及有偿使用费的数额及缴纳情况做出认定。

（三）乡镇国土规划建设服务中心认定内容

1. 对违法用地行为履行行政处罚情况做出认定；

2. 对房屋是否符合农村建房规划、建设控制标准做出认定。

五　审查（审核）和登记

（一）村民委员会审查

对村民小组（自然村）做出的认定是否已公示进行审查，出具审查意见。

（二）乡镇人民政府审核

对村民委员会出具的审查意见进行审核，出具是否同意登记的审核意见。

（三）市不动产登记中心登记

根据乡镇人民政府出具的同意登记审核意见和申请登记资料的完整性进行登记。

（四）登记程序

按照"申请人申请→村民小组（自然村）认定→村委会审查→乡镇人民政府审核→市不动产登记中心登记"的程序进行登记。申请农村房地一体不动产登记提交的材料包括：

1. 不动产登记申请书；

2. 申请人身份证明；

3. 宅基地使用证或其他土地权属来源证明；

4. 房屋规划、建设的相关审批材料（房屋于2015年4月23日前建成，未取得规划、建设审批手续的，以《大理市农村房地一体不动产登记分级审查认定表》作为规划、建设的审批材料）；

5. 不动产权籍调查表、宗地图、房屋平面图以及宗地界址点坐标等有关不动产界址、面积等材料；

6. 《大理市农户家庭成员构成表》；

7. 《大理市农村房地一体不动产登记分级审查认定表》；

8. 村民小组（自然村）认定结果的公示公告材料；

9. 法律、行政法规以及《不动产登记暂行条例实施细则》规定的其他材料。

………

（六）规范分级审核，开展确权颁证

1. 工作原则。围绕"依申请登记、一体登记、连续登记、属地登记"原则，按照尊重历史、面对现实、实事求是、解决问题、便民利民的要求，在试点期间执行《不动产登记暂行条例》的同时，按以下原则处理工作中的具体问题。

（1）主体认定原则。充分发挥集体土地所有者的主体作用，赋予村民小组对宅基地历史遗留问题进行分类处置的权利，履行对申请人提交资料有效性认定的主体责任。

（2）分级审核原则。市、乡（镇）、村三级对辖区内农村房地一体登记申请资料实行分级审查（审核），依据工作职责承担相应责任。

（3）便民利民原则。尊重历史，面对现实，解决问题，积极回应群众期盼，优化业务流程，将分家析产和依法继承、受遗赠、集体经济组织内部互换房屋或因人民法院、仲裁委员会的生效文书取得而未办理过登记的农村宅基地上所建房屋，在材料齐备的情况下予以办理登记。

2. 认定内容。

（1）村民小组（自然村）认定内容：

①身份认定。对登记申请人是否属本集体经济组织成员做出认定；

对申请登记户属"一户一宅""一户多宅"或"主体资格不符"做出认定。

②土地认定。对申请登记的宅基地是否存在四邻权属争议做出认定；对申请登记宅基地的实际占地面积、批准面积、已处罚面积、无来源依据面积等依照《大理市农村宅基地历史遗留问题处理意见（试行)》做出认定；

涉及"少批多占、一户多宅、主体资格不符、未批先建"应退未退的，按照《大理市农村宅基地有偿使用指导意见（试行)》规定对有偿使用方式、面积及标准做出认定。

③房屋认定。对申请人提交的宅基地上房屋建成时间做出认定；宅基地使用权及房屋所有权因分家析产、依法继承、受遗赠、集体经济组织内部互换房屋或因人民法院、仲裁委员会的生效文书发生变化的，对因分家析产、集体经济组织内部互换房屋行为的真实性做出认定；对申请登记房屋位于洱海流域水生态保护区核心区范围或其他范围提出意见。

（2）村民委员会认定内容：对申请登记宅基地涉及的有偿使用费金额及缴纳情况做出认定。

（3）国土所认定内容：对违法用地行为履行行政处罚情况做出认定。

（4）乡镇国土规划建设服务中心认定内容：对房屋是否办理规划建设审批手续、验收、整改情况以及是否符合农村建房规划、建设控制标准做出认定；对申请登记房屋位于洱海流域水生态保护区核心区范围或其他范围做出认定。

3. 审查（审核）和登记。

（1）村民委员会审查：对村民小组（自然村）做出的认定是否已公示进行审查，出具审查意见。

（2）乡镇人民政府审核：对村民委员会和国土规划建设服务中心出具的审查意见进行审核，出具是否同意办理不动产登记的审核意见。

（3）市不动产登记中心核定登记：根据乡镇人民政府出具的同意办理不动产登记审核意见，对申请登记资料的完整性进行审查后登记。

4. 登记程序。按照"申请人申请→村民小组（自然村）认定→村委会审查（认定）→乡镇人民政府审核→市不动产登记中心核定登记"的程序进行登记。申请农村房地一体不动产登记提交的材料包括：

（1）不动产登记申请书；

（2）申请人身份证明：身份证、户口簿、结婚证等；

（3）宅基地使用证或其他土地权属来源证明；

（4）房屋规划、建设的相关审批材料（房屋于2015年4月23日前建成，未取得规划、建设审批手续的，以《大理市农村房地一体不动产登记分级认定审查表》作为规划、建设的审批材料）；

（5）不动产权籍调查表、宗地图、房屋平面图以及宗地界址点坐标等有关不动产界址、面积等材料；

（6）《大理市农村房地一体不动产登记分级认定审查表》；

（7）村民小组（自然村）认定结果的公示材料；

（8）法律、行政法规以及《不动产登记暂行条例实施细则》规定的其他材料。

5. 认定审查责任。为进一步规范审批程序，提高审批效能，加快推进农村房地一体不动产登记颁证工作，最大限度地避免对同一事项重复认定、责任不明晰、工作推进迟缓的情况，坚持"主体认定、分级审核"的原则，在上一顺序已经做出认定的事项，在下一顺序的审查审核中不再进行认定，该认定结论直接作为登记审批依据。各级对认定内容实行签字（盖章）负责制，对相应认定内容的真实性、准确性具体负责，承担相关责任。

全面推进农村不动产登记工作量大面广、时间紧任务重、情况复杂，因客观原因认定错误出现错证、误证的，通过检查登记资料和《大理市农村房地一体不动产登记分级认定审查表》，确定问题出错的环节和认定出错的部门，由认定部门负责牵头共同纠错；若主观原因徇私舞弊、弄虚作假造成严重后果的，按照"谁认定、谁负责"的原则，依据相关法律法规规定追究责任。

专栏 8 - 4

大理市农村宅基地确权颁证试点专题报告

明晰产权、确权颁证，是宅基地制度改革的基础工作。大理市按国家关于宅基地确权颁证的基本要求，在全面处理历史遗留问题基础上，扎实全面推进农村房地一体的不动产确权登记颁证工作，为深化农村宅基地制度改革奠定了坚实基础。

一　改革背景和问题

（一）国家关于宅基地确权颁证的基本要求

《中共中央办公厅、国务院办公厅关于农村土地征收、集体经营性建设用地入市、宅基地制度改革试点工作的意见》（中办发〔2014〕71号）明确提出：对依法取得、符合规定的宅基地予以确权登记发证，确保农民现有宅基地用益物权权益。《国土资源部关于印发〈农村土地征收、集体经营性建设用地入市和宅基地制度改革试点实施细则〉的通知》（国土资发〔2015〕35号）也进一步细化了相关要求：试点地区要加快农村地籍调查工作，规范完成农村宅基地确权登记发证，明确宅基地权属，保护现有宅基地权利人合法权益。

（二）大理市宅基地确权颁证的现状（改革的现实需求）

同全国大多数地方一样，大理市的宅基地权属也存在家底不清、一户多宅、面积超标、违法占地、分配占有不公平、历史遗留问题难处置等问题。不仅如此，大理市由于在宅基地管理上长期存在指标少、落地难的问题，部分农民住房困难，历史上多次清理农村违法占地、超批准面积占用，遗留问题较多，群众对通过确权颁证维护权益的愿望迫切。近年来，随着大理市旅游业快速发展，农民出租农房或自办乡村客栈规模不断扩大，大理市已成为国内最大民宿聚集地之一。由于旅游发展空间和群众生产生活空间高度重合，洱海保护和耕地保护压力巨大，在确权颁证的基础上推进农村宅基地制度改革试点，也是近年来政府工作的重点。随着宅基地资源的稀缺度提高和宅基地财产价值的显化，群众对通过确权颁证确认和保障宅基地权益的需求越发凸显。

大理市从2010年开始对宅基地进行权籍规范管理，但受各个时期各种条件的限制，登记发证进展缓慢，对一户多宅和超标占地等问题未能明确界定。在此次彻底清查历史遗留问题之前，多数宅基地证面积不准确、四至界限不清，而且对"一户一宅"的认定，也没有明确具体的界定，认定标准不统一。据2013年大理市开展的农村确权调查统计数据，大理市原已发《宅基地证》8.1万本，占12.22万宗的66%，已发放农村房产证4000本，有34%的宅基地未发过宅基地使用证。

（三）大理市宅基地确权颁证工作的政策目标

统筹考虑上述大理市宅基地利用管理中亟待解决的现实问题，落实中央对此次改革试点的顶层设计，大理市制订了《云南省大理市农村宅基地制度改革试点实施方案》，提出要加快推进全市农村宅基地确权登记颁证工作。结合试点工作的开展，加大资金筹集和工作力度，全力推进宅基地确权登记颁证各项工作，2015年内完成海西六镇的宅基地确权登记颁证工作，2016年6月底前完成全市宅基地确权登记颁证工作。通过开展农村宅基地确权登记颁证，依法确认现有宅基地权属，形成产权明晰、权能明确、权益保障、分配合理的宅基地产权制度，保护现有宅基地权利人的合法权益，为改革试点工作提供基础保障。改革试点过程中，在有条件地区，结合不动产统一登记工作的实施推进，在开展农村房屋产权确权登记中，探索实施房屋产权证和农村宅基地证的"两证合一"工作。

二 主要做法

大理市以农村集体经济组织成员资格认定、一户一宅界定为基础，以历史遗留问题处置为抓手，以不动产统一登记为契机，扎实全面推进房地一体对宅基地和农房确权登记，为深化宅基地制度改革开路。自2015年7月宅基地改革试点工作部署实施以来，大理市在全市111个行政村515个自然村全面推进宅基地确权登记颁证工作，在依法保障农户宅基地权益上取得了显著成效。

（一）建立工作机制，规范操作流程

为加快推进宅基地确权颁证工作，大理市健全了确权颁证的工作机制，组建了"市、镇政府领导＋村组主导＋专业机构服务"的工作班子，建立了"摸底调查—梳理问题—分类处置—申请颁证"的工作流程。

（二）突出本地特色，明确界定"户"和"宅"

"一户一宅、面积法定、依法审批"是当前土地管理法确立的宅基地取得的基本制度，也是此次宅基地制度改革试点探索必须坚持的基础和前提。但由于现行法律法规并没有对"户"的概念做出明确界定，导致实践中对何为"一户"存在不同看法，也直接影响了此次确权颁证中对"一户一宅""一户多宅""面积超标"等的认定。从全国15个试点地区来看，大多数地方对"户"的认定均是以公安机关的户籍登记为基础。大理市在改革前，在分户管理上，主要按传统习俗，以村组干部、家族长辈鉴证的家庭内部分家析产分户结果为准，没有统一明确规范的分户标准；在宅基地申请人资格管理上，也主要以依法登记的独立户口为单位，以村民户口簿户主为申请人。

大理市在此次改革试点中结合宅基地使用的实际情况、少数民族地区一个家庭普遍生育两个子女和子女分工赡养父母的风俗习惯，对"户"的界定做出了符合当地习俗的探索，规定父母不得单独确定为一户，需随其中一位子女组成一户。明确规定："户"是指具有本村组常住户口、取得本集体经济组织成员资格、享受集体资产分配、履行集体成员义务的集体经济组织成员家庭自然户。一般由户主、配偶、子（女）、父（母）等家庭成员组成。并将户分为三种类型：农村独生子女户，由父母和子女等家庭成员组成，确定为一户；农村多子女户，子女已结婚的可确定为一户。父母不得单独确定为一户，需随其中一位子女组成一户；无直系亲属的单亲可以确定为一户。通过这种界定方式，减少分户的次数和户的总数，有助于减少新增宅基地审批，控制宅基地总量；同时分户的过程也是一次分家析产和明确赡养责任的过程，既有效地解决了老年人赡养问题，弘扬了孝道，也有助于减少父母百年后子女间的房产权属纠纷，促进了社会和谐。

明确界定"宅"的含义。针对大理白族按照院落居住的特征，大理市对何谓"宅"也做出了明确界定。规定"宅"是指能基本满足生产生活需求对宅基地，主要包括住房、厨房、圈房、天井等的宅院。"一院多户"

中一户有三间住房以上（含三间住房），或实际用地面积大于 110 平方米，能基本满足生产生活需求的按"一宅"确定。同时区分坝区和山区、是否占用耕地等情况，对"一户一宅"中宅的面积标准做出了明确规定。这些规定为分类处置确权中宅基地权属的历史遗留问题奠定了坚实基础。

（三）明确家庭成员关系，厘清宅基地权益演变情况

确权颁证中涉及"户"的第二个难点问题，是户内成员的认定。由于大理的户不完全等同于户籍登记上的户，而且户内涉及不同辈分之间的亲属，还涉及已经转变为非本集体经济组织成员的权益问题，大理市银桥镇等地在确权颁证时，特地制作家庭成员及宅基地登记表，确定家庭成员关系图，作为不动产权属的来源证明。该家庭成员关系图既可记载户内成员和分户情况，又可以显示宅基地权益的来源和演变过程，为今后的分户、宅基地权益的变更、继承等奠定了良好基础。

（四）全面分类处置，争取最大公约数

针对确权颁证面临的一系列疑难复杂问题，尤其是多年来难以解决的历史遗留问题，大理市按照"管住当前、消化过去、规范未来"的思路，本着"尊重历史、维护权益、循序渐进、分类处置"的原则，在充分征求农户意见的基础上，经市全面深化改革领导小组会议审议通过，出台了《大理市农村宅基地历史遗留问题处理意见（试行）》，分类处置宅基地确权颁证中出现的疑难复杂问题。在该意见制定过程中，大理市集思广益，召开 17 场次座谈会、5 次讨论会、1 次专家论证会，先后参加人数 420 余人，发放征求意见稿 230 份，多方充分听取人大代表、政协委员、基层群众、专家学者、律师、省州市有关部门各方意见，收集到意见建议 80 余条。

在具体处理过程中，大理市按照农户宅基地权属性质的不同情况，将农户宅基地权属情况区分为一户一宅、一户多宅、未批先占、主体资格不符、少批多占、继承取得、住房困难户等情形。并对每种情形的认定标准、权益处置办法做出了明确规定。这种统筹考虑历史和现实的灵活确权方式兼顾了不同农户群体的利益，既促进了农户间宅基地的公平占有，又为确权颁证和深入推进宅基地改革争取了"最大公约数"。

（五）按照不动产统一登记要求，推进房地一体登记颁证

在全面完成全市宅基地确权调查的基础上，大理市结合云南省房地一体农村集体建设用地和宅基地使用权不动产登记工作要求，加快推进房地一体不动产登记颁证工作。虽然在宅基地权属现状调查阶段已经对

地上附着物对面积情况进行了初步调查和统计，但该统计仅精准度尚不能达到不动产登记的严格要求。为确保农房所有权登记的准确性，大理市正在组织专业的作业单位对全市农房建筑面积进行测量，目前全市已启动房屋测绘 61 个自然村，测绘房屋 3000 余幢 71000 余平方米，不动产权登记颁证工作正在稳步有序推进。

（六）回应子女现实需求，优化变更登记

一些年龄大（如父母 60 岁以上）的父母，希望将户主登记为儿子的名字。由于现在的不动产登记是按照宅基地审批的名字登记产权人，如果要登记到儿子名下，按照当前不动产登记程序，是先初始登记到当时宅基地审批的主体——一般是父亲名下，然后再变更登记到儿子名下。但考虑到此次老百姓的这种需求比较普遍，也比较强烈，而且老百姓普遍反映此种变更登记太麻烦，大理市在此次宅基地确权登记中灵活处理此种变更登记的需求，对于审核符合此种变更登记条件的，在材料齐备（包括户内成员同意变更的协议）的基础上，准予将户主登记为孩子名字。这一做法既解决了老百姓的现实需求，也节约了登记成本。

三 取得的主要成效

截至目前，大理市已梳理掌握了全市宅基地和农房的历史遗留问题，澄清确认了宅基地和农房权属状况，宅基地使用权已经明晰，地上房屋面积测量工作正在稳步推进实施中。出台了镇村组分级认定审查、规划建设历史遗留问题处理和调整优化颁证流程的相关意见，突破历史遗留问题多、权属认定难的"瓶颈"。在已全面完成分级认定审查工作的基础上，农村房地一体权籍总登记计划在 8 月底完成，农户可在提交登记申请后的 5 个工作日内领取不动产权证书，全市可实现办证率达 85% 以上，现已颁发不动产权证书 2018 本。大理市的宅基地确权颁证过程同时也是一次全面处理历史遗留问题的过程，对全市经济社会长远发展特别是农村土地管理工作具有极其重要的意义。

（一）实现了宅基地"确实权、颁铁证"

宅基地确权是当前土地确权中最复杂、最困难的一项工作。通过确权登记发证工作解决了大理市农村地籍调查工作基础薄弱的问题，实现了农户宅基地使用权"确实权、颁铁证"，进一步保障了农民的宅基地权益。按照国家统一要求，健全了不动产登记机构、优化和完善了登记工作流程，为农户颁发新的统一的不动产权证书，为开展农村住房财产权抵押贷款试点工作奠定了基础。

（二）结合颁证全面处理历史遗留问题

大理市的宅基地确权登记颁证工作并非简单的仅仅对"依法取得、符合规定的宅基地予以确权登记发证"，面对历史形成的诸多疑难复杂问题，大理市着眼长远、迎难而上，借助改革试点的有利机遇，对建筑面积超标、超高、外观不符等问题进行了一并处理。改革试点中，大理市无论是在宅基地面积标准还是在建筑面积标准的制定上都略微从宽，这样的政策设计使85%的农户都属于不超标的范围，对历史遗留问题处理"从宽"的做法充分体现了尊重历史、保障权益的导向，既适当促进了宅基地的公平分配，又让绝大多数的农户都有了获得感。

四　相关思考与建议

结合探索实践，大理市对全国宅基地和农房"房地一体"不动产登记发证工作有以下几点建议：

（一）建议在国家层面制定出台农村房地一体登记的专门规定

对于农村房地一体不动产登记，老百姓有诉求——明确不动产权属，定分止争，而且房地一体登记是农房抵押担保的前提；政府有管理需求——有利于规范农房的新建、重建、改扩建行为，有助于实施村庄建设规划，遏制农房违建行为，维护乡村特有风貌。但当前的不动产统一登记制度更多地考虑了城镇国有土地和房屋的形态，对农村宅基地和农房的特殊性照顾不足，建议在调查研究的基础上专门就农村宅基地和农房统一登记的问题出台指导性的规定。

（二）建议在国家层面明确"户"和"宅"界定标准以及户内权利关系

"一户一宅"是我国宅基地分配和占有的基本形态。但目前法律法规对何谓"一户一宅"缺乏明确的界定标准。首先，宅基地分配上的"户"、农村土地承包户中的"户"、公安户籍登记中的"户"，三者的关系如何处理？其次，何谓"一宅"？是采用房屋占地面积标准、房屋间数标准、院墙标准，还是其他标准？最后，户内成员间对宅基地的权属关系如何定性？在确权登记时，是只记载户主还是记载全部成员？虽然从法理上说是共同共有，但实践中在处理外嫁女、入赘婿、不招不嫁两边占等问题时，乡村习俗与法律规则之间存在冲突。考虑到全国各地的差异性，在下一步立法推广中，建议国家层面在梳理全国各地典型情况的基础上做出原则性规定，给地方留下充足的自主空间。

（三）在确权颁证和收费时，明确宅基地不合法面积部分有偿使用的法律后果

大理市在开展宅基地确权登记的过程中，为了更好地处理历史遗留问题，将有偿使用与登记确权相结合，表现在确权颁证上，可能体现为按实际面积登记、按批准面积登记、按批准面积和已处罚面积分别登记、有偿使用予以登记、有偿使用不予登记、拆除退出不予登记、备注权利属性和来源等不同表现形式。从全国其他地方的试点情况来看，也存在有偿使用予以登记和有偿使用不予登记的情形。对于有偿使用予以登记和有偿使用不予登记的情形，其法律后果如何，其权利义务关系与无偿登记部分有何区别，尚待明确。一个较为普遍的共识是违法部分不因有偿使用而合法，但农户对有偿使用部分的权利义务关系到底是什么并不明确。建议在收取有偿使用费和确权登记之前，通过书面告知或证载备注的方式予以明确。

第三节　农民住房财产权抵押融资

农民住房财产权抵押贷款，是指在不改变宅基地所有权性质的前提下，以农民住房所有权及所占宅基地使用权作为抵押、由银行业金融机构（以下简称贷款人）向符合条件的农民住房所有人（以下简称借款人）发放的、在约定期限内还本付息的贷款。作为全国的农民住房财产权抵押贷款试点县（市），土地资源的稀缺性以及大理市得天独厚的宜居性决定了农户的宅基地及地上住房成为农户最大的财产，开展农民住房财产权抵押贷款，让财产变成资产进而转变为资本，对于盘活农村有效资产，拓宽农民财产性收入渠道，探索宅基地权益的实现方式和途径，加快农村经济发展具有重要现实意义。

为确保宅基地制度改革试点与农民住房财产权抵押款工作协同推进，大理市着力加强两项试点制度之间的衔接，在反复研究中央和各级文件精神和要求、充分征求相关部门和各级专家意见建议的基础上，制定了《大理市农民住房财产权抵押担保办法》等9项制度性文件，并印发实施。同时，大力鼓励各银行业金融机构开办农民住房财产权抵押贷款业务，向有资金需求、有发展能力的农户发放农民住房财产权抵押贷款。大理市人民政府还专门设立了农民住房财产权抵押贷款风险补偿基金，对承办贷款业务的银行机构给予一定的损失补偿。目前，大理市农村合作银行已经开展了农村住房财产权抵押贷款业务，在原有开展金融创新累计发放 10.6 亿元农村住房信用贷款的基础上，于 2016 年 6 月 16 日发放了首批农民住房财产权抵押贷款。

专栏 8 - 5

《大理市农民住房财产权抵押登记办法》（节选）

第二章 抵押登记条件和设定

第五条 抵押人办理农民住房财产权抵押应同时具备以下条件：

（一）具有完全民事行为能力；

（二）用于抵押的房屋所有权及宅基地使用权没有权属争议，依法拥有相关主管部门颁发的不动产权属证书，未列入征地拆迁范围；

（三）除用于抵押农民住房外，抵押人应有其他长期稳定居住场所，并能够提供相关证明材料；

（四）所在的集体经济组织（村民小组）书面同意宅基地使用权随农民住房一并抵押及处置。

以共有农民住房抵押的，还应当取得其他共有人的书面同意。

第六条 有下列情形之一的农民住房财产权不得进行抵押：

（一）房屋所有权、宅基地使用权权属不明或者有争议的；

（二）司法机关、行政机关和仲裁委员会依法裁定、决定查封或以其他形式限制土地权利的；

（三）被依法纳入拆迁征地范围内的；

（四）法律、行政法规规定不得抵押的。

第七条 农民住房财产权的价值可由借贷双方委托第三方房地产评估机构评估、贷款人自评或者双方协商等方式，公平、公正、客观地确定抵押物价值。

第八条　同一农民住房财产权多次抵押的，以抵押登记申请先后为序办理抵押登记并记载于不动产登记簿。

第九条　抵押权人和抵押人签订抵押合同后，双方共同持以下材料办理抵押登记：

（一）不动产登记申请书；

（二）抵押权人和抵押人有效身份证明；

（三）《不动产权证书》；

（四）主债权合同。最高额抵押的，应当提交一定期间内将要连续发生债权的合同或者其他登记原因文件等必要材料；

（五）抵押合同。主债权合同中包含抵押条款的，可以不提交单独的抵押合同。最高额抵押的，应当提交最高额抵押合同；

（六）抵押物价值认定书；

（七）共有人同意抵押的证明；

（八）除用于抵押农民住房外，抵押人应有其他长期稳定居住场所的证明材料；

（九）所在的集体经济组织（村民小组）书面同意宅基地使用权抵押的证明材料；

（十）法律、行政法规规定的其他材料。

经审核符合登记条件的，登记机关应当于受理登记申请材料后15个工作日内办结登记手续。

第十条　为积极推进大理市农民住房财产权抵押贷款试点工作，加大金融机构对"三农"的有效支持，保护贷款当事人合法权益。2018年3月1日之前已将农民住房财产（宅基地使用证）抵押给金融机构办理了贷款，借款合同还未到期的，由市不动产登记中心（两区一委分中心）根据《宅基地使用证》编制不动产单元号，抵押权人对宅基地地上房屋产权使用现状进行调查认定后，抵押权人和抵押人可持以下材料完善农民住房财产权抵押登记手续，抵押期限为申请办理抵押登记之日至借款合同到期日：

（一）申请书；

（二）抵押权人和抵押人有效身份证明；

（三）《宅基地使用证》；

（四）农村房屋产权使用现状调查认定表；

（五）主债权合同。最高额抵押的，应当提交一定期间内将要连续发生债权的合同或者其他登记原因文件等必要材料；

（六）抵押合同。主债权合同中包含抵押条款的，可以不提交单独的抵押合同。最高额抵押的，应当提交最高额抵押合同；

（七）抵押物价值认定书；

（八）共有人同意抵押的证明；

（九）除用于抵押的农民住房外，抵押人应有其他长期稳定居住场所的证明材料；

（十）所在的集体经济组织（村民小组）书面同意宅基地使用权抵押的证明材料；

（十一）法律、行政法规规定的其他材料。

2018 年 3 月 1 日之后申请办理农民住房财产权抵押登记的必须持有《不动产权证书》。

第十一条　农民住房财产权抵押登记按土地所属乡镇由各乡镇不动产登记工作站受理，各乡镇不动产登记工作站受理审核通过后报送市不动产登记中心（两区一委分中心）登记，抵押权自登记之日起设立。

第十二条　对符合抵押登记条件的，不动产登记中心应将抵押合同约定的有关事项在《不动产登记簿》和《不动产权证书》上加以记载，并向抵押权人颁发《不动产登记证明》。申请登记的抵押为最高额抵押的，应当记载所担保的最高债务权额、最高额抵押的期间等内容；对不符合抵押登记条件的，书面通知申请人。

第三章　抵押登记变更与注销

第十三条　有下列情形之一的，当事人应当持不动产权属证书、不动产登记证明、抵押权变更等必要材料，申请抵押变更登记：

（一）抵押人、抵押权人的姓名或者名称变更的；

（二）被担保的主债权数额变更的；

（三）债务履行期限变更的；

（四）抵押顺位变更的；

（五）法律、行政法规规定的其他情形。

因被担保主债权的种类数额、担保范围、债权履行期限、抵押顺位发生变更申请抵押变更登记时，如果该抵押权的变更将对其他抵押权人产生不利影响的，还应当提交其他抵押权人书面同意的材料。

第十四条　农民住房财产权抵押期间，抵押人未经抵押权人同意，不得转让已抵押的农民住房财产权。

第十五条　农民住房财产权抵押经依法登记后，因主债权转让导致抵押权转让的，当事人可以持不动产权属证书、不动产登记证明、被担保主债权的转让协议、债权人已通知债务人的材料等相关材料，申请抵押权的转移登记。

第十六条　有下列情形之一的，当事人可以持不动产登记证明、不动产权属证书、抵押权消灭的材料等必要材料，申请抵押权注销登记：

（一）主债权消灭；

（二）抵押权已经实现；

（三）抵押权人放弃抵押权；

（四）法律、行政法规规定抵押消灭的其他情形。

…………

第四节　规范宅基地，增加用途管理

宅基地是指农村村民合法使用或依法批准，用于建造住宅（包括附属用房和庭院等）的集体所有土地。宅基地使用权人依法享有占有和使用的权利，有权依法利用该土地建造住宅及其附属设施。宅基地的所有权属于集体，个人只有使用权，未经允许，不得擅自转让、出租。农村村民建造住宅必须符合乡（镇）土地利用总体规划、城乡规划，严格按照批准的宅基地面积、规划层数、高度及质量标准进行施工。

一　改革背景情况

作为国内最大的民宿聚集地之一，据不完全统计，全市将宅基地以出租、入股、自营方式改变住宅用途，增加功能，用于餐饮、客栈等经营活动的农户主要分布在大理古城和环洱海周边，比例一般占本村总农户数的10%—30%，这些农户从福利性获取的宅基地上获得了不菲的经济利益，但作为宅基地所有权主体的村集体却未获得应有的权益，还要负担相应的公共设施支出和环境维护费。在推进农村土地制度改革三项试点工作过程中，大理市将农村宅基地制度改革与全域旅游示范区创建以及国家新型城镇化综合试点相结合，按照"城乡一体化、全域景区化、建设特色化、管理精细化"的要求和"留得住美丽乡愁"的特色定位，以农村宅基地制度改革试点为抓手，制定出台了宅基地有偿使用的土地收益调节金制度，进一步规范了民宿客栈的用地管理。通过试行制度，积极探索引导民宿客栈有序经营、加快旅游产业发展、增加农民收入、壮大集体经济、助力乡村振兴的有效路径。

二　主要做法

认真贯彻落实党的十八大以来中央关于深化农村土地制度改革、实施乡村振兴战略等一系列改革的指示精神，为规范农村宅基地增加用途管理，妥善解决宅基地历史遗留问题，大理市坚持问题导向和底线思维，以保障农民宅基地权益为出发点和落脚点，以探索宅基地"三权分置"为契机，以助力洱海保护和乡村振兴为目标，积极探索集体经济组织主导下的宅基地有偿使用制度，取得了一定的成绩。改革试点中出台的《大理市农村宅基地有偿使用指导意见（试行）》规定，对利用宅基地及地上房屋从事客栈、餐饮等经营性活动的，按宅基地现有使用面积，以不低于5—20元/平方米·年的标准，由村集体收取土地收益调节金，确保农村集体土地所有者、使用者、经营者共享发展成果的同时，进一步规范了利用宅基地上住房从事客栈、餐饮等经营性活动的管理工作。

专栏 8 - 6

《大理市农村宅基地有偿使用指导意见（试行）》（节选）

三　宅基地有偿使用费和土地收益调节金收取范围

…………

（二）土地收益调节金收取范围。利用宅基地上的住房从事客栈、餐饮等经营性活动，或将宅基地以出租、入股等方式从事经营性活动的，按宅基地现有使用面积，由集体收取土地收益调节金。

…………

五　土地收益调节金收取标准

（一）洱海界桩外延15米范围内（含15米）的经营户，按不低于20

元/平方米·年收取。

（二）洱海界桩外延15—100米范围内（含100米）的经营户，按不低于10元/平方米·年收取。

（三）其他区域的经营户，原则上按不低于5元/平方米·年收取。山区村庄可减半执行。

六　收取程序

（一）村委会指导支持集体经济组织（村民小组）对本集体内拟收取对象、面积、标准进行认定公示。

（二）公示无异议后，由集体经济组织（村民小组）书面下达通知宅基地使用人，签订有偿使用（土地收益调节金）协议，缴纳有偿使用费（土地收益调节金），并经村委会报乡（镇）人民政府备案。

七　管理使用

（一）乡（镇）人民政府负责本辖区农村宅基地有偿使用费和土地收益调节金的收取管理工作；各村民委员会、集体经济组织（村民小组）负责组织实施农村宅基地有偿使用费收取的具体工作。

（二）农村宅基地有偿使用费和土地收益调节金的使用，原则上30%用于收取工作、村庄土地规划建设监管等管理性支出；70%用于本集体经济组织（村民小组）的公益事业及基础设施建设。

（三）市级财政、农业等部门制定有偿使用费、土地收益调节金收取管理使用办法，指导、监督乡（镇）、村（组）规范管理使用集体资金。

专栏8-7

大理市农村宅基地及地上房屋
转让和出租实施细则（节选）

第二章　转　让

第八条　农村宅基地及地上房屋转让流程。

（一）转让人提出申请；

（二）村民小组召开村民代表会讨论；

（三）村委会审查；

（四）乡（镇）人民政府审核批准；

（五）乡（镇）公共资源交易中心平台交易；

（六）交易中心出具成交确认书；

（七）签订转让合同；

（八）缴纳土地收益调节金及相关税费；

（九）转让双方共同申请办理不动产转移登记。

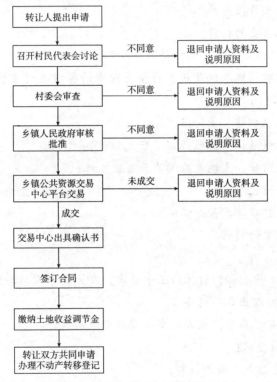

大理市农村宅基地及地上房屋转让流程

第三章　出租

第十一条　农村宅基地及地上房屋出租采用公开挂牌出租和自愿协议出租两种方式。

（一）公开挂牌出租须提交的材料：

1. 出租方需提交的资料：

（1）大理市农村宅基地及地上房屋申请备案表（乡镇公共资源交易

中心平台领取）；

（2）申请人户口簿、身份证；

（3）不动产权属证书（验原证、交复印件）；

（4）出租底价报价单和出租年限；

（5）其他需要的材料。

2. 承租方（竞租人）需提交的资料：

（1）承租人户口簿、身份证；

（2）竞价底价报价单；

（3）其他需要的材料。

（二）协议出租须提交的材料：

1. 大理市农村宅基地及地上房屋出租申请备案表（乡镇公共资源交易中心平台领取）；

2. 申请人户口簿、身份证；

3. 不动产权属证书（验原证、交复印件）；

4. 有偿使用费、土地收益调节金缴款凭证；

5. 出租合同；

6. 承租人户口簿、身份证；

7. 其他需要的材料。

…………

第十三条 出租合同订立后三十日内，双方当事人应当到本乡（镇）不动产登记站办理出租登记备案。

办理出租登记备案，双方当事人应提交下列材料：

（一）出租合同；

（二）双方当事人身份证明；

（三）不动产权属证书；

（四）成交确认书；

（五）土地收益调节金及相关税费缴纳凭证；

（六）其他材料。

双方当事人提交的材料应当真实、合法、有效，不得隐瞒真实情况或提供虚假材料。

…………

第十五条 农村宅基地及地上房屋出租流程。

（一）出租人提出申请；

（二）村民小组召开村民代表会同意；

（三）村委会审查；

（四）乡（镇）人民政府审核备案；

〔五〕乡（镇）公共资源交易中心平台交易；

（六）交易中心出具成交确认书；

（七）签订出租合同；

（八）缴纳土地收益调节金及相关税费；

（九）乡（镇）不动产登记中心备案登记。

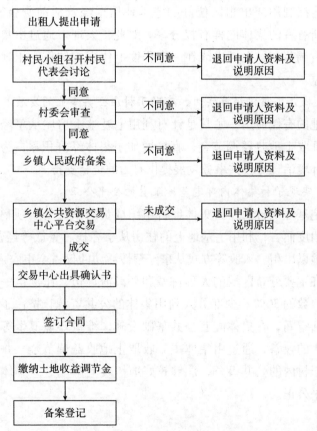

大理市农村宅基地及地上房屋出租流程

三　主要成效

(一)　规范宅基地增加用途行为

众所周知，宅基地的基本功能是居住。尽管宅基地使用权人可以依法享受对宅基地的居住和收益权利，但宅基地增加用途，利用宅基地上的住房从事客栈、餐饮等经营性活动，或将宅基地以出租、入股等方式从事经营性活动的，必须通过作为宅基地的所有者的村集体同意。通过公开、公平、规范管理，既保障了宅基地使用权人的收益权，又保障了经营者的合法经营，还体现了集体的土地所有者权利。

(二)　体现了集体土地所有者的权益

农户直接利用或出租区位好的宅基地用于经营活动所获得的收益，作为土地所有者的集体同样有权分享。对此，大理市通过由集体主导征收土地收益调节金，无疑也能在一定程度上体现集体作为土地所有者应获得的权益。

(三)　壮大了集体经济实力，有助于村庄公共事业的发展

宅基地的有偿使用，尤其是针对利用宅基地上房屋从事经营活动的使用权人征收土地收益调节金，直接增加了集体经济积累，为村内的公共设施、环境治理等公共事务发展提供有力的资金支持。

(四)　实现了村集体内部宅基地配置的公平公正

农村宅基地是村民作为集体经济组织成员所享受的一项福利。就社会公平的角度而言，利用宅基地上的住房从事客栈、餐饮等经营性活动，或将宅基地以出租、入股等方式从事经营性活动的仅占全市农户的2%左右，即使在主要分布区域的大理古城和环洱海周边，比例也一般不超过本村总农户数的30%。少部分人利用集体的公共资源，挤占了大部分人的生产生活空间，在集体配套公共基础设施、维护环境卫生等的基础上获得了巨大的收益，通过由集体主导收取土地收益调节金，并将这笔费用反馈用于村内的公共事务，能够较好地体现宅基地这一集体公共资源配置的公平公正。

第九章　构建农户建房监管体系

第一节　农村建房管理的沿革

　　白族民居建筑风格已经传承了上千年的历史，建筑结构多为二层楼房、三开间、铜板瓦盖顶、前伸重檐、呈前出廊格局，墙角、门头、窗头、飞檐等部位用刻有几何线条和麻点花纹石块（石条），墙壁常用天然鹅卵石砌筑，墙面石灰粉刷，白墙青瓦，照壁与正房和两侧楼房构成三坊一照壁的格局。此外，更高级的四合五天井、六合同春等套院建筑，白族大门大都开在东北角上，门不能直通院子，必须用墙壁遮挡，遮挡墙上一般写上"福"字，或按姓氏题字，如杨姓题"清白传家"、张姓题"百忍家声"等。与游牧民族不同，白族自古以来从事水稻、小麦、蚕豆、玉米为主的农业生产，为定居形式。他们追求住宅宽敞舒适，以家庭为单位自成院落，在功能上要具有住宿、煮饭、祭祀祖先、接待客人、储备粮食、饲养牲畜等作用，一般都有围墙、大门，属庭院式的建筑。四合五天井用地面积一般在 1 亩左右，三坊一照壁用地在 0.7 亩左右。现阶段，大理市为节约集约用地，经政府倡导，四合五天井、三坊一照壁的建筑用地不再规划，一般批准面积控制在 0.4 亩以内，可满足"两坊一角"占地较小的白族民居建筑用地需求。

一　大理农村宅基地的审批管理大致分为五个阶段

　　一是 1982 年承包到户以前阶段。此阶段审批宅基地以当时生产队为主，由生产队经社员大会讨论批准，一般批准面积在 0.32—0.60 亩，其间有两户批准共建一院的情况。

　　二是 1982 年 2 月《村镇建房用地管理条例》和《云南省贯彻执行国务院〈村镇建房用地管理条例〉实施办法》实施后，根据占用地类不同，分级审批阶段。此阶段占用非耕地经社员大会讨论通过，大队审查、报公社审批，占用耕地、园地报县人民政府批准。

三是 1987 年《中华人民共和国土地管理法》和《云南省土地管理实施办法》实施阶段。此阶段按城市郊区村庄、坝区村庄、山区村庄以及建房占用的地类不同，分别制定每户 0.22—0.38 亩的审批标准。

四是 1999 年 9 月《云南省土地管理条例》实施到 2011 年 7 月。此阶段审批标准为城市规划区内 100 平方米，城市规划区外不得超过 150 平方米，无论占用耕地或是非耕地均报市政府审批。每年农村村民建房都由省、州、市、乡逐级下达宅基地计划指标，计划指标控制在年度建设用地计划的 3% 以内。

五是 2011 年 7 月《云南省大理白族自治州村庄规划建设管理条例》实施至现在。现阶段规定坝区村庄每户住房用地不超过 180 平方米，生产辅助设施用地不超过 90%；山区村庄每户不超过 200 平方米，生产辅助设施用地不超过 150 平方米，占用耕地的下调 10%。由于每个阶段的审批权限与标准都有着明显差异，再加上继承、赠与等因素，导致了存在一户多宅、超标占用等情况。

二　各个时期的用地监管和违法用地的处罚方式

由于各个时期宅基地管理主体不同、审批权限不同，对用地监管和违法违规占地建房的处罚方式不尽相同，导致处罚主体、处罚标准不一样。在前述五个阶段，根据国家和省州市的部署，大理市分别于 1994 年、1999 年、2004 年多次开展了清理非农业建设占用土地的专项行动，对未批先占、少批多占等违法占地行为进行了处罚，但处罚方式绝大多数是以罚款补办手续的方式获得批准。在清理非农建设占用土地过程中，少数村组擅自以罚代法收取了部分村民的违法占地罚款，既成事实，一直使用至今，形成了事实上予以超越许可。罚款额度从每平方米 5 元、10元、50 元、60 元不等。由此形成了现在农村宅基地审批来源依据多样、批准面积不一、处罚主体多样、处罚主体不一的状况。

三　宅基地管理中存在的主要问题

（一）登记发证没有全域覆盖

在此次改革彻底清查处理历史遗留问题之前，受各个时期各种条件的限制，多数宅基地证面积不准确，四至界限不清，有的只附草图，有的连草图都没有，只有大致方位。而且对"一户一宅"的认定，也没有明确具体的文件规定，认定标准不统一。按 2013 年起开展的农村确权调查数据，大理市原已发放《宅基地证》8.1万本，占12.22万宗的66%，有34%的宅基地未发过宅基地使用证。

（二）"批新退旧"要求没有完全得到落实

批新退旧难以实现，既有客观因素，也有主观因素。客观因素方面，白族村落现有土木结构的村民住房绝大多数是1982年承包到户前建成的，有的甚至是新中国成立初期土改时，分配得到使用至今的，基本都是共用宗。一个旧的白族四合五天井院落，往往有4—7户共同管理使用，多的甚至达到8—10户共用；绝大多数的"三坊一照壁"或"两房一耳"院落都有2—3户共同使用。虽然房产使用权属相对清晰，但土地使用权相对复杂，较难划分。主观因素方面，改革开放后，特别是近十几年来，随着农村经济发展、生活改善，大多数村民已建了新房，但原祖辈居住过的共用宗、旧住房，往往因为老人有怀旧情结，不愿放弃。老旧共用宗院落基本上都位于村心位置，交通不便，不能适应现代农村的生产生活需要，但在归并过程中需要与多户协商达成一致意见，需归并的户数较多，意见难以统一导致了归并困难。

（三）"空心村"整治工作推进难度大

多数现存老旧院落只有老人留守居住，一些院落甚至无人居住。近年来，大理市、镇、村各级试图通过"空心村"整治解决这一土地资源浪费闲置的问题，但由于需投入的资金量较大、人力较多、时间过长，整治工作虽有一定效果，但取得的成效与预期目标有较大差距。"空心村"整治的另一个主要困难是因为房屋产权为村民个人所有，在协商无果的情况下，强行拆除，群众抵抗强烈，难以采取有效措施进行拆除和整治。

第二节 创新建房监管机制

随着大理市农村经济的繁荣发展，特别是近几年来大理市乡村旅游的井喷式发展，环洱海区域村民未经批准改建、扩建自有住房，用于经营餐饮、客栈，甚至违法占用耕地新建餐饮、客栈的情况没有得到全面管控。监管不力致使村庄无序发展，严重破坏了环洱海的自然景观，同时造成了大量的污水排入洱海，给洱海保护带来巨大压力。面对基层国土、规划、建设等监管部门人员不足，难以监管到位的实际，为加强建房监管，大理市委、市政府积极创新监管体系，建立起村庄土地规划建设专管员制度，完善了巡查监管挂钩等制度，目前，大理市村庄规划网格化管理、农村建房全过程监管体系已经基本构建。

一 明确细化监管责任

大理市委、市政府出台了一系列的政策和制度，明确市、镇、村、组和市级相关部门在农村土地管理及耕地保护上的责任，建立了"市负总责、镇为主体、村组联动"的农村建房监管工作机制，并将监管工作纳入年度目标责任考核，严格兑现奖惩。

二 完善农村建房管理制度

以村庄规划控制发展规模，明确农村建房面积、高度、密度和建筑风格标准，推行农村住房项目建设审查审批和乡镇初审、市级复核、乡镇批复的个人建房联审联批制度，实行农村建房规划许可和准建证制度，明确规划服务、建设监管、竣工验收和不动产登记各阶段的工作责任，形成全过程监管服务体系。

三 组建专管员队伍

结合洱海保护治理"七大行动"，每年投入600万元，组建自然村村庄土地规划建设专管员队伍，构建了市级领导包镇、镇领导及市级部门包村、村组干部包组的巡查管理责任机制，全面加强日常监管服务，实现网格化管理。

四 提升基层治理能力

在镇、村两级成立村庄规划建设管理促进会，结合自然村村民自治试点，着力激发村民参与管理村内公共事务的积极性和主动性，赋予促进会、理事会等村民自治组织对农村集体土地相关事项的决策、管理、监督、协调等权责，将宅基地审批、农村房地一体不动产登记审核认定等事项纳入民主决策，进一步强化了村组的集体土地所有者地位。

专栏 9–1

《大理市村庄土地规划建设网格化管理制度》（节选）

一 建立村庄土地规划建设专管员制度

以乡镇（办事处）为主体，以自然村为单位，由各乡镇（办事处）

按辖区自然村规模情况划分巡查管理网格，建立村庄土地规划建设专管员制度，管理工作实行分片包干，责任到人。

（一）人员选聘

专管员原则上每个自然村配备 1 名，主要采用选聘方式产生，聘用人员主要为本镇（村）辖区范围内责任心强、积极性高、掌握一定土地规划建设管理知识的干部或群众。人员由各乡镇政府（办事处）聘用，经培训后上岗。具体选聘工作由各乡镇（办事处）根据工作需要，制订选聘计划，明晰选聘条件、人员数量、聘用程序等内容后组织聘用。

（二）主要职责

专管员主要负责配合和协助镇村开展土地规划建设宣传、监督、服务工作。主要职责为：一是开展宣传教育。积极配合市镇村开展土地规划建设管理相关法律法规政策知识宣传教育，引导村民不断增强法制意识。二是开展巡查监督。对区域范围内土地规划建设情况进行全面动态巡查，及时发现违法建设行为，积极劝阻制止违法建设行为并及时向镇村报告，每日实行"零报告"制度。三是做好协调服务。积极指导、帮助和督促建房户及时按相关规定办理土地规划建设等相关审批手续，依法实施建设。各乡镇可根据实际，将环保、洱管等巡查职责纳入专管员工作职责。

（三）补贴待遇

专管员补贴待遇由基本补贴和巡查绩效补贴构成，基本补贴为每月500 元，巡查绩效补贴由各乡镇根据专管员工作范围及绩效进行考核确定。

专管员所需经费由财政根据各乡镇（办事处）自然村数量，按每年每村12000 元标准统筹拨付各乡镇（办事处）包干使用。"两区"辖区镇（办事处）所需经费由"两区"财政承担，喜洲镇范围经费由度假区管委会承担，海东镇范围经费由海开委承担。

（四）人员培训管理

各乡镇（办事处）要认真落实专管员岗位责任制度，与专管员签订聘用协议，明确巡查管理工作职责，加大对专管员的业务培训和日常管理，提高其业务技能，充分发挥专管员土地规划建设监管"前沿哨兵"的作用。市国土、规划、住建部门要定期组织对乡镇、村组干部以及专管员开展培训，加强政策法规及业务培训。

（五）考核原则及方式

专管员实行工作责任管理，由各乡镇（办事处）按季度与年度考核相结合方式，严格实行考核奖惩，要将巡查报告落实情况与考核奖惩制度挂钩，充分调动专管员的工作积极性。原则上专管员未报告一起违法建设，取消其三个月的巡查绩效补贴。对季度工作考核不称职的专管员，视情节给予告诫、通报；对一年度内出现两次考核不称职的专管员，进行解聘。如发现专管员有违法违纪行为，实行一票否决，予以解聘，并移交相关部门进行查处。具体由各乡镇（办事处）制定考核办法细化考核。

二 巩固村庄规划建设管理服务队伍制度

（一）加强乡镇规划建设管理队伍建设

进一步加强乡镇（办事处）规划建设管理机构队伍建设，固定人员3—5人，为乡镇人民政府所属的事业机构，业务受市级相关主管部门指导，具体负责开展乡镇辖区内集镇及村庄的规划建设管理工作，落实政策宣传、审批、监管、验收等各环节工作，管理人员工作应相对固定。

（二）整合乡镇规划技术服务队伍

整合加强市规划设计院各镇分院技术力量，调整为海西、海东片区2个分院。进一步充实专业技术人才队伍，各分院人员不少于两人，分区域、专人负责开展规划技术服务，参与乡镇规划管理工作。各规划分院要加强与乡镇规划建设管理机构的协作，建立高效的工作协调运转机制，为各镇村庄规划建设提供技术支撑。市财政每年根据各分院的工作完成情况，组织考核后，给予经费补助。

（三）完善村庄规划管理促进会

充分发挥村庄规划管理促进会在村庄建设管理工作中的作用，各乡镇尽快落实村庄规划建设管理促进会制度，不断完善工作机制体制，加强人员配备，确保发挥作用。引导村组切实履行村庄自我管理责任，将村庄规划建设纳入村规民约等村庄管理制度体系，依法对村庄进行规范管理，使村庄规划建设管理成为人民群众的自觉行动。

（四）整合乡镇综合巡查执法队伍

各乡镇（办事处）应进一步加强综合巡查执法队伍建设，整合现有综合执法和巡查队伍，集中力量，部门联动，加大巡查，依法执法，在乡镇的指挥下开展土地规划建设综合巡查执法管理工作，形成强有力的巡查执法队伍保障。巡查执法队伍日常工作及执法所需资金纳入财政预算。

三　完善巡查监管挂钩制度

结合市委、市政府关于洱海流域网格化管理责任制的要求，建立健全市级领导包镇、镇领导及市级部门包村、村组干部包组的巡查管理机制，挂钩联系情况须在各村进行公示。

（一）市级领导挂钩乡镇

市级各挂钩领导负责督促指导挂钩乡镇做好村庄土地规划建设网格化管理工作，定期深入到挂钩乡镇调查了解情况，及时帮助解决村庄管理中的困难问题，并及时督促和要求各相关单位配合各乡镇开展好村庄规划建设管理工作。

（二）乡镇（办事处）领导及市级部门包村

各乡镇应健全落实网格化管理长效机制，乡镇领导分片包干到各村委会。各乡镇包村领导要加强对所包村的巡查检查，每周巡查检查不少于一天。市级各挂钩部门要对挂钩村委会积极进行指导督促帮助，定期深入到挂钩村委会，帮助指导各村开展工作，认真帮助解决群众反映的热点难点问题。

（三）村组干部包组

各乡镇要进一步细化责任，将镇辖区各村分片包干到村组干部，层层分解落实，做到范围清晰、任务明确、责任到人。村组干部要认真履职，定期巡查，认真做好土地规划建设巡查，做好记录，及时发现违规建设行为。对专管员报告的巡查事项应及时处置，对违规建设行为及时劝阻和制止，能解决的及时处理，不能解决的及时上报乡镇。实行"零报告"制度，村组干部每日向乡镇包村领导报告巡查情况。

四　推行违法建设举报奖励制度

各乡镇（办事处）应继续推行违法建设举报奖励制度，设立村庄土地规划建设管理举报箱，公布举报电话，鼓励广大人民群众参与监督，积极举报村庄规划建设违法建设行为。各乡镇对经查实的举报给予奖励，每件奖励500—2000元，各乡镇要切实保护举报人的合法权益。

　………

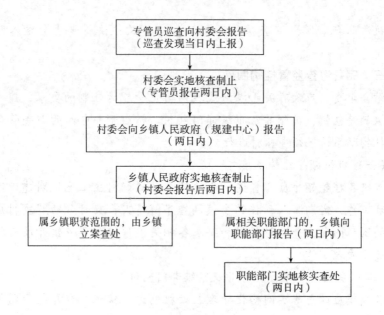

大理市村庄土地规划建设巡查监察处置工作流程

第三节　完善建房审批制度

　　大理市将宅基地审批与村庄规划建设管理有机结合，建立了从宅基地审批、规划建设许可、住房竣工验收到农村不动产登记的系列制度。为解决农村住房建设缺乏标准的问题，大理市明确了农村建房审查审批责任主体及程序，细化建筑体量、高度、风貌和环洱海岸线控制要求。实行农村个人建房联审联批制度，从单一的"土地来源合法性"管理向"一户一宅、用地面积、建筑物占地面积、总建筑面积、建筑风格、环保设施"等综合性管理转变，使农村宅基地管理更加精准规范，集中解决住房困难户的住有所居诉求，有利于减轻洱海流域建筑承载量和促进减污截污治污，有效保护和传承了白族传统民居文化。

一　明确宅基地申请资格条件和审批面积标准

　　大理市农村宅基地制度改革试点工作中出台了《大理市农村宅基地

审批管理办法（试行）》，明确了"户""宅"认定的标准，并要求严格执行农村村民住宅用地"一户一宅"的规定，以户为单位审核批准农村村民建房用地。《大理市农村宅基地审批管理办法（试行）》规定了申请宅基地的条件是户籍在本村民小组，且在本村民小组具有生产生活资料，从事生产经营活动并承担相应义务的农户，符合以下情形之一的，可在村庄规划区内申请使用宅基地：

1. 住房用地面积坝区村庄每户小于 110 平方米，山区村庄每户小于 120 平方米，或者人均住房用地面积坝区村庄小于 30 平方米，山区村庄小于 35 平方米的；

2. 因国家基本建设征收原有住宅用地或集体建设、移民、灾毁等需要迁建、重建，确需重新安排宅基地的；

3. 因实施城市、集镇或村庄规划需要调整搬迁的；

4. 法律、法规另有规定可以使用宅基地的。

《大理市农村宅基地审批管理办法（试行）》还明确规定了审批面积标准，符合申请宅基地条件的，宅基地审批面积按下列标准执行：

1. 坝区村庄每户住房用地不超过 180 平方米，生产辅助设施用地不超过 90 平方米；

2. 山区村庄每户住房用地不超过 200 平方米，生产辅助设施用地不超过 150 平方米；

3. 占用耕地的分别下调 10%。

二　建立农村个人建房联审联批制度

为进一步规范全市农村个人建房审批程序，严格执行审批标准，切实提高全市村庄规划建设管理水平，促进村庄规范有序建设，根据相关法律法规，大理市结合实际，制定了《大理市农村个人建房联审联批制度（试行）》，该制度适用于大理市村庄及集镇规划区范围内的农村个人新建、改建、扩建住房管理。《大理市农村个人建房联审联批制度（试行）》要求农村个人建房审批坚持"依法依规，有序建设；联审联批，分类处置；一户一宅，批新退旧；彰显特色，统一风格"的基本原则，并明确了联审联批的标准、工作机构、主要流程、主要内容和保障措施及相关要求。并在相关要求和保障措施方面做出了以下规定：

1. 严格规划管理。集镇、村庄范围内的个人建房（包括拆旧建新），必须符合土地利用总体规划、村庄规划和建筑风貌。不符合相关规划要求的，不得审批建设。

2. 严格落实联审联批。要求各乡镇须严格按本制度要求开展农村个人建房审批，凡未落实联审联批制度的，暂停该乡镇农村个人住房建设审批，并追究相关责任人责任。

3. 严格建设过程监管。要求各乡镇认真落实"三公开一监督"（公开办事内容、公开办事程序、公开办事结果、接受群众监督）制度，严格落实现场施工挂牌公示制度，广泛接受群众监督。各乡镇分管领导、国土、规建中心负责人要严格执行"三到现场"（批前选址、批后放线、竣工验收）制度和过程监管，村庄土地规划建设专管员要加强巡查，对建设全过程进行监管。市级复核组要加强对各乡镇审批户的实地检查，发现问题，及时督促乡镇进行整改，实地抽查比例不低于当年新批户数的10%。

4. 严格落实农村建房竣工验收。各乡镇规建中心人员现场放线后，须监督建房户按建筑设计图纸进行施工，不得擅自改变设计内容。房屋竣工后，各乡镇须要求各建房户申请竣工验收。乡镇人民政府在 10 个工作日内，到实地检查是否按批准的面积和要求建房，由乡镇人民政府出具竣工验收意见书，报市联审办公室备案并附 2—3 张实物照片。竣工验收合格的，由建房农户持建房批准文件和竣工验收合格意见书申请办理不动产权属证书。对违法违规建筑坚决进行拆除或整改，严禁以罚代法。未经竣工验收的房屋不予办证，不得投入使用。

5. 鼓励推行建房保证金制度。各乡镇根据实际，经村组集体议事表决通过后，可由村组向建房户收取建房保证金，向施工方（含农村工匠）收取施工保证金，按批准内容建设、通过验收的建房户，在竣工验收合格证发放后 7 日内退还保证金。未按批准内容实施建设的建房户须按要求进行整改。对不按要求整改的，由乡镇政府依法组织整改；对于无法采取整改措施消除影响的，由乡镇政府依法组织强制拆除，涉及整改或拆除费用由建房户和施工方（含农村工匠）承担，并按相关规定处罚。

6. 严格责任追究。严格落实各环节工作责任，各乡镇、各部门在联审联批工作中，须严格把关，严守工作纪律。如出现审核把关不严、违法违规审批等情况，严格按规定予以严肃处理。本制度执行后，未经市级复核，各乡镇不得擅自审批个人建房。

专栏 9-2

构建农村住房建设全程监管体系
——银桥镇沙栗木庄村案例

一 基本情况

沙栗木庄自然村隶属于银桥镇五里桥村委会，是白族聚居村落，建于唐朝中期，距今有1300多年历史。该村2014年11月被列入第三批中国传统村落名录。全村现有农户126户，人口565人。全村2013年经济总收入3222万元，农民人均纯收入8588元。全村有耕地面积560亩（其中528亩已加入合作社，并流转给"云海芳草"花卉种植旅游观光休闲项目），人均耕地为1亩；宅基地145宗（其中集体用地3宗），户均宅基地284平方米。

尽管国家和地方对于农村宅基地的分配与取得都有着相应的规定，但在实践中由于历史原因和监管不到位，沙栗木庄村目前在农户宅基地分配与取得方面仍面临三大问题：一是村内宅基地"一户多宅""少批多占""未批先占"等现象仍较为明显。根据此次改革试点的入户调查数据，目前沙栗木庄已完成认定的142宗农户宅基地中，"一户多宅""少批多占"和"未批先占"的分别占总户数的14.8%、67.6%和7.7%。二是由于受耕地保护和新增建设用地指标管控等的影响，不少村民合理的宅基地需求难以得到满足。尽管沙栗木庄村总的宅基地供需是相对平衡的，但由于配置不合理，致使目前仍有10户左右的住房困难户需要解决宅基地的分配问题。三是由于跟踪监管不到位、农户建房未按《大理白族自治州村庄规划建设管理条例》要求办理《乡村规划建设许可证》，农户形成"只要有宅基地指标，建房随心所欲"的错误思想，形成建筑体量大、超高等问题，导致房屋竣工后无法验收，为房地一体不动产登记带来了困难。

二 制度设计与主要做法

为解决宅基地分配与利用管理中面临的问题，在大理市农村宅基地制度改革试点过程中，沙栗木庄村在农户宅基地分配和取得方式改革方面，主要开展了四项试点探索。一是通过严格的宅基地申请资格认定和面积标准核定，在满足农户居住需求的基础上，促进农村建设用地的节约集约利用。二是通过对现有农村宅基地取得有效性的调查处置，解决历史遗留问题，从而为今后农村宅基地的有序利用管理扫除制约因素。三是探索实施农村宅基地集中调整定点审批制度，通过实施村庄规划修编，提高村庄规划的科学引领作用，保障农村住房困难户的切实需求，提升农村土地的配置效率。四是实行网格化管理，规范农户建房土地、规划、建设审批程序，安排专人负责日常巡查、监管和报批服务工作，探索建立农村建房全过程监管服务体系。

（一）农村宅基地申请资格认定

1. 在集体经济组织成员资格的认定条件与程序方面。《大理市人民政府关于农村集体经济组织成员资格认定的指导意见（试行）》明确规定：（1）坚持以户籍登记为基础，以法律法规为依据，以《村规民约》为参考，以实践经验为借鉴，以履行义务为条件，以民主评议为结果，综合户籍关系、土地承包、居住情况、经济分配、履行义务等因素，依法、民主、合理界定成员资格。（2）在具体认定的过程中，各乡（镇）、办事处成立农村集体经济组织成员资格认定工作指导小组，会同村党总支、村委会、村务监督委员会，负责组织、指导并全程监督相关工作的开展。沙栗木庄村共认定集体经济组织成员565人。

2. 在农村宅基地申请资格与条件方面。根据《大理市农村宅基地审批管理办法（试行）》的规定：（1）农村村民住宅用地实行"一户一宅"，以户为单位申请宅基地。"户"是指具有本村组常住户口，取得本集体经济组织成员资格、享受集体资产分配、履行集体成员义务的集体经济组织成员家庭自然户。"宅"是指能基本满足生产生活需求的宅基地。"一院多户"中一户有三间住房以上（含三间住房），或实际用地面积大于110平方米，能基本满足生产生活需求的按"一宅"确定。（2）农村村民一户只能拥有一处宅基地，宅基地面积按下列标准执行：①坝区村庄每户住房用地不超过180平方米，生产辅助设施用地不超过90平方米；②山区村庄每户住房用地不超过200平方米，生产辅助设施用地不超过150平方米；③占用耕地的分别下调10%。

（二）现有农村宅基地分类认定与处置

在大理市和银桥镇的统筹部署下，沙栗木庄村依据前述相关政策文件和宅基地申请资格与条件方面的规定，对目前的存量宅基地进行了分类认定与处置，主要旨在解决本村农户宅基地取得环节的历史遗留问题。沙栗木庄村按照《大理市农村宅基地历史遗留问题处理意见（试行）》主要做了以下两方面工作：

1. 分类认定。按照"户"与"宅"认定标准、批准机关与批准面积有效性的认定标准，沙栗木庄村已完成全村的宅基地调查认定工作。全村认定农户 126 户宅基地 142 宗，其中，一户一宅 116 户 116 宗，一户多宅 10 户 21 宗，主体资格不符的 5 宗；在上述宅基地中，少批多占的有96 宗，祖遗地有 20 宗，未批先占有 11 宗。另外，沙栗木庄村按标准认定了住房困难户 10 户。

2. 分类处置。针对"一户多宅""未批先占""主体资格不符"和"少批多占"等历史遗留问题，根据《大理市农村宅基地历史遗留问题处理意见（试行）》和《大理市农村宅基地有偿使用指导意见（试行）》进行分类处置，截至目前，村集体已收取有偿使用费 6.2 万元，已颁发房地一体农村不动产权证书 42 本。

（三）农村宅基地集中调整定点审批

与大理市的大部分农村一样，沙栗木庄村目前对符合申请条件的农户（住房困难户）宅基地需求，主要通过"农村宅基地集中调整定点审批"方式予以解决。

1. 修编村庄规划。沙栗木庄村委托云南省规划设计院完成了《大理市银桥镇沙栗木庄村村庄建设规划修编（2016—2030）》工作，在优先选择村庄中间的空闲地块，"填空式"地规划审批利用宅基地基础上，因地制宜地预留村民建房用地，保障村民建房需求。

2. 收回预留用地。经村集体研究决定，镇人民政府批准，由村集体按照不高于 10 万元/亩的土地补偿价格从农户手中收回预留用地的承包经营权，用于宅基地定点审批。

3. 合理规划利用。委托大理市规划设计研究院银桥分院，按照"宜居、宜业、宜游"的要求，对集体收回的 6 亩预留用地编制利用规划，合理布局道路、活动场所等公共设施，规划宅基地 12 宗。

4. 分配建房指标。由村组按照"统一规划、分期建设"的原则，有计划地满足村民近期和远期的建房用地需求。目前，沙栗木庄村已按照指标数将宅基地按顺序公开、公平、公正地有偿分配给了 10 户急需建房的住房困难户。

5. 批新退旧建房。对于申请新批宅基地农户原来占有的老宅基地，在取得新住宅用地使用权之前，必须签订《新批准宅基地农户退让旧宅基地承诺书》或者集体协商流转给其他住房困难户。

（四）规范农村建房管理

银桥镇人民政府是辖区内农村住房项目建设审查审批工作的责任主体，负责辖区内农村住房项目的规划审查审批、土地审查审批、建设审查审批、洱海管理审查审批以及环保审查审批工作。

1. 土地审查审批。农村村民建房用地审批坚持"三到现场"。一是接到农户农村村民建房用地申请后，镇村工作人员到实地审查申请人是否符合申请条件、选址条件，办理《村镇规划选址意见书》；二是农村村民建房用地批准后，镇村工作人员到实地组织丈量放线、给定标高，书面告知农村村民建房用地条件和建设要求；三是村民住宅建成后，镇村工作人员到实地检查是否按照批准面积和要求用地，符合规定的及时办理房地一体不动产权证书，需要贷款的及时办理抵押贷款登记。

2. 规划审查审批。农村建房按照"乡镇初审、市级复核、乡镇审批"的流程进行管理，严格控制建筑体量、高度和风貌。农村住房建设必须按程序办理《乡村建设规划许可证（副本）》，待住房建设竣工后，持《乡村建设规划许可证（副本）》和竣工图等资料申请规划核实，如需整改，待整改完成后，方可换发《乡村建设规划许可证（正本）》。

3. 建设审查审批。在取得相应的土地、规划合法审批手续的基础上，实行《准建证》制度，未办理《准建证》的，一律不得开工建设。农村住房建设要求按照图纸施工，施工图纸由具有相应执业资质的设计单位（含乡镇规划设计分院）或具有执业资格的个人设计，也可采用《白族民居建设图集》等通用图集。

三 成效评析

（一）妥善解决了宅基地分配与取得方面的历史遗留问题。基于大理市和银桥镇的统筹部署以及深入系统的存量宅基地调查认定与处置工作，沙栗木庄村精准掌握了全村农户的宅基地利用现状，"一户一宅"且合法合规的宅基地得以确权登记颁证，而"一户多宅""少批多占"和"未批先占"等问题也有了明确的处置办法。

（二）完善了宅基地取得方式，依法保障农民的居住权益。大理市制定完善的相关制度政策，也使沙栗木庄村在今后农村集体经济组织成员资格认定、"户"与"宅"的认定标准和宅基地申请审批资格条件等方面有了明确的依据。这不仅能够切实解决住房困难户的建房难题，也有助于防止不合理分户家庭挤占住房刚性需求农户的建房用地指标。此外，在公平公正保障农民住房权益的前提下，最大限度地减轻了村里的宅基地分配压力，对于遏制村庄无序外延扩张势头、保护田园风光和提升乡村旅游吸引力起到了积极的促进作用。

（三）盘活了集体建设用地，实现节约集约用地。一方面，通过农村宅基地集中规划定点审批制度的实施，村里将集体存量建设用地高效配置到建房户，盘活了规划区内的集体建设用地，同时也避免了土地私下无序交易，从规划上逐步消灭"死角地"，杜绝产生新的路边村、田中村、空心村。另一方面，通过规划引领，消除了农户建房少批多占的空间，宅基地利用也由分散布局走向集中布局，由粗放利用走向集约利用，更是减少了对周边耕地的占用。

（四）促进了村内的公共设施配套。根据银桥镇的相关规定，沙栗木庄村在宅基地集中规划定点审批管理中，向每个建房户分摊120平方米的公共设施。这有助于当地实现村庄道路"户户通"，在地下统一规划埋设自来水管、电路、雨污收集管网，并进一步解决村庄饮用水源、供水设施、污水处理设施、道路交通设施、通信设施、生活垃圾收集设施、公共绿化等公共设施配套问题和农户雨水、污水统一收集问题。

（五）建立了农村建房全过程监管服务体系。农村住房项目建设审查审批和个人建房联审联批，实行农村建设规划许可和准建证制度，明确规划服务、建设监管、竣工验收和不动产登记各阶段的工作责任，进一步规范了农村个人建房审批程序，切实提高了村庄规划建设管理水平，促进了村庄规范有序发展，形成农村建房"用地批准取得→规划建设批准→施工建设→竣工验收→颁发不动产权证书"的全过程监管服务体系。

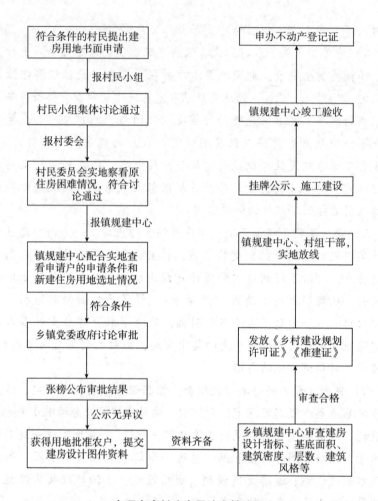

大理市农村建房用地审批流程

专栏 9-3

《大理市农村个人建房联审联批制度（试行）》（节选）

三 联审联批标准

农村个人建房审查审批严格执行相关法律法规以及大理市宅基地改革相关制度、《大理市村庄及集镇规划管理若干意见》（大市规发〔2015〕11 号）、《大理市农村住房项目建设审查审批若干意见》（大市规发〔2015〕12号）的规定，并执行以下标准：

（一）严格控制建筑体量

1. 新建住房用地选址必须符合规划，新批房屋（含生产生活设施用房）建筑密度不超过70%，一层基底面积不超过150平方米。洱海保护管理条例、洱海海西保护条例、苍山保护管理条例所规定的禁建区和基本农田范围内不得审批新建住房。

2. 拆旧建新须严格按程序进行报批，拆旧建新的一层基底面积（含生产生活设施用房）不超过原旧房的基底面积，上限为150平方米。旧房属历史建筑或保护建筑的，不得擅自拆除改造。

3. 建筑总面积控制在450平方米以内（加层或改扩建的，建筑总面积包括新增面积和保留面积）。

（二）严格控制建筑高度和风貌

1. 海西保护范围内的农村个人建房，控制标准为：建筑层数三层以下（含三层）；建筑总高不超过12米，其中檐口高度不得超过10米。上关镇坝区内的农村建房，按照海西范围内的农村住房建设标准和要求进行审批和控制。

2. 除海西、上关镇坝区、历史文化名镇（村）、文物保护单位保护和建设控制范围以外的农村个人建房，控制标准为：建筑层数局部四层以下，四层面积不超过三层面积的50%；建筑总高不超过15米。

3. 建筑风貌须按当地民族传统建筑风格实施，海西和洱海周边的村庄原则上应按白族民居风格建设。顶层部分为满建的，顶层须为全坡屋顶；顶层为局部建设的，局部建设部分须为全坡屋顶。坡屋顶坡度不小于五分水。

（三）严格控制环洱海岸线建设

海西片区洱海界桩外100米范围内、东环海路临湖一侧范围内，禁止新建除环保设施、公共基础设施以外的建筑物构筑物，禁止新建个人住房，严格控制拆旧建新。有条件的村庄，应通过土地利用规划修编、村庄规划修编和宅基地适应性调整等方式，坚持批新退旧原则，引导和支持有拆旧建新需求的农户到海西洱海界桩外100米、东环海路外侧的村庄规划预留建设用地范围内集中建房。

（四）弘扬传统民居建筑风格

对面积较大的合法用地，鼓励建盖"三坊一照壁""四合五天井"等白族传统民居，按建筑总高度不超过8米，全坡屋顶进行建盖，总建筑面积可适当放宽。由乡镇初审后报市级审批。

（五）严控多户连体建房

个人建房原则上相邻两户及多户不得合并连体建盖。符合分户合建的，须同步审查建设方案，控制建筑体量和形态，保持良好的建筑风格、肌理和空间轮廓线。

（六）建房指标实行年度总量管理

农村个人建房集体建设用地指标和建房审批指标实行总量管理，市人民政府根据各乡镇情况按年度下达到各乡镇。各乡镇每年审批户数不超过年度下达总数，如涉及拆迁安置等特殊情况可另行报批。

（七）加强在建和已建房屋的整治

已批未建的，按本制度要求重新进行审核审批。已批在建的暂停建设，重新复核审查；主体工程未封顶的，建筑高度、建筑面积及建筑风貌须按本制度执行；主体工程已封顶的，建筑风貌须按本制度执行。已建成但与传统民居风格不相符的，按照一户一策制订整治方案，通过增加青瓦、白墙、彩绘、照壁、门楼等典型白族传统民居风貌元素，逐户进行风貌改造。

四　联审联批工作机构

（一）乡镇联审联批

成立由乡镇人民政府主要领导任组长、分管副乡镇长为副组长，乡镇国土、规建等站所负责人为成员的联审联批工作组，具体负责本乡镇农村个人建房项目的联审联批工作。

（二）市级联审

市政府成立由分管领导为组长，市国土、规划、住建局主要领导为副组长，相关部门分管领导、科室负责人为成员的联合审核工作组，具体负责各乡镇上报的农村建房项目联审工作。工作组统一安排固定办公地点，办公室实行每周五集中办公，由市国土、规划、住建局各安排一名专门业务人员每周轮流负责坐班，办公室每周四接收各乡镇提交的资料，并登记造册。"两区"成立相应的工作机构，依照本制度负责开展辖区内的联审工作。

五　联审联批主要流程

（一）乡镇初审

各乡镇按照宅基地管理相关规定和《大理市村庄及集镇规划管理若

干意见》中明确的《乡村建设规划许可证》及《准建证》审批办理流程，完成农村建房的现场查看和初审工作。按一户一档整理资料，由乡镇填写联审联批表，每周四前一式两份统一报市联审工作组办公室。各乡镇对资料不齐备的建房户，应及时要求补充完善资料，资料不齐的不得提交市级进行复核。初审时间不超过 7 个工作日。

（二）市级复核

市联审工作组收到各乡镇上报的资料开展联审工作，每周五在固定办公地点开展联审工作，各部门分别填写复核意见。联审完成后，由联审人员签字并加盖各部门审查章后由联审办公室将审查材料返还各乡镇。复核时间不超过 7 个工作日。"两区"范围内的农村个人建房报"两区"联审工作组进行复核。复核未通过的，应及时要求进行整改和补充，直至合格。

（三）乡镇审批

各乡镇根据初审、市级复核的意见进行审批。对审核通过的发放许可手续；审核未通过的，及时要求进行整改和补充。审批时间不超过 5 个工作日。审批完成后，将联审联批表报市工作组备案。

六　联审联批主要内容

（一）乡镇审查的主要内容

各乡镇须严格按《大理市村庄及集镇规划管理若干意见》《大理市农村住房项目建设审查审批若干意见》和本制度的规定及资料清单，对建房户提交的建房资料进行全面审查，并逐户现场核实，按审批流程依次填写《大理市乡村建设规划许可证审批表》和《准建证审批表》。主要审查的资料为：

1. 申请书，须提供村民委员会签署的意见和申请人身份证、户口簿复印件；

2. 土地使用权证原件和复印件，不能提供土地使用权证的须提供国土部门相关证明材料；

3. 1：500 数字化地形图和宗地图（含电子版），数字化地形图未测绘完成的乡镇，可提交航拍图和宗地图；

4. 涉及河道、交通、洱海保护等管控的，须由相关主管部门签署同意办理意见；

5. 提交有资质单位设计的图纸，具体如下：

（1）总平面图。要求做在现状地形图和宗地图上，含场地竖向设计和雨污水设施布置情况，清楚标注四邻关系，签注四邻意见，涉及村庄道路的，村委会加注意见。

（2）建筑施工图。包括平面图、立面图、剖面图等。有条件的农户应附效果图。

如选用《大理白族自治州农村住房建设实用图集》中的设计方案，可直接按图集方案进行审查。

（二）市级复核的主要内容

1. 资料完整性。由联审办公室根据以上清单审查提交资料的完整性，资料不齐或乡镇未在《大理市农村个人建房项目联审联批表》中签注明确意见的，不予收件。

2. 土地方面：

（1）宅基地合法性情况，乡镇要出具土地审查意见。

（2）申报主体情况。合法权属使用人与申报主体不一致的，须提交分家析产协议和宅基地流转审批资料。

（3）"一户一宅"情况。

3. 规划方面：

（1）房屋建设指标情况，包括建筑高度、层数、建筑退让、建筑体量等内容。

（2）建筑风貌情况。

4. 建设方面：

（1）施工设计图纸情况；

（2）施工队伍、农村工匠资质情况；

（3）建房户和施工方（工匠）按审批内容和要求进行建设的承诺情况。

市级复核工作组针对各乡镇提交的资料进行复核，各乡镇对所提交资料的完整性、真实性负责。凡发现资料不齐或弄虚作假的，一律退回乡镇。对审查把关不严、多次被退件的乡镇，由市级复核工作组予以通报批评，并追究相关责任人的责任。

大理市农村个人建房项目联审联批表

编号：镇号

申请人				联系电话	
家庭住址					
建设地点			镇村委会村民小组		
基本情况（由乡镇填写）	宅基地情况	宅基地合法性		申报主体合法性	
		面积		一户一宅情况	
	建筑情况	面积		层数	
		高度		建筑结构	
		建筑风格			
	建设情况	施工图纸是否规范		建筑队伍资质情况	
乡镇审查意见		乡镇分管领导（签字、盖章）：　　　年　月　日			
市级联合复核意见	国土部门	复核领导（签字、盖章）：经办人：　　　年　月　日			
	规划部门	复核领导（签字、盖章）：经办人：　　　年　月　日			
	住建部门	复核领导（签字、盖章）：经办人：　　　年　月　日			
乡镇人民政府审批意见		乡镇主要领导（签字、盖章）：（单位盖章）　　　年　月　日			

第十章　宅基地制度改革取得的成效

第一节　保障了农民土地权益

一　保障住房困难户建房用地需求

在改革试点制度设计方面，结合大理市地方实际情况，明确了"户"与"宅"的认定标准和宅基地申请审批资格条件，解决了以往不合理分户家庭挤占建房用地指标、非农村集体经济组织成员占用宅基地建房的情况。在此基础上，结合自然村村庄规划修编工作，有计划、有步骤地推进"空心村"整治后重新规划利用，盘活村庄规划区内的"死角地"、空闲地，实施农村宅基地集中调整定点审批，积极探索农村集体经济组织成员按土地收回成本价有偿取得宅基地的新模式，切实保障了住房困难户的建房指标落地。从操作流程来讲，改革试点相关工作的开展，一是通过入户调查核实，准确掌握了全市住房困难户的基本情况；二是通过"户"与"宅"的界定，降低了全市住房困难户的比例；三是"空心村"整治和宅基地适应性调整，增加了村民建房预留用地储备；四是宅基地集中调整定点审批落实了住房困难户建房指标、建房地块问题，同时以土地收回成本价取得宅基地的模式，解决了农户之间私下流转宅基地费用高昂的问题，为住房困难户建房节省了资金。

二　宅基地分配使用更加公平合理

大理市的改革试点工作注重宅基地的公平分配和合理利用。一是通过深入研究和分析，针对不同时期、不同原因造成的少批多占、一户多宅、主体资格不符等违法占用宅基地问题，本着"尊重历史、面对现实、维护权益、体现公平、解决问题"的原则，结合实际，制定了《大理市农村宅基历史遗留问题处理意见（试行）》，逐步解决宅基地管理使用中的历史遗留问题。二是在节约集约利用土地、住房困难户建房保障方面，开展了"空心村"整治、宅基地集中调整定点审批等行之有效的探索实践，并取得了显著成效，在节约集约利用土地方面，还大力推行农村公益性骨灰堂建设，有效地缓解了"死人"与活人争林地、耕地甚至占用宅基地的问题。三是与土地利用相关规划相结合，全面完成了自然村村庄规划修编工作，锁定村庄发展边界，严格要求按照村庄规划落实农村建房选址；同时，规范了农村建房用地审批规定，创新完善了以"网格化"管理为核心的建房监管体系。四是在针对集体经济组织内部因农户宅基地位置不同，导致宅基地及地上房屋增加经营性用途后所获经济收益不同的情况，开展了收取土地收益调节金的探索实践，在一定程度上调和了宅基地公平分配的矛盾。

三　农民宅基地权益得到充分体现

落实宅基地"一户一宅"制度的基础上，在探索宅基地自愿有偿退出机制方面，出台了《大理市农村宅基地流转管理办法（试行）》《大理市农村宅基地退出管理办法（试行）》，规定农民可将住房所有权及所占宅基地使用权转让给符合条件的受让人并获得受让人的支付价款，对全部退出宅基地或放弃宅基地申请资格、全家迁移到城镇购房居住的由政府给予资金奖励，充分保障了农民的宅基地资格权和房屋财产权。同时，大理市结合乡村旅游快速发展、不可逆转的现实情况，在探索宅基地有偿使用制度方面，对宅基地及地上房屋增加用途用于经营的行为收取土地收益调节金，以建立完善管理制度的形式，积极支持和规范引导农户的宅基地用益物权得以实现。在全面推行农村房地一体不动产登记发证的基础上，积极开展农民住房财产权抵押贷款试点工作，市政府设立贷款风险补偿基金，鼓励和支持商业银行对持证农户授信办理抵押贷款，解决部分农户的融资难题，拓展了基于农村不动产权证书的宅基地及地上房屋用益物权。

四　改革试点赋予群众更多话语权

与贯彻落实其他中央和省州改革政策相比，农村宅基地制度改革试点探索实践在基层、经验成果也来自基层，需要充分调动群众参与改革的积极性，激发群众推动改革的内生动力。通过大力开展政策宣传、深入开展入户调查、积极开展业务培训，在使群众了解改革政策的同时，也收集到了大量的群众诉求和对改革工作的意见建议。为搭建群众在农村宅基地制度改革试点中自我管理、自我约束、自我完善的自觉参与平台，大理市建立完善了村庄规划建设管理促进会、村民理事会及监事会等自治组织，将农村宅基地分配、有偿使用费和土地收益调节金收取、村庄规划修编与建设等事务纳入自治组织议事范畴，怎么办、收多少、如何建都由群众说了算，充分发挥了群众在改革试点中的积极参与和推动作用。结合地方习俗，开展"户"与"宅"的认定，对宅基地增加经营性用途的情形收取土地收益调节金、有偿使用费收取标准等一系列政策和制度的出台都是建立在广泛听取群众意见的基础之上。

第二节 彰显了村集体所有权

一 集体土地所有者主体地位显化

宅基地是集体土地的一部分，一般是指集体所有的、福利分配给农户盖房使用的建设用地，村组集体是宅基地的所有权人。大理市在推进农村宅基地制度改革试点过程中实施的一系列举措，使宅基地的集体所有者主体地位得到了进一步显化。一是在省、州、市、乡镇四级成立改革试点工作领导小组负责统筹、协调、指导推进试点工作的同时，在各村委会成立了村级改革试点工作组，具体负责开展改革试点的各项工作，明确试点承担村是对改革试点各项举措进行实践探索、落实改革任务的主体。二是改革过程中规范了村庄规划和建设管理、宅基地适应性调整及农村建房用地审批等工作流程，严格按照相关要求，落实村组集体在上述工作中的权利和责任。三是大力推进由集体主导收取有偿使用费工作，对因历史原因形成的少批多占、一户多宅及非本集体经济组织成员因继承房屋或其他方式占有使用宅基地的行为收取有偿使用费，对利用宅基地上住房从事客栈、餐饮等经营活动的行为收取土地收益调节金。以上三方面工作的开展，充分体现了集体土地所有者的主体地位。

二 村集体的经济发展实力得到增强

宅基地制度改革试点在增强村集体经济发展实力方面发挥了重要作用。其主要体现在：一是通过探索实施宅基地有偿使用、收取土地收益调节金制度，规定原则上将收取资金中的70%用于本集体经济组织（村民小组）的公益事业及基础设施建设，促进农村人居环境改善，推动美丽乡村建设。二是在充分保障农户宅基地用益物权、防止外部资本侵占控制的前提下，探索农村集体组织以出租、合作等方式盘活利用空闲宅基地及地上房屋的发展模式。重点探索实施古村落保护性开发利用项目，对传统民居、古院落使用权人自愿有偿退出的宅基地，由村组集体统一收回后，折算股权配置给原使用权人，以租赁方式入市，在增加农民财产性收入的同时，增强村集体的后续发展实力。此外，通过同步完善村庄规划、开展"空心村"整治和违法建筑整治等工作，优化了村庄布局，提升了村庄发展乡村旅游的吸引力，无疑为增强村集体经济发展的活力和动力提供了积极的支持。

三　村集体农村土地管理工作更加规范

通过改革试点探索实践，大理市村组集体的农村集体土地管理工作规范化、专业化水平得到了极大的提升。一方面，通过修编完善自然村村庄规划，制定《大理市农村个人建房联审联批制度（试行）》，为进一步规范村组集体的农村土地管理工作奠定了基础。另一方面，试行宅基地制度改革的自愿有偿退出、流转管理、有偿使用、土地收益调节金等各项制度，在解决一户多宅和超标准建房并存、宅基地财产权益"赋能"不足与隐性流转普遍并存等农村宅基地管理历史遗留问题方面开展了探索实践。由村组具体实施改革试点任务，试行改革试点制度，积累了村组集体在农村宅基地管理方面的经验。此外，在推进宅基地制度改革试点过程中，结合自然村村民自治试点工作，在自然村形成了"党支部＋代表（户长）＋村民理事会"三位一体的组织格局，将土地管理的部分工作纳入民主决策范畴，建立起了长效机制。

第三节　强化了乡镇土地管理权

一　乡镇宅基地管理中的规划管控作用凸显

大理市在推进宅基地制度改革试点过程中，各乡镇在严格规划管控、加强宅基地管理使用方面取得了显著成绩。一是严格村庄规划建设管理，推进违法建筑整治工作。在大理州、大理市两级党委政府的统一部署和安排下，各乡镇严格执行土地利用总体规划，严格执行土地用途管制制度，按照"管住当前、消化过去、规范未来"的思路，全面打响了洱海流域环境综合整治攻坚战，实施洱海保护治理"七大行动"，开展了三轮洱海流域农村建房项目排查整治工作，使洱海周边的违法建筑得到了有效整治。二是以村庄规划为引领，落实农村建房用地审批管理制度。自然村村庄规划修编完成移交乡镇使用后，宅基地选址与农房建设由分散布局转为集中布局，通过总量管控与环村路、环村林等增长边界的划定，最大限度地协调了农村住房需求与耕地保护的矛盾，减少了对村庄周边耕地的占用；加之批新退旧政策的强力推行和村庄规划对"路边村""田中村"等情况的限定，实现了宅基地建房合理安排、村庄发展科学布局。

二　搭建和完善了乡镇宅基地管理平台

为加快推进城乡不动产统一登记工作、健全宅基地动态监管机制、规范宅基地流转行为，大理市积极搭建和完善宅基地管理平台。在市级成立不动产登记中心，搭建宅基地管理、不动产登记和农村产权交易三大平台的基础上，在各乡镇设立了不动产登记服务站，办理不动产登记发证业务；在乡（镇）公共资源交易中心加挂农村产权交易中心牌子，将农村宅基地流转纳入了交易范围；乡镇宅基地动态监管平台正在搭建过程中，最终将实现市、乡镇联网，资料共享。同时，为加快农村房地一体不动产登记发证速度，由全市统一组织乡镇工作人员开展了集中业务培训，并安排乡镇登记站工作人员分批到大理市不动产登记中心跟班学习，提高了乡镇不动产登记站工作人员的业务水平。

三　乡镇统筹"示范村"建设助推改革试点

根据市委全面深化改革领导小组第六次会议精神，2016年，大理市在全市范围内选取了22个自然村实施农村综合改革发展示范村建设。要求各乡镇成立由党政主要领导为组长的工作机构，明确党委书记和乡镇长各负责1个示范村，全面组织实施建设工作。实施方案要求示范村要在改革举措率先落地、村庄规划建设管理、洱海流域保护治理、农村人居环境改善、发展增收致富产业和乡村社会治理创新六个方面做出示范，并着重强调示范村必须率先完成农村土地制度改革试点和农村集体资产股份权能改革试点任务。乡镇主要领导亲自带头抓示范村建设工作，乡镇国土所工作人员集中力量、集中时间指导村组开展了宅基地入户调查核实、分类认定等各项工作，有力地推动了示范村宅基地制度改革试点工作任务的快速推进落实，为全市宅基地制度改革全面推进提供了经验，发挥了示范村在推进改革中的示范引领作用，也体现了乡镇在"示范村"

土地制度改革中的统筹协调主导地位。

第四节 促进了乡村振兴发展

一 结合洱海保护治理，为生态文明建设做出用地路径安排

坚持与洱海保护治理相结合，全面打响洱海流域环境治理综合整治攻坚战。自 2015 年 4 月以来，3 次全面叫停全市农村住房建设，全面查处土地违法案件，拆除各类违法建筑 2577 户、27.53 万平方米；强力推进洱海保护治理"七大行动"，对核心区宅基地用于餐饮、客栈经营的行为进行核查，关停 1900 户，封停经营面积 8.3 万平方米。合理布局国土开发空间，逐步缩小土地征收范围，严控非公共利益需要的建设用地布局，充分挖掘和高效利用存量集体建设用地，促进洱海保护、海西保护和生态文明建设，试点工作开展以来，全市范围内没有发生新的农村土地违法案件。

二 结合民族历史文化保护传承，为"留得住乡愁"的美丽乡村建设提供空间支持

坚持改革试点与历史形成的民族民居特色、文化保护并重，支持对历史建筑、传统村落、名镇名村的保护，切实处理好传统民居保护与农民住房保障关系，制定了《大理市历史建筑保护管理办法》和《大理市名木古树保护管理办法》，扎实做好古院落普查、传统村落申报和保护规划编制工作，保护、开发、利用传统村落。

三 结合全域旅游示范区创建，为旅游产业发展提供规划支撑

按照"城乡一体设计定坐标、生态环境保护定底线、民族历史文化定特色"的要求，加强建筑风貌管控，突出地域特征、民族特色，保留乡村风貌，做好土地利用总体规划调整完善与全域旅游示范区规划的有效衔接，充分利用农村集体建设用地，因地制宜建设村落污水处理设施 111 座，建设环洱海游客服务站 18 座。搭建农村宅基地动态监管平台，健全农村宅基地增加用途及流转管理制度，进一步规范全市民宿客栈的用地管理，引导民宿有序经营，加快旅游产业发展，增加农民收入，壮大集体经济。

四 结合国家新型城镇化试点，为实现城市发展目标奠定基础

按照"城乡一体化、全域景区化、建设特色化、管理精细化"的要求和"留得住美丽乡愁"的特色定位，以农村宅基地制度改革试点为抓手，统筹推进农村环境连片整治、农村危房改造、农村公路建设、传统村落保护和农村殡葬改革等工程建设，不断提升城乡公共服务均等化水平。切实保障进城农民宅基地权益，不断完善农村住房财产权和宅基地用益物权，增强后续发展能力，力求通过改革试点，让农村面貌得到改善、农民得到实惠，推动旅游带动、工业带动、城镇带动的就近就地城镇化新模式。

第五节 形成了三权分置雏形

针对农村宅基地管理中存在的家底不清、管理手段落后、历史遗留问题较多、宅基地增加用途现象突出、村组集体土地管理责任弱化、群众对通过试点给予颁证的愿望迫切等问题，紧紧围绕"两探索、两完善"总体要求，坚持问题导向，注重制度创新，将完成试点任务与解决地方突出问题同步推进，积极探索完善宅基地的各种权能实现形式，形成了农村宅基地三权分置雏形。

一 落实宅基地集体所有权，解决宅基地集体所有权虚置问题

（一）落实规划管控权

高起点修编全部自然村村庄规划，结合基本农田调整划定，对部分村庄空间布局进行优化，调整完善土地利用总体规划，完成411个自然村村庄规划修编，锁定村庄保护和发展边界，并组建村庄土地规划建设专管员队伍，强化村庄土地规划建设网格化管理。

（二）落实分配权

农民集体有权对本集体经济组织符合条件的家庭有偿分配宅基地，结合农村土地"两权调查"，在清楚掌握农村宅基地使用现状和4336户住房困难户的用地需求和分布情况的基础上，立足市情实际，结合坝区、山区特点，采取集中调整定点审批、建设农民公寓等措施，探索四种农民住房保障在不同区域"户有所居"的实现形式，切实保障本集体经济组织成员的居住权益。

（三）落实集体收回权

积极开展"空心村"整治，有偿收回村庄废弃闲置宅基地，重新规划利用，有效地盘活、提升土地利用效益。开展"空心村"整治，调整衔接村庄规划和土地利用规划，加快推进农村宅基地集中调整定点审批，通过上述措施，解决宅基地指标少建房落地困难的问题，村集体作为宅基地所有者的地位得到进一步夯实，维护了集体所有者权益。

（四）落实集体收益权

针对历史原因形成的"少批多占""一户多宅""未批先占""主体资格不符""批新未退旧"等宅基地历史遗留问题，明确由村集体主导，实行有偿使用，收取有偿使用费；对利用宅基地及地上房屋从事客栈、餐饮等经营性活动的，由集体按宅基地现有使用面积，以每年5—20元/平方米的标准收取土地收益调节金，确保农村集体土地所有者、使用者、经营者共享发展成果。

（五）落实监督管理权

制定出台宅基地流转管理办法、农民住房财产权抵押登记办法，明确宅基地转让、出租、自营和农民住房抵押需经本集体经济组织同意；出台《大理市农村房地一体不动产登记颁证分级认定审查意见》，赋予村民小组对宅基地历史遗留问题分类处置的权利，履行对申请人提交资料有效性认定的主体责任；农户申请房地一体不动产登记须经农民集体认定审查，宅基地转让、出租、经营和农房抵押须经农民集体同意。

二　保障宅基地农户资格权和农民房屋财产权，维护集体经济组织成员的基本权利

（一）明确宅基地申请资格

出台《大理市集体经济组织成员认定指导意见》，结合改革试点和地方民俗，明确界定"户"与"宅"的认定标准和宅基地申请审批资格条件，完成全市42.97万人的农村集体经济组织成员认定，明确宅基地申请资格条件和使用主体资格问题。通过对"户"与"宅"标准进行界定，有效地防止不合理分户家庭挤占住房刚需农户的建房用地指标。

（二）宅基地放弃申请资格权

符合农民宅基地申请条件的本集体经济组织成员，有权放弃申请使用宅基地，对于放弃宅基地申请资格的，农民集体应当予以合理补偿。对宅基地退出或放弃宅基地申请资格、全家迁移到城镇购房居住的，在

规定的面积标准内，政府按购房面积给予 200 元/平方米奖励。

（三）维护农民房屋财产权

农户有权对其依法建盖的房屋进行实际控制和支配，有权利用农房保障自身居住，有权依法出售、继承和赠与他人，被国家依法征收或集体收回宅基地时，宅基地上房屋参照国有划拨住宅用地上的房屋，规范集体土地上房屋征收补偿安置工作，按认定面积进行"房地合一"货币补偿，有效地维护被征收人合法权益，保障下关城区、凤仪城区、海东新区控制性详细规划范围内的基础设施建设、公共事业、保障性安居工程建设、棚户区改造等顺利实施。

三　适度放活宅基地和农民房屋使用权，增加农民财产性收入

（一）适度放活流转权

加强宅基地管理，出台《大理市农村宅基地流转管理办法（试行）》，适度放宽宅基地转让范围，引导农村宅基地在符合条件的乡镇范围内有序流转。引导空心村整治、多占、超占宅基地退出等方式，引导农村闲置土地资源有序退出，把宅基地退出与农村集体经营性建设用地入市相结合，发挥农村土地资源最大效用，盘活农村闲置土地资源。

（二）适度放活经营收益权

结合乡村旅游发展，进一步规范农民利用宅基地上自有房屋用于出租、经营的行为，明确在符合洱海保护要求前提下，经登记备案，宅基地及地上房屋可用于出租经营，增加农民财产性收入。在开展洱海保护治理"七大行动"时查明，全市农村有客栈 2582 户，餐饮 3232 户，小型加工、洗车、零售等服务业 5000 余户，占农村房屋数的 10% 左右，大理市也成为全国最大的民宿聚集地。

（三）适度放活抵押权

积极开展农村住房财产权抵押登记，出台《大理市农民住房财产权抵押登记办法》《大理市农民住房财产权抵押贷款抵押物处置指导意见》《大理市农民住房财产权评估工作指引》，市政府设立农民住房财产权抵押风险基金，鼓励支持农民住房财产权抵押贷款。大理市农村合作银行在原有开展金融创新累计发放 12.7 亿元农村住房信用贷款的基础上，2016 年 6 月 16 日发放了首批农民住房财产权抵押贷款，探索宅基地用益物权的多种实现形式。

第六节　提出了立法修法建议

坚持边试点、边总结、边提炼，共印发实施试点制度 42 个，其中，宅基地制度改革试点制度 8 个，土地征收制度改革试点制度 10 个，集体经营性入市试点制度 9 个，其他方面 15 个。并在试行制度中取得突破，在宅基地的法定权益保障、审批、用途管制等六个方面，对《中华人民共和国土地管理法》提出了 3 条修改建议和 6 条补充建议，对《中华人民共和国物权法》提出了 1 条补充建议，部分建议被采纳。对《中华人民共和国土地管理法（修正案）》（征求意见稿）提出了 5 条修改意见，为修改完善法律法规提供大理实践经验。

一　对修改《中华人民共和国土地管理法》的建议

（一）通过试点，我们认为，应对宅基地公平取得的法定内涵做出法律规定

建议对《中华人民共和国土地管理法》第六十二条第一款：增加解释一户一宅和宅基地面积标准内涵的法定表述。

（二）对涉及宅基地审批、用途管制等制度需要有相关法律规定

建议对《中华人民共和国土地管理法》第四十四条第三款、第四款，第六十二条第三款，第六十三条进行修改和补充。一是修改为：农村村民住宅用地，使用存量建设用地的，由乡（镇）人民政府审批；使用新增建设用地的，由县级人民政府审批；其中，涉及占用农用地的，依照《中华人民共和国土地管理法》相关规定办理审批手续。

二是补充为：编制村级土地利用规划，与村庄建设规划、农村产业规划等相融合。农村宅基地严格按照村级土地利用规划进行统筹安排。农户建房严格按照申请、审批条件在规划范围内予以保障。农户建房应当与"空心村""城中村"改造、土地整理相结合，优先利用原有宅基地、村内空闲地，严格控制占用耕地，禁止占用基本农田。

三是修改为：农村村民一户只能拥有一处宅基地，其宅基地的面积标准由各市、县人民政府根据当地的土地资源条件、经济发展水平和人口变化等情况合理确定，经省、自治区、直辖市人民政府批准后公布。

（三）本次试点中需要处置大量的历史遗留问题，应当在《中华人民共和国土地管理法》补充一条历史遗留问题处理规定

一是补充：对因历史原因形成超标准占用宅基地和一户多宅的，以及非本集体经济组织成员通过继承房屋或其他方式占有和使用的宅基地的，由农村集体经济组织决定和主导实施有偿使用制度，明确有偿使用标准，建立有偿收益收缴和使用的管理制度。

二是补充：发挥村民自治组织对宅基地的民主管理作用，新分配宅基地、实施宅基地有偿使用制度等要通过村民会议或村民代表会议公议，并进行公示。

（四）在《中华人民共和国土地管理法》中补充改变用途的相关规定

一是补充：农村村民住宅用地，原则上不得改变用途。确需改变用途的，须经农村集体经济组织批准，并报乡镇人民政府和城市规划行政主管部门审批。

二是补充：利用宅基地上的住房从事经营性活动，或将宅基地以出租、入股等方式从事经营性活动的，按宅基地现有使用面积，由集体收取土地收益调节金。

三是修改《中华人民共和国土地管理法》第六十三条：农民集体所有的土地使用权经依法批准，可以出让、转让或者出租用于非农业建设；农民宅基地的使用权可以按照自愿、有偿的原则，以退回、转让、出租、继承、赠与、抵押、合作经营和其他不违背法律法规规定的方式在集体经济组织内部流转，受让人应为本乡镇辖区内部符合宅基地申请条件的成员。

（五）修改和增加有关宅基地有偿使用和自愿有偿退出的法律规定

一是修改《土地管理法》第二条第五款：国家依法实行土地有偿使用制度。但是，依法取得的划拨国有土地使用权，乡镇村公共设施、公益事业建设用地，农村村民住宅用地等除外。

二是补充：符合规定条件转让宅基地使用权，宅基地使用权人应当向集体缴纳集体土地收益金。

三是补充一条：农民宅基地有偿使用或退出后农村集体取得的收益部分，应作为集体经济组织的土地增值收益，由集体成员共同分享。

（六）增加对村民自治相关法律规定

《中华人民共和国土地管理法》补充一条，对村民宅基地自治管理的相关规定，为：农村集体经济组织取得的收益应纳入农村集体资产统一

管理，制定经成员认可的土地增值收益分配办法，分配情况纳入村务公开的内容，接受审计监督和政府监管。

二　对修改《中华人民共和国土地管理法》（修正案）的建议

建议将《中华人民共和国土地管理法》第二条第五款修改为："国家依法实行土地有偿使用制度。但是，国家在法律规定的范围内划拨国有土地使用权，乡（镇）村公共设施、公益事业建设用地等除外。"

理由：村集体节约集约统一规划宅基地地块，须从农户手中有偿收回土地，才能实现节约集约利用土地目标。自愿有偿退出的宅基地，通过整治后在村集体内部再分配，实质上已产生收回土地和整治的成本费用。若不实行成本价有偿使用，村集体无宅基地可批，从而无法保障农村村民实现户有所居的权利，带来乱占耕地建房的混乱结果，实行有偿使用，体现集体土地所有者主体地位，与国有土地同权同责。

（修正案）十一、将第三十六条第三款修改为："禁止占用永久基本农田发展林业和挖塘养鱼。"

理由：经济果木产生的收益较粮食作物高，全国范围内基本农田用于种植经济果木较普遍，且农民通过经济果木种植获得了较好的收益。

（修正案）二十六、增加三款。

第七款："对因历史原因形成超标准占用宅基地和一户多宅的，以及非本集体经济组织成员通过继承房屋或其他方式占有和使用的宅基地，在符合土地利用总体规划和村庄规划的前提下未退还集体的，通过村民会议或村民代表会议公议公示，可由农村集体经济组织主导实施有偿使用。"

理由：宅基地"少批多占"情况在全国农村普遍存在，若只是在不动产证书上注记少批多占面积，将在村民中产生"不占白不占"的严重后果，将对县、乡（镇）人民政府和国土资源管理部门的土地管理和执法带来巨大挑战，极易引发农村社会的不稳定。本着尊重历史，面对现实，维护权益，体现公平，解决问题，通过对历史遗留问题分类有偿使用，充分体现土地所有者的主体作用的同时，完善土地使用者的权能权益，公平合理解决集体成员之间"占"与"不占"的问题。

第八款："农村村民利用宅基地上的住房以出租、入股等方式从事经营性活动的，须经农村集体经济组织同意，集体经济组织可按宅基地现有使用面积，收取土地收益调节金。"

理由：将宅基地以出租、入股、自营方式改变住宅用途增加功能用于餐饮、客栈等经营活动的农户，一般只占本村总农户数的 10% 以内、高的 30% 以内。农户从福利性获取的宅基地上获得了不菲的经济收益，但作为宅基地所有权主体的集体经济组织，却未获得应有的权益，并且还要负担相应的公共设施支出和环境维护费。收取土地收益调节金以保障集体土地所有者权益，村民共享土地收益，维护农村宅基地配置利用的公平公正，促进农村社会和谐稳定。

第九款："农村集体经济组织取得的土地收益应纳入农村集体资产统一管理，制定经成员认可的土地增值收益分配办法，分配情况纳入村务公开的内容，接受审计监督和政府监管。"

理由：农村集体经济组织取得的土地收益应本着"公开、公平、公正、监管"的原则，纳入农村集体资产统一管理。

第七节　积累了改革试点经验

大理市在农村宅基地制度改革试点中，按照"可复制、能推广、利修法"的要求，切实抓好改革试点工作关键环节。在积极稳妥地推进落实改革完善宅基地权益保障和取得方式、探索宅基地有偿使用制度、探索宅基地自愿有偿退出机制、完善宅基地管理制度四项任务的进程中，大理市与国家"多规合一"试点结合，同步研究大理市美丽乡村建设总体规划和全面小康规划，把农村宅基地制度改革与新村建设规划、产业发展和全域城乡统筹发展有机结合起来，实现统一规划、整体推进，取得了显著的综合效益。大理市的改革试点工作切实实现了、维护了、发展了农民群众的权益，积累了宝贵的试点经验。

一　可推广的做法

（一）全面处理宅基地历史遗留问题

坚持问题导向，不回避矛盾困难，在全面掌握并固定宅基地利用现状，确定住房困难户数量和分布情况的基础上，梳理各个时期农村宅基地管理中遗留的少批多占、未批先建、一户多宅、违规流转等问题，结合实际，科学分类，在广泛听取农民群众、农村集体和社会各界意见的基础上，制定切实可行的措施予以解决，确保大部分农民利益得到保障，改革试点工作得到广泛支持。

（二）全面推行差别化有偿使用

支持指导集体主导对超占、多占宅基地、增加宅基地用途等行为收取有偿使用费和土地收益调节金，正确处理土地所有者、使用者、经营者收益共享的关系，解决公平公正问题。国土资源部在总结 2016 年改革试点工作中，肯定了大理市"对利用宅基地上住房从事客栈、餐饮等经营活动的，由集体收取土地收益调节金"的创新做法。

（三）全面推行节约集约利用资源

一是开展"空心村"整治。大理市以农村集体为主导，开展"空心村整治"，统筹利用空闲地、废弃地，在不扩大村庄规模的前提下，尽可能地满足农民自然增长的建房需求。

二是推进适应性调整。由集体主导收回村庄周围符合规划的建设用地，统一规划后以成本价分配给需要建房的住房困难户，解决有宅基地指标而不能落地建房、私下调换土地成本高昂、建房混乱等问题。

（四）全面实行网格化管理

维护农村集体土地权益，必须充分调动广大农民群众的积极性，推行自然村村民自治，发挥村集体作为土地所有者的主体作用。成立村庄规划建设管理促进会，设立乡镇规划设计分院，组建村级土地规划建设专管员队伍，形成农村建房网格化服务管理格局。大理市全面加强村庄规划建设管理的工作得到了省委、省政府肯定，相关做法在全省推广。

二　改革试点的几点体会

通过试点，我们认为，必须坚持党委领导、强化宣传，充分相信群众、发动群众，引导群众全程参与，自己的事情自己办；必须摸清底数、界定户宅，夯实基础，加快宅基地确权调查，推进不动产登记，实现固定现状，维护权益；必须坚持底线思维，衔接村庄规划，推行适应性调整、空心村整治，实现控制村庄规模，保障户有所居；必须落实村组主体责任，建设专管员队伍，推行网格化管理，实现村庄土地规划建设长效化管理；必须坚持问题导向，直面历史遗留问题，推行有偿使用，全面分类处置，实现公平公正，促进"两违"整治；必须落实宅基地集体所有权，规范农房经营审批管理，实现增值收益调节，促进产业健康发展，增加农民财产性收入。

（一）全域推开摸清"家"底无死角

我国西部地区经济社会发展滞后于中东部地区，农村宅基地管理中普遍存在超占抢占、底数不清、现状不明等突出问题，特别是土地管理法只规定一户一宅，却没有对"户"和"宅"进行确定，全面摸清底数、固定利用现状，意义十分重大。开展确权调查，摸清"家"底，开展农村集体经济组织成员资格认定，处理好人的关系。坚持问题导向，不回避矛盾，实事求是，针对历史遗留问题提出合理处理意见，正确处理"人"和"家"的关系。坚持底线思维，以维护群众利益为出发点，体现公平公正的原则，以不动产登记为推手，维护土地所有者、使用者的合法权益。只有摸清家底，才能合理确定保障大多数农户利益的政策措施边界，科学规划村庄发展规模，为精准打击违法违规建设行为提供准确依据。

（二）"多规合一"规划管控全覆盖

根据《大理州洱海保护管理条例》《大理州洱海海西保护条例》和《大理州村庄规划建设管理条例》，牢牢把握"四个全面"战略布局和"五大发展"理念，立足把大理市建设成为带动区域发展的滇西中心城市、山清水秀的生态宜居城市、国际知名的旅游度假城市、文明和谐的民族团结示范城市的目标定位，针对大理市109项规划之间存在矛盾冲突的现状，抢抓国家"多规合一"试点机遇，打破城乡分割，协调融合国民经济和社会发展规划、城乡规划、土地利用总体规划、生态环境保护规划，大理市完成了《大理市城乡总体规划（2015—2030年）》编制。通过按照严守洱海保护"三条红线"、严格执行宅基地"一户一宅"、严格禁止违法占用基本农田，全面开展自然村村庄规划修编，大理市实现了"多规合一"规划管控全域覆盖。

（三）规范管理社会各界齐参与

农村土地管理工作遵循党委领导、政府负责、部门配合、上下联动、公众参与的原则，明确农村土地管理中乡镇主导和村组主体责任，针对指标少、审批慢、落地难的农村宅基地取得实际，明确农村宅基地使用存量建设用地由乡镇审批，使用新增建设用地由市人民政府审批。发挥农村集体作为土地所有者主观能动作用，开展农村宅基地定点审批适应性调整工作，按应保尽保原则确保住房困难户落地建房。对超占多占和增加宅基地用途的行为，由集体主导收取有偿使用费和土地收益调节金，处理好集体和个人、所有者和使用者之间公平和公正的关系，是符合大理实际的制度创新。创新机制，建立国土规划专管员队伍，出台农村建房管理办法和联审联批管理办法，不断强化环洱海综合整治，开启洱海抢救式保护模式，健全农村土地管理考核评价、激励和社会监督机制，形成齐抓共管管理机制。

（四）多项试点统筹推进齐发力

开启"宅基地＋"模式。以农村宅基地制度改革试点为抓手，统筹推进国家和省在大理同步开展的国家级"多规合一"、积极发展农民股份合作赋予农民对集体资产股份权能、农村土地承包经营权确权颁证整县推进等 17 项改革试点，推进农村宅基地有偿使用、农民住房财产权抵押贷款、规范农村宅基地和土地承包经营权流转管理，有效地激活农村居民不动产和集体资源资产，提升城乡公共服务均等化水平，增强了农民和村集体经济发展的能力，有效地促进乡村旅游业、休闲观光农业健康发展，推动环洱海居民加快实现就近就地城镇化。

三　出台行之有效的制度措施

（一）针对"家底不清，指标少、审批慢、落地难，部分住房困难户建房难落地、宅基地取得困难"的问题

开展农村宅基地确权调查，全面摸清底数、固定利用现状，能够为合理确定保障大多数农户利益的政策措施边界、科学规划村庄发展规模、精准打击违法违规建设行为提供准确依据。

制定《大理市农村宅基地审批管理办法（试行）》，明确强化规划管控、淡化指标管理，农村宅基地使用存量建设用地的，由乡（镇）人民政府审批；使用新增建设用地的，由市人民政府审批。对国家土地管理法律法规中没有明确的"户"与"宅"标准进行了界定，完成了辖区内"户"和"宅"的认定，有效地防止不合理分户家庭挤占住房刚性需求农户的建房用地指标，最大限度地减轻了宅基地分配压力。

制定《大理市人民政府关于农村集体经济组织成员资格认定的指导意见（试行）》，明确集体经济组织成员资格认定标准和程序，明确成员的权利义务和申请宅基地资格标准，主要解决了农村宅基地申请、使用、继承、转让等主体资格问题。

（二）针对"村庄内空闲宅基地较多、相对集中，以及农户建房选址和用地置换难、建设散乱，宅基地利用粗放"的问题

通过《大理市村庄规划修编成果技术标准（试行）》，按照试点编制村级土地利用规划的要求，结合大理市自然村村庄规划修编和国家"多规合一"试点的实际，对村庄规划进行全面修编，通过工程建设环村林

（路）锁定村庄边界，实现控制村庄用地总规模、村庄规划和土地利用规划相衔接。

制定《大理市农村在建住房项目建设审查审批若干意见》和《大理市农村个人建房联审联批制度（试行）》两份政策文件。明确了农村建房审查审批责任主体及程序，建立规划、土地、建设、洱海管理、环保多部门联合审查和乡镇初审、市级复核、乡镇审批的农村个人建房审批监管机制，细化建筑体量、高度、风貌和环洱海岸线控制要求，明确规划服务、过程监管和竣工验收责任，确保农村住房依法依规建设、传统民居建筑风格有效传承。

制订《大理市空心村整治实施办法（试行）》，坚持"村级主体、政府支持"，鼓励村集体有偿收回农民破旧闲置老宅、圈舍，由集体按规划整治利用，盘活闲置宅基地，减少新批宅基地占用耕地，实现节约集约用地。

制订《大理市农村宅基地集中调整定点审批实施办法（试行）》，提出由农村集体将村庄周围符合规划的耕地统一收回、规划、配套，以成本价提供给符合新批宅基地农户，解决农村建房用地选址落地难、村庄布局散乱、土地利用粗放的问题。

（三）针对"农民出租住房、增加宅基地用途等缺少规范管理，宅基地价值显化、退出困难"的问题

制定《大理市农村宅基地流转管理办法（试行）》，明确了宅基地流转的原则、范围、条件、程序、收益分配等内容条款，结合地方实际，限定宅基地转让，在符合条件的前提下，可在本乡镇辖区内转让，重点解决宅基地转让、出租、继承、赠与等问题。

制定《大理市农村宅基地退出管理办法（试行）》，明确了宅基地退出的原则、范围、补偿（补助）标准、程序、退出宅基地的土地利用等内容，规定对全部退出宅基地或放弃宅基地申请资格、全家迁移到城镇购房居住的，在规定的面积标准内，由政府按购房面积给予200元/平方米奖励。重点解决农村宅基地退出不畅、利用低效的问题。

（四）针对"历史上多次清理农村违法占地、超批准面积占用，遗留问题较多，群众对通过颁证维护权益的愿望迫切，宅基地价值权能不清"的问题

制定《大理市农村宅基地历史遗留问题处理意见（试行）》，结合农村宅基地全面调查核实成果，围绕维护绝大部分农户权益、节约集约利

用土地目标，以明确"户"与"宅"的认定标准为基础，制定不同历史时期宅基地遗留问题的分类认定标准和分类处置办法，确保各种历史遗留问题基本得到解决。

制定《大理市农村宅基地有偿使用指导意见（试行）》，明确了宅基地有偿使用和土地收益调节金的收取范围、标准和程序，对"少批多占""一户多宅""未批先占""主体资格不符""增加用途"等情形规定相应的有偿使用标准，由集体主导并按面积、区域及形成原因，采取一次性和按年度两种方式收取有偿使用费，鼓励村集体发挥主体作用，保障村民建房用地落实，降低农民建房投入，对由村集体组织调整后提供的新批农村宅基地，按成本实行有偿使用。对利用宅基地上的住房从事客栈、餐饮等经营性活动，或将宅基地以出租、入股等方式从事经营性活动的，按宅基地现有使用面积，由村集体收取土地收益调节金。重点解决村集体土地所有者权益实现，保障宅基地公平取得、使用和收益共享的问题。

制定《关于房地一体农村不动产登记中涉及违法违规建设行为的处理意见》，在确保各种历史遗留问题基本得到解决的基础上，结合不动产登记，对农村住房建设涉及规划建设方面的违法违规行为，形成处理意见，同步予以解决，有效地保障了农户合法权益，依申请申领不动产权证书，切实维护农民权益。

（五）针对农村集体组织作为农村土地所有者主体作用发挥不充分，凝聚力和战斗力不强，宅基地管理不规范的问题

制定《大理市农村宅基地有偿使用费及土地收益调节金收取管理使用办法》，对农村宅基地有偿使用费及土地收益调节金收取、使用、管理提出具体指导意见，明确收取程序、支出范围和监督管理机构，规范资金管理。注重平衡经营户与非经营户之间的利益关系，维护土地所有者、使用者权益、壮大集体经济。

制定《自然村村民代表会议制度》《自然村村民理事会章程（范本）》《自然村村规民约（范本）》等制度和规范性文本。在自然村形成了"党支部＋代表（户长）会议＋村民理事会"三位一体的组织格局，为进一步保证村民的知情权、参与权、决策权和监督权，充分发挥村民自治组织主体作用，弥补村民委员会和村民小组间自然村自治功能缺失，提高了村民参与村内事务的热情，提高村民自治的能力和水平，农村集体组织的凝聚力不断加强。

第三篇　征地

第十一章 大理市土地征收改革试点背景

第一节 试点前实施的农村土地征收政策

为把大理市建成辐射面广、带动力强、吸引力大的滇西中心城市，保护海西田园风光，加强洱海流域水污染综合防治工作，推进海东山地城市建设，省委做出"两保护、两开发"（保护洱海、保护海西，开发海东、开发凤仪）的重要战略部署，大理市紧紧围绕该战略目标，坚持集约节约用地，严格保护海西基本农田和田园风光，创新土地征收模式，实施低丘缓坡征转分离政策，积极稳妥地处理好保护与发展、历史与现实之间的关系。

一 坚持最严格的耕地保护制度，逐步缩小征地范围

（一）城市发展布局和思路

贯彻执行"两保护、两开发"的战略部署，加强洱海及海西保护，开发海东、开发凤仪，引导城镇上山，保护坝区优质耕地，促进城镇化科学发展。

（二）始终坚持耕地红线不突破的底线

全面实施土地开发整理项目，自 2004 年以来，共实施完成 18 个土地整治项目，建设总规模 11745.67 公顷，总投资 28039.32 万元，新增耕地面积 1122.551 公顷。

（三）加强地方立法

制定《云南省大理白族自治州洱海海西保护条例》《关于加强海西建设项目规划管理的意见》，用法律的形式把海西保护的范围、重点、方法、措施、责任等固定下来，使海西保护工作法制化、常态化、规范化；出台《关于做好重大综合交通基础设施建设项目预留用地规划管控工作的通知》，完善片区规划，强化片区建设景观设计、村庄规划，划定开发建设边界，明晰片区招商引资项目准入条件及监管机制，抓实重大综合交通基础设施建设项目预留用地规划管控，明确在重大综合交通基础设施建设项目预留用地规划管控范围的项目，属于研究阶段尚未审批或行政许可、协议已经到期的，原则上不予审批、延期、续签协议，并尽快研究引导其另行选址；属于部分审批或已经开工建设的，要暂停审批和建设，并依法分类处理，可进行置换的进行置换后另行选址建设，不宜置换的可待重大综合交通基础设施建设项目建设红线划定后再行研究处理；属于违法违规建设的，一律严格依法取缔。

专栏 11 –1

大理市实施《中华人民共和国土地管理法》办法

第一章 总 则

第一条 根据《中华人民共和国土地管理法》（以下简称《土地管理法》）、《中华人民共和国土地管理实施条例》（以下简称《实施条例》）和《云南省土地管理条例》等有关法律法规，结合本市实际，制定本办法。

第二条 在本市行政区域内使用、管理土地的单位和个人，必须遵守本办法。

第三条 我市人多地少，耕地后备资源不足，市、乡（镇）人民政府必须认真贯彻执行"十分珍惜、合理利用土地和切实保护耕地"的基本国策，加强土地管理，保护、开发土地资源，制止乱占耕地和滥用土地，维护土地的社会主义公有制，保护土地所有者和使用者的合法权益。

第四条 市人民政府土地行政主管部门（以下简称市土地主管部门）是主管全市土地的职能部门，负责本行政区域内的土地管理和监督工作，根据土地管理的职能需要，在基层设置土地管理所。

市土地主管部门的主要职责是：

（一）宣传、贯彻执行土地管理的法律、法规；

（二）组织编制和实施市级国土规划、土地利用总体规划、土地利用年度计划、土地资源开发规划和基本农田保护规划、土地复垦规划、土地整理规划、未利用土地开发规划；

（三）组织基本农田划定，实施土地用途管制，会同农业行政主管部门实施基本农田保护和未利用土地开发、组织土地整理、土地复垦；

（四）组织实施土地资源调查、地籍调查、土地统计、土地动态监测，土地登记发证，调处土地权属争议；

（五）组织实施土地使用权出让，管理土地使用权转让、出租、抵押、作价出资、交易，组织基准地价和标定地价评测，确认土地使用权价格；

（六）负责拟订农用地转用方案，管理使用土地申请，办理土地征用、划拨手续；

（七）实施土地监督检查，依法查处土地违法案件；

（八）法律、法规规定的其他职责。

乡（镇）依法负责本行政区域内土地管理的有关工作。

第二章　土地的所有权和使用权

第五条　下列土地属于全民所有，即国家所有：

（一）城市市区的土地；

（二）农村和城市郊区中已经依法没收、征收、征购为国有的土地；

（三）国家依法征用的土地；

（四）依法不属于集体所有的林地、草地、荒地、滩涂及其他土地；

（五）农村集体经济组织全部转为城镇居民的，原属于集体所有的土地。

第六条　国家依法实行土地登记发证制度，依法登记的土地所有权和使用权受法律保护，任何单位和个人不得侵犯。

第七条　农民集体所有的土地，由土地所有者向市土地主管部门提出土地登记申请，由市人民政府登记造册，核发集体土地所有权证书，确认所有权。

第八条　单位和个人依法使用的国有土地，由土地使用者向市土地主管部门提出土地登记申请，由市人民政府登记造册，核发国有土地使用权证书，确认使用权。

未确定使用权的国有土地，由市人民政府登记造册，市土地主管部门负责保护管理。

第九条 依法改变土地的所有权、使用权的，因依法转让地上建筑物、构筑物等附着物导致土地使用权转移的，依法改变土地用途的，必须自改变或者批准之日起30日内，持相关批准文件向市土地主管部门提出土地变更登记申请。

第三章 土地利用总体规划

第十条 非农业建设必须符合市、乡两级土地利用总体规划，节约使用土地，可以利用荒地的，不得占用耕地；可以利用劣地的，不得占用好地。

禁止毁坏森林、牧场开垦耕地；禁止围湖造田和侵占江河、湖泊滩地；禁止在二十五度以上陡坡开垦耕地。

第十一条 城市建设用地规模应当符合国家规定的标准，充分利用现有建设用地，不占或者尽量少占农用地。

城市总体规划、村庄和集镇规划，应当与土地利用总体规划相衔接，城市总体规划、村庄和集镇规划中建设用地规模不得超过土地利用总体规划确定的城市和村庄、集镇建设用地规模。

在城市、村庄和集镇规划区内，建设用地应当符合城市、村庄和集镇规划。

第十二条 在公路两侧建设永久性建筑物，建筑物边缘与公路边沟外缘的间距为：国道不少于20米，省道不少于15米，县道不少于10米，乡道不少于5米；洱海沿岸新建建筑物、构筑物，必须在海防高程1974米以上。违反本条规定的，责令其拆除违法建筑物、构筑物时国家不赔偿损失。

第十三条 市人民政府应当编制土地利用年度计划，实行建设用地总量控制。

土地利用年度计划，由市土地主管部门会同有关部门编制，经批准后，由市土地主管部门组织实施。

第十四条 市、乡（镇）人民政府应当将土地利用年度计划的执行情况列为国民经济和社会发展计划执行情况的内容，向本级人民代表大会报告。

第四章　耕地保护

第十五条　市、乡（镇）人民政府应当按照土地利用总体规划，在有利于生态平衡和水土保持的前提下，用出让、承包、出租等方式开发荒山、荒地、荒滩和零星、闲置、废弃的土地，从事种植业、林业、畜牧业、渔业生产的，使用期限最长不得超过50年。

第十六条　开发国有荒山、荒地、荒滩用于林业、种植业、畜牧业、渔业生产的，按照下列权限批准：

（一）一次性开发60公顷以下的，由市人民政府批准；

（二）一次性开发60公顷以上的，上报有审批权的人民政府批准。

开发农民集体所有的荒山、荒地、荒滩用于农业生产的，一次性开发在10公顷以下的，由乡级人民政府批准，并报市土地主管部门备案；超过10公顷的，按照前款规定的批准权限办理。

第十七条　经批准占用耕地进行非农业建设，一年以上未动工建设，又不组织耕种或者挖了基沟、砌了石脚、围墙，闲置荒芜超过一年的，应当缴纳土地闲置费；连续两年未使用的，经原批准机关批准，由市人民政府无偿收回土地使用权，重新安排使用。

土地闲置费的征收标准为：

（一）闲置土地原位菜地、水田、鱼塘的每亩征收闲置费10000元；

（二）闲置土地原位坝区旱地的每亩征收闲置费8000元；

（三）闲置土地原为山坡旱地、开荒地、轮耕地、雷响田的每亩征收闲置费4000元。

土地闲置费由市土地主管部门组织征收。

第十八条　从事非农业建设的单位和个人，经批准占用耕地的，应当开垦与所占耕地的数量和质量相当的耕地；没有条件开垦的，应当按照规定缴纳耕地开垦费；开垦的耕地不符合要求的，对不符合的部分缴纳耕地开垦费。

耕地开垦费的征收按《云南省土地管理条例》的规定执行。耕地开垦费实行专项资金管理，专项用于新耕地开垦。

耕地开垦验收标准及开垦费补助标准由市人民政府另行制定。

耕地开垦的验收，由市土地主管部门会同有关部门进行。

第十九条　因挖损、塌陷、压占等造成土地破坏，用地单位和个人应当按照国家有关规定负责复垦；没有条件复垦或者复垦不符合要求的，应当缴纳土地复垦费，专项用于土地复垦。复垦的土地应当优先用于农业。

第五章　建设用地

第二十条　建设征用土地，建设单位首先到市土地主管部门办理土地利用规划许可手续。

建设征用、使用土地，涉及农用地转用的，由市土地主管部门提出申请，经市人民政府审核后，按照审批权限逐级上报审批。

征用、占用林地和在城市规划区内征用、使用土地的，用地单位和个人分别报经县级以上人民政府林业、建设部门审核同意后，按照审批权限逐级上报批准。

经批准的建设用地，用地单位要按照批准的用途使用，不得擅自改变。确需改变用途的，经市土地主管部门同意后，报原批准用地的人民政府批准。其中在城市规划区内改变土地用途的，应当先经城市规划行政主管部门同意。

第二十一条　建设征用农民集体土地的，由市土地主管部门会同建设单位，拟订征地补偿、安置方案，并听取被征地的农村集体经济组织和村民的意见。

征地补偿、安置方案，应当列入建设项目用地预审内容。征地补偿、安置方案随征用土地方案批准，由市人民政府在 15 日内公告征地补偿、安置方案并组织实施。被征用土地的所有权人、使用权人应当在公告规定的期限内，持土地权属证件到市土地主管部门办理征地补偿登记。

第二十二条　征用下列土地，报省人民政府批准：

（一）基本农田以外的耕地不超过35公顷的；

（二）耕地以外的其他土地不超过70公顷的。

第二十三条　在土地利用总体规划确定的乡（镇）、村庄用地规模范围内，乡（镇）人民政府为实施该规划进行农村村民住宅、公共设施、公益设施建设，而将农用地转为建设用地的，按照土地利用年度计划分批次逐级上报州人民政府审批。

在土地利用总体规划确定的城镇、村庄建设用地规模范围以外的建设项目占用土地，涉及农用地转为建设用地的，逐级上报省人民政府批准。

按照本条前二款规定批准农用地转用，需要征用集体土地的，同时办理征地审批手续，并按审批权限逐级上报审批。

第二十四条 征用土地的补偿费和安置补助费标准为：

（一）征用下关镇玉龙、龙泉、福星、金星、荷花、大关邑、文献和大理经济开发区天井办事处范围内的水田，每亩土地补偿费和安置补助费不高于征用前三年耕地平均年产值的25倍（土地补偿费10倍，安置补助费15倍）；征用大理东门、西门、南门及凤仪凤鸣、喜洲镇喜洲、周城办事处（村公所）范围内的水田，每亩土地补偿费和安置补助费不高于征用前三年耕地平均年产值的23倍（土地补偿费10倍，安置补助费13倍）；征用其他地区的水田，每亩土地补偿费和安置补助费不高于征用前三年耕地平均年产值的21倍（土地补偿费10倍，安置补助费11倍）。

（二）征用下关镇、大理经济开发区天井办事处范围内的商品菜地，每亩土地补偿费和安置补助费不高于征用前三年耕地平均年产值的25倍（土地补偿费10倍，安置补助费15倍）；征用大理镇范围内的商品菜地，每亩土地补偿费和安置补助费不高于征用前三年耕地平均年产值的23倍（土地补偿费10倍，安置补助费13倍）；征用其他地区的商品菜地，每亩土地补偿费和安置补助费不高于征用前三年耕地平均年产值的21倍（土地补偿费10倍，安置补助费11倍）。

社员自留地的菜地和承包田上自行改种植的菜地按水田标准补偿。

（三）征用下关镇玉龙、龙泉、福星、金星、荷花、文献、大关邑及经济开发区天井办事处范围内的旱地，每亩土地补偿费和安置补助费不高于征用前三年耕地平均年产值的20倍（土地补偿费8倍，安置补助费12倍）；征用其他地区的旱地，每亩土地补偿费和安置补助费不高于征用前三年耕地平均年产值的18倍（土地补偿费8倍，安置补助费10倍）；征用下关镇城市规划区范围内的荒地，每亩征地费20000元；征用其他地区的荒地，每亩征地费5000—10000元。

（四）耕地平均年产值的测算，参照该村前三年耕地综合平均年产值和耕地等级，科学、合理确定。

（五）征用宅基地、打谷场、晒场等生产、生活用地，按照原土地类别补偿。

（六）征用划拨林地的补偿标准按照国家有关规定办理。

（七）国家重点建设项目征用土地的补偿标准，按国家有关规定执行。

第二十五条　实行成建制统征统转的农业社，可按人均30平方米统一安排给农业社生产生活用地（包括已使用的乡镇企业用地）。

第二十六条　征用土地上有附着物的，按照下列标准支付补偿费：

（一）被征用土地上有青苗的，一般不得铲除，确需铲除的，按照菜地每亩1200元、水田每亩1000元、旱地每亩800元补偿；

（二）被征用土地上的坟墓，搬迁补偿标准为：三年以内的新坟，每家补助800元，三年以上（含三年）的老坟，每家补助400元，由坟主自行搬迁；

（三）被征用土地上的林木补偿，按林业部门的规定执行；

（四）被征用土地上的房屋、设施需要拆除的，按照国家有关规定执行。

土地行政主管部门发出征地通知后种植或者建造的地上附着物和地下设施，不予补偿。

第二十七条　经批准征用集体耕地的，按照征用面积调减农业税和合同订购粮。征用土地时，未收获当年作物的，当年调减；已收获的下年调减。

第二十八条　土地征用后，需要办理农转非的农业人口数，按照被征地耕地数除以征地前人均耕地数计算。农转非人员，领取安置补助费，自谋职业。

第二十九条　征用土地的各项补助费和安置补助费，除被征地上属于个人的附着物和青苗补偿费以及自谋职业人员的安置补助费付给本人外，其余费用归被征地单位所有，专款用于被征地单位发展生产、安排多余劳动力就业和不能就业人员的生活补助，任何单位和个人不得侵占或者挪用。

第三十条　建设征用土地，由市土地主管部门收取征用土地管理费。管理费按不超过土地补偿费、安置补助费、青苗补偿费、地上附着物和地下设施补偿费总额的4%收取。

第三十一条　土地补偿费和安置补助费的使用分配方案，由村民代表大会制定，并进行公告后，上报乡（镇）人民政府审批，报市土地主管部门备案，方可拨款分配。

第三十二条　全部"农转非"的农业社，剩余的零星耕地、宅基地、集体使用的土地以及其他土地，全面转为国家所有。

第三十三条　建设项目施工和地质勘测以及其他需要临时使用国有或集体土地的，应当在申请报批建设项目用地时提出申请，由批准建设项目用地的人民政府土地主管部门批准；单独申请临时用地的，占用非耕地由市土地主管部门批准；占用耕地的，报州土地主管部门批准，占用基本农田的，报省土地主管部门批准。其中，在城市规划区内的临时用地，应当先经城市建设主管部门同意。

临时使用土地的使用者应当按照批准临时使用土地的用途使用，不得修建永久性建筑物。

临时使用土地期限一般不超过二年。确需超过二年的，应当重新办理临时用地使用审批手续。

第三十四条　依照《土地管理法》第五十八条（一）、（二）款规定收回国有土地使用权的补偿，以有偿方式取得国有土地使用权的，按照合同约定的土地使用年限扣除已使用年期的有偿使用费后，剩余费用退还给原土地使用者。

第三十五条　农村宅基地以村公所为单位，按每年下达的指标审批。农村社员建房用地，乡镇企业、联营户、个体户建设用地，要服从城市总体规划和乡（镇）土地利用总体规划，一律实行申请、审查、批准、登记、发证制度。未经批准，任何单位和个人不得擅自使用土地。

社员建房用地，应由本人申请，社员大会讨论通过，报村公所（办事处）、乡（镇）人民政府审查同意后，报市土地主管部门审批。

第三十六条　新批农村宅基地，必须符合村镇规划，建设占用农用地的，报州土地主管部门办理农用地转用审批手续，由市土地主管部门审批。

第三十七条　农村村民一户只能拥有一处宅基地，用地面积按照以下标准执行：

（一）城市规划区内，人均占地不得超过20平方米，一户最多不得超过100平方米；

（二）城市规划区外的坝区，人均占地不得超过30平方米，一户最

多不得超过 150 平方米;

(三) 城市规划区外的山区, 人均占地可以适当放宽, 具体标准按《云南省土地管理条例》规定办理。

第三十八条 社员建房用地坚持六个不批:

(一) 城市规划区内住房占地在 100 平方米以上, 城市规划区外, 住房占地在 150 平方米以上的户不批;

(二) 不符合城市和村镇规划, 宅基地用地不落实的不批;

(三) 违反计划生育的超生户不批;

(四) 有并旧房条件不愿并的户不批;

(五) 有旧宅基地可以利用, 而不愿利用, 也不愿让出的户不批;

(六) 以卖旧房为名出卖宅基地的户不批。

第三十九条 社员建房用地, 应缴纳土地补偿费和耕地开垦费。土地补偿费缴纳的标准为: 占用菜地、水田建房的, 每平方米缴纳 30 元; 占用旱地建房的, 每平方米缴纳 20 元; 占用未利用土地的, 每平方米缴纳 15 元。土地补偿费由农业社收取。耕地开垦费缴纳标准为每亩 2000 元, 由市土地主管部门负责征收。

第四十条 社员宅基地审批的土地管理费, 按土地补偿费的 5% 由市土地主管部门收取。

第六章 监督检查

第四十一条 市土地主管部门依照国家土地管理法律、法规行使土地监督检查权, 并设立专职的土地监察队伍, 土地监督检查人员依法执行公务受法律保护。

第四十二条 市土地主管部门有权对下列事项进行监督检查:

(一) 耕地保护情况;

(二) 土地利用总体规划和土地利用年度计划执行情况;

(三) 农用地转用、土地征用和使用情况;

(四) 国有土地使用权划拨、出让、转让、出租、抵押、作价入股、终止等情况;

(五) 集体土地非农业建设使用情况;

(六) 土地有偿使用费和耕地开垦费等有关费用的收缴、使用情况;

(七) 土地登记和发证情况;

（八）土地开发利用和土地开垦情况；

（九）依法应当监督检查的其他事项。

第四十三条　市土地主管部门履行监督检查职责时，有权采取下列措施：

（一）要求被检查的单位或者个人提供有关土地权利的文件和资料，进行查阅或者予以复制；

（二）要求被检查的单位或者个人就有关土地权利的问题做出说明；

（三）对非法占用的土地现场进行勘测、拍照、摄像；

（四）责令当事人停止正在进行的土地违法行为；

（五）对涉嫌土地违法的单位或者个人，停止办理有关的土地审批、登记手续；

（六）责令违法嫌疑人在调查期间不得变卖、转移与案件有关的财物。

第四十四条　市土地主管部门对第四十五条的内容进行监督检查后依法做出以下处理：

（一）对正在进行的土地违法行为予以制止；

（二）对土地违法行为依法给予行政处罚；

（三）土地违法案件构成犯罪的，将案件移送司法机关，依法追究刑事责任；

（四）对依法应当给予行政处分的做出处理；本部门无权处理的，建议行政监察机关处理，监察机关应当在法定期限内将处理情况给予回复。

第七章　法律责任

第四十五条　行政划拨未按出让手续取得的其他土地使用权，未补办出让手续进行交易的，按非法转让土地进行处罚。

第四十六条　违反《土地管理法》规定，占用耕地建窑、建坟或者擅自在耕地上建房、挖沙、采石、采矿、取土等，破坏种植条件的，由市土地主管部门责令限期改正或者治理，可以并处每平方米30元以下的罚款；构成犯罪的，依法追究刑事责任。

第四十七条　违反《土地管理法》规定，拒不履行土地复垦义务的，由市土地主管部门责令限期改正，逾期不改正的，责令缴纳复垦费，专项用于土地复垦，可以处每平方米30元以下的罚款。

第四十八条 建设项目施工和地质勘查需要临时占用耕地的，土地使用者应当自临时用地期满之日起1年内恢复种植条件，逾期不恢复种植条件的，由市土地主管部门责令限期改正，可以处每平方米30元以下的罚款。

第四十九条 违反土地管理法律、法规规定，阻挠国家建设征用土地的，由市土地主管部门责令交出土地；拒不交出土地的，申请人民法院强制执行。

第五十条 国家工作人员玩忽职守、滥用职权、徇私舞弊，有下列情形之一的，依法给予行政处分，构成犯罪的，依法追究刑事责任：

（一）弄虚作假审批土地的；

（二）越权审批土地的；

（三）对土地违法行为依法应当给予行政处罚，而不给予行政处罚的；

（四）违法进行检查，采取强制措施的；

（五）其他不依法执法的行为。

农村干部违反上述规定的，参照执行。

第八章 附则

第五十一条 本办法自2000年7月1日起施行。1992年9月26日大理市第三届人大常委会第十七次会议通过的《大理市乡镇企业建设用地管理暂行规定》、1993年9月22日大理市第四届人大常委会第五次会议通过的《大理市实施〈中华人民共和国土地管理法〉办法》同时废止。

专栏 11 – 2

云南省大理白族自治州洱海海西保护条例

第一条 为了加强洱海海西保护，促进经济社会可持续发展，根据《中华人民共和国民族区域自治法》和有关法律法规，结合大理白族自治州（以下简称自治州）实际，制定本条例。

第二条 本条例所称洱海海西（以下简称海西）是指大理市辖区内洱海以西、苍山以东的坝子。其保护范围东起洱海西岸界桩，西至苍山东坡海拔2200米以下，南起阳南溪南岸30米，北至罗时江入海口迤西一线。

保护对象是以基本农田、村镇建筑风貌、苍山十八溪和交通干道视廊等为重点的海西田园风光。

第三条 在海西保护范围内活动的单位和个人，应当遵守本条例。

第四条 海西保护坚持保护第一、科学规划、突出特色、合理利用的原则。

第五条 自治州、大理市人民政府应当将海西保护纳入国民经济和社会发展规划，建立生态补偿机制，切实维护群众的合法权益，并将保护经费列入本级财政预算。

第六条 大理市人民政府负责海西保护工作，制定保护规划，理顺管理体制，建立协调机制。

大理市人民政府的规划、住房和城乡建设、国土资源、水务、环境保护、农业、发展和改革、财政、公安、城管、交通运输、林业、文化、民族宗教、旅游等有关部门按照各自职责，做好海西保护的相关工作。

第七条 海西保护范围内的镇人民政府具体负责本行政区域内海西的保护工作。主要职责是：

（一）宣传贯彻执行有关法律法规和本条例；

（二）实施海西保护规划；

（三）制定海西保护的具体措施；

（四）做好海西保护的日常管理工作；

（五）行使本条例赋予的行政执法权。

海西保护范围内的村民委员会（社区）和村民小组应当协同镇人民政府做好本辖区内海西保护的相关工作。

第八条 海西保护应当按照规划要求，划定基本农田保护区和禁止建设区、限制建设区，严格规范村庄建设管理，加强苍山十八溪和交通干道视廊保护治理。

在限制建设区，严格控制项目准入，除社会公益性建设项目外，可以适度布局特色客栈、五星级以上酒店等旅游接待设施，以及康体养生、休闲度假等旅游服务项目。

第九条 大理市人民政府应当在海西保护范围内划定不少于10万亩的永久性基本农田保护区，制定保护规划，明确保护范围，设立标志，并向社会公告。

海西保护范围内的荒山、荒坡、荒地和未利用土地应当纳入保护规划，合理利用。

第十条 在永久性基本农田保护区内禁止下列行为：

（一）建房、建窑、建坟；

（二）挖塘、取土、采砂、采石、采矿；

（三）使用剧毒、高残留农药、含磷洗涤品及不可降解塑料制品等有害物质；

（四）堆放废弃物，倾倒垃圾；

（五）闲置，荒芜农田（地）。

第十一条 大理市人民政府应当建立海西土地利用变化、农田保护、村庄建设动态监测管理系统，对海西农田变化、房屋建设情况进行监测，及时处理违法违规行为。

第十二条 大理市、海西保护范围内的镇人民政府应当按照《云南省大理白族自治州村庄规划建设管理条例》和本条例规定，编制村庄建设规划，加强住宅用地管理，严格执行用地标准。

住宅用地实行一户一宗、退旧批新。科学实施旧村改造，加大统筹整合力度，鼓励村民优先利用村内闲置住宅用地，按照规划引导村庄建设有序发展。

第十三条 海西保护范围内不得建设超过三层或者总高度超过12米，以及不具有当地民族传统风格的建筑；确需建设的，应当召开听证会，并报自治州人民政府批准。

第十四条 海西保护范围内的村庄建设应当突出以白族民居为主的建筑风格，村内道路、供排水系统、绿化亮化等基础设施建设严格按照规划执行。

海西保护范围内村庄规划区外的农户应当逐步迁入规划区内。

第十五条 大理市人民政府应当对苍山十八溪的保护治理进行专项规划，将十八溪堤岸两侧各30米作为道路和生态景观用地，按照防洪减灾、截污治污、水质净化、堤岸道路、生态景观、旅游休闲等需要，综合治理，建设特色生态廊道。

第十六条　苍山十八溪及其堤岸两侧各30米内，禁止下列行为：

（一）新建公共基础设施以外的建筑物、构筑物；

（二）挖砂、取土、采石；

（三）堆放废弃物，倾倒垃圾；

（四）擅自砍伐树木，毁坏花草；

（五）擅自截流引水。

第十七条　大理市人民政府应当对海西保护范围内的214国道、大丽公路的景观视廊建设进行规划。

214国道、大丽公路两侧各30米，洱海西岸界桩外100米内，禁止新建与生态保护无关的建筑物、构筑物。

第十八条　大理市人民政府应当对214国道、大丽公路等交通沿线和苍山十八溪两岸影响景观视廊的下列建筑物和设施按照规划进行整治和规范。

（一）不具有当地民族传统风格的建筑和超高建筑；

（二）广告牌、墙体广告、石材加工厂、材料堆放场、车辆修理点、洗车场；

（三）电缆、线缆、管网；

（四）其他影响景观视廊的设施。

需要拆除的建筑物、构筑物，按照有关规定给予补偿。

第十九条　海西保护范围内的国家机关、事业单位，以及从事加工业和宾馆、客栈、餐饮等服务业的企业和居民产生的污水、废气应当经过净化处理，达标排放。

第二十条　大理市、海西保护范围内的镇人民政府应当建立和完善村庄污水处理设施，合理设置垃圾收集站点，及时清运处理垃圾。

海西保护范围内的村民委员会（社区）应当组织对辖区内产生的垃圾及时清扫、收集。

第二十一条　违反本条例规定的，由海西保护范围内的镇人民政府按照下列规定予以处罚；构成犯罪的，依法追究刑事责任。

（一）违反第十条第一项或者第十六条第一项规定的，责令停止违法行为，限期拆除；拒不拆除的，依法强制拆除，费用由违法者承担，并处拆除费用2倍以上5倍以下罚款。

（二）违反第十条第二项或者第十六条第二项规定的，责令停止违法行为，限期恢复原状，没收非法所得，可以并处 5000 元以上 5 万元以下罚款。

（三）违反第十条第三项规定的，责令停止违法行为，没收实物，对个人并处 100 元以上 500 元以下罚款，对单位并处 5000 元以上 5 万元以下罚款。

（四）违反第十条第四项或者第十六条第三、第四、第五项规定之一的，责令停止违法行为，清运废弃物、垃圾，恢复原状；拒不履行的，由镇人民政府组织清运或者恢复，费用由违法者承担。

（五）违反第十条第五项规定的，责令改正；对闲置、荒芜二年以上农田（地）的，由发包方收回经营权，终止土地承包合同。

（六）违反第十三条规定的，责令改正；拒不改正的，依法强制拆除，费用由违法者承担，对个人并处 1 万元以上 5 万元以下罚款；对单位并处 10 万元以上 50 万元以下罚款。

（七）违反第十七条第二款规定的，责令限期拆除，恢复原状；拒不拆除的，依法强制拆除，费用由违法者承担，并处 5 万元以上 10 万元以下罚款。

第二十二条　违反第十九条规定的，由环境保护主管部门按照相关法律法规规定处罚。

第二十三条　自治州、大理市和海西保护范围内的镇人民政府及其有关部门的工作人员，在海西保护管理工作中玩忽职守、滥用职权、徇私舞弊的，由其所在单位或者上级主管部门给予处分；构成犯罪的，依法追究刑事责任。

第二十四条　村民委员会（社区）和村民小组负责人在海西保护工作中损害公共利益，侵犯村民合法权益的，由镇人民政府责令改正；情节严重的，依法罢免；构成犯罪的，依法追究刑事责任。

第二十五条　在海西保护范围内违反本条例的行为，本条例未作处罚规定的，依照相关法律法规处罚。

第二十六条　本条例经自治州人民代表大会审议通过，报云南省人民代表大会常务委员会审议批准，由自治州人民代表大会常务委员会公布施行。

自治州人民政府可以根据本条例制定实施办法。

第二十七条　本条例由自治州人民代表大会常务委员会负责解释。

专栏 11 -3

关于加强海西建设项目规划管理的意见

为认真贯彻落实省委、省人民政府"保护坝区农田"的战略部署，着力推进"两保护、两开发"，坚持集约节约用地，严格保护好海西基本农田和田园风光，针对目前海西保护提升与项目建设的矛盾，从处理好保护与发展、历史与现实的关系出发，根据州委、州人民政府《关于海西保护利用的意见》和人大、政协要求意见以及相关法律法规的规定，现就加强海西建设项目规划管理提出如下意见，请结合实际，认真贯彻落实。

一　严格控制海西新增建设用地总量

海西的范围指洱海西岸、苍山海拔2200米以下，南起阳南溪、北至罗时江上关入海口的区域。在《大理市土地利用总体规划（2010—2020年）》中，海西片区的建设用地预留总量非常有限，必须严格控制，要把有限的建设用地用在完善和提升海西片区功能最迫切需要的项目上。按照"农耕文化的承载区、千年文明和白族传统文化展示区、康体休闲度假为主要内容的旅游区"的发展目标，海西片区在满足村镇基本建设、社会管理、公益设施及环保、交通等基础设施的基础上，除统筹兼顾文化旅游产业发展用地以外，原则上不再提供其他建设项目用地。

二　严格控制商品住宅类建设项目

按照"尊重历史、锁定项目、限期完成、严格控制"的原则，从发文之日起，对海西的商品住宅类建设项目进行全面清理（大理古城、喜洲古镇按保护规划执行，其他建制镇按总体规划执行）。

（一）已供地的，要在2013年12月31日前竣工。项目审批前，供地方与业主方要签订协议，约定工程竣工时间及相关事项（项目已审批的，签订补充协议约定），到期不能按协议完成的，从严从重处罚。形成土地闲置的，按《闲置土地处置办法》的相关规定处理。

（二）已签订投资协议但未供地的，项目一律取消。

（三）从发文之日起，海西禁止布局新的商品住宅类建设项目。

三　适度布局高端酒店（五星级及其以上）和高端康体养生项目

高端酒店和高端康体养生项目是促进海西旅游产业发展和旅游二次创业的需要，要适度布局，支持高端酒店和高端康体养生项目的引进和建设。

（一）已供地的，供地方要及时移交土地。业主方必须先建设酒店，酒店主体工程建设进度完成50%以上，方能建设配套住宅。

（二）已签订投资协议但未供地的，严格规划设计条件，加快推进。酒店配套居住用地不得超过总用地的30%（已约定的除外）。

（三）今后高端酒店项目（含有投资意向但未签订投资协议的），一律不再配套居住用地，酒店项目用地规模控制在200亩以内。

酒店从供地之日起两年内完成主体工程建设。项目审批前，供地方与业主方要签订协议，约定项目工程开工、主体工程完工、竣工时间及相关事项（项目已审批的，签订补充协议约定），到期不能按协议完成的，从严从重处罚。其中配套有商品住宅的酒店项目，其酒店主体工程到期不能建成的，停止商品住宅建设，收回其配套的居住用地。形成土地闲置的，按《闲置土地处置办法》的相关规定处理。

四　重点支持高端文化旅游项目建设

重点支持博物馆、文化馆、歌舞剧院等文化旅游项目和国际知名品牌的主题公园、游乐设施项目的开发建设，为历史文化和民族文化的传承、展示提供载体。

五　保障公益性和社会管理设施项目建设

海西片区分布有6个镇、200多个村庄，生活着约22万人民群众，要从建设幸福大理的高度出发，保障海西镇村的文化、教育、卫生、交通、农田水利等社会管理、公共服务设施、基础设施项目的建设，保障好与海西保护和洱海保护治理相关项目的建设。

六　严格规范村庄建设活动

大理市要依据《大理白族自治州村庄规划建设管理条例》和相关法律法规的规定，以及已经批准实施的土地利用总体规划和镇总体规划、村庄规划，充分运用海西土地利用变化监测信息系统等先进技术手段，对海西村庄及基本农田实施定期监测，市、镇人民政府负总责，村组联动，加大巡查力度，及时查处违法违规建设行为，切实抓好海西村庄规划建设管理工作。

海西保护是一项艰巨、长期的任务，必须采取最严厉的措施，实现海西建设项目控得住、管得好、建得美，确保海西保护工作取得成效。

二　初步建立规范的农村土地征收程序

改革试点前征收集体土地，主要是按照《国务院关于深化改革严格土地管理的决定》执行，批前程序主要是调查、告知、确认、听证等工作。调查主要是勘测定界，通过对拟征土地的用途、位置、权属、地类、面积等进行测量、计算、核实，形成勘测定界报告，以书面形式告知被征地农民并确认。被征地村组申请听证的，由市国土资源局依照有关规定组织听证；被征地村组不需要听证的，由被征地村组出具不要求听证的说明。

大理市农村土地征收工作流程（改革前）如图 11 - 1 所示。

三　执行合理的补偿标准

1. 2000—2009 年，土地补偿费、安置补助费、地上附着物和青苗补偿费严格按照《大理市实施〈中华人民共和国土地管理法〉办法》规定的征地补偿标准（见表 11 - 1）执行。

表 11 - 1　　　　　2000—2009 年大理市征地补偿标准　　　　单位：元/亩

乡镇	产值标准	土地补偿费		安置补助费		青苗补偿费	合计
		执行倍数	补偿标准	执行倍数	补偿标准		
下关镇	2000	10	20000	15	30000	1000	51000
大理镇、喜洲镇、凤仪镇	2000	10	20000	13	26000	1000	47000
其他乡镇	1500	10	15000	11	16500	1000	32500

2. 2010 年起，按《云南省征地统一年产值和区片综合地价补偿标准（试行）》（见表 11 - 2 和表 11 - 3）实施，2014 年 6 月 1 日起，按调整后的《云南省十五个州（市）征地补偿标准》（修订）（见表 11 - 4 和表 11 - 5）施行。结合大理市实际，在具体征地协商中，给予被征地村组一定的综合补助费，以解决被征地村组及农民生产生活问题。

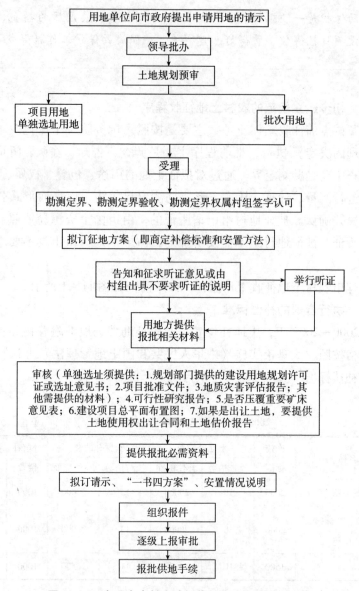

图 11 - 1 大理市农村土地征收工作流程（改革前）

表 11 - 2 2010 年大理市征地区片综合地价标准 单位：元/亩

区片编号	区片价格	区片范围描述
一类区	80693	大理镇、下关镇城镇规划区范围内
二类区	61163	凤仪镇城镇规划区范围内
三类区	46000	海东镇城镇规划区范围内

表 11 - 3　　　　2010 年大理市征地统一年产值补偿标准　　　　单位：元/亩

区域编号	年产值标准	执行倍数	补偿标准	区域范围描述
一类区	1704	27	46000	双廊镇、喜洲镇，大理镇部分
二类区	1600	25	40000	湾桥镇、上关镇、银桥镇，海东镇和凤仪镇部分
三类区	1364	22	30000	太邑乡、挖色镇，下关镇部分

表 11 - 4　　　　2014 年 6 月大理市征地区片综合地价标准　　　　单位：元/亩

区片编号	区片价格	区片范围描述
一类区	88762	下关镇坝区内
二类区	80693	大理镇坝区内
三类区	65000	凤仪镇坝区内

表 11 - 5　　　　2014 年 6 月大理市征地统一年产值补偿标准　　　　单位：元/亩

区域编号	年产值标准		执行倍数	补偿标准	区域范围描述
一类区	I	1846	30	55380	银桥镇、湾桥镇、喜洲镇、上关镇、双廊镇、挖色镇、海东镇坝区内
	II	1640	30	49200	太邑乡坝区内
二类区	I	1412	30	42360	银桥镇、湾桥镇、喜洲镇、上关镇、大理镇、下关镇坝区外
	II	1250	30	37500	凤仪镇、太邑乡、双廊镇、挖色镇、海东镇坝区外

　　执行征地区片综合地价的地区，一类区修订前补偿标准为 80693 元/亩，修订后补偿标准提高到 88762 元/亩。执行征地统一年产值补偿标准的地区，一类区修订前最高补偿标准为 46000 元/亩，修订后最高补偿标准提高到 55380 元/亩。

第二节　试点前失地农民社会保障机制

　　大理市土地征收工作具备良好基础，合理提高并统一征收补偿标准，初步建立了多元失地农民社会保障机制，维护被征地农民利益，保障了社会稳定。

一 留地安置

结合《云南省人民政府关于进一步加强土地征用管理工作的通知》文件精神，制定出台《大理市人民政府关于进一步加强全市农村集体土地征收管理工作的通知》，明确在符合土地利用总体规划和城镇建设规划的前提下，根据被征地村民的要求，可按征收耕地面积15%以内的比例，预留给被征地集体经济组织，并将其划拨给被征地农民使用，作为发展用地，以解决他们生产、生活的后顾之忧，缓解社会矛盾。截至目前，累计安排代征安置地4696亩。

为有效地解决代征安置地低效利用的实际，2007年出台《大理市人民政府印发〈关于加强土地管理暂行规定〉的通知》，规定村组代征安置用地因无投资项目或无资金投入建设，经2/3以上村民或村民代表表决同意要求处置代征安置用地的，经市人民政府批准后，移交大理市土地收购储备交易中心统一公开处置，处置收益的70%返回村组，30%上缴市财政。

二 社会保障

在征收土地过程中，根据国家确定的土地级别，每亩增收2万元的资金，专项用于基本养老保障。从国有土地出让纯收益中提取不低于5%的资金用于建立基本养老保障风险准备金，专项用于弥补基本养老保障资金不足和待遇调整。目前，已有失地农民8816人参保。

三 就业安置

鼓励被征地集体经济组织将代征安置地用于兴办第三产业、个体私营企业等，以安置农村富余劳动力；鼓励用地单位尽可能地把适合于农民就业的工作岗位，优先安排给被征地农民。2005—2016年8月共安排就业27000多人，其中，海东镇3200人、凤仪镇11600人、大理镇3600人、市本级8600人。

四 留物业

2006年以来，随着城市化进程的推进和经济的不断发展，通过合理开发利用代征安置用地，村集体经济组织"以地生财"，以留物业安置、出租留用地安置、留商铺安置保障模式，失地农民由"村民"变"股东"，获得长期、稳定的分红，培育了稳定的收入来源。

第三节　现行土地征收制度执行中存在的问题

随着经济的快速发展和城市化进程的加快，大理市建设用地的需求量增加，农村土地被征收的压力日益加大。由于相关法律缺失，实际操作中，轻法律规范重规章政策，再加上利益驱使以及其他一些因素的影响，在征收过程中存在的问题应该受到高度重视。需要适应新形势，进一步改革和完善农村土地征收制度，规范征收程序，更好地维护农村集体组织和农民的合法权益。

一　法律法规方面的不足和问题

（一）公共利益概念模糊

《中华人民共和国土地管理法》第二条规定："国家为了公共利益的需要，可以依法对土地实行征收或者征用并给予补偿。"但没有明确限定"公共利益"的范围和标准，缺乏"公共利益"征地的制度约束，导致征地范围过宽。

（二）征地程序尚待优化

大多数征地工作在批后进行，批后程序主要是争议调处、现状确认、入户调查、补偿方案协商确定、补偿登记等工作，前期工作不充分，致使很多问题未能得到妥善解决。征地公告在批后进行，信息公开化不够，被征地群众只能被动接受。征地补偿安置方案没有充分听取被征地农村集体经济组织和群众的意见，群众参与度不高。听证工作流于形式，在历年的土地征收过程中，虽然市国土资源局向被征地村组下达听证告知，但村组未提出听证要求，反而在实施征地时农民意见较多。

（三）收益分配差距较大

随着城市化进程的加快，集体土地资源增值明显，商住用地供应价格大幅上升，征地补偿标准调整提升幅度相对较小，征地和供地价格差距明显，导致群众意见多、征地工作中矛盾突出。以下关镇为例，2000—2014 年，土地征收补偿标准增幅相对于土地出让价格增幅、报批税费和基金计提增幅微乎其微（见图 11-2），被征地农民从表面上看到了土地征收价格与土地出让价格间的巨大差额，抵触征地工作，导致征地工作困难增加。

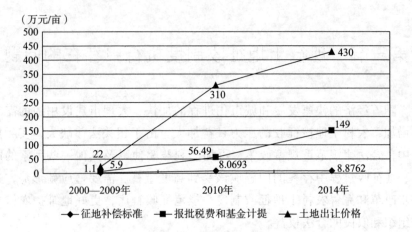

图 11 - 2　下关镇不同时期土地价格和征地成本对比

（四）保障制度不够健全

多元保障制度建设系统性、可操作性、有效性有待加强；在征地中，虽有留地、安排就业等被征地群众生活保障方式的探索，但未能形成可推广的制度保障。

（五）征地报批周期长

改革前农用地转用及土地征收报批，需在符合土地利用总体规划的前提下，满足耕地占补平衡、报批税费及社保资金落实、林地征占用手续办理、地质灾害评估和矿产压覆查询等多个前置条件，须经发改、规划、财政、社保、国土、水利、环保等部门审核，协调难度大、周期长，致使项目用地从预审到供地所需时间较长。

二　批后管理机械教条，不利于集约节约用地

自实施洱海保护抢救模式"七大行动"以来，受洱海保护治理、城市规划、洱海海西保护规划、生态廊道建设、风景名胜区规划、洱海生态环境保护"三线"管理等因素制约，导致大理市已批城市批次用地中局部地块无法实施征地及项目建设，造成用地指标和报批资金沉淀。

三　洱海保护压力加大，生态环保用地需求增加

全面贯彻落实省委、省政府关于"采取断然措施、开启抢救模式"要求，全力推进洱海保护"七大行动"，目前已完成洱海流域水生态保护核心区划定，对核心区内约两万亩耕地在不改变农用地性质的前提下，用于生态隔离带建设。为便于管理，应实施征收，但按现行一次支付补

偿的方式，所需补偿资金量大，难以及时筹集。

四 城乡建设发展空间狭小，城市开发性用地量少，保障发展用地压力大

大理市山地多、平坝少，苍山洱海自然保护区生态管控严格，生态环境保护、民族历史文化保护压力大，新增建设用地主要用于保障基础设施建设。"十二五"期间，全市共上报审批农用地转用征收约4.74万亩，其中，海东开发用地1.6万亩，能源、交通、环保等基础设施项目用地1.37万亩，保障工业用地后，可供城市开发使用的土地较少。"十三五"期间，规划实施重点项目545个，其中基础设施项目达366个，城市发展用地紧张。

第十二章　改革试点的主要做法及成效

第一节　严格缩小土地征收范围

《中共中央关于全面深化改革若干重大问题的决定》提出"加快完善现代市场体系，建立城乡统一的建设用地市场"。中共中央办公厅、国务院办公厅印发的《关于农村土地征收、集体经营性建设用地入市、宅基地制度改革试点工作的意见》（中办发〔2014〕71号）明确指出，针对征地范围过大、程序不够规范、被征地农民保障机制不完善等问题，要缩小土地征收范围，探索制定《土地征收目录》，严格界定公共利益用地范围，大理市积极出台制度措施，逐步缩小土地征收规模。

一　界定公共利益用地范围

制定了《大理市缩小土地征收范围试点实施意见》，根据土地用途和是否具有营利性质区分为公共利益用地和非公共利益用地，保障全市公益性项目建设用地，规范非公益性项目用地，盘活存量农村集体建设用地，实现土地资源的科学管理和有效配置。试点期间（2015—2017年），全市年均土地征收面积478.8833亩，其中，基础设施303.9284亩（见表12-1），比试点前五年年均征地量分别减少67.65%、66.72%。

二　探索制定土地征收目录

按照用地项目所取得的收益可代表和体现社会公众共同整体利益的公共受益性原则、用地项目符合现行法律法规对土地用途等方面相关规定的合理合法性原则、以用途作为界定公益用地主要参考标准的基于用途三大原则界定项目公益性，根据《划拨用地目录》和《国有土地上房屋征收与补偿条例》，制定《土地征收目录》。

表 12－1　　　　　　　　　　2010—2017 年征地量统计　　　　　　　单位：亩

年份	征地面积	年均征地量	其中，基础设施征地量	其中，基础设施年均征地量
2010	3623.892		3324.182	
2011	405.04		38.71	
2012	558.94	1480.3192	149.87	913.3224
2013	2329.085		1004.62	
2014	484.639		49.23	
2015	301.5147		116.32	
2016	823.5566	478.8833	483.8866	303.9284
2017	311.5785		311.5785	

明确可以依法实施的为国防和外交、能源、交通、水利、电力等基础设施建设，科技、教育、文化、卫生、体育、环境和资源保护、防灾减灾、文物保护、社会福利、市政等公共事业，保障性安居工程、搬迁安置工程和棚户区改建项目建设，市人民政府召开听证会确定属于公共利益范畴的建设项目，法律、行政法规规定的其他公共利益用地六种情形。

明确非公益性项目用地保障方式。一是通过合理规划调整市级土地利用总体规划，盘活存量农村集体建设用地解决项目用地；二是通过合理规划调整村级土地利用总体规划和村镇建设规划，盘活存量农村集体建设用地解决项目用地；三是用地方与村集体经济组织、农民协商后，通过"只转不征"的方式，使用农村集体建设用地，落实项目用地。

三　探索公共利益认定争议解决机制

对未列入《土地征收目录》的项目，以及对拟建项目用地是否属于公共利益存在异议的，由市人民政府组织相关部门召开听证会，同时让被征地农民积极参加听证，确定是否属于公共利益范畴的建设项目，待确定后方可实施征地。

四　强化规划硬约束

加强规划控制，优化空间布局，以"统筹城乡、全域管控"为原则，重点推进城乡总体规划编制，着力实现"规划一张图、建设一盘棋、管理一张网"的目标；建立了以"四区九线"为基础的全域空间管理体系，划定建设用地增长边界、生态保护红线、产业区块控制线等重要规划控制线，科学管控全市城乡空间资源，落实"生产、生活、生态"空间管制，强化以洱海保护为核心的生态环境保护，严格控制洱海周边项目建设，出台《关于加强洱海东北片区规划建设管理的意见》，明确片区内优先选择绿色、生态、低碳、环保产业，禁止建设高耗能、高污染及破坏生态环境的项目。支持高端文化旅游、休闲度假、康体养生、生态农业等产业，以点状式、串珠式布局。凡在片区内引进和布局项目，在符合城乡总体规划、土地利用总体规划的前提下，须经市委、市政府按相关规定组织论证审查，报州委、州政府批准同意后方可实施。

五 盘活存量集体建设用地，弥补用地不足

缩小征地范围后，商服、住宅等非公益性项目用地除使用存量国有建设用地外，通过盘活存量集体建设用地，弥补用地不足。在全市范围内开展摸底调查，因地制宜地选择在城郊和村庄不同区域，积极推进就地入市，显示了集体土地资产价值，增加了农民土地收益，现已完成入市地块两块：大理镇西门村三组面积5.8亩，入市拍卖价格450万元/亩，总价2610万元；银桥镇银桥村4.4亩，入市租赁价格51.84万元/亩，总价格228万元，租期20年。目前，全市累计有21宗400余亩正在有序地推进入市工作。

六 "区位调整"盘活已批未供土地

梳理分析近三年土地征收供应情况，结合大理市土地利用总体规划和年度土地利用计划情况，拟对因洱海保护治理、城市规划、洱海海西保护规划、风景名胜区规划等因素制约，导致已批城市批次用地中局部地块无法实施征地及项目建设地块进行区位调整，上报了《关于请求批准大理市在农村土地征收制度改革试点中对批次用地部分地块实施区位调整的请示》（大市土试组〔2017〕4号）。

第二节 积极推行农村殡葬改革

为保护苍洱田园风光，切实解决"活人与死人争地"的问题，大理市大力推广农村公益性骨灰堂建设，倡导健康文明丧葬新风，通过多年努力，全市殡葬基础设施建设明显改善，殡葬管理进一步规范，殡葬服务进一步提高，殡葬管理组织网络逐步健全和完善，有力地促进了社会主义精神文明建设，城市文明程度不断提升。

一 大理市农村公益性公墓建设情况

为妥善解决农村村民死亡后乱埋乱葬等问题，大理市于 2004 年和 2005 年投资 2200 万元在海西片和海东片分两批建成了 53 个农村公益性公墓，对农村丧葬用地进行了规范。2009 年，安排 93 万元资金对急需扩建的公墓进行了适当扩建。2012 年，公墓葬满的情况越来越突出，市政府当即决定从 2012 年开始至 2016 年，由市财政每年安排 200 万元，用于农村公益性公墓扩建和骨灰堂建设，其中 80 万元专项用于葬满公墓扩建。大理市农村公益性公墓建设经过十多年的努力，取得了显著成绩，但最突出的问题是没有彻底解决殡葬与土地利用之间的矛盾。

二 大力推广农村公益性骨灰堂建设

为保护大理苍洱田园生态环境，变骨灰"入土"为"入室"，大力推广生态环保的骨灰堂建设是大理市进一步深化殡葬改革的一大重点。"十三五"期间，大理市制定了《大理市农村公益性骨灰堂建设总体规划》，计划用五年时间，投入资金约 7500 万元，建设约 41 个农村公益性骨灰堂，达到农村公益性骨灰堂全覆盖，真正实现殡葬改革节地生态安葬、节约土地资源、节约丧葬资金和保护生态环境的目标，实现山、水、田、林、路和谐共生。从 2012 年开始，大理市有条件的乡镇开始实施农村公益性骨灰堂建设工作。截至目前，骨灰灵堂建设安排和争取资金 8020 万元，已建成 8 个农村公益性骨灰堂，其中，凤仪镇的小丰乐自然村骨灰堂、银桥镇鹤阳骨灰堂、喜洲镇河矣江骨灰堂、海东镇上和祖灵庙，安放骨灰 1177 盒，其余有 12 个农村公益性骨灰堂正在建设和筹备中。随着殡葬改革、建设推广农村公益性骨灰堂工作的不断深入，老百姓对变骨灰"入土"为"入室"理念的接受程度越来越高。

三 "祖灵庙"引领殡葬新风

白族祖灵庙项目，是一种新型的殡葬改革模式。大理海东新城开发建设中，为妥善解决开发建设用地与村民殡葬用地之间的矛盾，大理海东开发管委会在充分调查研究并听取各方面意见的基础上，于 2012 年启动了"以白族传统殡葬文化为主线，能为广大群众所接受，能与生态城市相匹配，能最大限度地节约土地；既能安放骨灰，又能进行传统的殡葬祭祀活动"的白族祖灵庙殡葬改革项目。大理海东开发管委员会计划在海东新城规划区范围内和海东镇兴建 11 座祖灵庙，总建筑面积 16500 平方米。其中，9 座为公益性，每一个村民委员会有 1 座；两座作为经营性，供今后新城入住居民使用。目前，上和村祖灵庙已经建成使用，可安放骨灰盒10386个。2015年12月18日，海东镇第一批搬迁的安葬骨灰集中搬迁到新建成的祖灵庙内，标志着海东镇骨灰安葬实现由"入土"到"入庙"的转变。如果要安置5万冢坟，按照公墓占地标准，每座4平方米，共计占地需要20万平方米。以50年测算，海东新城建设迁坟及人口自然死亡安葬需要11932亩殡葬用地，而海东新城新建11座农村公益性骨灰堂，总占地仅50亩，这样，土地利用率将提高了200多倍，极大地节约了土地资源。

专栏 12 - 1

公益性骨灰堂领殡葬新风
——以银桥镇鹤阳村为例

银桥镇鹤阳村委会，属于坝区。全村辖13个村民小组，有农户729户，有乡村人口3206人，其中农业人口3206人。国土面积7.52平方千米，海拔2100米，有耕地2165.89亩，人均耕地0.65亩。在农村土地制度改革试点工作过程中，银桥镇鹤阳村村委会在市镇两级党委政府的支持下，创新农村殡葬管理，推行农村公益性骨灰堂建设，探索出一条节约集约土地新路径。

保护田园风光 共建绿色殡葬

【林业站站长 李××】苍山作为国家地质公园，保留有极高科学研究价值的地质、生物、动植物和人类与自然和谐发展的遗迹，苍山保护面临着很大的压力。传统的土葬、散葬对林地和自然资源造成了极大的破坏，严重影响苍洱风光。每年上山祭祀总会因为各种原因引起不同程度的森林火灾，森林火灾不仅烧毁成片的森林，伤害林内的动物，而且还降低了森林的更新能力，引起土壤的贫瘠和破坏森林涵养水源的作用，导致生态环境失去平衡。这次殡葬改革最大限度地减小了护林防火的压力，也对保护苍山洱海做出了巨大的贡献。通过因地制宜推行实施骨灰寄存在骨灰堂模式，促进殡葬事业发展实现了三个转变：一是由分散埋葬向空间集聚转变。从根本上改变殡葬用地布局分散和重复建设问题。二是平面模式向立体模式转变。形成了"殡葬少占或不占土地"的绿色殡葬模式，极大地节约了土地资源。三是传统模式向生态模式转变。促进海西片区殡葬改革取得了跨越式进展，不仅保护了植被，还最大限度地节约集约使用了林地。骨灰堂建设既体现了群众信奉的"死有所葬、葬有所安"的理念，又有效地保护了苍洱风光，实现人与自然和谐相处。

发挥多重效益　促进协调统一

【鹤阳村村委会书记　董××】我们村土地资源紧张，宅基地改革试点解决了村民居住保障的问题，骨灰堂建设解决了"死人与活人争土地"的问题，实现了经济效益、社会效益、生态效益协调统一。一是营造了厚养薄葬的社会风尚。发动群众从自己做起，从家人做起，摒弃传统殡葬陋习，倡导尊老敬老、厚养薄葬、丧事简办的新风尚。二是探索了保护苍山的殡葬模式。能够给子孙后代留下天蓝、地绿、水净的美好家园。三是实施了节约惠民的殡葬措施。以推行骨灰寄存制度为契机，采取措施，引导群众简化丧仪、丧事简办，有效地解决了群众关心、社会关注的"殡葬贵"的问题。

变"入土"为"入室"　充分惠民便民

【鹤阳村村民　杨××】我家有6口人，上有父亲母亲，下有两个正在读书的子女，平时家里面的主要经济来源就是我们夫妻二人务农和农闲时候进城务工的收入，收入不高，经济压力大。以前农村的习俗就是老人百年之后要挑选墓地，定制墓碑，选好日子，请人抬棺材，吹吹打打地送进山，少则花费一万元，多则花费两三万元，对于我们收入不高的老百姓来说，经济压力还是挺大的。推行殡葬改革，我觉得挺好，首先不管你有钱没钱，家家户户都一样，老人百年之后进骨灰堂，对于一些困难户、五保户来说，解决了一个很大的经济问题，同时也遏制了不正的攀比之风。祭祀的时候不必大动干戈地背着柴米油盐、香钱纸火进山。手拿鲜花，简单、轻松地进骨灰灵堂进行祭拜就可以了。我觉得政府的这项骨灰堂建设改革对我们老百姓来说真的是一件大好事。

总投资206万元的银桥镇鹤阳骨灰堂全面建成并投入使用，占地5亩，总建筑面积586平方米，内置穴位4000多个，为鹤阳村、磻溪村两个村委会共同使用。据测算，可满足两个村近 80 年的殡葬需求。

<hr>

第三节　土地征收程序

大理市在土地征收过程中紧紧围绕程序合法、公开透明、合理补偿、足额兑现、妥善安置，兼顾国家、集体和个人利益的原则，规范土地征收程序，强化风险评估，积极化解征地矛盾，维护被征地农民集体、个人合法权益，保障了经济社会协调发展。

一　规范集体土地征收管理

出台《大理市集体土地征收管理办法（试行）》，明确由市人民政府做出非农建设征收集体土地的决定，实施主体是市国土资源局（度假区分局、开发区分局、海开委分局），具体实施工作由乡镇、办事处负责。各职能部门的具体分工是：市国土资源局负责业务指导，开展集体土地征收报批和监督管理工作；市财政局负责集体土地征收资金筹集；市林业局负责制定全市林地的补偿标准；市人社局负责土地征收被征地人员社会保障；市农业局负责指导被征地村组对征收耕地面积涉及承包经营权证的收回和注销；其他部门按职责做好相关工作。

二　建立土地征收社会稳定风险评估制度

为加强对土地征收工作的社会稳定风险防控，落实土地征收社会稳定风险评估责任，出台《大理市土地征收社会稳定风险评估指导意见》，对土地征收实施过程中可能出现的社会稳定风险进行先期预测、评估、化解，从源头上预防和减少涉稳重大问题的发生。要求制订评估方案，开展民意调查，全面分析论证，出具评估报告，确定风险等级后，由市人民政府对评估事项做出准予实施、慎重实施、暂缓实施、不予实施的决定，并提出做好稳定工作的具体要求。以上关片区供水工程项目土地征收为例，由项目建设单位委托北京达飞安评管理顾问有限公司进行风险评估，评估结论为"低风险等级"，评估报告报市维稳办备案后，市人民政府做出土地征收决定。

三　探索建立多层次多种形式的土地征收民主协商机制

细化土地征收民主协商的具体内容，将征地协商程序和公告公示程序前置。土地征收补偿安置方案在被征地村组广泛征求意见，通过召开镇村工作组会议、村组党员会、村民代表会议广泛宣传，统一思想，确保村民对征地范围、用途、补偿标准充分了解。方案以户长会议和逐户征求意见的方式，在 2/3 以上农户同意的情况下，上报市人民政府批准；若同意农户达不到 2/3 及诉求较多的，将召开听证会，广泛收集农民对方案的相关意见，听取被征地村组的诉求，修改完善后的方案，报市人民政府批准。方案公示后，签订土地征收补偿安置协议，办理补偿登记。

四　健全土地征收矛盾纠纷调处机制

出台《大理市征地补偿安置争议处理办法（试行）》，在乡镇成立征地补偿安置争议协调办公室，承担辖区内征地补偿安置争议的协调事宜，成立大理市征地补偿安置争议裁决委员会，成员由市人大代表、政协委员、政府相关部门工作人员及法律工作者组成。明确了补偿安置方案争议调处机制，要求协调办公室自受理协调申请之日起 15 日内与申请人进行协商解决，协商一致的，申请人撤回协商申请。协商不一致的，召开协调会议进行协调，协调一致后，由协调办公室制作协调意见书，争议双方签字后生效；协调不一致的，当事人可向市征地补偿安置争议裁决委员会申请裁决。避免了市政府既是征地补偿方案的制订者，又是征地补偿争议的裁决者，充分保障被征地农民参与权，增加被征地农民意见反映渠道，有效地减少征地过程中的矛盾和纠纷，引导被征地农民理性表达诉求，依法维护权益。

五　加大土地征收信息公开力度

始终坚持"公开为常态、不公开为例外"的原则开展信息公开工作。批前公开征地告知书、现状调查表、听证材料、土地征收"一书三方案"；批后公开征收土地方案、征地补偿安置方案、省政府批复。2015年，在市人民政府门户网站设立"土地征收"专栏，2016 年起合并在云南省征地信息公开查询系统发布，截至目前，主动公开征地信息 28 条，年内将完成 2015 年后批复的用地信息补录和公开，主动接受群众和社会监管。同时，完善政府信息依申请公开的工作机制，满足群众对土地征收信息的多样化需求，以《云南省政府信息申请公开工作规程》为指导，扎实开展政府信息申请工作，目前已回复申请公开征地信息 15 件。

六　调整优化征收程序

遵照程序合法、公开透明、合理补偿、足额兑现、妥善安置，兼顾国家、集体和个人利益的原则，出台《大理市集体土地征收程序规定（试行）》，对集体土地征收程序进行调整优化，具体程序包括：（1）风险评估；（2）征地告知；（3）勘测定界；（4）民主协商；（5）争议调处；（6）资金预存；（7）签订协议；（8）用地报批；（9）补偿登记。其中，征地告知、民主协商环节，从批后调整为批前，并增加了风险评估、资金预存环节。将入户调查、听证工作纳入民主协商环节加以优化。上关水厂片区土地征地程序公开透明、规范合理，得到群众的普遍支持，整体上加快了征地工作进度，项目从立项到土地征收协议签订用时不到3个月。

　　大理市农村土地征收工作流程（改革后）如图12-1所示。

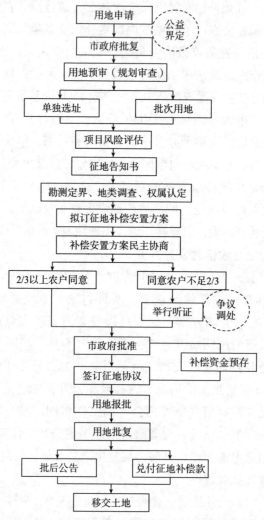

图 12 -1　大理市农村土地征收工作流程（改革后）

第四节　多元保障机制

随着社会经济及城镇化的加快，农用耕地通过征收或征用变成城镇建设用地的数量不断增加，速度不断加快，导致被征地农民群体数量不断增加，为被征地农民建立安全有效的社会保障机制是亟待解决的问题，也是推进经济社会稳定发展的关键。多年来，大理市在征地过程中，积极构建被征地农民多元保障机制，因地制宜提高征地补偿标准，创新补偿模式，保障被征地农民长远利益，推行被征地人员养老保障与城乡居民基本养老保险制度并轨，实现被征地农民老有所养。

一　提高土地征收补偿标准

在全面综合分析土地区位、地类、产值、社会经济发展程度等因素的基础上，进一步统一征收补偿标准，出台《大理市人民政府关于集体土地征收补偿标准的指导意见》，耕地亩均补偿再提高4万元，明确了园地、集体建设用地、未利用地、林地的补偿标准指导价，合理提高征地补偿标准，对《中华人民共和国土地管理法》第四十七条规定："征收土地的，按照被征收土地的原用途给予补偿""土地补偿费和安置补助费的总和不得超过土地被征收前三年平均年产值的三十倍"进行了突破（见表12-2）。如上关水厂片区土地征收补偿费坝区外由55380元/亩提高至75000元/亩（见表12-2），比原适用标准每亩提高19620元。同时，对青苗补偿和坟墓搬迁补助标准进行了修订和提高，青苗补偿费为旱地1500元/亩、水田2500元/亩、菜地3000元/亩；坟墓搬迁补助费为暗坟300元/冢、土坟600元/冢、砖坟1000元/冢、石坟1200元/冢、大石坟2000元/冢、双坟按单坟两倍价进行补助。

表12-2　　　　　大理市集体土地征收补偿标准指导价　　　单位：万元/亩

行政辖区	农用地								林地	未利用地
	耕地				园地					
	水田		旱地		果园		茶园			
	坝区内	坝区外	坝区内	坝区外	坝区内	坝区外	坝区内	坝区外		
下关镇	16	13	13	10	10	8	10	6	5	2.5

续表

行政辖区	农用地								林地	未利用地
	耕地				园地					
	水田		旱地		果园		茶园			
	坝区内	坝区外	坝区内	坝区外	坝区内	坝区外	坝区内	坝区外		
大理镇	11	10.5	10	8	8	6	8	5	4	2.3
银桥镇	10	9.5	10	8	8	6	8	5	4	2.3
湾桥镇	10	9.5	10	8	8	6	8	5	4	2.3
喜洲镇	10	9.5	10	8	8	6	8	5	4	2.3
上关镇	8	7.5	8	6	6	4	6	4	2.5	2.3
双廊镇	8	7.5	8	4	6	4	6	4	2.5	2
挖色镇	8	7.5	8	4	6	4	6	4	2.5	2
太邑乡	5	4.5	4	3	4	2	4	2	1.5	1
凤仪镇	8	7.5	8	4	6	4	6	3	2.5	2

二 探索农民住房征收补偿方式

出台《大理市集体土地上房屋征收补偿安置办法（试行）》，规范集体土地上房屋征收补偿安置工作，宅基地上房屋参照国有划拨住宅用地上的房屋，按认定面积进行"房地合一"货币补偿，能有效地维护被征收人合法权益，保障下关城区、凤仪城区、海东新区控制性详细规划范围内的基础设施建设、公共事业、保障性安居工程建设、棚户区改造等顺利实施。

三 完善多元保障机制

（一）全面完成农村集体经济组织成员资格认定

坚持以户籍登记为基础，以法律法规为依据，以《村规民约》为参考，以实践经验为借鉴，以履行义务为条件，以民主评议为结果，综合户籍关系、土地承包及居住情况，依法、民主、合理界定成员资格，共完成集体经济组织成员资格认定42.97万人。

（二）探索新增代征安置地回购

出台《关于进一步加强代征安置用地及中心城区建设用地管理工作的若干意见》，明确以城市（城镇）批次方式报批的，将被征耕地面积15%的代征安置地，按省人民政府批准公布的征地统一年产值补偿标准或区片综合地价的 10 倍，支付到被征收土地农村集体经济组织设立的专户。以上关片区供水工程项目土地征收为例，该项目可安排代征安置用地 4.203 亩，按云南省征地补偿标准上限的 10 倍计 553800 元/亩，折算为货币 2327621 元补助给被征地村组。把留地安置转变为货币化补助，改变了以往代征安置用地开发利用程度低、土地闲置、开发建设与城市发展规划不相协调等问题，同时极大地增加了村集体现金收入，被征地村组集体经济组织实力迅速壮大。在此次征地中，土地征收增值收益在国家、集体、个人间基本实现了合理分配，为试点地区后续项目的及时实施提供了可供参考的经验和做法。

（三）失地农民保障提标扩面

出台《改革完善被征地人员基本养老保障实施办法》和《关于调整我市被征地农民基本养老保险试行办法有关问题的通知》，推行被征地人员养老保障与城乡居民基本养老保险制度并轨，明确在征地过程中根据国家确定的土地级别，每亩增收不低于 2 万元的被征地农民基本养老保障专项资金，专项用于政府补助被征地农民参加基本养老保险，目前，已筹集 12 亿元专项资金。全市完全失地人员 51163 人，其中，2008 年以后被征地农民完全失地 35089 人（被征地老办法参保的已有 8816 人），缴费标准由 15000 元提高至 65700 元（政府、个人各 50%），养老金发放标准由 160 元/月提高至 365 元/月。截至 2018 年 4 月底，全市被征地农民养老保险 60 周岁以上按规定领取养老金 3647 人（见图 12 - 2），支付养老金 122.53 万元，养老保障资金结余 119505.83 万元。剩余的完全失地农民将逐步纳入基本养老保险制度保障范围。实现社会保障全覆盖，政府给予被征地人员参加城乡居民基本养老保险或城镇职工基本养老保险每人每年 1200 元的缴费补助，参保人每年享受一次政府补助，补助期限 15 年。

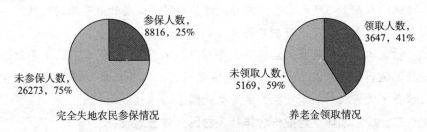

图 12 - 2　完全失地农民参保情况和养老金领取情况

专栏 12 - 2

以留地安置方式保障农民长远发展
——以凤仪镇千户营村为例

凤仪镇石龙村村委会千户营自然村，地处交通要道交汇点，距下关主城区6千米，在大理创新工业园区凤仪片区范围内。全村现有农户327户，农业人口1250人。2009年凤仪工业园区实施建设以来，全村累计被征收土地680亩，现有耕地面积不足50亩，人均耕地不足0.1亩，是典型的失地村。在农村土地制度改革试点工作过程中，凤仪镇石龙村村委会千户营自然村在市镇两级党委政府的支持下，探索留地安置方式，盘活集体代征安置用地，实现被征地农民的多元保障。

一　不等不靠，以地生财，走出科学发展之路

千户营村土地资源紧张，但地理位置十分优越，是凤仪开发建设的核心区域，是经济技术开发区乃至大理市最具商业活力和开发潜力的地区之一，周边汽车、仓储、物流业发展迅速。千户营村抢抓发展机遇，及时完善了土地相关手续，实行场地整体对外招租，将115亩村组暂无条件开发的发展用地出租给丰赢公司经营汽车4S店业务，租期为20年，租赁期满后企业退出场地，场地上企业所搭建的建筑物无偿归村集体所有。村集体每年可收入场地租金200多万元，丰赢汽车城项目优先安排千户营村民到公司打工，村民不出村就可就业，目前就业岗位750多个，千户营村有150多人，按每月每人2000元计算，每年全村增加收入300多万元，人均纯收入在13000元以上。同时，还带动了周边餐饮服务业的发展，为村民二次创业提供了很好的条件。

村集体经济发展壮大后，近三年累计投入资金2000多万元用于改善基础设施和公益事业，使村容村貌焕然一新，人居环境显著提升，体现出社会主义新农村的新气象，成为全镇闻名的"创业村"。

二　成立集体土地股份合作社，村民分享土地收益

村小组在镇党委、政府和村委会的引导及支持下，结合自身实际情况，成立了集体土地股份合作社，对集体资产进行民主管理，有严格的成员资格认定程序、具体的合作社章程和公平的股份分红制度。如2013—2015 年，场地租金每年可分配的 189 万元、2016 年和 2017 年场地租金每年可分配的 147 万元都是按照合作社股份分红制度进行分配的。

专栏 12 -3

土地征收留商铺安置案例
——以下关镇大关邑自然村为例

下关镇大关邑村委会大关邑自然村（一至四组）总人口 3000 多人，1998 年第二轮土地承包时，人均耕地 0.3 亩，由于地处下关镇经济社会发展核心区域，多年来经过多次土地征收，大关邑村一至四组农民已完全失地。失去了谋生土地后，为让村民获得长期稳定收益，村党总支结合实际情况，决定走资产开发之路，努力用好用活现有的资金资产以实现资产增值。

2009 年，大关邑自然村（一至四组）召开党员和村民代表会议，表决同意处置位于大理市下关洱河北路以北、泰安路以东大关邑自然村（一至四组）留用安置地 6.6 亩。同年 8 月，大关邑自然村（一至四组）与大理市土地收购储备交易中心签订拆迁安置协议。协议明确：一是大关邑自然村（一至四组）同意将位于大理市下关洱河北路以北、泰安路以东大关邑自然村（一至四组）留用安置地 6.6 亩土地使用权有偿交与大理市土地收购储备交易中心处置；二是大理市土地收购储备交易中心对大关邑自然村（一至四组）移交的土地使用权实行有偿置换，即大理市土地收购储备交易中心置换给大关邑自然村（一至四组）重建建筑面积为 3000 平方米一层临街商铺。

2010 年 1 月 12 日，大理市土地收购储备交易中心在《国有建设用使用权地挂牌竞买须知》的挂牌竞买资格及要求中明确：一是大理市人民政府向受让方按 6000 元/平方米价格回购一层临街商铺 3000 平方米；二是受让方项目建设完毕将 3000 平方米一层临街商铺移交大关邑自然村，并办理完不动产手续。2013 年，艺墅花乡项目建成，3000 平方米一层临街商铺移交大关邑自然村，并办理完不动产手续。大关邑自然村将集体资产花样年艺暨花乡 A、B、C 三幢楼一层商铺共 3000 平方米进行出租，年租金 252 万元，并从第四年起每年递增 6%，每年固定将租金的 240 万元分配到各农户用于生产生活，该商铺人均受益分红约 1000 元/年，其余收益用于集体清洁费等支出。

第五节　建立增值收益分配机制

　　土地增值收益分配是土地征收进程中最为关键的议题，涉及的利益主体多、影响面广，具有跨期效应。完善土地增值收益分配机制要树立正确的价值观，要把保障农民利益作为起点和终点，真正地将保障农民利益落到实处。在土地增值收益分配方面，大理市积极探索分配模式、分配比例，以建立健全兼顾国家、集体、个人的土地增值收益分配机制和保障农民公平分享土地增值收益为目的，确保农村土地征收增值收益在农民集体内部公平合理分配和使用。

一　探索增值收益核算办法

　　结合实际，通过对近六年大理市实施的征地项目核算征地支出成本平均单价（含开发性支出成本）；对其间实施的所有供地项目核算国有建设用地有偿使用收入平均单价。采取国有建设用地有偿使用收入平均单价扣除征地支出成本平均单价的方式，确定全市近五年土地征收转用产生的平均增值收益。

二　探索农民集体合理分享土地增值收益的多种实现形式

　　坚持严格依法、规范程序、不断积极探索科学合理的多元保障方式，在采取货币安置、社保安置的基础上，积极探索留物业安置、留商铺安置、留地安置、就业安置等多元保障方式，让农民集体合理分享土地增值收益。试点工作开展以来，部分村委会通过充分利用留地安置的优惠政策，发展第二、第三产业，壮大集体经济，使失地农民获得长期、稳定的收益，被征地农民生产生活水平得到了保障提高。

专栏 12 - 4

抓机遇强产业 切实保障农民失地不失利

——以下关镇荷花村委会为例

下关镇荷花村地处大理市西北郊，下辖兴隆、荷花、阳平、宝林和宝井5个自然村10个村民小组，辖区面积8平方千米，共有1266户4615人，其中白族人口占96%。从2003年开始，全村被征收耕地达3000亩，人均耕地面积仅为0.2亩。荷花村大部分集体土地被征收后，村委会抓住时机，科学谋划，充分抓住代征安置用地、留物业等政策机遇创建经济实体，保障村民生产生活水平不断发展提高，使人、财、物有机统一，为村集体经济的发展壮大奠定了坚实的基础。

一 整合补偿资金，创办经济实体

荷花村从2003年起，所属的3000多亩耕地先后被征收，每个村民小组获得了上千万元的土地补偿金。面对近4亿元的土地征收补偿金，如何才能科学合理地与经济效益相结合，将资金分配好、利用好，确保失地农民不失利，这一难题顿时摆在村"两委"班子面前。被征收土地后，靠耕种农田显然不够糊口，如果任随村民自由使用补偿金，极可能坐吃山空，结果会使村民越来越穷。村"两委"经过思考和反复论证，立足荷花村属城乡接合部的区位优势，提出了"一组一项目、一村一品牌"的发展思路，决定通过村民入股、合作开发等形式，整合土地补偿金，实现资金增值，让村民获得长期稳定收益。这一想法在村党组织达成共识后，由党员率先入股做示范，分头深入农户家中做工作，采取自愿参与、入股分红的方式，将分到农户手中的土地补偿金整合起来，积极创办各种经济实体，发展壮大集体经济，带领村民增收致富。荷花村三组抓住大理学院后勤改革的契机，于2002年签订了土地征收协议，投资1900多万元组建大理宝鑫物业管理有限责任公司，主要从事学生公寓和高校后勤服务，安排村民就业岗位45个，实现年营业收入260万元，130户入股村民年均获利1.2万元。荷花村四组将村组代征安置用地30亩办理了土地证，由村民投资入股 3700 多万元，组建了云师大附中——大理新世纪中学后勤服务公司。公司于 2004 年建成投入使用，安排村民就业岗位 70 个，实现年营业收入 240 多万元，140 户入股村民每户年均获利 1 万多元。在两个公司的示范带动下，其他村民小组也结合各自实际，整合土地资源，提高土地产出效益，每年每个村民小组从土地流转中实现集体经济收入 120 万—150 万元。

二 盘活集体资产，拓宽发展路子

荷花村委会认识到，集体经济必须为集体服务，集体收入要用于全体村民都受益的公益事业上，村"两委"班子才能得到群众的拥护和支持，集体经济才能得到发展壮大。在壮大村集体经济的同时，荷花村"两委"班子千方百计地改善民生、造福村民，努力让发展的成果惠及全体村民，赢得了民心，激发了民力。荷花村依托城乡接合部的区位优势，围绕服务城市发展做文章，积极盘活集体资产，用足用好政策资金，增强村集体经济发展后劲。对历年来经营不景气的洗车场、农机站等村集体企业，采取由村民承包、租赁、股份制合作等方式进行盘活，提高经营管理水平。着眼于辖区内经济适用住房小区开发建设的前景，投资 600 多万元建成荷花综合市场，年集体收入约 50 万元。投入 700 多万元，对马鞍箐水库进行改造提升，建成了占地面积 40 亩、年储水量 6 万立方的荷花水厂，年集体收入约 150 万元。投入 300 余万元，修建起一点红公墓区和配套停车场，年集体收入约 150 万元。通过对闲置的集体土地进行开发整理，投资 2000 多万元（其中村集体投入 500 多万元），建成了一所占地 28 亩、由政府主导、乡（镇）组织、荷花村委会承建和兴办的大理市第三幼儿园，现在园儿童已达 1026 人，年集体收入约 100 万元。集体资产的盘活和集体经济的壮大，不断带动了建筑、餐饮、运输、养殖、服务、旅游等个体经济长足发展，较好地解决了农民就业、增收等问题，而实现了产业发展由单一型向多元化经营的转变，广大村民纷纷走上了致富奔小康之路。2016 年年底，集体资产突破 3 亿元，全村经济总收入 5.3 亿元，村集体经济年收入 1200 万元，农民人均年收入达 14328 元。

三 探索国家和集体的合理分配比例

开展增值收益分配专题研究，通过对近六年大理市在农用地转用、土地征收及土地出让中成本、收益的全面分析研究。

经测算，大理市本级土地供应价格平均为 1275 元/平方米，土地增值收益中集体份额为 28 元/平方米，农民份额为 67 元/平方米，地方政府纯收益为 422 元/平方米（扣除各项计提资金）；大理创新工业园区土地供应价格平均为 701 元/平方米，土地增值收益中集体份额为 28 元/平方米，农民份额为 67 元/平方米，地方政府纯收益为 38 元/平方米（扣除各项计提资金）；度假区土地供应价格平均为 690 元/平方米，土地增值收益中集体份额为 21 元/平方米，农民份额为 83 元/平方米，地方政府纯收益为 30 元/平方米（扣除各项计提资金）；大理海东开发区管理委员会土地供应价格平均为 630 元/平方米，土地增值收益中集体份额为 19 元/平方米，农民份额为 88 元/平方米，地方政府纯收益为 -10 元/平方米（扣除各项计提资金）；全市总体平均水平：土地供应价格平均为 755 元/平方米，土地增值收益中集体份额为 23 元/平方米，农民份额为 78 元/平方米，地方政府纯收益为 74 元/平方米（扣除各项计提资金）（见表 12 - 3）。

表 12 - 3　　　　　　　　土地增值收益分配一览　　　　单位：元/平方米

区域	集体份额	农民份额	政府纯收益	合计
市本级	28	67	422	517
工业园区	28	67	38	133
度假区	21	83	30	134
海东开发区	19	88	- 10	97
总体平均	23	78	74	175

大理市土地增值收益份额对比情况如图 12 - 3 所示。

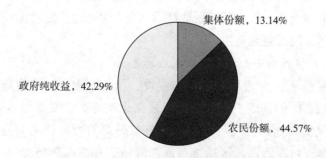

图 12 - 3　大理市土地增值收益份额对比

最后，测算出土地增值收益在国家、集体的分配比例为3.2：1，准确地掌握了国家收益高于集体和个人收益的具体数据，为探索适当提高集体个人分配比例、合理分享增值收益奠定了基础。如上关片区供水工程项目按照试点中新测算的征地补偿标准，征地补偿费提高了35%，被征地户人均补偿费用增加2500元，加上采取留地安置货币化补助，此次征地中国家、集体的土地征收平均增值收益分配比例调整为1.8：1。

四　健全集体内部合理分配办法

制定出台《大理市农村土地征收增值收益分配指导意见》，明确被征地农民集体按照民主管理决策程序，可在农村土地征收增值收益（征地补偿标准提高部分）中提取比例30%的资金，用于对本村组被征地人员养老、医疗和基本生活保障等支出，保障农民失地不失利；其余比例70%的资金，用于发展集体经济、公益事业、基础设施建设等，改善农村人居环境，实现集体与个人合理分配土地增值收益。如上关镇沙坪村有土地征收增值收益2877373元，其中，863212元用于村组被征地人员养老、医疗和基本生活保障等支出，2014161元用于发展集体经济、公益事业、基础设施建设等。

第六节　有效提高土地利用效益

随着经济社会事业的快速发展，国家严控非农建设占用农用地，建设用地供求矛盾进一步突出，为切实处理好保护海西耕地和保障用地的关系，大理市立足实际，加大海西管控力度、依法促进批而未用土地有效利用、加强农村集体建设用地管理、完善土地资源市场配置机制，进一步集约利用土地，积极破解用地难题，全力保障经济发展。

一　洱海流域空间管控

（一）严格控制海西新增建设用地总量

明确海西片区在满足村镇基本建设、社会管理、公益设施及环保、交通等基础设施的基础上，除统筹兼顾文化旅游产业发展用地以外，原则上不再提供其他建设项目用地，禁止布局新的商品住宅类建设项目。经州级批准，可在海西片区适度布局高端酒店和高端康体养生项目，重点支持博物馆、文化馆、歌舞剧院等文化旅游项目和国际知名品牌的主题公园、游乐设施项目的开发建设，为历史文化和民族文化的传承、展示提供载体。

（二）严格项目准入合理开发用地

划定洱海东北片区范围，强化片区建筑景观设计，划定开发建设边界，环海东路面山范围要保持山地自然形态，片区内新建建筑要求总高度不超过 12 米，保留当地民族传统建筑风格。严控项目准入，优先选择生态、绿色、低碳、环保产业。在洱海流域生态隔离带建设中，采取农村土地承包经营权流转的方式进行用地保障。对确需征收的集体土地，探索只征不转和协商分期方式支付补偿款，在海东生态新城建设过程中，运用低丘缓坡征转分离政策，采取一次性兑付补偿款的方式，推进国有公益林建设。

二　调整产业布局

（一）加强生态农业发展

以洱海保护为核心，深入推进洱海保护治理"七大行动"，切实保护海西田园风光，按照"宜粮则粮、宜菜则菜、宜畜则畜、宜药则药、宜花则花"的产业布局，引导农业产业结构调整升级，大力发展创意农业、智慧农业、休闲观光农业，加快优势产业全产业链发展，发挥了产业集聚效应。

（二）加快工业集聚发展

强化规划引领，按照全市规划一盘棋的思路，坚持土地节约集约利用和低丘缓坡开发建设，加快解决"十三五"项目土地征收、资金筹措等问题，稳步推进工业上山，建立重点产业、特色园区发展推进机制，建立项目供地审批"绿色通道"，简化工作流程，促进传统产业转型升级、重点产业做大做强、新兴产业发展壮大。

（三）推进全域旅游发展

在环洱海区域，大力发展生态游、康体养生游、婚庆游、民俗风情游等系列旅游产品，充分利用集体建设用地，完善环洱海生态环保和旅游基础设施，破解第三产业经济发展"瓶颈"。

三　创新用地方式

（一）查清底数，创设制度，搭建平台，允许集体建设用地入市

在开展洱海保护"七大行动"划定水生态核心区的基础上，对全市范围内的集体建设用地进行调查摸底。经调查，全市各村集体对外出租

利用的建设用地 264.28 亩、空地 3697.62 亩、存量集体建设用地 3961.9亩。结合实际，制定出台《大理市农村集体经营性建设用地入市管理办法（试行）》等 9 个制度，建立公开、公平、公正的集体经营性建设用地入市制度，规范集体经营性建设用地使用权出让行为。搭建农村集体经营性建设用地使用权招标、拍卖、挂牌出让平台，将入市土地统一纳入公共资源交易中心进行公开交易，健全服务监管，稳妥推进农村集体经营性建设用地入市工作，在一定程度上解决了土地征收制度改革缩小征地范围后建设用地资源匮乏的问题。

（二）强化管控，开展整治、有偿退出，赋予经营性用途入市

加强宅基地总规模控制，按照"多规合一"试点要求，完成《大理市城乡总体规划（2015—2030年）》编制和自然村村庄规划（村级土地利用规划）修编，全面启动全市 411 个自然村的村庄规划修编，利用工程方式建设环村路（生态林带），明确划定村庄增长边界，严格控制宅基地总规模。大力支持特色小镇、特色村寨的旅游基础设施建设，积极推进以银桥镇磻溪村、海东镇石头村为典型代表的"空心村"保护性开发建设，探索"空心村"整治退出，完成大理镇西门、凤仪镇小赤佛、银桥镇双鸳等 5 个村"空心村"的整治。通过用活宅基地有偿退出等试点政策，赋予经营性用途入市，努力将部分有开发价值的"空心村"打造成真正有旅游吸引力的传统村落，解决缩小征地范围后的供需矛盾，弥补开发用地不足问题，为构建城乡统一建设用地市场奠定基础。

专栏 12 - 5

大理市建设用地"增存挂钩"管理实施细则（试行）

根据《自然资源部关于健全建设用地"增存挂钩"机制的通知》（自然资规〔2018〕1 号）文件要求，按照省、州国土资源部门的安排部署，为积极促进节约集约用地，实现高质量发展，消化批而未供土地和盘活利用闲置土地，结合大理市实际，特制定本实施细则。

一　适用范围

自 1999 年 1 月 1 日以来，依法批准的使用年度新增建设用地计划指标的城市（镇）分批次建设用地，因城乡规划调整或其他原因，批准后满两年尚未完成征地或供地造成批而未征、征而未供的，州、市人民政府可以申请调整（撤销）建设用地批文，盘活批而未征、征而未供土地转用指标（包括农用地指标、未利用地指标）。

申请盘活批而未征、征而未供土地转用指标的地块，范围线应闭合完整，地貌应保原土地利用状态，原地类为农用地的，应保持农业水利设施、耕作层、机耕路等种植条件；涉及违法用地的，应依法查处到位并恢复原地类和地貌，严禁抛荒。原已缴纳的报批税费和社保费、原补充耕地方案继续有效。

二　应用类型及批后管理

自 1999 年 1 月 1 日以来，依法批准的存量城市（镇）批次建设用地，因城乡规划调整或其他原因造成批而未征、征而未供的土地，按以下类型进行分类和批后管理。

（一）尚未开展征地的。调整（撤销）建设用地批文，盘活批而未征土地转用指标，经批准后的地块按原地类管理。

（二）已签订征地协议但未实施安置补偿的。在解除原征地协议基础上，调整（撤销）建设用地批文，盘活批而未供土地转用指标，经批准后的地块按土地原用途继续使用。

（三）安置补偿已到位且无法返还征地补偿费的。调整（撤销）建设用地批文，盘活批而未供土地转用指标，经批准后的地块保留国有土地性质，按照属地原则，由乡镇人民政府进行监督管理。

（四）地类确定。调整（撤销）建设用地批文，盘活批而未供土地转用指标经批准后，涉及的地块在年度土地变更调查中，按原地类管理，在新的审批文件中予以确定。

（五）指标问题。在建设用地指标总规模不变的情况下，原调整（撤销）建设用地指标可直接用于新报批地块；涉及耕地的，原补充耕地方案继续有效，在确保数量不减少、质量不降低的前提下，原补充耕地方案可直接用于新报批地块。

（六）报批税费。农用地转征收报批涉及新增建设用地有偿使用费、耕地开垦费、坝区耕地质量补偿费、耕地占用税、社保费。

新增建设用地有偿使用费：在新调整地块报批时不再缴纳，应缴部分在台账中进行抵扣核减；耕地开垦费：保留原有占补平衡指标和耕地等级，新报批地块在耕地等别不超过原批准用地的耕地等别，在台账中进行核减，不再缴纳耕地开垦费；坝区耕地质量补偿费：在建立核减台账后，作为新批地块新增建设用地有偿使用费；耕地占用税和社保费（保留国有性质的除外）：由市税务、人社部门进行调整，出具书面意见，认定到新批地块中使用。

三　调整方式

（一）整批次撤销。农用地转用及土地征收经依法批准后，满两年未使用或未实施征地补偿安置的，有关批准文件报原批准机关予以撤销。

（二）合并撤销。对批次内部分地块未实施征地及供地的，可合并不同批次中需盘活的地块，一并打包上报原批准机关予以核销（变更）。

（三）保留征收。安置补偿已到位且无法返还征地补偿费的地块，撤销农用地转用审批、保留土地征收审批。

四　审批程序

（一）申请。由市人民政府提出申请，逐级上报原批准机关。各级人民政府严格执行盘活批而未供土地转用指标有关政策，维护征地审批工作的严肃性，坚决杜绝随意调整和重复调整建设用地地块的现象，认真落实建设用地"增存挂钩"工作实施方案，加快完成建设用地调整报件的组件上报工作。

（二）申请材料。申请调整（撤销）建设用地批文盘活批而未供土地转用指标的，应提供以下申请材料：

1. 州、市人民政府关于申请调整（撤销）建设用地批文盘活批而未供转用指标的请示；

2. 州、市国土资源局关于申请调整（撤销）建设用地批文盘活批而未供转用指标的审查报告；

3. 申请盘活批而未供土地转用指标地块的原建设用地批文；

4. 调整（撤销）建设用地批文盘活批而未供转用指标呈报表、地块情况汇总表、缴纳税费及社保费情况表、已完成补充耕地情况表；

5. 原地块的土地利用现状图、土地利用总体规划图、勘测定界图；

6. 原地块的土地分类面积汇总表、耕地质量分等定级表、权属汇总表；

7. 州、市国土资源部门出具的实地踏勘表、地块现状实地照片；

8. 解除征地协议的，由市人民政府出具相关情况说明（包括征地实施情况、征地补偿费支付情况、安置措施及落实情况等）；

9. 涉及城乡规划调整的，需提供城乡规划部门规划调整说明。涉及其他原因的，由相关部门提供说明。

（三）批准。原由省人民政府批准的城市（镇）建设用地，调整（撤销）建设用地批文盘活批而未供土地转用指标的申请，由省国土资源厅受理、审核后上报省人民政府审批（委托下放审批权限的，按照下放权限受理）。

（四）批文公告和归档。调整（撤销）建设用地批文盘活批而未供土地转用指标按规定批准后，由州、市人民政府公告调整（撤销）建设用地批文情况。批准文件应随同原建设用地报批材料一并归档。

五　明确职责

（一）市国土资源局

对拟申请调整（撤销）的地块情况，协调市级职能部门进行会审，并报市人民政府审核；编制申请调整（撤销）建设用地批文盘活批而未供转用指标的审查报告，新批地块涉及规划修改的，在审查报告中增加规划修改专章，组织报件按审批权限逐级上报。

（二）州国土资源局

对市国土资源局上报的报告和申请材料进行审查，对规划修改情况进行审批，按审批权限逐级上报，涉及2012—2017年批次中的坝区耕地质量补偿费在欠缴部分中进行扣除。

（三）省国土资源厅

1. 审核处室（队、中心）：征转处、规划处、耕保处、地籍处、利用处、财务处、执法总队、厅信息中心，按各处室（队、中心）职责对报件资料进行审查。

2. 审核要点：

征转处：对相关报件资料、原建设用地批文、新增建设用地有偿使用费、坝区耕地质量补偿费缴费情况进行审查，在电子台账记录，对调整（撤销）地块的建设用地指标、缴费情况进行动态核减。

规划处：对地块的土地利用总体规划布局图、盘活的建设用地指标情况进行审查。对调整（撤销）地块的建设用地指标建立电子台账，新批地块在不占用基本农田和禁止建设区的情况下进行动态调整。

耕保处：对已完成耕地补充情况进行梳理，盘活和再利用进行审查，对涉及的占补平衡指标进行台账管理，分批分次进行核减，确保数量不减少，质量不降低。

地籍处：对土地利用现状图、勘测定界报告进行审查，调整（撤销）批准后，在年度变更调查中变更地类。

利用处：对调整（撤销）地块涉及批次中的已供面积进行审查，批准后在动态监测系统中调整。

财务处：对调整（撤销）地块新增建设用地有偿使用费、坝区耕地质量补偿费缴纳情况进行审查，调整（撤销）批准后，在电子台账上记录，坝区耕地质量补偿费可作为新批地块新增建设用地有偿使用费。对调整（撤销）地块的缴费情况进行动态核减。

执法总队：对调整（撤销）地块土地利用状态、违法用地情况进行审查，实地踏勘表、地块现状实地照片等报件资料进行审查。批准后，在电子台账上记录，按原地类用途进行监管。

信息中心：在各处室审核通过后，汇总相关数据，在国土资源信息系统中，对调整（撤销）地块进行标注、更新。

六 加强批后监管

（一）建立电子台账

省国土资源厅依据调整（撤销）地块的批准情况，将涉及的原农用地转征收批次按照新增建设用地、农用地（其中耕地需区分水田、旱地以及质量等别）、未利用地建立电子台账。大理市国土资源局负责盘活指标的清理统计，建立电子台账进行管理；大理州国土资源局负责核对和监督；省国土资源厅负责抽查，实行严格管理。

（二）责任分工

大理州、市国土资源局加强对调整（撤销）建设用地批文盘活批而未供土地转用指标工作的领导和管理，在州、市人民政府统一领导下，认真组织实施省人民政府批准的建设用地批文，严格控制调整（撤销）建设用地批文盘活批而未供土地转用指标。确需调整（撤销）建设用地批文盘活批而未供土地转用指标的，妥善处理好与被征地集体经济组织和被征地群众的关系，切实维护群众的合法权益，维护社会稳定。已做过盘活的地块不得进行二次调整，新批项目用地须严格准入，充分论证，避免批而未供现象继续出现。

专栏 12 - 6

上关片区供水工程项目土地征收制度试行案例

一　项目概况

大理市上关片区供水工程项目是市人民政府实施的城乡统筹供水工程项目之一，选址于上关镇沙坪村村委会苍山脚东、花树村以南、国道214以西、龙尾关古城墙以北，项目建设单位为大理市住房和城乡建设局，估算工程总投资 2.3 亿元，建成后可为上关片区约 5 万人提供饮用水保障。项目需征收沙坪村委会一至四组耕地 28 亩，涉及 79 户 220 人。目前已签订征地补偿协议，并将项目用地纳入 2017 年度城市批次建设用地逐级上报审批。

二　改革任务探索

历年来大理市土地征收工作程序较为规范，征地补偿标准相对较高，补偿及时到位，失地农民保障较为充分，已探索实施了货币、留地、社保、就业等多种安置方式保障被征地农民生产生活。对照试点要求，该项目的土地征收主要在规范征收程序、提高补偿标准、完善多元保障、增值收益合理分享等机制固化方面进行探索。

三　主要做法

（一）缩小征地范围

2017 年 1 月，大理市发展和改革局批复项目可行性研究报告，市人民政府审查认为，该项目属于公共基础设施项目，具备洱海海西、海东北片区规划管控项目准入条件，符合《大理市缩小土地征收范围试点实施意见》中土地征收目录，同意实施土地征收前期工作。

（二）规范征收程序

1. 风险评估。根据《大理市土地征收社会稳定风险评估指导意见》，项目建设单位委托北京达飞安评管理顾问有限公司进行风险评估，评估结论为"低风险等级"，评估报告报市维稳办备案后，市人民政府做出土地征收决定。

256 / 第三篇 征地

2. 征地告知。根据《大理市集体土地征收程序规定（试行）》，市国土资源局在被征地村组张贴征地告知书，内容包括拟征收范围、土地现状、征收目的、补偿标准、安置方式和社会保障等。

3. 勘测定界。市国土资源局、上关镇人民政府、被征地村组委托测绘机构对拟征收土地的权属、地类、面积进行实地测量核实，对地上附着物的权属、种类、数量等进行现场调查，填写土地征收勘测调查清单，并经产权人现场认可签字。

4. 广泛协商。一是镇政府、村"两委"分别召开项目征地动员会、党员会和村组代表会进行广泛宣传动员。二是市国土资源局依据《大理市人民政府关于集体土地征收补偿标准的指导意见》草拟土地征收补偿方案，在被征地村组张贴公示、入户征询意见，听取被征地农民诉求，修改完善后形成正式方案报市人民政府批准。三是市国土资源局将经批准的土地征收补偿方案在被征地村组公示，并发放听证告知书。该项目涉及被征地的 79 户农户 100% 签字同意征地，对征地补偿方案无异议，不申请听证。

5. 资金预存。市人民政府将土地征收、地上附着物补偿、社会保障费用共计 760 万元存入财政专户，保障征地资金。

6. 签订协议。市国土资源局、上关镇人民政府依据《大理市上关片区供水工程征地补偿方案》与沙坪村委会及其第一、第二、第三、第四村民小组签订土地征收协议一式八份。

7. 用地报批。市国土资源局按《云南省土地征收农用地转用审批管理细则》要求，编制建设用地项目呈报说明书、农用地转用方案、补充耕地方案、征收土地方案，按程序上报州、省人民政府审批。

（三）合理、规范、多元保障

1. 适当提高补偿标准。按照《云南省国土资源厅关于修订云南省十五个州（市）征地补偿标准的通知》（云国土资〔2014〕27 号）标准，该片区土地征收补偿费上限为统一年产值的 30 倍，即 55380 元/亩。按试点中出台的《大理市人民政府关于集体土地征收补偿标准的指导意见》，对照大理市集体土地征收补偿标准指导价，确定该片区土地征收补偿费为 75000 元/亩，比原适用标准每亩提高 19620 元；根据实地调查结果，青苗补偿费按 800 元/亩确定，坟墓、零星林木等地上附着物搬迁按《大理市人民政府关于集体土地征收补偿标准的指导意见》标准予以补偿。

2. 落实社会保障资金。按照《大理市改革完善被征地人员基本养老保障实施办法（试行）》，市人民政府按 20000 元/亩的标准将应由市财政承担的被征地人员社会保障资金存入财政专户。

（四）合理分享增值收益

1. 测算平均增值收益。通过对近五年土地征收供应数据分析测算，大理市土地征收平均增值收益为 282700 元/亩，在国家、集体之间的分配比例为 3.2∶1。

2. 合理分享增值收益。历年来大理市均按征收耕地面积 15% 的比例安排集体发展用地，在此次征地中，根据《大理市人民政府关于进一步加强代征安置用地及中心城区建设用地管理工作的若干意见》，将留地安置转变为货币补助，该项目可安排代征安置用地 4.203 亩，按云南省征地补偿标准上限的 10 倍计 553800 元/亩，折算为货币 2327621 元补助给被征地村组。

3. 提高集体分配比例。通过提高补偿标准、留地安置货币化补助，此次征地中国家、集体的土地征收平均增值收益分配比例调整为 1.8∶1。

4. 集体内部分配增值收益。沙坪村将按照《大理市农村土地征收增值收益分配指导意见》，在土地征收增值收益 2877373 元中提取 30% 用于对本村组被征地人员养老、医疗和基本生活保障等支出，70% 用于发展集体经济、公益事业、基础设施建设等。

四 工作成效及案例评析

大理市在此次征地过程中，围绕充分保障被征地农民合法权益，缩减土地征收规模，规范土地征收程序，引入矛盾纠纷化解机制和土地征收增值收益共享机制，实现征前、征中、征后的规范管理，群众积极支持配合开展征地工作，城乡统筹供水工程项目顺利推进，为加快实施洱海保护治理"七大行动"提供了有力保障。

（一）科学界定公共利益用地范围。大理市参照《划拨用地目录》和《国有土地上房屋征收与补偿条例》，结合全域旅游示范区创建，制定了《土地征收目录》，明确不在目录内的项目，不得动用土地征收权，对项目公益性有争议的，由市人民政府召开听证会，确定为属于公共利益范畴的建设项目方可实施征地。州人民政府印发了《关于加强海西建设项目规划管理的意见》和《关于加强洱海东北片区规划建设管理的意见》，明确洱海周边除生态环保和相关公益设施项目外，原则上不再提供项目用地，相关项目建设必须报州委、州政府批准后方可实施。此次征地严格按试点制度要求开展，经审核项目属公共利益范畴，被征地村组未提出异议。

（二）优化完善土地征收程序。将补偿安置方案听取意见和征地协议签订环节，从批后调整为批前，细化土地征收民主协商的具体内容，逐户征求意见，征得2/3以上被征地农户同意后才实施土地征收，保障了被征地农民的参与权和知情权。新增社会稳定风险评估、补偿安置争议协调处理机制，畅通被征地农民意见反映渠道，有效地减少征地过程中的矛盾纠纷。建立征地补偿资金预存制度，确保补偿费用及时足额兑付。此次征地程序公开透明、规范合理，得到群众的普遍支持，整体上加快了征地工作进度，项目从立项到土地征收协议签订用时不到3个月。

（三）全力维护被征地农民权益。把增加征地补偿作为维护被征地农民权益的重要措施，按照试点中新测算的征地补偿标准，征地补偿费提高了35%，被征地户人均补偿费用增加2500元，收入水平有所提高。按照"全覆盖、保基本、多层次、可持续"的要求，市财政及时足额预存了被征地人员社会保障资金，确保完全失地农民能够及时享受社会保障。此次征地采取多元保障方式解决被征地农户的后顾之忧，达到了被征地农民生活水平不降低的目标，有效地解决了过去征地中存在的"批而未征"等问题。

（四）合理分配土地增值收益。把留地安置转变为货币化补助，改变了以往代征安置用地开发利用程度低、土地闲置、开发建设与城市发展规划不相协调等问题，同时极大地增加了村集体现金收入，被征地村组集体经济组织实力迅速壮大。通过规范集体内部分配增值收益管理使用，既确保了被征地村组个人稳定享有30%的增值收益分配，又能够确保集体有资金和能力发展农村公益事业，改善农村人居环境。此次征地中，土地征收增值收益在国家、集体、个人间基本实现了合理分配，为试点地区后续项目的及时实施提供了可供参考的经验和做法。

第十三章　土地征收制度改革存在的问题及思考

第一节　土地征收制度改革存在的问题

土地是"财富之母",是人类赖以生存的最重要的资源。随着逐渐加快的新型城市化进程,土地征收制度改革中存在的问题日渐凸显,进一步在试点改革中探索完善土地征收制度依然迫在眉睫。目前,大理市土地征收制度改革试点在公共利益界定、缩小土地征收范围、土地征收程序、多元保障机制、增值收益分配机制等方面的研究和实践有待进一步深化。

一　缩小土地征收范围方面

(一)公益性界定难

1. 相关法律中"公共利益需要"缺乏明确的征收范围,现行的《中华人民共和国土地管理法》只是原则性地规定了土地征收必须符合"公共利益",但具体项目是否符合"公共利益"却没有明确的规定。

2. 征地审批规定,在土地利用总体规划确定的城市用地范围内,为实施城市规划需要占用土地,以及能源、交通、水利、矿山、军事设施等建设项目属于"公共利益"需要使用土地,按城市规划分批次征收土地,但现实中由哪些具体的建设项目来使用具有很大的随意性,往往是谁申请使用,就由市、县人民政府按照规定出让或划拨给谁使用,"公共利益需要"在一定层面上被扩大。

(二)项目定性难

近年来,实施的旅游基础设施、城乡统筹供水、洱海环湖截污工程等项目用地性质属于公益性项目,列入了征地范围,但在项目实施过程中,引入了企业投资建设、经营管理,具有营利性质,由此可见,在改革试点过程中，参照《划拨用地目录》制定《土地征收目录》的方式未能充分考虑到土地的经济因素。

（三）存量用地少

经营性建设用地存量较少，全市集体建设用地有 3961.9 亩，在试点过程中，能赋予经营性用途入市的土地更少，无法满足开发用地需求。

二　土地征收程序方面

（一）风险评估缺乏监管机制

虽然新增了征地风险评估环节，但第三方风险评估流于形式，采集的样本、数据未能反映真实情况。同时，在项目实施过程中，如遇到风险评估结论为大风险或中风险时，政府化解风险的措施有限，缺乏风险监管机制，在一定程度上影响了项目推进。

（二）听证程序不够完善

经过几年的工作实践，听证这种形式以其客观公正、公开透明、程序规范、事实清楚等优点，得到了长足的进步和发展，逐渐被社会所接受，但是也存在一些问题。比如，规章制度的建设不够完善、公开程度不够高、农民参与不够广泛、监督措施不够到位、听证程序烦琐周期长等，没有起到促进征地行为公开公平的作用。如果建设项目要修改土地利用总体规划，那么在一个项目审批过程中，将就同一内容举行两次听证，耗时太长，影响了项目的进展。

（三）补偿安置方案协商过程不够透明

虽然《土地管理法》规定，征地补偿安置方案确定后，有关地方人民政府应当公告，并听取被征地农村集体经济组织和农民的意见。但事实上，集体尤其是农民在征地过程中参与的程度非常有限。在现行体制下，国家征地对的是集体，而不是农户，农民不参与征地补偿谈判，有权去谈补偿条件的是集体，而征地过程中各项补偿最终都要落实到农民，农民无法以独立权利主体的地位参与到征收协商谈判中来。

（四）资金保障有限

征地补偿资金预存制度因市级财政紧张，筹集资金规模有限，导致征地资金保障困难，影响资金兑付。

三　多元保障机制方面

（一）土地补偿费分配形式多样

征地补偿安置补助费的分配由村级通过村民自治决定，分配方式差异较大。在分配比例上，有全额到户、按比例到户；在发放方式上，有按人头发放、按户发放；在发放对象上，主要是常住人口，但涉及迁出、迁入、农嫁女等较为复杂的问题。

（二）被征地农民社会保障问题突出

征地后农民从事农业的劳动力人口减少，外出务工和经营第二、第三产业劳动力人数增加，但在家待业的劳动力人数相对更多，相当一部分被征地农民未被安置就业岗位，即使安置了就业岗位，但由于被征地农民素质参差不齐、技能掌握程度不一，加之就业岗位薪酬低等原因存在二次失业的风险。地方产业能提供适合被征地农民就业的岗位少，部分农户在失去土地后找不到工作，生活、教育、医疗、养老等支出费用增加，就业问题就成为被征地农民普遍关注的难题。

（三）失地农民参保积极性不高

1. 由于被征地农民社会保障资金以市为单位进行统筹，被征地农民补偿标准过低，其缴纳的社会保障费占征地补偿费的比例过高，虽有政策保障和有参保意愿，但被征地农民也无力参保。

2. 政府为鼓励被征地农民参保，制定的缴费标准较低，即使政府配套资金到位，领取标准也较低。

（四）可征收土地少

城市郊区可征收土地越来越少，安置留用地的用途与规划的协调难度较大，不利于城市土地的合理利用，开发利用程度低、土地闲置、开发建设与城市规划不相协调等问题突出，留地安置无法继续推行。

（五）保障措施难落实

征地项目从实施征地到项目建成时间周期较长，而收储土地项目性质到供地环节才能确认，导致土地征收协议中约定的留商铺、留物业等安置方式难以落实。

四　增值收益分配机制方面

（一）土地增值收益城乡分配不合理

1. 被征地农民与地方政府之间的利益矛盾。部分被征地农民没有分享到城市化成果，使农民与土地增值收益无缘。

2. 土地级差收益的归属和公平分配问题。土地出让收入主要归地方政府，土地级差收益无论是由所有者代表，还是由全民共享，都没有找到实现形式。

3. 农民和农民之间的土地利益补偿也存在不公平。城乡接合部补偿标准过高，但乡镇补偿标准过低，特别是国家级重点工程补偿标准低，易引起被征地农民不满。

4. 城市和农村在增值收益上存在不合理。土地增值收益受区位因素影响较大，主要在城市获得和使用，农村土地非农用后增值与被征地农民没有直接关系。

（二）村民自治民主决策管理机制不完善带来的与民争利问题

目前村级民主决策存在职责不明确、程序不完善、机制不健全等诸多问题，部分村级决策不依民主决策程序即确定补偿分配方案，从而造成村与民争利的情况，导致补偿内部分配纠纷多、农民权益受损等诸多问题。

（三）增值收益分配与使用缺乏有效监管

《大理市农村土地征收增值收益分配指导意见》已明确30%用于被征地人员、70%用于集体发展，但在实际操作中，增值收益在村集体内部如何分配、如何使用、如何落实到农民手中、分配和使用是否公开透明、合理合规等没有统一的监督管理机制体制。乡镇政府和经管、农业、民政、监察等部门应担负的增值收益分配和使用的监督监管责任，各类文件虽都有要求，但都不统一，也不具体，配套措施和办法更不健全，容易造成监管缺位，所以，因增值收益分配不合理、使用不公开而引发的信访事件时有发生。

五　其他方面

（一）项目报批时间长

农用地转用和征收不分离致使审批效率低。按照规定，我国目前土地审批和征收（项目落地）要经过10个环节。预审到供地，快则半年，慢则一年。

（二）项目审批缺乏差异性

不同性质、不同规模项目无论轻重缓急，用地审批程序要求一致，审查部门多，相关部门批准立项或者确认工程建设后，项目工期比较紧，给国土部门审查的时间不多，有的甚至立即要求动工建设，造成违法用地较多。重大基础设施建设项目和道路交通等线性工程，由于占地面积大，不同地质条件区域情况差异，工程在施工后调整规划的情况时有发生，这又需要执行之前同样的审批程序，使工程建设的时效性大打折扣。

第二节　深化土地征收制度改革的思考

　　土地资源是国家的垄断性资源，土地资源的商品化正在不断获得承认。处于法治社会中的农民土地征收问题正期待着国家给予公平合理的解决，农民土地征收不仅涉及宪法保障的财产权和土地资源，而且涉及整个社会的稳定、安宁。深化征地制度改革，要以保障农民权益、控制农地非农化趋势为基础，确保农民在失地的同时获得与城市居民同等的居住、就业、医疗和养老的条件，将农地占用纳入合理利用和保护有限土地资源、实现生态经济持续协调发展的轨道。

一　科学界定公共利益范围

　　为了保障国家安全、促进国民经济和社会发展等公共利益的需要，下列情形确需征收农民集体所有土地的可以依法实施征收：

　　1. 国防和外交用地；

　　2. 由政府组织实施的能源、交通、水利、电力等基础设施建设用地；

　　3. 由政府组织实施的科技、教育、文化、卫生、体育、环境和资源保护、防灾减灾、文物保护、社会福利、市政公用等公共事业用地；

　　4. 由政府组织实施的保障性安居工程、搬迁安置工程和棚户区改建项目建设用地；

　　5. 市人民政府召开听证会，确定属于公共利益范畴的建设项目用地；

　　6. 法律、行政法规规定的其他公共利益用地。

　　由于"公共利益"具有动态性，如何把握"公共利益"有一定难度，应保障民众的参与权、选择权，对于社会普遍承认的、独立于社会和国家现行政策之外的公共利益用地项目，市政基础设施等，政府应严格按有关土地征收法规实施征地；对在社会发展不同阶段实施的公共利益项目，尤其是有争议的项目，通过采用公开、透明的方式，向社会说明其"公共利益"之所在，确定是否属于"公共利益"项目建设范畴。

二　打破城乡二元结构

（一）改变非公益性用地取得方式

　　非公益性用地不能通过征收方式获取，须在开放集体土地一级市场的基础上，市场化取得。在目前土地制度下，集体建设用地的隐性市场普遍存在，集体建设用地市场亟待规范运行。为此，农村集体建设用地市场必须在政策和法律上寻求根本突破，需要制定科学的管理制度和配套制度。

（二）以规划区确定补偿模式

在项目用地公益性认定的基础上，城市规划区内的土地可引入市场评估机制，探索征地基准地价体系，对被征收土地进行科学评估，合理确定土地征收区片价进行补偿，确保同地、同权、同价；城市规划区外的土地按统一年产值补偿标准进行补偿，确保被征地农民原有生活水平不下降。

三　构建多元补偿模式

（一）整合补偿资金创建经济实体

开展村校合作，村组代征安置地纳入学校建设规划，建成学生公寓、食堂，后勤管理公司统一管理，提高了土地产出效益，让村民获得长期稳定收益，保障了被征地农民的长远生计，减少了政府在校舍建设上的财政资金支出，用活村民征地补偿资金，实现了共赢。通过创建经济实体，在壮大农村集体经济和保障失地农民收入平稳增长方面发挥了重要作用，为大理市在探索保障城市建设和保护农民利益之间寻找到一个平衡点，逐步建立起"经济补偿、社会保障、就业服务、产业安置"为一体的多元保障体系提供了有效的参考经验。

（二）建立以土地供应市场化为基础的征地补偿机制

1. 土地征收补偿除补偿土地价值、劳动力安置、青苗损失以及地面附着物外，还应增加农民在若干年内土地正常收益权损失、土地潜在收益损失、土地增值的价格损失以及农民失去土地的各项间接损失等，充分体现"效益、公平"原则。

2. 实现土地征收补偿方式多样化。采用以货币为主、多种保障形式为辅的保障模式，为被征地农民提供完备的养老保障、再就业的机会等多种征地补偿方式，以此解决被征地农民在失去土地后的生活保障问题。

3. 合理分配征地补偿费用，进一步界定农村土地征收补偿的受益主体，有效地保护农民的合法权益，防止集体财产的流失。

（三）加强被征地农民职业教育和技能培训

1. 政府安排专项的保障基金用于被征地农民再就业培训，运用行政职能把劳动保障、农业、水利、科技、教育、社会团体等有关部门现有的培训基地以及本地各类技师学院，确定为农村劳动力转移培训机构，落实培训职责和任务，让被征地农民学会一项甚至多项职业技能。

2. 积极探索创立政府和农民携手合作、利益共享的机制，定期开展形式多样、内容广泛的实用技术培训，从而提高被征地农民的就业竞争能力和就业机会。

（四）支持被征地农民自主创业

政府鼓励被征地农民通过灵活多样的形式实现就业，支持暂时性失业的部分被征地农民发挥其农业生产技能，承包经营农业园区、种养殖业，发展产业链条。政府在金融、工商、税务等方面出台相应的优惠政策，鼓励失地农民兴办城乡第三产业和自主创业。

四　强化城市规划引领

（一）全面编制城市规划

科学合理编制城市发展规划和土地利用总体规划，提高土地资源的高效利用。统筹城乡发展，以城乡规划为基础、经济社会发展规划为目标、土地利用规划提出的用地为边界，实现全市一张图，市域全覆盖。统筹规划各类城乡建设用地与非建设用地，科学划定城镇开发边界，合理确定城乡居民点布局总体框架，形成生产、生活、生态空间的合理结构。加强生态环境保护，严格保护耕地特别是基本农田，促进资源保护性开发利用。综合考虑生态环境保护、涵养水源和城乡建设的需要，合理划定禁止建设区、限制建设区和适宜建设区，并制定明确的管制措施。

（二）注重规划之间协调

城市规划是政府调控城市空间资源、指导城乡发展与建设、维护社会公平、保障公共安全和公共利益的重要公共政策之一。进一步明确城乡总体规划在规划体系中的法定定位，突出城乡总体规划在"多规合一"的引领作用，以经济社会发展规划、城乡建设规划、土地利用规划、生态保护规划为重点，充分衔接大理市已编109项规划的重点内容，科学编制城乡统筹总体规划和相关专业规划，土地利用总体规划必须服从于城市规划，城市规划区范围内布局城乡建设用地，城市规划区范围外只布局公共利益性质的城乡建设用地，禁止布局商业性开发的城乡建设用地。

（三）严格划分功能定位

要消除规划跟着开发项目走，以满足项目开发需求为主，无主动权的情况；要消除规划编制审批后，因开发需要，反复进行规划调整和修改的情况；要消除土地资源占用后，对生态环境保护、公益基础服务设施考虑少的情况。

第四篇　入市

第十四章　集体经营性建设用地现状分析

第一节　大理市存量集体建设用地的现状调查

大理市土地资源尤其是耕地资源极为稀缺是其基本特点，农村集体建设用地家底不清，缺乏地块界址矢量数据，集体和个人权属很不清晰，由于管理基础薄弱与历史遗留问题相叠加，增加了改革的复杂性和敏感性，群众对赋予存量集体建设经营性用地权能，盘活存量农村集体建设用地的愿望迫切。

一　摸底调查

大理市按照国土资源部的统一部署，结合各乡镇存量农村集体建设用地上报情况，以市农村集体建设用地"两权"调查、土地利用总体规划、2014 年土地变更调查成果数据为基础，开展摸底调查、摸清底数、固定图斑，建立存量集体建设用地信息数据库，形成管理台账，结合农村集体资产股份权能改革试点工作，夯实试点基础。

（一）调查范围和原则

始终坚持"全面调查、依图确认、现场核对、上图管理"的原则，在下关镇、大理镇、银桥镇、湾桥镇、喜洲镇、双廊镇、挖色镇等 10 个乡镇及满江办事处开展调查。一是结合大理市实施"两保护、两开发"战略，特别是目前大理市开展的洱海保护"七大行动"，将洱海海西、海北（上关镇境内）1966 米界桩外延 100 米、洱海东北片区环海路（海东镇、挖色镇、双廊镇境内）临湖一侧和道路外侧路肩外延 30 米、洱海主要入湖河道两侧各 30 米划定为洱海流域水生态保护区核心区，该区域不作为本次调查及确认为经营性建设用地范围。二是结合大理市土地利用现状图确定的建设用地范围，规划地类为农用地的不做调查，将面积在两亩以上的存量农村集体建设用地作为本次调查的重点。

（二）调查方法和工作程序

结合各乡镇存量农村集体建设用地上报情况，以地籍子区为单位，按照"宣传动员、室内判读、外业核实、结果确认、上图管理"的程序进行。

1. 宣传动员。各乡镇及时召开部署会，积极动员，广泛宣传，强调本次调查存量农村集体建设用地工作的目的意义、任务要求，确保各村委会理解支持和积极配合开展工作，让本次调查工作可以顺利开展。

2. 室内判读。主要资料运用了 2014 年最新土地调查成果、2016 年大理市最新航拍影像资料、两权调查资料等。初步采集形成农村集体建设用地的权属界线、权属来源及土地、房屋使用现状。

3. 外业核实。各乡镇安排专门工作人员从事外业调查工作。以地籍子区（村委会）为单位，组织人员做好现场指界工作，对集体建设用地实地走访，落实存量数据调查工作。制订调查进度计划表，实时掌握和跟踪调查开展情况，不定期召开专项工作协调会，及时解决实际调查中存在的问题和困难，确保调查工作稳步有序推进。

4. 结果确认。深入实地，逐一核实调查，由镇、村、组逐级对室内判读和外业核实数据形成地块的权属、位置、面积、使用现状等要素进行确认，建立管理台账。

5. 上图管理。对具备集体经营性建设用地入市条件并已实地确认图斑的地块，通过 ArcGIS、南方 CASS 等图形处理软件对地块矢量化成图，将农村集体建设用地位置示意图、土地利用现状图，分乡镇制作，做到以图管理，台账清晰，图表一致。

（三）摸底调查情况

通过摸底调查，大理市范围内下关镇、大理镇、双廊镇等 10 个镇及满江办事处农村集体建设用地，共 87 个村委会，948 个村民小组，调查集体建设用地总面积为 71745.90 亩，其中，农村宅基地面积为 45984.69 亩，村庄道路和公益设施用地共 20534.89 亩（村组自行利用），采矿用地 1264.42 亩，对外出租利用的建设用地 264.28 亩，空地 3697.62 亩，存量集体建设用地 3961.90 亩。

二 现状分析

从数量来看，现有集体建设用地 71745.90 亩（4783.06 公顷），占全市建设用地总规模的 32.61%，占全市土地总面积的 2.64%。

从结构来看，农村存量集体建设用地中农村宅基地所占比例最大，为 45984.69 亩，占 64.09%；其次是村庄道路和公共设施用地，为 20534.89 亩，占 28.62%。此两项非经营性的用地类型合计占比超过了 90%，占农村存量集体建设用地的绝大多数。而存量集体经营性建设用地中的采矿用地、对外出租用地分别为 1264.42 亩和 264.28 亩，合计仅占存量集体建设用地的 2.13%。值得注意的是，大理市农村存量集体建设用地中仍有 3697.62 亩空闲地，占比超过 5%，农村存量集体建设用地的利用率仍有提高的空间。

从空间布局来看，农村存量集体建设用地分布较多的镇依次是凤仪镇、喜洲镇、大理镇、上关镇、下关镇和海东镇，均超过了 6000 亩；双廊镇分布最少，仅有 1716.13 亩。集体经营性建设用地的空间分布与存量集体建设用地总量的分布基本类似，喜洲镇、凤仪镇和海东镇相对较多，而满江办事处因辖区内矿产资源相对丰富，集体所有的采矿用地分布最多，为 845.47 亩，占全市集体所有采矿用地的 66.87%。

第二节　大理市集体建设用地利用存在的问题

大理市集体建设用地中农村宅基地占比最大，村庄用地人均 164 平方米，农民建房以围合的庭院式为主，可利用的空闲地较少。原有的集体企业用地、集体晒场、仓房等用地在 20 世纪 80 年代末已全部处置给个人，改作宅基地使用；目前，登记在村组集体名下的建设用地仅有 3961.90 亩，主要是公共活动中心、客事办理场所等用地，经营性建设用地仅有 264.28 亩。同时，受耕地保有量、永久基本农田布局限制，空间布局不合理，存量集体建设用地中的乡村公共服务设施用地仍然偏少，且部分空闲地难以充分利用。

一　布局分散效益低

大理市存量集体经营性建设用地包括采矿用地和部分农村对外出租用地两大类，其中，采矿用地占比大、地块相对集中，但由于用途与区位的限制可入市比例较低；而对外出租用地多零星散布在全市广大乡村地区，受大理经济水平与产业发展的影响，对外出租用地多为停车场、材料堆放、简易仓库等利用效益普遍偏低的类型。

二　规划滞后管理弱

尽管大理市村庄规划编制较为规范，但由于发展理念、规划布局等多方面的原因，多数集体建设用地没有设定规划条件，规划上没有明确地块属性，无法按城乡规划进行有效利用。尤其是受历史原因、规划冲突等影响，集体出租的大部分集体建设用地没有相应证件材料，且集体资产处置公开程度低，权能不完整，价值没有显化，集体收益低。洱海周边的部分村庄乡村旅游快速发展，宅基地功能增加，趋向于经营性用途明显，给环境与村庄治理带来很大压力，亟待规范管理。

三　条件制约利用难

目前，大理市受客观条件制约，入市地块较少，开发利用率低下。一是没有实施整村搬迁，洱海周边矿山关停后全部用于生态恢复治理，没有可复垦土地。二是切实减少新批宅基地占用耕地、巩固村庄规划建设管理成果，"空心村"整治出的土地主要目的是保障农村宅基地需求和解决村内基础设施用地，现阶段暂不考虑入市。三是一部分传统民居和古院落的现使用权人愿意有偿退出，但村集体无法筹集补偿和管理资金，投入"瓶颈"亟待破解。

针对以上情况，大理市在健全制度、建立平台的同时，主要尝试在以下三个方面开展探索：一是在符合规划、依法取得、用途管制的前提下，对权属清晰、村组管理的集体建设用地，及时完成不动产统一登记颁证，推进就地入市。二是结合传统村落保护，对传统民居、古院落使用权人愿意有偿退出后的宅基地，增加部分功能，探索由村组集体收回，以租赁方式进行保护性利用。三是在有条件的地方，按照相关规划明确集体经营性建设用地入市用途，加大城中村、城边村及工业园等可连片开发区域土地整治入市探索力度。

第三节　集体经营性建设用地入市改革的基础

土地制度是国家的基础性制度，随着实践发展和改革深入，我国城镇国有建设用地市场建设从无到有、从小到大、从无序到规范，取得了明显成效。但农村集体建设用地市场发展不平衡、不规范的问题十分突出，城乡建设用地市场呈现明显的二元特点。2013年，党的十八届三中全会通过的《中共中央关于全面深化改革若干重大问题的决定》提出："在符合规划和用途管制前提下，允许农村集体经营性建设用地出让、租赁、入股，实行与国有土地同等入市、同权同价，建立城乡统一的建设用地市场。"2014年，中央颁布的《关于全面深化农村改革　加快推进农业现代化的若干意见》再次强调深化农村土地制度改革，引导和规范集体经营性建设用地入市。农村集体经营性建设用地入市被反复提及，引起了社会各方的强烈关注。2016年9月21日，国土资源部明确大理市在做好农村宅基地制度改革试点工作的基础上，须统筹协调推进土地征收制度改革试点和农村集体经营性建设用地入市改革试点两项内容。大理市作为云南省唯一的农村土地制度改革试点地区，宅基地制度试点改革和全域旅游示范区建设等试点为农村集体经营性建设用地入市奠定了基础。

一　宅基地制度改革为入市改革奠定了扎实基础

（一）建立健全了组织机构

大理市在探索农村宅基地制度改革的进程中十分注重组织机构建设，已经在省、州、市、乡镇、村组等各级建立健全了主抓改革的组织机构体系，形成了上下齐抓、合力推动的工作局面。统筹协调推进三项改革试点之后，进一步配齐配强改革试点领导小组办公室人员，明确工作职责，细化工作措施，健全工作制度，建立了高效的改革推进工作机制。

（二）已全面开展村庄规划修编

大理市以村庄规划修编助推宅基地制度改革试点，结合土地利用总体规划调整完善工作，按"多规合一"要求，对已全域覆盖的自然村村庄规划进行修编完善，合理确定农村居民点的布局，严格控制集体建设用地总规模。统筹协调推进三项改革试点之后，进一步完善规划修编思路，探索通过规划修编科学的赋予集体建设用地经营性用途，满足入市试点改革要求。

（三）已强化农村基层治理能力

推动了宅基地制度改革与自然村村民自治试点相结合，在农村集体经济组织内部成立理事会、监事会，完善议事决策主体和程序，落实村民对集体土地管理的知情权、参与权、决策权和监督权，激发集体经济组织成员参与集体土地管理的积极性和主动性；结合积极发展农民股份合作赋予农民对集体资产股份权能试点，进一步显化集体经济组织成员对土地资源的所有权和收益分配权，充分体现农村集体经济组织的所有权主体地位。

（四）已具备改革试点政策的制定经验

在农村宅基地制度改革工作方面出台多项制度，积累了较为丰富的试点政策与制度的制定经验。在制度推进实施过程中不断完善，总结经验，为进一步开展入市改革试点打下了坚实基础。

（五）已形成支持保障改革的督查督办工作机制

推进宅基地制度改革进程中已探索形成全面支持保障改革、督查督办工作机制。细化责任到部门、乡镇、村组和具体责任人，建立健全市级领导联系乡镇、市级部门挂钩行政村、乡镇干部职工包村组的工作机制。大理市委、市政府将农村土地制度改革试点工作纳入年度重点工作进行考核，定期召开会议分析研究，定期通报工作进度；组建市重点工作第四督查组全程跟踪督查，组织力量对阶段性工作逐村检查验收，安排市纪委监察局进行专项纪律检查，严格执行问责和召回制度，确保各级各部门落实责任。市人大、市政协将督促检查试点工作纳入年度工作要点，多次组织代表、委员开展调研、视察和检查，发挥法律监督、工作监督和民主监督作用，确保试点工作按计划推进。

二　征地制度改革倒逼农村集体经营性建设用地入市

土地征收制度改革的主要内容是缩小征地范围，规范土地征收程序，完善对被征地农民合理、规范、多元保障机制。大理市结合实际，制定了《土地征收目录》，印发了《大理市缩小土地征收范围试点指导意见》，明确不在目录内的项目，不得动用土地征收权，确定为属于公共利益范畴的建设项目方可实施征地，客观上压缩了城乡建设占用耕地的规模，倒逼村庄存量建设用地进行调整盘活、内涵挖潜，促进了村庄规划的实施、农村宅基地的规范管理和土地资源的节约集约利用，通过完善村庄规划赋予其经营性质，一定程度上缓解缩小征地范围后建设用地不足的问题；同时，同步实施入市收益测算和征地收益测算，保证了征地和入市的土地增值收益分配大体相当，防止出现征地困难的问题。

三 全域旅游示范区创建助推农村集体经营性建设用地入市

大理市是第一批中国优秀旅游城市之一，旅游业一直是大理的支柱性产业，按照"城乡一体设计定坐标、生态环境保护定底线、民族历史文化定特色"的要求，突出地域特征、民族特色，保留乡村风貌，做好土地利用总体规划调整完善与全域旅游示范区规划的有效衔接，充分利用农村集体建设用地，因地制宜地建设村落污水处理设施 111 座，环洱海游客服务站 20 座。同时，积极探索农村集体经营性建设用地入市和"空心村"保护性开发利用相结合，通过以折股退出、资金补偿退出等方式用活宅基地有偿退出、农村集体资产股份权能改革等试点政策，开展"空心村"整治和有偿退出后，再通过农村集体经营性建设用地入市进入市场，为加快旅游产业发展增加用地支撑。通过推进银桥镇磻溪村、海东镇石头村等人文度假项目，与全域旅游示范区创建相结合，助推农村集体经营性建设用地入市，加快旅游产业发展，壮大集体经济。

第四节 集体经营性建设用地入市改革部署

2017 年 12 月，全国人大常委会授权将农村土地制度三项改革试点期限延长一年至 2018 年 12 月 31 日结束。按照着力盘活农村存量建设用地，完善乡村振兴用地保障机制，优化农村生产生活生态用地布局，着力完善农村土地权能，建立城乡统一的建设用地市场，更好地发挥其配置资源、维护权能的作用，着力用好用活土地政策，平衡好国家、集体、个人利益，增加农民财产收益，着力促进规范农村土地利用和管理秩序，促进乡村有效治理和乡风文明建设的要求，制订下发《大理市深化统筹农村土地制度改革三项试点工作方案》。编制《农村经营性建设用地入市计划》，全市全域开展试点工作，深化统筹，全力推进，确保全域范围内符合条件的集体经营性建设用地均可入市。

一 改革内容上全面落实中央要求

按照中央要求，在完善农村集体经营性建设用地产权制度、明确农村集体经营性建设用地入市主体、探索农村集体经营性建设用地入市途径、建立健全市场交易规则和监管制度、探索农村集体经营性建设用地入市增值收益分配机制、推动建立城乡统一的建设用地市场等方面全面落实中央改革精神要求。在工作推进中，坚持正确的舆论导向，大力宣传试点工作的目的和意义，让农民集体真正感受到试点政策带来的实惠，提高广大群众的积极性和主动性，营造入市试点工作氛围。

二 时间安排上紧密衔接各项改革任务

根据中央改革试点部署，在原计划试点期限基础上，按照延长一年的要求，统筹推进试点，力争在数量和质量上有所突破。在时间安排上分为修订方案、细化任务、制定制度、试行制度、中期评估、总结试点等具体环节，层层推进，紧密衔接。在集体经营性建设用地入市过程中涉及行政审批具体事项的相关职能部门高度重视，密切配合，各司其职，加强对村组的指导，全力支持和推进试点工作。涉及就地入市地块所在的 11 个乡镇已成立由乡镇党委、政府主要领导为组长的集体经营性建设用地入市试点工作领导小组，制订了工作方案和工作计划，强化工作落实，指导村组和集体经济组织建立起规范的集体经营性建设用地入市决策程序，切实推进集体经营性建设用地地块入市工作，确保试点工作按计划实施。

三 工作思路上坚持问题导向

大理市高度重视，积极加快推进农村集体经营性建设用地入市试点工作，在充分尊重群众意愿、兼顾公平、保障居住权益的前提下，坚持以政府引导、镇村主责、村组主导、社会参与、市场运作、保障权益为原则，按照"分类选点、封闭运行"的工作思路，在全市选取条件成熟的地块推进入市工作，探索建立同权同价、流转顺畅、收益共享的农村集体经营性建设用地入市制度，积极有效增加农村土地财产收益，改善农村生产生活条件，提高广大群众的获得感。制订下发《云南省大理市农村土地制度改革三项试点实施方案》和《大理市农村集体经营性建设用地入市试点工作方案》，做到政策有支持，经费有保障，试点有人抓。

大理市农村集体经营性建设用地入市重点地块工作责任公解情况如表 14-1 所示。

表 14 - 1　大理市农村集体经营性建设用地入市重点地块工作责任分解

项目	入市地块基本情况	初步核查	入市主体	入市方式	所在乡镇	完成内容	责任单位
出台制度						制定出台9个试点配套文件	市农村土地制度改革三项试点工作领导小组办公室
摸清底数						委托中介机构开展相关技术工作，摸清全市存量集体建设用地底数	
初选地块						核查拟入市试点地块基本情况	
成本测算						入市土地成本测算，确定入市土地增值收益调节资金比例	市财政局 市土地收储中心
地块一	面积 4.386 亩，土地权属为银桥村委会，原为木器加工厂，2007 年 6 月取得集体土地使用证（大集用〔2007〕字第 0019 号），用途为工业，使用权类型为企业用地，无使用期限	该地块符合土地利用总体规划，权属清楚，依法取得的存量集体建设用地	银桥村委会	租赁、出让、作价入股	银桥镇	明确规划条件	市规划局 银桥镇
						审核入市事项	市国土局 市发改局 市规划局 市环保局 市工信委 银桥镇
						地价评估	银桥镇
						民主决策	银桥镇

续表

项目	入市地块基本情况	初步核查	入市主体	入市方式	所在乡镇	完成内容	责任单位
地块一	面积4.386亩，土地权属为银桥村委会，原为木器加工厂，2007年6月取得集体土地使用证（大集用〔2007〕地使用字第0019号），用途为工业用地，无使用权类型为企业用地，无使用期限	该地块符合土地利用总体规划，权属清楚，依法取得的存量集体建设用地	银桥村委会	租赁、出让、作价入股	银桥镇	地块入市	市国土局 市政务局 市财政局 银桥镇
						颁发权证	市国土局 市规划局 市住建局
						规划建设许可	
						收益分配	市国土局 市农业局 市财政局 银桥镇
地块二、地块三	1. 面积10.02亩，土地权属为三文笔村委会三文笔自然村，未申请办理大理石加工厂，原为工业用地，用途为工业用地 2. 面积5.8亩，土地权属为西门村委会三组，未申请办理不动产权登记，原为集体出租停车场使用	该地块符合土地利用总体规划，权属清楚，依法取得的存量集体建设用地	地块二：三文笔自然村；地块三：西门村委会三组	租赁或出让	大理镇	明确规划条件	度假区管委会
						审核入市事项	大理镇
						地价评估	大理镇
						民主决策	度假区管委会
						地块入市	大理镇 度假区市国土分局
						颁发权证	大理镇
						规划建设许可	度假区管委会
						收益分配	度假区管委会 大理镇

续表

项目	入市地块基本情况	初步核查	入市主体	入市方式	所在乡镇	完成内容	责任单位
地块四	面积6.13亩，土地权属为龙泉村委会，已办理集体土地所有权证（大集有〔2002〕字第0765号），未申请办理不动产权登记，原为先锋完小，目前已出租作为民办黄岗实验中学使用	该地块符合土地利用总体规划，权属清楚，依法取得的存量集体建设用地	龙泉村委会	租赁或出让	下关镇	明确规划条件	市规划局 下关镇
						审核入市事项	市国土局 市发改局 市规划局 市环保局 市工信委 下关镇
						地价评估	下关镇
						民主决策	下关镇
						地块入市	市国土局 市政务局 市财政局 下关镇
						颁发权证	市国土局
						规划建设许可	市规划局 市住建局
						收益分配	市国土局 市农业局 市财政局 下关镇

续表

项目	入市地块基本情况	初步核查	入市主体	入市方式	所在乡镇	完成内容	责任单位
地块五	该地块属原上登村委会石头自然村（旧村），村庄范围约106亩，150多院旧民房	探索将农户使用的旧村范围内宅基地、空闲地自愿退出后，由石头自然村集体统一收回，根据土地、房屋面积，按照村民自治程序，折算成股权配置给原使用权人，由集体将收回的土地作为集体经营性建设用地，以租赁等方式进行保护性利用，实现土地资源利用的合法化、价值的最大化	上登村委会石头自然村	租赁或出让	海东镇	按海东镇政府制订的工作方案推进各项工作，为入市奠定基础	海东镇

第十五章 大理市农村集体经营性建设用地入市改革实践

第一节 制定入市配套制度

针对改革试点任务的艰巨性和复杂性,大理市坚持从全局高度谋划推进改革,着力强化思想认识和组织领导,夯实了存量用地摸底调查、村庄规划修编等工作基础,采取强有力措施,推动了入市改革稳步深入。围绕农村集体经营性建设用地入市改革涉及的"五个探索"(探索入市主体、探索入市范围和途径、探索完善市场交易规则和服务监管制度、探索完善集体经营性建设用地使用权权能、探索建立集体建设用地入市土地增值收益分配机制)总体目标,建立健全制度体系,搭建入市交易平台,建立交易规则。在全市多轮讨论、征询专家和有关部门意见的基础上,报云南省农村土地制度三项改革试点工作领导小组办公室审定,根据《云南省大理市农村土地制度改革三项试点实施方案》要求,前期研究制定10份制度文件初稿,最终正式出台了《大理市农村集体经营性建设用地入市管理办法(试行)》等9个制度文件,9个配套制度的出台,入市工作操作流程的规范,初步构建了一整套完备的政策体系和入市工作规范。

一 制度设计思路

农村土地制度改革三项试点任务相互关联、互为补充。在用地保障上,缩小征地范围与农村集体经营性建设用地入市互为补充;在利益安排上,努力实现征地和入市土地增值收益在国家、集体之间分享比例大体平衡;针对城乡接合部乡村旅游发展快的地方,宅基地功能增加,趋向于经营性建设用地,通过试点予以规范管理。大理市以宅基地制度改革试点为基础，统筹考虑试点要求和自身条件，围绕"统筹协调推进"的目标确定工作重点，做好制度设计。

二　制度起草过程

按照国土资源部、云南省的要求，大理市及时调整充实试点工作领导小组，制订了《大理市农村土地制度改革三项试点实施方案》，上报省领导小组批复并经国土资源部备案同意实施。组织市级相关部门到广东南海、浙江德清、山东禹城考察学习两项试点工作经验，坚持"党委领导、问题导向，风险可控、审慎稳妥"的原则，从大理市实际出发，经充分摸底调查、多方征求意见、邀请专家咨询论证，对制度进行了多轮修改后，2017 年 3 月，将 9 个制度上报省、州农村土地制度改革三项试点工作领导小组办公室征求意见。省、州领导小组办公室初步审核后认为：9 个制度结构合理、章节有序、条款清楚、重点突出，既紧扣中央农村土地制度改革目标，又有所发展和创新，符合大理市经济社会发展实际，具有可操作性。同时，对相关制度标准、提法、时效等提出了意见建议。大理市按照省、州意见，对制度进行了认真的修改完善。

三　制度主要内容

（一）《大理市农村集体经营性建设用地入市管理办法（试行）》

共八章四十二条。分别对农村集体经营性建设用地的界定，入市主体、范围、途径、方式、程序等做出了规定。主要明确：农村集体经营性建设用地概念和入市主体；农村集体经营性建设用地使用权入市须经入市主体集体研究决定，形成入市决议后报乡镇、办事处审核同意，市人民政府核准；农村集体经营性建设用地使用权交易应缴纳土地增值收益调节金并按现行税收规定履行纳税义务。改革试点措施有：一是按分类试点要求，在银桥、海东、下关选取三四个类地块开展就地入市；二是积极探索在有条件的地方，结合城中村改造、"空心村"整治、"批新退旧"以及自愿有偿退出宅基地等方式退还集体的建设用地，在保障集体内部住房困难户宅基地需求后，可整治后入市。三是农村集体经营性建设用地使用权出让，原则上应采取招标、拍卖或者挂牌方式，历史原因存在特殊情形的，经批准可以采取协议方式。主要解决的问题：为探索农村集体经营性建设用地入市提供政策支撑，做出入市路径安排，规范入市行为，实现农村集体经营性建设用地通过入市与国有建设用地同权同价同责。

（二）《大理市招标拍卖挂牌出让农村集体经营性建设用地使用权规范（试行）》

共二十七条。分别对农村集体经营性建设用地使用权出让方式、原则、程序、平台、出让文件制作、公告和公示时限、保证金缴退、成交等内容进行规范。主要明确：农村集体经营性建设用地使用权出让应当遵循公开、公平、公正和诚信的原则，采用招标、拍卖、挂牌方式进行。改革试点措施有：搭建集体经营性建设用地使用权招标、拍卖、挂牌出让平台，将入市土地统一纳入公共资源交易中心进行公开交易。主要解决的问题：建立公开、公平、公正的集体经营性建设用地入市制度，规范集体经营性建设用地使用权出让行为，优化土地资源配置，实现入市土地收益最大化。

（三）《大理市农村集体经营性建设用地协议入市办法（试行）》

共三章七条。分别对农村集体经营性建设用地使用权协议出让条件、办理程序等做出了规定。主要明确：农村集体经营性建设用地协议入市应当同时满足四个条件：一是最新土地调查成果认定为农村集体建设用地；二是在 2016 年 12 月 31 日前与乡镇、办事处、村组签订租赁协议且项目已经进行建设；三是符合土地利用总体规划、城乡规划及产业布局；四是土地来源合法且取得不动产权证书。改革试点措施有：指导村组集体按照农村集体经营性建设用地入市规定，对原通过其他途径转移集体建设用地使用权的，采取协议出让方式完善相关用地手续。主要解决的问题：规范历史形成的集体建设用地交易行为，保障国家、集体和个人的合法利益，将入市的集体建设用地纳入规划建设管控范围，完善交易双方权益权能。

（四）《大理市农村集体经营性建设用地土地增值收益调节金征收使用管理办法（试行）》

共五章十九条。分别对农村集体经营性建设用地土地增值收益调节金的征收范围、对象、主体、方式、比例、使用管理等做出了规定。主要明确：一是入市主体通过出让、租赁、作价出资（入股）等方式取得农村集体经营性建设用地入市收入，以及入市后的农村集体经营性建设用地土地使用权人，以出售、交换、赠与、出租、作价出资（入股）或其他视同转让等方式取得转让收入时，应向国家缴纳土地增值收益调节金；二是土地增值收益调节金分别按入市、转让农村集体经营性建设用地土地增值收益的 20% 征收；三是收取的增值收益调节金，统一上缴市本级国库，纳入地方一般公共预算管理，统筹安排用于公共基础设施和公益设施建设。改革试点措施有：由市国土资源局、市财政局、市政务服务局根据工作职责，加强对入市行为的监管，严格按规定收取土地增值收益调节金。主要解决的问题：规范农村集体经营性建设用地土地增值收益管理，建立兼顾国家、集体、个人的土地增值收益分配机制，保障农民公平分享土地增值收益。

（五）《大理市农村集体经营性建设用地入市收益分配指导意见》

共五章十三条。分别对农村集体经营性建设用地入市收益在集体内部的管理、使用、分配、监督等做出了规定。主要明确：集体经营性建设用地入市收益归集体所有，已成立农村集体经济组织的，收益按组织章程进行分配，未成立农村集体经济组织的，可将不超过 70% 的收益用于分配，其余部分用于发展壮大集体经济或公益设施建设，分配方案须报乡镇、办事处审核同意。改革试点措施有：加强农村集体经营性建设用地入市收益管理，规范收益分配行为。收益分配以一个会计核算年度为周期，即每年的 12 月末为核算日期，次年的第一季度内进行分配；农村集体经营性建设用地入市收益实行专户管理、专款专用；村务监督委员会负责本行政区域内入市收益具体用途及日常管理的监督。主要解决的问题：规范村组入市收益使用分配行为，保障集体经济组织成员公平、公开分享集体土地收益。

（六）《大理市农村集体经营性建设用地登记管理实施办法（试行）》

共三章十一条。分别对集体经营性建设用地登记类型、程序、申请登记必需资料等做出了规定。主要明确：农村集体经营性建设用地使用权登记以自愿申请和依法界定为原则，对首次登记、转移登记、变更登记、注销登记的办理程序进行明晰，首次土地登记类型均为批准拨用。改革试点措施有：加快拟入市土地的调查测绘，按不动产登记程序，对经界定为农村集体经营性建设用地的，进行使用权首次登记；已依法发布土地征收通告或征地告知书等限制土地使用权人处置权利的情形不予登记。主要解决的问题：将入市土地纳入不动产登记平台统一管理，规范农村集体经营性建设用地登记程序，完善权益权能，为探索集体经营性建设用地入市提供保障。

（七）《大理市农村集体经营性建设用地使用权抵押登记办法（试行）》

共四章十九条。分别对农村集体经营性建设用地使用权抵押登记申请、原则、抵押登记条件和设定、变更与注销、办理程序等做出了规定。主要明确：农村集体经营性建设用地使用权抵押登记应当依照申请进行；农村集体经营性建设用地使用权抵押登记应遵循自愿、互利、公平和诚实信用的原则；乡镇、村企业的建设用地使用权不得单独抵押，权属不明晰或者有争议的、司法机关、行政机关和仲裁委员会依法裁定、决定查封或以其他形式限制土地权利、被依法纳入征地拆迁范围内的，农村集体经营性建设用地使用权不得进行抵押。改革试点措施有：积极协调金融机构支持农村集体经营性建设用地使用权抵押贷款，经审核符合登记条件的，不动产登记机构加快办理抵押登记手续。主要解决的问题：为拓宽集体经营性建设用地入市渠道提供基础支撑，帮助权利人解决融资问题，维护借贷双方的合法权益。

（八）《大理市农村集体经营性建设用地项目规划建设管理办法（试行）》

共四章七条。分别对农村集体经营性建设用地入市前规划条件、入市后项目规划建设管理等做出了规定。主要明确：农村集体经营性建设用地项目须符合土地利用总体规划、城镇规划、村庄规划等相关规划；原已办理农村集体建设用地使用证，土地用途为工矿仓储、商服、旅游的，办理不动产登记时按原用途进行登记；未办理农村集体建设用地使用证，现行村庄规划已明确（或未明确）土地用途的，由权利人向乡镇、办事处提出申请，乡镇、办事处出具初审意见，报市规划局审核，市规划局依法提出审查意见，明确地块用途，作为首次登记时确定土地用途的依据。改革试点措施有：市、镇规划建设管理部门尽快将拟入市土地纳入规划管控范围，明晰规划建设条件，加强监督管理。主要解决的问题：明确入市土地规划用途，科学规划、合理布局，推进集体经营性建设用地的统筹开发利用。

（九）《关于建立大理市农村土地民主管理工作机制的指导意见》

共五项。主要明确：在自然村全面建立"村民理事会"的基础上，通过加强农村土地民主管理，健全集体土地监督管理工作机制，保障农民在土地承包、宅基地分配、土地征收、集体资产收益分配中的切身利益，推进村庄土地高效利用、规划建设规范有序，全力配合实施好洱海保护治理"七大行动"，着力提升农村人居环境。改革试点措施有：结合自然村村民自治试点工作，指导村级建立农村土地民主管理制度、健全工作机制和考核机制。主要解决的问题：赋予村民自治组织对农村集体土地相关事项的决策、管理、监督和协调职责，保障村民的知情权、参与权、表达权和监督权，发挥主体作用，促进村庄土地规划建设规范管理。

通过试行以上制度，为修改完善《中华人民共和国土地管理法》第四十三条有关建设项目使用土地的范围条款、第六十三条有关集体土地使用权不得出让条款，《中华人民共和国城市房地产管理法》第九条集体土地出让限制条款及《中华人民共和国物权法》《中华人民共和国担保法》有关集体土地抵押限制条款提供实践经验。

四　制度亮点凸显

《大理市农村集体经营性建设用地入市管理办法（试行）》是基础，为探索农村集体经营性建设用地入市做出路径安排，规范入市行为；《大理市农村集体经营性建设用地登记管理实施办法（试行）》和《大理市农村集体经营性建设用地项目规划建设管理办法（试行）》是关键，解决入市土地的合法性和开发建设标准问题；《大理市招标拍卖挂牌出让农村集体经营性建设用地使用权规范（试行）》《大理市农村集体经营性建设用地协议入市办法（试行）》《大理市农村集体经营性建设用地抵押贷款办法（式行）》和《大理市农村集体经营性建设用地抵押登记办法（试行）》是支撑，赋予入市集体土地与国有土地相同的权责，确保入市土地收益最大化；《大理市农村集体经营性建设用地土地增值收益调节金征收使用管理办法（试行）》《大理市农村集体经营性建设用地入市收益分配指导意见》和《关于建立大理市农村土地民主管理工作机制指导意见》是保障，确保利益平衡和收益合理分配使用。

1. 《大理市农村集体经营性建设用地入市管理办法（试行）》作为规范农村集体经营性建设用地入市的纲领性文件，既是对试点实施方案的落实，又是其他配套政策文件制定的直接依据，对入市交易规则体系与保障制度等方面做了总体规定。在《大理市农村集体经营性建设用地土地增值收益调节金征收使用管理办法（试行）》和《大理市农村集体经营性建设用地入市收益分配指导意见》的规范下，明确收益分配，建立兼顾国家、集体、个人的入市增值收益分配机制，合理提高个人收益，实现收益共享。

2. 在比照国有建设用地管理的基础上，主要突出了以下几点：

（1）审慎稳妥，因地制宜，明确入市范围与途径，对"农村集体经营性建设用地"限定为"存量"，途径以就地入市为主。

（2）坚持在"符合规划、依法取得、用途管制"和履行义务的前提下，允许出让、租赁、入股、抵押，扩权赋能。出让年限与国有土地相一致，即工矿仓储用地不超过50年，商业旅游娱乐用地不超过40年，教育科技文化等用地不超过50年，租赁年限不超过20年。

（3）明确入市主体、平台和集体土地资产处置决策程序。入市主体主要为有权行使集体土地所有权的村组两级集体经济组织，交易平台为大理市公共资源交易中心。

（4）征收土地增值收益调节金，突出"平均"增值收益，结合土地规划用途、区位和成本，在实行20%—25%的比例分档次收取的基础上，进行了修订完善和细化，具体为：土地增值收益调节金根据土地区位、用途、基准地价和土地取得成本，分别按入市、转让农村集体经营性建设用地土地增值收益的一定比例进行征收。具体征收标准如下：

第一，入市地块所在集镇规划区内：①商业用地（含旅游）按土地增值收益的45%征收；②公共基础设施用地、社会事业用地（含民办教育、民办医疗卫生等）按土地增值收益的40%征收；③工矿仓储用地按土地增值收益的35%征收。

第二，入市地块所在集镇规划区外：①商业用地（含旅游）按土地增值收益的40%征收；②公共基础设施用地、社会事业用地（含民办教育、民办医疗卫生等）按土地增值收益的35%征收；③工矿仓储用地按土地增值收益的30%征收。集体对入市收益的分配使用，出台指导意见，明确用于分配的不超过70%、用于发展壮大集体经济或公益设施建设的不低于30%。

第二节　建立交易规则体系

大理市围绕建立同权同价、流转顺畅、收益共享的农村集体经营性建设用地入市制度的目标，搭建了农村集体经营性建设用地使用权招标、拍卖、挂牌出让平台，将入市土地统一纳入公共资源交易中心进行统一管理。同时，大理市将农村集体经营性建设用地纳入城（镇）、村规划建设行政审批和监管范畴，公开发布信息、公开交易、公示成交结果，建立公开、公平、公正的集体经营性建设用地入市制度。此外，大理市建立相关的交易规则体系，规范集体经营性建设用地使用权出让行为，优化土地资源配置。

一　建立市场交易规则

通过市场交易规则和服务监管制度的建立，进一步明晰了集体经营性建设用地开发利用和项目建设监管相关政策措施，规范了集体经营性建设用地入市操作流程，为集体经营性建设用地依法依规入市提供保障和服务。具体操作程序如下：

（一）审核确定入市地块

入市主体提出入市申请后，逐级上报市镇两级审核，国土部门配合村组开展权属认定、委托中介机构权籍调查（宗地测量）、土地利用规划审查认定，并经市农村土地制度改革三项试点工作领导小组办公室对入市地块出具同意列入试点意见后，开展不动产权首次登记等工作。

（二）明确规划条件

入市主体提出用地规划申请，并经辖区乡镇人民政府、办事处审核同意后，规划部门明确地块规划用途和用地性质，出具相应地块的规划条件及各项经济技术指标，以满足试点地块需要。

（三）审核入市事项

入市主体提出入市申请，所在乡镇、办事处出具审核意见。市国土资源局、市发改局、市规划局、市环保局、市工信局（工矿仓储用地）需在入市核准书上出具审核意见，经审核同意并加盖单位公章后，上报市人民政府颁发入市核准书。

（四）地价评估

委托土地评估机构对地块进行地价评估，土地估价报告向国土部门备案，提交入市主体用于决策。

（五）民主决策

开展入市事项进行集体民主决策，形成入市决议，出具相关集体研究会议决定和纪要。

（六）地块入市

入市实施主体向国土部门提交书面入市申请和相关资料，国土部门对相关资料审查齐备后一天内，到市公共资源交易中心办理审核交易，按入市方式分别办理入市前相关手续，进行公示公告，组织入市交易，按规定时限和程序签订成交确认书和入市合同。入市地块完成交易（即成交确认书签订）后，两天内国土部门、财政部门要出具入市土地增值收益调节金缴款通知书，所在乡镇、办事处督促入市主体五天内按规定足额缴纳土地收益调节金。按规定期限支付地价款和缴纳相关税费。土地成交后，受让人、承租人在交易现场与所有权人签订成交确认书。成交结果在公共资源交易中心和事务公示栏等场所进行公示。公示期满后，受让人、承租人与所有权人按照约定程序签订入市合同，市国土资源局作为第三方鉴证。

（七）颁发权证

依受让方申请，国土部门按时限办结不动产权登记手续。集体经营性建设用地使用权作价出资（入股）完成后，新组建的企业或增资入股后的企业在完成工商登记后，应当申请入市地块的不动产登记。

（八）规划建设许可

受让人按程序申请办理相关规划建设行政审批手续，确保土地正常开发利用，国土、规划、建设等相关职能部门将项目开发建设纳入有效监管。

土地入市工作流程如图 15-1 所示。

二　建立健全交易规则和服务监管制度

搭建产权交易平台，将农村集体经营性建设用地使用权出让纳入公共资源交易平台统一进行交易，探索建立城乡统一的建设用地市场提供实践经验。《大理市招标拍卖挂牌出让农村集体经营性建设用地使用权规范（试行）》和《大理市农村集体经营性建设用地协议入市办法（试行）》，明确操作流程，规范出让行为，公开公平交易，努力实现入市土地收益最大化，目前已入市的大理镇西门三组地块采用公开拍卖方式入市，银桥镇银桥村地块采用公开租赁方式入市。建立大理市农村集体建设用地基准地价体系，为集体经营性建设用地入市和转让提供基础性指导。实行部门联审，核准土地入市制度。《大理市农村集体经营性建设用地项目规划建设管理办法（试行）》，明确农村集体经营性建设用地规划

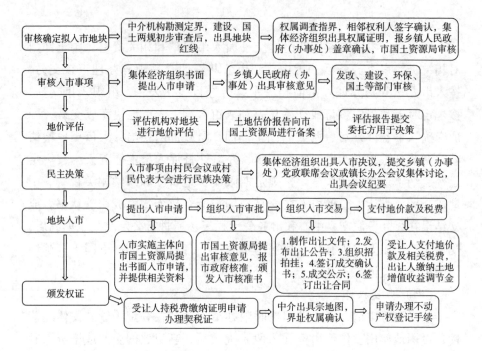

图 15 - 1 土地入市工作流程

管理、建设审批和监管范畴。《关于建立大理市农村土地民主管理工作机制的指导意见》，坚持集体决策，民主议事，充分赋予土地民主管理权利，有效地发挥集体土地所有者或集体经济组织主体作用。同时，收益集体分配需要符合集体资产分配使用管理相关规定，分配方案集体民主决策，分配过程和结果纳入村务公开内容，接受农业、财政和审计部门的监督。出台的配套制度明确规定，受让方可依法申请不动产权登记，并按程序申请办理相关规划建设行政审批手续，确保土地正常开发利用，国土、规划、建设等相关职能部门将项目开发建设纳入有效监管。

三 健全完善农村土地资产处置决策程序

依托自然村村民自治试点，在自然村全面建立"村民理事会"的基础上，以自然村为单位，成立土地民主管理工作小组，对农村建房用地申请户的资格条件、用地选址、村庄规划调整、"空心村"整治、集体土地适应性调整、集体经营性建设用地入市等需要集体决策的重大事项进行审议，形成初步审查意见。同时，要求所在乡镇、办事处指导和督促入市主体开展入市事项进行集体民主决策，资产处置必须按照"四议两公开"程序进行，形成入市决议，出具相关集体研究会议决定和纪要。其中，属村组农民集体所有的，须经本集体经济组织成员会议或村民代表会议表决通过，形成决议。属乡镇农民集体经济组织所有的，入市事项须经乡镇党委、政府集体研究决定。

通过加强农村土地民主管理，健全集体土地监督管理工作机制，保障农民在土地承包、宅基地分配、土地征收、集体资产收益分配中的切身利益，推进村庄土地高效利用、规划建设规范有序，着力提升农村人居环境。

四　建立集体建设用地基准地价体系

健全城乡统一的建设用地市场，建立大理市农村集体建设用地基准地价体系，在实现乡镇国有建设用地基准地价全覆盖的基础上，完成了大理、喜洲、凤仪和双廊4个镇的农村集体建设用地基准地价测算初步成果，为集体经营性建设用地入市和转让提供基础性指导。积极培育中介组织参与入市工作，由入市主体委托具有资质的第三方，参照现行国有建设用地土地取得成本，对拟入市试点地块成本进行合理核算和认定，并开展地价评估。其成本主要由土地取得费、相关税费、土地开发费、地上建（构）筑物价值、利息和利润等组成，出具结论和报告。入市土地须经有土地评估资质的机构评估，评估报告须经国土资源管理部门备案。

第三节　优化收益分配机制

土地增值收益在国家、集体和个人之间合理分配，既要体现所有者权益，又要体现社会公平正义；既要让农民有获得感，又要实现长远收益，如何分好、用好、管好入市收益十分关键。为此，大理市对选取的入市试点地块的成本、增值收益和增值收益调节金征收比例用途等做了深入研究。

一　开展入市地块成本分析专题研究

大理市在开展就地入市试点工作中，大胆探索，先行先试，取得明显成效。对全市农村集体建设用地情况进行全面调查摸底，确定入市范围、方式和程序，编制完成《大理市农村经营性建设用地入市成本分析报告》和《大理市增减挂钩可行性分析报告》。

二　合理收取入市土地增值收益调节金

（一）专题研究

大理市始终把实现国家、集体和个人利益平衡，作为统筹协调推进改革的关键切入点，维护好各方利益，让农民有更多的获得感，进一步增强改革的整体性、系统性。开展建立兼顾国家、集体、个人的入市增值收益分配机制专题研究。

（二）出台制度

出台《大理市农村集体经营性建设用地土地增值收益调节金征收使用管理办法（试行）》。规范了农村集体经营性建设用地土地增值收益管理。同时，使村集体收益得到了保障，其主要表现在以下五个方面：

1. 土地增效，与国有土地同等入市同权同价；
2. 集体壮大，村集体经济实力明显增强；
3. 农民增收，群众获得感显著提高；
4. 分配合理，国家、集体、个人利益大体平衡；
5. 基层治理加强，土地管理主体作用充分发挥。

（三）收益测算

通过试点，参照国有建设用地使用权取得成本，对选取的入市试点地块进行成本核算，形成土地成本核算报告，合理测算土地增值收益，按比例征收土地增值收益调节金。探索建立兼顾国家、集体、个人的入市增值收益分配机制，合理提高个人收益，实现收益共享。

农村集体经营性建设用地土地增值收益，是指农村集体经营性建设用地入市环节的入市收入扣除取得成本和土地开发支出后的净收益，以及转让环节的转让收入扣除取得成本和土地开发支出后的净收益。

土地增值收益调节金，是指按照建立同权同价、流转顺畅、收益共享的农村集体经营性建设用地入市制度的目标，在农村集体经营性建设用地入市及转让环节，对土地增值收益收取的资金。

农村集体经营性建设用地入市收益，是指农民集体经济组织将农村集体经营性建设用地使用权通过出让、租赁、作价出资（入股）等方式入市交易产生的收益。

农村集体取得的集体经营性建设用地入市收益纳入乡镇、办事处农村集体"三资"管理办公室管理。农村集体经营性建设用地入市收益实行专户管理、专款专用。集体经营性建设用地入市收益归集体所有。已成立农村集体经济组织的，收益按组织章程进行分配；未成立农村集体经济组织的，可将不超过70%的收益用于分配，其余部分用于发展壮大集体经济或公益设施建设。

入市主体通过出让、租赁、作价出资（入股）等方式取得农村集体经营性建设用地入市收入，以及入市后的农村集体经营性建设用地土地使用权人，以出售、交换、赠与、出租、作价出资（入股）或其他视同转让等方式取得转让收入时，应向国家缴纳土地增值收益调节金。

根据大理市土地征收增值收益测算结果，可以看出政府纯收益高于农民、集体收益。土地增值收益份额对比分析征地中国家和集体增值收益比例为3.2:1，农民和集体占土地纯收益的23.82%。根据测算，大理市农村集体经营性建设用地入市土地增值收益调节金征收比例确定在20%—25%。

按用途征收大理市农村集体经营性建设用地入市土地调节金建议工业类用地和公益性用地按照入市土地增值收益的20%征收；经营性用地（商业用地）按照入市土地增值收益的25%—30%征收。在大理市规划区域内的农村集体经营性建设用地入市土地通过评估等方式核算其合理成本后，政府应收回对该部分土地投入的基础设施配套费用。

三　健全土地增值收益在农村集体经济组织内部的分配机制与监管制度

（一）制定分配制度

农村集体取得的集体经营性建设用地入市收益纳入乡镇、办事处农村集体"三资"管理办公室管理。农村集体经营性建设用地入市收益，是指农民集体经济组织将农村集体经营性建设用地使用权通过出让、租赁、作价出资（入股）等方式入市交易产生的收益。收益分配以一个会计核算年度为周期，即每年的12月末为核算日期，次年第一季度内进行分配。收益分配对象为具有本集体经济组织成员资格的人员。集体经营性建设用地入市收益归集体所有。已成立农村集体经济组织的，收益按组织章程进行分配；未成立农村集体经济组织的，可将不超过70%的收益用于分配，其余部分用于发展壮大集体经济或公益设施建设。

（二）完善监管制度

收益集体分配需要符合集体资产分配使用管理相关规定，分配方案集体民主决策，分配过程和结果纳入村务公开内容，接受农业、财政和审计部门的监督。村务监督委员会负责本行政区域内入市收益具体用途及日常管理的监督。

第四节　推进入市实践探索

大理市结合实际，根据实施方案，对全市范围内的集体建设用地进行调查摸底，完善和深化村庄规划修编，赋予存量集体建设经营性用地权能，建立农村集体经营性建设用地产权制度。按照"规范管理、有序运行、城乡互动、收益共享"的要求，推进农村集体经营性建设用地入市，盘活存量农村集体建设用地，逐步缩小征地范围，保障全市公益性项目建设用地，逐步建立城乡统一的建设用地市场，实现土地资源的科学管理和有效配置。

一　完善用地产权制度

（一）界定农村集体经营性建设用地

农村集体经营性建设用地，是指存量农村集体建设用地中，土地利用总体规划和城乡规划确定为工矿仓储、商服、旅游等经营性用途的土地，结合大理市经济社会发展与自然地理条件，在符合规划和用途管制的前提下，依据集体建设用地专项调查成果选定入市地块，分别在坝区、半山区和城乡接合部三类地区选择4个地块开展入市实践探索。在坝区选取银桥镇，利用现有零星存量集体经营性建设用地探索就地入市，带动乡村旅游和集体经济发展；在半山区选取海东镇，结合历史建筑、传统村落保护和旧村改造，对具有保护和开发利用价值的村庄内部零星存量集体建设用地、有偿退出的闲置宅基地和古建筑民居院落进行整合，由集体对外出让或租赁；在城乡结合区选取大理镇、下关镇，选择两块存量集体建设用地完善规划后，采取集体出让方式探索就地入市，壮大集体经济，增加农民收入。

（二）规范农村集体经营性建设用地产权管理，明确权利与义务

集体经济组织作为集体土地的所有权人，在村庄规划和建设管理、宅基地适应性调整及申请审批等过程中发挥了积极的主体作用，对集体土地的调整与盘活，充分体现了所有权人的权利与责任。同时，入市的

农村集体经营性建设用地与国有建设用地同权同价同责，集体经营性建设用地使用权入市交易应缴纳土地增值收益调节金并按现行税收规定履行纳税义务。试点期间，土地增值收益调节金按用途分别征收，公共基础设施用地、社会事业用地（含民办教育、民办医疗卫生等）和工矿仓储用地按土地增值收益的20%征收；商业用地（含旅游）按土地增值收益的25%征收。集体经营性建设用地入市后，土地使用权取得人需缴纳与契税相当的3%的土地增值收益调节金。

（三）探索明确农村集体经营性建设用地入市主体及组织形式

入市过程中，明确入市主体是指有权行使集体土地所有权的农民集体。农村集体经营性建设用地入市实施主体可以是集体土地所有者、农村集体经济组织或者经委托授权的土地股份合作社。

二　明确入市范围和途径

（一）探索农村集体经营性建设用地就地入市途径

在符合规划、用途管制和依法取得的前提下，具备开发建设所需基础设施等基本条件的农村集体经营性建设用地，明确在本村直接使用的，可直接入市。积极探索在有条件的地方，结合城中村改造、"空心村"整治、"批新退旧"以及自愿有偿退出宅基地等方式退还集体的建设用地，在保障集体内部住房困难户宅基地需求后，可整治后入市。按照入市范围和途径，结合调查摸底，大理市在充分尊重群众意愿、兼顾公平、保障居住权益的前提下，坚持以政府引导、镇村主责、村组主导、社会参与、市场运作、保障权益为原则，按照"分类选点、封闭运行"的工作思路，核查土地利用总体规划和城乡规划后，在部分乡镇、办事处选取条件成熟的地块推进入市试点工作（分别选取下关、大理、银桥、海东镇共4块集体存量建设用地），探索建立同权同价、流转顺畅、收益共享的农村集体经营性建设用地入市制度，积极有效地增加农村土地财产收益，改善农村生产生活条件。

（二）探索零星、分散的集体经营性建设用地入市途径

为进一步节约集约用地，满足经济社会发展对土地资源的需求，解决建设用地需求量与用地指标的矛盾，助力洱海保护"七大行动"，大理市积极研究增减挂钩后土地入市工作。

1. 结合矿山恢复治理实施增减挂钩。大理市对现有的57个采矿权进行清理。按洱海保护"七大行动"要求，实施全部关闭，对原矿点按照

"宜林则林、宜耕则耕、宜绿则绿"的原则实施治理，需要消除地质灾害隐患，恢复生态环境。矿山地质环境治理项目实施后，将恢复被占压和损毁的土地资源，可有效增加耕地、林地面积，有效地缓解人地矛盾。通过生物工程治理，矿山植被覆盖率增加，对位于交通干线及村庄附近的矿山，经过工程治理及植被恢复，消除安全隐患后，部分矿山土地性质将发生改变，矿山土地性质可转化为商业用地、旅游开发用地、仓储用地、农用耕地等不同性质土地，土地利用价值提高，通过拍卖等方式，可收回部分恢复治理费用。

根据大理市 2014 年土地利用变更调查数据，全市采矿用地 1095.11 公顷，但是，绝大部分还在开采，实际能够纳入增减挂钩的拆旧区进行复垦整治的面积较小。废弃工矿用地复垦主要踏勘地块为凤仪镇华营村委会东北普和箐地块、上关镇和荡采石场、海东镇戒毒所西南采石场地块、喜洲镇庆洞村民委员会西、苍山脚采石场 4 个连片地块。

2. 结合异地扶贫搬迁实施增减挂钩。异地扶贫搬迁主要对凤仪镇吉祥村民委员会万马乌村民小组，太邑乡者摩村民委员会茶家村、大村等部分搬迁；己早村民委员会松林、落社子等村民小组部分搬迁进行了实地踏勘，由于面积较小，且达不到整村搬迁，无法实施。

根据大理市"三退三还"，拟将洱海水源保护区范围内的村庄、建制镇、城市、采矿用地等进行异地搬迁，洱海水源保护区范围涉及下关镇、凤仪等 10 个乡镇的 50 个村民委员会，涉及搬迁的总面积为 646.8116 公顷，其中，城市用地面积为 46.2153 公顷，建制镇面积为 139.7388 公顷，农村居民点面积为 450.3495 公顷，采矿用地面积为 10.5080 公顷。

对搬迁后的农村居民点进行整治，复垦为农用地，将置换出来的建设用地指标用于其他建设用地项目。与洱海水源保护搬迁工作与增减挂钩试点工作有效结合，既达到洱海水源保护的目的，又可以解决大理市城乡建设用地指标不足的问题，把多部门资金有效整合起来，减少重复资金投入，将项目实施效果最大化。

（三）探索村庄内集体经营性建设用地整治后入市的途径

1. 结合传统村落保护。对传统民居、古院落使用权人愿意有偿退出后的宅基地，增加部分功能，探索由村组集体收回，以租赁方式进行保护性利用。目前，大理市根据试点政策，结合产权制度改革，推进项目试行，壮大村集体经济、增加农民财产性收入，正在推进海东镇上登村委会石头村（旧村）保护利用项目。

2. 结合"空心村"整治。实施"空心村"整治是盘活农村"空心房"和空闲地，规范农村建房和宅基地管理，缓解农村土地供求矛盾，提高村庄品质，切实保护海西耕地的一项重要举措。据调查，全市存在"空心院"的自然村有 258 个，"空心院"数量大约有 3024 院，涉及农户 7960户，占地面积约 2217 亩。其中，"空心院"相对集中连片、面积在 20 亩以上、有条件进行空心村集中整治的村落约有 15 个自然村，涉及农户约 2200户，面积有 600 多亩。此外，全市还有大约涉及 5760 户、面积 1617 亩的"空心房"广泛分布在全市 240 多个村庄之中，需要通过建立"空心房"整治的长效机制，由乡镇和村组在村庄建设和管理过程中进行规范完善。

以自然村为单位，对项目村"空心村"整治范围进行界定，绘制"空心村"整治布局平面图和相关规划图，合理安排农户宅基地、村庄道路、公共活动设施用地、集体经济发展用地的面积和范围。根据规划方案，科学编制"空心村"整治的路网建设、供排水管网建设、电网建设、公共活动场所建设、绿化美化、集体经济发展项目建设、停车场所建设等项目建设规划，做到建设项目化和数字化，明确项目建设资金的筹集渠道和方法。在有条件的地方，在优先满足农村住房困难户宅基地审批的情况下，充分尊重村组意愿的基础上，积极研究"空心村"整治土地入市工作。

三　推进入市实践

试点开展以来，大理市在符合规划、用途管制和依法取得的前提下，具备开发建设所需基础设施等基本条件的农村集体经营性建设用地，明确在本村直接使用的，可直接入市。坚持以政府引导、镇村负责、村组主导、社会参与、市场运作、保障权益为原则，核查土地利用总体规划和城乡规划后，在部分乡镇、办事处选取条件成熟的地块推进入市试点工作，充分提高广大群众的获得感。

大理市存量集体建设用地较少、地块分散，原有废弃工矿用地 1264亩，因洱海保护需要全部用于生态复绿。在全面摸清底数的基础上，因地制宜地选择在城郊和村庄不同区域积极推进就地入市，现已完成入市地块两块，银桥镇银桥村 4.34 亩地块以租赁方式入市，大理镇西门村 5.8 亩地块以公开拍卖方式入市。目前，全市累计有海东镇石头村（99亩）、大理镇绿桃村（72 亩）等 21 宗 400 余亩正在有序推进入市工作，全面全域推开入市改革试点工作。

专栏 15 - 1

大理镇西门村就地拍卖入市案例

一 基本情况

大理市大理镇西门村委会第三村民小组地处大理古城城郊接合部，辖区总面积 0.8 平方千米，现有农户 83 户、非农户 20 户，耕地 40 亩，户籍总人口 378 人，从事第二、第三产业人数达 53%，村民收入以房屋出租、交通运输、商饮服务、外出务工为主。2016 年 7 月，该村完成了农村集体资产股份权能改革试点工作，认定集体经济组织成员 358 人，核定集体经营性资产原值 11.55 万元，成立了西门村第三组集体经济股份合作社，设置股权 4240 股，发放股权证书 358 本。2016 年年末，农村居民人均可支配收入 1.42 万元。

二 入市地块情况

入市地块位于大理古城北门以北、双狮路以南、复兴路北延段以东，面积 5.8 亩，属该组集体所有的存量建设用地，集体资产股份权能改革试点中，已将该地块认定为集体经营性资产。2006 年 6 月至 2017 年 6 月，该地块对外出租，用作停车场，租金为 2 万元/年。

多年来，由于该地块产权未能完善、规划用途不明晰，相较于同区位国有建设用地，土地开发利用效率低下，收益明显偏低。西门村委会第三村民小组抓住集体经营性建设用地入市试点机遇，计划通过该地块入市，筹措资金发展壮大集体经济，增加农民收入。

三 主要做法

（一）确定入市主体

西门村委会第三村民小组按照试点中出台的《大理市农村集体经营性建设用地入市管理办法（试行）》和《关于建立大理市农村土地民主管理工作机制的指导意见》，经集体商议后，明确将该地块进行入市，实施主体为西门村第三组集体经济股份合作社，并向市镇村逐级申请列入试点。

（二）完善入市条件

1. 明晰土地权属。西门村委会第三村民小组委托具有资质的中介机构进行勘测定界，经市国土资源局、大理镇核实，该地块在最新土地调查成果中，为集体建设用地，符合土地利用总体规划，来源合法、权属清楚、四邻无争议。

2. 开展文物调勘。鉴于该地块位于大理古城北门外、羊咀咩城遗址附近，按照文物保护管理的相关规定，大理镇报请州文物局进行文物现场调勘，查明地下埋藏情况，通过专家论证，州文物局出具了该区域内可以进行项目利用的结论。

3. 赋予规划用途。经大理省级旅游度假区规划委员会办公室审查，该地块符合《大理历史文化名城保护规划》，并出具了《建设用地规划设计条件通知书》，核定用地性质为商业用地，建筑密度≤40%，容积率≤1.0。

（三）确定入市方式

1. 测算成本，委托地价评估。西门村第三组集体经济股份合作社委托云南优化不动产评估咨询有限公司，对入市地块的成本和地价进行测算评估。评估公司参照国有建设用地取得成本，结合村集体前期投入情况，测算出地块总成本291.17万元，计50.20万元/亩；根据规划用途和经济技术指标，参照国有建设用地基准地价体系，评估地价为102.0667万元/亩。评估报告报市国土资源局备案。

2. 民主决策，形成入市决议。村组根据"四议两公开"、土地民主管理和股份合作社章程的规定，按集体决策程序形成了集体经营性建设用地入市决议，明确采用公开拍卖方式就地入市，出让年限40年，起始总价870万元。

3. 部门联审，核准土地入市。根据市《农村土地制度改革三项试点方案》《经营性建设用地入市试点工作方案》和村组入市决议，西门村第三组集体经济股份合作社拟订了入市方案逐级上报，经市国土资源局、市规划局、市发改局联合审查，市人民政府核准。

（四）公开拍卖入市

根据《大理市招标拍卖挂牌出让农村集体经营性建设用地使用权规范（试行）》的规定，西门村第三组集体经济股份合作社委托市国土资源局和公共资源交易中心将入市地块纳入公共资源交易平台统一管理，公开发布信息，实行公开拍卖交易。

（五）实现收益共享

参照周边国有土地交易价格，该宗地入市后成交价2610万元以上，扣减土地取得相关成本291.17万元，土地纯收益2318.83万元。根据《大理市农村集体经营性建设用地土地增值收益调节金征收使用管理办法（试行)》的规定，纯收益2318.83万元中，按25%比例缴纳土地增值收益调节金579.7075万元，集体实际纯收益达1739.1225万元。按照《大理市农村集体经营性建设用地入市收益分配指导意见》的规定，西门村三组可按股份合作社章程将收益的30%—50%留作集体经济发展和公共设施建设，50%—70%用于股东红利分配。

四 成效评析

西门村三组集体经营性建设用地入市实践，使入市地块产权进一步明晰，权能得以完善，价值充分显化，土地实现增效，农民群众获得感明显增强。

（一）建章立制，形成入市规范

在改革试点中，大理市出台了《大理市农村集体经营性建设用地入市管理办法（试行)》等9项制度，对入市主体、范围、途径、方式、程序进行了规范，依托公共资源交易中心搭建了入市交易平台，通过西门村地块入市实践，证明相关制度设计合理、可操作性强，符合大理市实际，为探索建立城乡统一的建设用地市场提供实践经验。

（二）盘活资产，提高用地效率

入市前，西门村地块仅作为停车场使用，利用效率低下，与大理历史文化名城保护发展规划不相协调。入市后，该地块将按"体现地方传统建筑特色，延续地方建筑文化，与大理古城传统风貌相协调"的规划设计条件要求，进行商业开发利用，在盘活集体资产、提高土地用地效率的同时，也为逐步缩小征地范围后如何提供项目建设用地补充做出实践探索。

（三）加收入，分享增值收益

西门村三组地块入市后，年均纯收益达43.48万元，与原经营方式相比，年收益翻了21.7倍，按照合作社章程，每名股东增加了4.91万元股份权益，农民收入明显增加；集体增加521万元发展基金专项用于壮大集体经济，收回的成本291.17万元用于公共设施建设；国家按规定向入市主体征收土地增值收益调节金579.7075万元，按规定向受让方征收入市总价相当于契税3%

的调节金 79.605 万元。土地增值收益在国家、集体、个人之间的分享比例为 2∶3∶4，初步探索形成兼顾国家集体个人利益的土地增值收益分配机制。

专栏 15-2

扩权赋能　租赁入市　增加集体收入
——银桥镇银桥村租赁入市案例

银桥镇银桥村委会位于大凤路以西、苍山脚，地处大理坝区中西部，距大理古城 5 千米。全村有上银、下银和磻曲 3 个自然村，15 个村民小组，996 户 4348 人，劳动力 2960 人。村党总支下设 3 个党支部，党员 193 名。村行政辖区土地面积 16000 亩，其中，耕地 2800 多亩，集体建设用地 875 亩。该村属典型的以农业为主，集体名下的经营性建设用地较少，仅 8.8 亩。在产业发展方面，每年集体经济收入 4 万元。入市试点地块位于银桥村民委员会上银自然村，东南西三面环村庄道路、北临沙坪沟，于村庄中心位置。实测面积 4.342 亩，土地权属为银桥村民委员会，原为木器加工厂，2007 年 6 月取得集体土地使用证（大集用〔2007〕字第 0019 号），用途为工业。经核查，该地块符合入市试点。

该地块入市前为长期出租作为养猪场，经济效益不高，租金较低，结合洱海保护"七大行动"的全力实施，规模养殖已被取缔。为有效盘活土地资产，壮大集体经济，通过民主商议和决策，在镇村两级共同努力下，提前解除了养猪场的出租合同，积极申请列入农村集体经营性建设用地入市试点。目前，市规划局已出具《建设用地规划设计条件通知书》，进一步明晰了相关经济技术指标，租赁用途为商业（乡村旅游业用地），充分赋予地块权能。在市镇工作领导组的指导下，银桥村民委员会按照"四议两公开"的要求，按程序形成了集体经营性建设用地入市决议：该地块入市实施主体为银桥村民委员会；采用公开租赁方式就地入市；租赁年限 20 年；租赁起始总价 225 万元。正准备进入公共资源交易中心组织公开入市交易。

集体壮大　农民增收

【银桥村党总支书记、村委会主任　李××】经调查核实，我村委会行政村辖区土地面积为 16000 多亩，其中，集体建设用地 875 亩，农村宅基地、村庄道路和公益设施用地占 98.9%，集体经营性建设用地只占 1.1%，可用于经营的集体资产较少，集体经济收入微薄。一直以来，因产业结构调整和发展转型，村办木器厂已被市场淘汰，村集体经济收入举步维艰，为缓解村集体经济压力，我村将该地块于 2008 年对外出租作为养猪场（出租期限 2028 年 11 月），年租金仅 0.6 万元，且养猪场气味较浓，严重影响村民生活环境质量，村民反映较为强烈，我作为村总支书记、主任深感两难。

现我村委会名下的原村办木器厂地块列入试点，让我们看到了机遇和希望。按大理市试点相关制度规定，该地块通过租赁入市，20 年总租金达到 225 万元，减去地块总成本 182.07 万元，国家按规定征收土地增值收益调节金 10.7325 万元，纯收益达 32.1975 万元，比原来翻了近两倍。下一步，我们将严格按农村产权股份制改革相关要求拿出一部分给老百姓进行分红。通过改革试点，让最基层组织和老百姓得到了真正的实惠。集体增加 32 万元发展基金专项用于壮大集体经济，收回的成本 182.07 万元用于公共设施建设；国家按规定向入市主体征收土地增值收益调节金 10.7325 万元，按规定向受让方征收入市总价相当于契税 3% 的调节金 6.75 万元。土地增值收益在国家、集体的分享比例为 1∶3，初步探索形成兼顾国家、集体、个人利益的土地增值收益分配机制。

环境改善　生活质量提升

【银桥镇村委会村民　杨××】我是银桥镇村委会村民，我家就居住在该地块附近，由于养猪场气味较浓，一直甚受困扰，我跟村干部反映多次，为妥善解决此问题，我们村的干部也积极想办法，但苦于都找不到解决该事宜的好路子。前几天，我作为村民代表参加了镇村两级组织的相关会议，要将该地块按乡村旅游进行出租，还可以提高租金，我觉得这是一件利村利己的大好事，我非常支持村委会的做法。

扩权赋能　显化价值

【银桥镇副镇长、国土规划建设中心主任　赵××】 在未开展农村集体经营性建设用地入市试点工作以前，银桥村委会已向我反映和申请多次：要求将他们村办木器加工厂（原联厂）用地性质作一下变更，并出具符合开发项目用地的规划条件，但由于政策限制，只能维持现状，且不能进行商业开发，很大程度上制约了基层经济社会的发展。通过改革试点，让村集体土地权能充分显现，资产得到有效盘活。同时，也实现了承租人依法依规用地和建设，让投资人放心投资，为全镇固定资产投入注入新的活力。我作为银桥镇副镇长兼国土规划建设中心主任，从表面上看，虽然工作量增加了，但集体建设用地的审批管理有了制度的保障，为村组集体和村民由衷地感到高兴，同时也清醒地认识到，一定把中央的这项惠民政策落实好，落实到最基层。在具体工作中，结合村庄规划（村级土地利用规划）修编的开展，通过摸底，我镇范围的存量集体建设用地全部统一纳入村庄规划，强化修规深度，进一步明确经营性建设用地用途和性质，完善产权，赋予权能，科学、合理、高效、集约利用好每一寸土地，充分显化土地价值，最大限度地维护好、发展好、实现好广大群众最直接的利益。

在集体经营性建设用地入市试点工作中，该村在市镇两级的大力支持下，结合本村实际，努力盘活村内集体建设用地，积极开展试点工作，通过集体经营性建设用地租赁入市，实现土地租金低价向高价、土地权能弱化到强化、土地利用低效到高效的转变，集体建设用地的价值得到充分显化，同时也实现了集体经营性建设用地的开发利用首次纳入全市国土规划建设管理依法、有序、规范化审批监管范围，实现与国有建设用地同权、同价、同等入市。

专栏 15-3

古村落保护与发展
——海东镇石头村拟以作价入股方式入市案例

一　基本情况

上登石头自然村位于海东镇关宾路东南方，自然村下设 3 个村民小组，居住地分散为石头村老村、荒草坝新村两片区。老村村庄道路总长2600米，石头村为环洱海周边古老、完整的村落，也是原始村落格局保存最完好的村落，都是土木结构的房屋，距今已有300多年历史。据初步入户走访后统计，全村共有279户1225人128院落，主要以土木结构为主，由于20世纪90年代滇西水泥厂的建设投产，原老村庄主后山（大青山）被选为滇西水泥厂的矿山用地。受水泥厂原料开采影响，同时为了建设和务工及生产生活便利，自然村农户自发往滇水腹地荒草坝搬迁，搬迁率达到95.3%，已经形成新的村落，原老石头自然村基本属于空心村。

二 目标任务

房屋、土地明确面积和产权后，通过三项改革的各项政策，增加村民收入，生态宜居、保护传统建筑，打造乡村产业兴旺的局面。探索将农户使用的老村范围内宅基地、空闲地自愿退出后，由石头自然村集体统一收回，由海东国土所牵头，镇国土和村镇规划建设服务中心配合，对各院落占地面积及建筑面积进行测量，并由户主签字认可。根据土地、房屋面积，按照村民自治程序，折算成股权配置给原使用权人，由集体将收回的土地作为集体经营性建设用地，以租赁等方式进行保护性利用，实现土地资源利用的合法化、价值的最大化。

三 工作情况

（一）领导重视，成立组织机构

为积极推进项目开展，镇党委、政府及时组建海东镇上登村委会石头村农村土地改革试点工作领导组，成立专项工作组，设置专项工作组办公室，结合石头村实际，制订了《大理市海东镇上登村委会石头自然村（老村）保护和发展项目工作方案》和《石头自然村股权设置管理方案》。保障了项目工作"领导重视到位，人员保障到位，经费落实到位，措施推进到位"，集中开展石头村（老村）保护和发展项目。

（二）统一思想，提高认识

围绕石头老村文人历史、古村落保护的重要性、必要性、发展利用的经济性深入广泛宣传。采用传单、标语、入户、多媒体和会议等方式。凝聚和调动群众积极性，统一思想，为试点工作夯实基础。制定石头自然村（老村）保护和发展项目宣传展板及宣传折页，广泛进行政策宣传。自工作队入村以来，共召开村"两委"扩大会议三次，小组长会议10

次，工作队会议 8 次，召开上登石头自然村（老村）保护和发展股权设置会议 1 次，上登石头自然村（老村）保护和发展股权设置股东代表大会 1 次。对群众广泛宣讲国家土地制度改革三项试点相关政策，在大理市全面深化改革领导小组办公室、市国土资源局和市产改办的全面指导下，完成了《石头自然村股权设置管理方案》的补充完善，并分别在几次会议中通过。组织上登村"两委"班子和村务监督委员会、石头村党支部书记、村民小组长、村民代表、党员代表和户代表等 70 多人赴金梭岛渔民专业合作社学习考察。

（三）积极负责，认真工作

专项工作组紧紧围绕《关于印发大理市海东镇上登村委会石头村（老村）保护和发展项目工作方案》（镇党政办发〔2017〕76 号）《关于对海东镇上登村村委会石头自然村加快推进农村综合改革工作的建议》文件精神，充分运用好试点改革，努力打造全市农村的改革完善，做到工作思路清晰，着力优化工作清廉，抓实项目推进。

1. 拟订股权方案（8 月 1—10 日）。在镇产改办的指导下，结合农村集体股份权利改革试点要求，制订了《海东镇石头村股份设置方案（草案)》。

2. 入户征求意见（8 月 11—20 日），深入农户将草拟的股权设置方案和量化方案印发村集体经济组织成员进行入户征求意见。

3. 表决通过方案（9 月 11—13 日）。于 8 月 23 日召开村"两委"扩大会议，9 月 5 日召开石头自然村党员扩大会议，9 月 10 日召开石头村股东代表大会，严格按民主决策程序提交了村集体经济组织成立表决。

4. 测绘土地房屋（8 月 1 日至 9 月 30 日）。以原调查测量结果为基础，对旧村范围内闲置宅基地、房屋和空闲地进行核实，按照宅基地改革试点政策进行分类认定。经勘测，石头村自然村总勘测地形 658.52 亩，房产测量 40669.65 平方米。总院落 131 院，涉及农户数 257 户（313 处房产），分别为：一组 34 院 69 户 79 处房产（其中，有两处房产的有 6 家，有 3 处房产的有两家），二组 57 院 119 户 144 处房产（其中，有 3 处房产的有 1 家，有两处房产的有 24 家），三组 40 院 69 户 90 处房产（其中，有两处房产的有 21 家）。经过 10 月 1—7 日 7 天的公示，同时于 10 月 12—14 日镇工作组和村组干部再次深入农户进行相关政策宣讲，完成了农户确认工作。

5. 成立集体经济组织。（1）股东核定（10月25日至11月5日）。由镇产改办指导自然村核定股东成员，推选股东代表。（2）股权设置（11月6—20日）。按照《海东镇石头股份经济合作社股权设置方案》进行股权量化。（3）制订《石头村经济股份合作社章程草案》（10月6—20日）。由镇产改办指导自然村制定章程。（4）召开股东大会（12月23日）。召开股东大会，选举产生董事会、监事会、董事长和监事长，正式成立石头村经济股份合作社。

四　存在困难和问题

在项目工作推进中，最大的困难就是农户对房屋面积确认的问题。虽然经过工作组和村组干部广泛的政策宣传，但仍有少数群众存在思想认识偏差，对古村发展存有疑虑，对项目发展支持热情不够高涨。

五　工作成效

镇党委政府积极发挥引导作用，按照村民自治程序，将勘测面积量化折股，成立石头村股份经济合作社，并将股权配置给原使用权人，让村民持有原来的所有权益，充分保障村民的应有权益，实现土地资源利用的合法化、价值的最大化。下一步工作中，结合传统村落保护，根据农村土地制度改革三项试点相关政策，由村级合作社代表石头自然村集体作为入市主体，采取租赁、作价（入股）等方式，将集体经营性建设用地与地上房屋整体打包后入市，推进项目实施，实现集体土地所有权人和使用权人的权益权能。

第十六章　大理市集体经营性建设用地
入市改革绩效分析

第一节　改革取得显著成效

大理市尊重群众意愿，取得群众支持，投入大量的人力、物力和财力，营造了想改革、谋改革、善改革的良好氛围，初步形成了城乡统一的建设用地市场，基本实现了同权、同价、同责和同等入市，不仅盘活了农村空闲和低效用地，提升了土地资源配置效率，也扩展了乡村产业发展空间，有力地吸引工商企业入驻乡村，促进了乡村旅游蓬勃发展。尤其是入市改革试点不仅赋予了农民对土地财产更加充分的处分权，还极大地显化了集体土地价值，大幅度提高了农民参与土地增值收益分享的比例，保障了农民土地权益，壮大了村组集体经济实力，助推了乡村治理水平提升。

一　总结提炼制度成果，提供试点实践经验

大理市在推进农村集体经营性建设用地入市改革过程中，注重加强配套制度设计和供给，政策体系基本完备。在研究制定入市政策过程中，着眼于制度的系统性和可操作性，围绕打开通道、搭建平台、盘活集体资产、增加农村集体经济收入等方面，对入市的重点问题、主要环节、工作程序做出了科学系统的安排。从大理市开展农村集体经营性建设用地入市的 4 个地块的推进效果来看，通过创新制度供给，已初步探索形成了覆盖土地资产处置决策、民主协商、入市流程、收益分配、入市监管、资产交易办法、财务管理办法等制度和规则体系，为国家层面出台集体经营性建设用地入市管理办法等提供了案例支撑。

二 显化集体土地价值，增强改革获得感

围绕"同权同价、流转顺畅、收益共享"的总体要求，赋予农村集体经营性建设用地完整权能，实现了集体与国有土地同地、同权、同价、同市、同等参与城乡要素配置。参照国有建设用地交易制度，研究制定集体经营性建设用地交易规则和服务监管制度，将集体经营性建设用地入市与国有经营性建设用地交易纳入统一的公共资源交易平台，在入市方式、入市年期、价格形成、抵押担保等方面协同推进，充分发挥竞争机制和价格机制在城乡土地资源配置中的作用，经过全方位的探索和检验，逐步建立了城乡统一的建设用地市场，打破了土地一级市场由政府单一供地局面。集体经营性建设用地入市盘活了农村空闲和低效用地，提升了土地资源配置效率，显化了集体土地资产价值，壮大了农村集体经济。《大理市农村集体经营性建设用地入市收益分配指导意见》中明确集体经营性建设用地入市收益归集体所有，已成立农村集体经济组织的，收益按组织章程进行分配。未成立农村集体经济组织的，将不低于30%的收益用于发展壮大集体经济或公益设施建设。例如，大理镇西门村三组入市地块拍卖成交价格达2610万元，远远超出作为停车场的原出租收入。

三 拓展产业发展空间，培育农村经济增长点

通过农村集体经营性建设用地入市和宅基地盘活利用，缓解了土地供需矛盾，拓宽了乡村产业发展空间。当前，大理市民族文化旅游、乡村旅游等新产业新业态用地需求较为旺盛。大理市现在对外出租的集体土地经济效益相对较小，仍有5%左右的空闲地，通过入市，这些土地将对保障乡村振兴用地需求提供有效途径，可为当地农民提供了更多的非农就业机会乃至创业机会，促进了城乡融合发展。同时，由于集体土地抵押、转让等权能的实现有了法律保障，解决了企业发展资金问题，降低了实体经济运行成本，提高了用地业主投资、创业发展的积极性。

四 强化基层治理能力，壮大集体经济实力

集体经营性建设用地入市体现了还权于民，农民集体在土地资产的经营管理上享有更加充分的自主权，并且大幅提高了农民参与土地增值收益分享的比例，增加了农民财产性收入，也有利于集体经济的发展壮大。尤其是缩小征地范围后，将有更多的集体经营性建设用地入市用于满足非公益性用地需求，集体经营性建设用地的价值将更加显化。同时，

在此次改革中，大理市结合自然村村民自治试点，弥补村民委员会和村民小组间自然村自治功能缺失，制定有关制度，形成了"党支部＋代表（户长）会议＋村民理事会"三位一体的自治模式，发挥党组织在基层的战斗堡垒作用，充分发挥理事会积极作用，将农村土地规划编制与实施、宅基地新批与退出、集体土地入市决策等管理事项纳入民主决策，激发了村民参与土地改革的热情，提高了自治的能力和水平。

五　促进城乡统筹发展、增强农村发展活力

通过农村土地制度改革，有效地推动了城乡土地资源、资产、资本合理有序流动。通过农村集体经营性建设用地入市，为农村一些新的产业项目和民生工程及时落地提供了用地保障，也带动了当地农民就业，政府收取的土地增值调节收益金优先用于农村基础设施和公共设施建设，农村经济发展后劲明显增强。

第二节　改革中存在的主要问题

大理市由于受经济社会发展水平、改革基础和区域资源环境条件等方面的影响，入市改革的进度偏慢，在调整入市、整治入市、入市服务监管制度等任务探索方面仍较为欠缺。全市在土地增值收益测算与"大体平衡"、统筹协调推进三项试点任务等方面仍有待于进一步深入。

一　整治入市难度大

大理市可复垦土地规模小，无法实施整村搬迁，异地扶贫搬迁户也多为插花式布局，农户搬迁后，腾退面积小、布局零散，整治成本高、难度大。"8·28"后虽对洱海周边的矿山进行了全面关停，但为保护洱海，全部用于生态绿地恢复治理，不具备整治条件。

二　入市与综合整治难统筹

自2012年以来，大理市通过创新手段，夯实责任，强化村庄规划建设管理，特别是2015年4月至今，通过开展环洱海流域综合整治，有效地遏制了村庄无序外延扩张势头，营造了农村依法依规管理的良好氛围。在此过程中，实施"空心村"整治，主要目的是保障农村宅基地需求和解决村内基础设施用地，如将整治后的土地入市，虽可大幅增加集体收入，但必然会增加对耕地的占用，还会给群众和基层干部造成"宅基地

在农民手中不能买卖，在集体手中就能买卖"的错误认识，不利于巩固已形成的良好管理氛围，一定程度上影响农村宅基地自愿有偿退出。

三　长效机制待完善

集体建设用地出让、转让税收政策不完善，土地出让合同履行监管及后期开发利用过程中的土地闲置、规划监管等主体责任不明晰，相关配套制度不完善。集体经营性建设用地入市后，集体经济组织已获得土地收益，便不再关心土地开发经营情况，放松对入市地块的管理。加之集体经营性建设用地入市还处于试点探索阶段，基层政府各部门管理权责不清晰，集体经营性建设用地供后监管难度大，难以建立长效机制。

四　入市地块所有权人管理能力弱

入市地块所有权人管理能力弱，后期开发利用监管服务机制有待完善。目前，农村集体经营性建设用地入市所有权人在入市过程中的管理经验与能力相对不足，迫切需要上级国土资源部门和乡镇政府给予指导和支持，确保入市平稳有序。虽然结合洱海保护治理"七大行动"，已组建自然村村庄土地规划建设专管员队伍，构建了市级领导包镇、镇领导及市级部门包村、村组干部包组的巡查管理责任机制，实现了网格化管理。但是，集体经营性建设用地入市在农村地区属于新生事物，监管目标、任务与工作机制等尚不够明确。

五　入市与征地收益难平衡

征地过程中，下关镇区片综合地价的征地补偿标准为88762元/亩；对城镇规划区范围外的集体土地按统一年产值的最高倍数30倍进行补偿，分为三类区，最高补偿标准达55380元/亩。但是，入市市场价格普遍偏高，例如，大理镇西门村5.8亩入市地块成交单价450万元/亩、总价2610万元，银桥镇银桥村4.34亩入市地块成交单价51.84万元/亩、总价225万元。相比征地补偿款项而言，村集体通过地块入市获得的收益远高于征地补偿标准。

六　项目用地保障压力大

大理市农村集体建设用地总面积为71745.90亩，除去农村宅基地、村庄道路及公益设施用地、采矿用地、对外出租利用的建设用地、空地面积后，存量集体建设用地仅有3961.90亩。由于农村集体存量建设用地少，可供入市的存量农村集体经营性建设用地更少，在缩小征地范围后，难以保障项目建设用地需求。

第三节　深化改革的思考

　　大理市面对集体建设用地利用管理中存在的相关问题，加快推进集体经营性建设用地改革工作，必须要打破固定惯性思维，拓展改革外延，深化试点成效，尤其是在宅基地有偿退出与入市改革试点的协同方面，仍有很大探索空间。扩大入市规模，丰富入市种类，建议打消顾虑，大胆探索调整入市、整治入市以及与宅基地改革的协同推进，才能实现以改革试点成果促进乡村振兴与城乡融合发展。

　　一　活跃土地市场，优化资源配置

　　按照"同权同价、流转顺畅、收益共享"的目标，建立城乡统一的建设用地市场，充分发挥市场在资源配置中的决定性作用，加快盘活农村土地资产。全面推进农村集体经营性建设用地入市，显化集体建设用地的价值。根据"产权明晰、市场定价、信息集聚、交易安全"的原则，组建土地二级市场和用地指标交易平台，加速建设用地使用权的转让、出租和抵押。建立健全利益共享机制，调动政府、集体和社会各方的积极性，促进集体建设用地和指标的高效流转，加快资源的优化配置。

　　二　充分释放权能，集聚发展资源

　　加快实现农村集体土地财产权利，积极探索各项农村金融服务创新，引导更多金融资源投向农村地区，使农村地区丰富的农业资源、自然资源、文化资源优势转化为资产优势、资本优势和融资优势。大力推进农村承包土地经营权、农房财产权、农村集体经营性建设用地使用权"三权"抵押贷款，积极探索利用众筹、"互联网＋"、专项建设资金等合作模式，吸引更多城市居民和社会资本参与农村自然资源的资产化、资本化。

　　三　共享改革红利，促进富民增收

　　坚守改革底线，完善土地收益分配机制，保障农民公平分享土地增值收益，拓宽农民增收渠道。鼓励农村集体经济组织盘活利用农村存量集体建设用地，建立合理的土地增值收益分配机制，确保政府通过收益调节金与税收收入保持相当，确保农民入市中取得的直接性补偿收益与土地征收保持相当，增强村集体经济，增加农民财产性收入。鼓励村庄整治、宅基地整理等节约的建设用地，通过入市推进农村产业融合发展，整治形成的连片农用地积极推行规模经营，发展现代高效农业，增加农民的经营性收入。

四 优化监管服务，强化基层治理

全面落实"放管服"改革要求，坚持"体现法治精神、维护公共利益、确保质量安全、从简设置审批"的原则，探索实施项目"一站式"审批制度，推动项目审批由偏重事前审批向强化后续监管服务转变，形成便民利民惠民、集约高效简便的审批办法。加强批后监管，提高土地节约集约利用效率。坚持村民自治原则，提升基层治理能力，促进集体经济组织充分发挥自主管理集体土地的能力。

第五篇　统筹

第十七章　协同改革推进大理市乡村振兴

第一节　"三协同"抓实农村土地制度改革

大理市农村土地制度改革三项试点工作整体、系统、协调向前推进，在土地征收制度改革、农村集体经营性建设用地入市和宅基地制度改革之间形成"三项试点协同"或"三协同"，紧密构建起三项改革之间的制度衔接和工作协同，确保了试点任务顺利推进，试点成果更加科学、合理、有效。

一　找准三项试点结合点

在推进农村土地制度改革过程中，大理市对三项试点工作之间的联系进行了梳理，认为三项试点之间主要有以下关联：

（一）宅基地制度改革和土地征收制度改革的关系

宅基地制度改革试点各项工作的开展，明确了农村集体经济组织成员，为确定征地补偿对象和分配主体奠定基础。建立"人—户—宅"的对应关系，为征地过程多元保障方式提供基础数据支撑，房地一体不动产确权登记为提高集体土地上房屋征收补偿标准提供依据，逐步缩小征地范围有利于农村闲置宅基地盘活利用。

（二）土地征收制度改革和集体经营性建设用地入市的关系

集体经营性建设用地入市解决了土地征收制度改革缩小征地范围后建设用地资源匮乏的问题；集体经营性建设用地入市和土地征收制度改革的探索实践共同为构建城乡统一的建设用地市场奠定了基础。

（三）集体经营性建设用地入市和宅基地制度改革的关系

宅基地制度改革的入户调查核实工作摸清了宅基地现状，为摸清存量农村集体建设用地底数提供了互补性参考；宅基地制度改革开展"空心村"整治、宅基地自愿有偿退出，增加了可用于入市的集体建设用地规模（大理市宅基地制度改革"空心村"整治出的土地目前主要用于保障农民宅基地刚性需求，但今后可以探索开展整治入市和调整入市）；建立集体经营性建设用地入市的土地增值收益调节金分配机制，合理提高个人收益，为农民充分高效地利用宅基地建房提供了经济支持。

二　抓好试点制度衔接

在澄清三项试点关系的基础上，统筹抓好改革试点配套制度之间的衔接，确保出台的各项制度紧密衔接、互为补充，与国土资源相关法律法规相统一。

（一）宅基地制度改革方面

出台并试行大理市农村宅基地集中调整定点审批工作实施办法、"空心村"整治工作实施办法、农村宅基地历史遗留问题处理意见、关于房地一体农村不动产登记中涉及违法违规建设行为的处理意见、农村宅基地审批管理办法、农村宅基地流转管理办法、农村宅基地退出管理办法、农村宅基地有偿使用指导意见、农村宅基地有偿使用费及土地收益调节金收取管理使用办法等制度性文件，并结合试点工作出台了农村住房项目建设审查审批若干意见、农村个人建房联审联批等意见和制度。

（二）土地征收制度改革方面

已完成对现行省、州、市征地制度文件的梳理，同时制定了大理市土地征收办法、关于进一步规范土地征收程序的意见、被征地农民参加社会养老保险暂行办法、集体建设用地补偿安置办法、集体宅基地征收房屋补偿安置办法、征地补偿安置争议协调裁决办法、土地征收增值收益在农民集体内部合理分配和使用的指导意见、土地征收社会稳定风险评估办法等制度性文件。

（三）集体经营性建设用地入市方面

已制定了大理市农村集体经营性建设用地入市规定、农村集体经营性建设用地登记管理办法、招标拍卖挂牌出让农村集体经营性建设用地使用权规则、农村集体经营性建设用地协议入市办法、农村集体经营性建设用地入市试点操作流程、农村集体经营建设用地入市增值收益调节金征收管理办法、农村集体经营建设用地入市收益分配指导意见、农村集体经营性建设用地使用权抵押贷款工作意见、农村集体经营性建设用地使用权抵押登记办法、农村集体经营性建设用地项目建设规划管理办法等制度性文件和办法。

三　统筹协同推进试点

通过认真开展调查研究，大理市及时编制了农村土地制度改革三项试点实施方案，充实工作力量，增补相关部门、单位参与改革，在农村宅基地制度改革试点组织机构的基础上，成立了大理市农村土地制度改革三项试点领导小组及其办公室，同时在乡镇成立了相应的领导小组和办公室。三项试点在市、乡镇两级层面统筹谋划，结合市情实际稳妥有序推进落实。

（一）在先行先试基础上全域推开宅基地制度改革试点

根据大理市的实际情况，为切实澄清全市农村宅基地用途规模、权属来源、分布特点、住房困难户用地需求，全面解决宅基地历史遗留问题，规范宅基地上房屋用于经营行为管理，在将来很长时期内，实现村庄有序发展和农民增收致富，助力全市经济社会持续健康发展，在银桥镇先行先试的基础上，大理市在全市范围内全面推开了宅基地制度改革试点工作。

（二）统筹协调推进土地征收制度改革和集体经营性建设用地入市试点

以建立城乡统一的建设用地市场为目标，在抓实宅基地制度改革试点的基础上，协调推进土地征收制度改革和集体经营性建设用地入市试点。针对大理市城乡建设发展空间狭小、洱海保护用地需求增加、部分征地指标资金沉淀的实际，确定了土地征收制度改革采取对选定时段选取项目试行的工作思路，重点探索规范土地征收程序和完善被征地农民保障机制。针对大理市存量农村集体经营性建设用地少、暂不具备调整入市和整治入市条件的实际，确定了集体经营性建设用地入市采取分类选点封闭运行的工作思路，重点探索就地入市工作。

第二节　"四结合"推动经济社会协同发展

长期以来，大理市经济社会发展与"母亲湖"洱海保护治理、民族历史文化保护传承、旅游业发展、推进新型城镇化等全市重点工作紧密关联。在探索实践农村土地制度改革三项试点过程中，大理市把土地制度改革与全市重点工作有机结合起来，努力破解因土地"瓶颈"造成的保护与发展难题，有力地推动洱海保护治理取得巨大成绩、民族历史文化得到保护和传承、全域旅游示范区创建稳步推进、新型城镇化建设取得显著成效。

一 与洱海保护治理相结合

2015 年年初，习近平总书记视察云南期间到大理考察时做出"一定要把洱海保护好""让苍山不墨千秋画、洱海无弦万古琴的自然美景永驻人间"的重要指示。云南省委、省政府对洱海保护治理提出了采取断然措施，开启抢救模式，全面加强洱海保护治理工作的新部署和新要求。2017 年 1 月，大理州、相关市县相继召开开启洱海保护治理抢救模式实施"七大行动"动员大会，全面打响洱海保护治理抢救模式攻坚战。大理市农村土地制度改革试点注重与洱海保护治理工作相结合，以土地改革支持和助力洱海保护，通过不懈努力，洱海保护治理工作取得了阶段性初步成效。

（一）严格宅基地建房管理，严控非公共利益用地布局，充分挖掘和高效利用存量集体建设用地，促进洱海保护治理

在土地制度改革过程中，一是大理市严格执行"户"与"宅"的认定标准和宅基地申请资格条件，有效地防止不合理分户家庭挤占住房刚性需求农户的建房用地指标，对于遏制环洱海村庄无序外延扩张势头、保护苍洱田园风光起到了积极的促进作用。二是在农村宅基地建房管理中，要求建筑设计方案必须符合洱海流域综合整治建筑密度控制在 70% 以下、建筑面积控制在 450 平方米以内、至少建设三格化粪池等相关要求，通过土地资源合理利用和排污管控，减少了居民日常生活对洱海造成的污染。三是结合农村土地制度改革试点工作，合理布局国土开发空间，逐步缩小土地征收范围，严控非公共利益需要的建设用地布局，充分挖掘和高效利用存量集体建设用地，有力地促进了洱海保护、海西保护和生态文明建设。

（二）逐步推进洱海生态红线内农房搬迁，严禁违法占用基本农田，严格查处土地违法案件，促进洱海保护治理

结合改革试点，一是科学安排农民住房保障用地规模，调整划定基本农田，对村庄规划进行优化，规定洱海生态保护红线内的房屋只拆不建，通过权益互换、征收、有偿使用费调节等方式，逐步推进洱海生态

红线内农房搬迁。农房搬迁后退田还湿，锁定边界，保护了基本农田，促进了洱海保护。二是严格禁止违法占用基本农田，查处土地违法案件，拆除违法建筑。按照严守洱海保护"三条红线"、严格禁止违法占用基本农田的要求，全面叫停洱海流域453个自然村的农村住房在建项目，实行"逐户建档立卡、及时分类处置、整村整改复工、现场挂牌公示"，通过立案查处土地违法、建筑违法案件，为洱海保护治理工作提供了强有力的保障和支持。

（三）实施洱海保护治理"七大行动"，合理管控洱海周边土地资源的科学开发和利用

大理市全面启动洱海保护治理"七大行动"，通过对洱海流域违章建筑进行整治，加大村落污水处理设施收集管网建设，对洱海流域核心区及周边隔离带流转土地进行生态种植，实施环湖截污工程等工作，实现与洱海保护相关土地资源的科学开发和合理利用。同时，因洱海保护等生态文明建设需要，对形成的已批城市批次用地中局部地块无法实施征地及建设的，规定可由市人民政府组织对这部分地块进行区位调整；针对洱海保护压力大，生态建设用地需求增加的实际，大理市确定以用途作为界定公益用地的主要参考标准，制定了《土地征收目录》，非公益用地逐渐退出征收范围，以此逐步缩减了全市的土地征收规模；结合洱海保护治理"七大行动"，市人民政府积极筹措资金2000万元，确保了农村房屋权籍调查工作得以顺利推进实施，为洱海周边村庄有序发展的统筹规划提供了基础数据支撑。

二　与民族历史文化保护传承相结合

大理市是第一批24个国家历史文化名城之一，是古代南诏国和大理国的都城，作为古代云南地区的政治、经济和文化中心的时间长达五百余年，有着悠久的历史和文化。此外，大理市是以白族为主体的少数民族聚居区，白族人口占65%以上，形成了极具特色的民族传统和风俗习惯。大理市在推进农村土地制度改革过程中，以遵循民族习俗开展宅基地制度改革"户"与"宅"认定，在宅基地建房管理中，要求传承民族风貌特色，土地制度改革积极支持历史建筑、传统村落、名镇名村的保护和保护性开发利用工作，通过稳妥处理好历史遗迹、传统民居保护与农民住房保障的关系，留住了历史根脉，传承了民族文化。

（一）遵循民族习俗，开展土地制度改革的户与宅认定，在利用宅基地建房过程中严格建筑风格管控传承民族特色

"户"与"宅"的认定是宅基地制度改革顺利推进的基础之一，由于国家土地管理法律法规中没有明确的"户"与"宅"界定标准，大理市在改革试点过程中，利用农村集体资产股份权能制度改革的集体经济组织成员认定成果，结合全市宅基地使用现状和地方传统习俗，顺利完成了"户"与"宅"的认定工作，有效地解决了农村宅基地申请、使用、继承、转让等主体资格不清的问题，为宅基地制度改革工作的深入推进奠定了基础。大理市对农村个人住房建设项目试行联审联批制度，要求严格控制建筑风貌，弘扬传统民居建筑风格。在严格控制建筑风貌方面，要求建筑风貌必须按当地民族传统建筑风格实施，海西和洱海周边的村庄原则上应按白族民居风格建设；顶层部分满建的，顶层须为全坡屋顶；顶层为局部建设的，局部建设部分须为全坡屋顶；坡顶坡度不小于五分水。在弘扬传统民居建筑风格方面，对面积较大的合法用地，鼓励建盖"三坊一照壁""四合五天井"等白族传统民居，按照建筑总高度不超过8米，全坡屋顶进行建盖，在总建筑面积上适当放宽，由乡镇初审后报市级审批实施。

（二）土地制度改革支持历史建筑、传统村落、名镇名村的保护，为美丽乡村建设提供了空间支持

坚持改革与历史形成的民族民居特色和文化保护并重，农村土地制度改革试点积极支持对历史建筑、传统村落、名镇名村的保护工作，改革过程中切实做到处理好传统民居保护与农民住房保障之间的关系。大理市制定了历史建筑保护管理办法和名木古树保护管理办法，并扎实做好古院落普查、传统村落申报和保护规划编制工作，按照"保护古建、引导在建、规范未建、改造老建、打击违建"的工作思路，全面加强村庄规划建设服务管理工作，将历史建筑保护放到了突出的位置。在推进宅基地有偿退出、实施"空心村"整治等进程中，对有历史价值的老院落进行保护和保护性开发利用，为保留乡村风貌、延续历史文脉、加快建设"留得住乡愁"的美丽乡村提供了空间支持。

三　与全域旅游示范区创建相结合

大理市是第一批中国优秀旅游城市之一，旅游业一直是大理的支柱性产业。被列入首批国家全域旅游示范区创建名录以来，大理市决心以

开放、创新的思维理念推进示范区创建工作，努力做到大胆探索实践、
合理开发利用土地资源实施旅游基础设施和旅游项目建设，以健全农村
宅基地增加用途及流转管理制度进一步规范民俗客栈的用地管理，使土
地制度改革三项试点与示范区创建工作在制度设计和落实上形成了有效
衔接、紧密结合。

（一）合理利用和开发土地资源，积极推进旅游项目建设，构建全域
旅游空间格局

大理市按照"全域化、一体化、标准化、生态化、景区化"原则，
把全市作为一个大景区，坚持"全市一盘棋"和"一张蓝图绘到底"的
原则，精心编制实施《大理市全域旅游发展规划》，逐步构建起大理市
"三城五区"的全域旅游空间布局。在编制和实施全域旅游发展规划过程
中，始终做到土地资源合理开发利用与旅游产业发展的有效衔接、科学
统一。目前，按照全域旅游示范区创建工作目标，大理市结合改革试点
"在土地上做文章"，充分利用农村集体建设用地，因地制宜建设旅游环
保设施。此外，农村土地制度改革大力支持特色小镇、特色村寨的旅游
基础设施建设，正在积极推进以银桥镇磻溪村、海东镇石头村为典型代
表的"空心村"保护性开发利用项目建设工作，通过用活宅基地有偿退
出等试点政策，努力将部分有开发价值的"空心村"打造成真正有旅游
吸引力的传统村落。

（二）健全农村宅基地增加用途及流转管理制度，进一步规范民俗客
栈用地管理

在推进农村土地制度改革试点过程中，大理市鼓励村民利用宅基地
参与乡村旅游开发，以多种形式实现宅基地的用益物权。在农民出租农
房或自办乡村客栈规模不断扩大，旅游发展空间和群众生产生活空间高
度重合的情况下，积极搭建农村宅基地动态监管平台，健全农村宅基地
增加用途及流转管理制度，进一步规范了全市民宿客栈、餐饮的用地管
理，引导民宿有序经营。同时，通过积极推行宅基地流转，增加用途审
批登记备案制度；对利用宅基地发展民宿业的行为进行规范管理，督促
租赁双方诚信履约，稳定了投资者的政策预期；对利用宅基地上住房从
事客栈、餐饮等经营活动的，由村集体按宅基地现有面积收取土地收益
调节金。与此同时，大理市积极探索农村集体经营性建设用地入市和古
村落保护性开发，推进大理（磻曲）·磻云落白族人文度假项目建设等

工作。通过农村房屋不动产登记和农民住房财产权抵押贷款工作，发放了首批农民住房财产权抵押贷款，为农民群众发展休闲观光农业提供了资金支持，促进了乡村旅游的发展。

四　与国家新型城镇化综合试点相结合

农村土地制度改革是解决农村发展中遇到的土地方面问题的重要举措，是推进新型城镇化的必然要求。大理市在推进农村土地制度改革三项试点过程中，注重与国家新型城镇化综合试点工作相结合，在"土地上做文章"，助力助推农业新业态发展、农村面貌改善、农民经济收入增加，改革试点为推进大理市就近就地新型城镇化发展模式提供了强有力的支持和保障。

（一）农村土地制度改革解决了农民资金难题，促进了农民增收致富

以改革解决好农民资金难题。一是农村土地制度改革支持和促进农业供给侧结构性改革，大力支持家庭农场建设，促进了农民增收致富。以海东镇石头村为代表的部分村组对土地进行折股量化，以土地股份合作的形式，把经营权放给市场，通过取得股份收益，增加了农民收入。二是在宅基地分配中，对建档立卡贫困户实行政府兜底、"扫地入住"，解决了农村贫困家庭无资金建设住房的难题。大理镇南五里桥村利用村集体经济收入和村民筹资，在清真寺内的集体空闲地上建成了 3 栋保障房，在供穆斯林专科学校老师住宿的同时，将其中 5—7 套用于解决村内困难户的住房需求，保障了"居者有其屋"。三是大理市积极推进房地一体农村不动产登记和平台建设，通过开展农民住房财产权抵押贷款等业务，拓宽农民融资渠道，有力地推动了农民群众创业致富。四是建立农村产权交易平台后，集体经营性建设用地入市、土地承包经营权流转等工作更加规范化，交易过程更加公平、公正，促进了农业规模化发展，实现了农村集体资产保值增值和农民收入增加。

（二）农村土地制度改革支持农村基础设施建设，推动了美丽乡村建设

以改革带动农村基础设施建设。一是大理市以农村土地制度改革为抓手，统筹推进农村环境连片整治、农村危房改造、农村公路建设、传统村落保护等工程项目建设，城乡公共服务均等化水平不断得到提升。二是通过宅基地有偿使用和退出，为加快美丽宜居乡村建设腾出了发展空间；推进集体建设用地有偿使用，运用经济手段，促进村民形成节约

集约用地意识、自愿退出多占土地；支持村组对集体预留建设用地进行统一收回、规划、配套和分配，保障住房困难户能以最低的代价在规划区内获取建房用地；通过探索农村集体经营性建设用地入市，收取农村宅基地有偿使用费及土地收益调节金等方式，增加了集体经济积累，村集体有了更多的资金可以用于村庄公益设施建设。三是根据市委全面深化改革领导小组第六次会议精神，在全市范围内选取了第一批22个自然村实施农村综合改革发展示范村建设，要求示范村在全市范围内率先完成农村土地制度改革、农村集体资产股份权能制度改革两项试点任务，并加大对示范村的资金投入力度，加强村庄基础设施建设，提升了农村人居环境。四是大力推行农村公益性骨灰堂建设，在极大地节约了殡葬用地的同时，也改变了白族传统的土葬习俗，在农村形成了移风易俗、"生前厚养、死后薄葬"的良好氛围，促进了乡风转变。

（三）农村土地制度改革为形成就近就地新型城镇化发展模式发挥了积极推动作用

以改革助力就近就地新型城镇化。一是在农村土地制度改革三项试点制度设计方面，对自愿退出宅基地或放弃宅基地申请资格，全家迁移到城镇购房居住的农户给予经济补偿，规定农村集体经济组织成员进城后仍然享有集体经济股份合作社的股权收益，解决了进城农民的后顾之忧，促进了新型城镇化。二是明确土地增值收益调节金优先安排用于农村集体经营性建设用地使用权出让方所在乡镇、办事处的基础设施和公益性设施建设，提升了乡镇、乡村的吸引力和凝聚力，增强了农民就近就地城镇化的意愿。三是双廊镇等乡镇在利用集体土地集中建设农民公寓和农民住宅小区改善农民居住条件方面进行了探索实践，以农村土地制度改革试点助力推进新型城镇化的探索实践不断深化。

第三节　"九同步"推进各项涉农改革试点

涉农领域改革是坚持和完善中国特色社会主义基本经济制度的重要内容。大理市在推进农村土地制度改革三项试点的同时，同步推进六项国家级、两项省级、一项州级涉农改革试点，实现了农民收入增加、现代农业发展、农村生活条件改善、新型城镇化进程加快，促进了大理市经济社会持续健康发展。

一　同步推进农村集体资产股份权能制度改革试点

根据农业部、中央农村工作领导小组办公室、国家林业局《关于积极发展农民股份合作赋予农民对集体资产股份权能改革试点工作的批复》（农经发〔2015〕7号），2015年3月，大理市获批为国家积极发展农民股份合作赋予农民对集体资产股份权能改革试点城市，试点任务完成时限为2017年12月。

（一）指导思想和试点任务

1. 指导思想。全面贯彻落实党的十八大和十八届三中、四中全会精神，坚持社会主义市场经济改革方向，坚持和完善农村基本经济制度，以保护农村集体经济组织及其成员合法权益为核心，以赋予农民更多财产权利为重点，积极探索集体所有制的有效实现形式，不断壮大集体经济实力，不断增加农民的财产性收入；在坚持家庭承包责任制的基础上，在保护农民合法权益、尊重农民意愿的前提下，发展多种形式的股份合作，推动各种现代生产要素向农业集聚，探索建立中国特色社会主义的农村集体产权制度，为现代农业发展和社会主义新农村建设奠定坚实的制度基础。

2. 试点任务。按照试点工作批复，大理市改革试点内容为保障农民集体经济组织成员权益，积极发展农民股份合作制，赋予农民对集体资产股份占有、收益、有偿退出及继承权。

（二）试点完成情况及成效

1. 试点完成情况。目前，大理市已经圆满完成了试点目标任务，在农业部中期评估中大理市综合得分为103分，评定等级为优秀。

（1）完成人口调查、成员资格认定、清产核资。全市共完成人口调查11.6万户、43.78万人，完成成员资格认定42.97万人。截至2016年5月31日，全市集体经济组织银行存款9.93亿元，资产总额43.26亿元，经营性资产10.07亿元，对外投资5403万元，集体建设用地2618亩，企业用地29.26亩，其他资源5.17万亩，完成清产核资村数占全市总村数的100%。

（2）完成资产量化和股权设置。全面完成有经营性资产的37个村委会134个村民小组的股份量化和股权设置，成立村经济股份合作社171个，量化经营性资产（原值）16.54亿元，确定股东19.5万人，发放股权证94157本，有经营性资产和资源的村组股份权能改革完成率达100%，领取农村集体股份合作组织登记证明书的股份权能改革村占全市总村数的33.33%。固化资源性资产3.8万亩，对无（或有少量）经营性资产资源的村组进行了股东固化，固化集体经济组织成员股东14.24万人。

（3）赋予农民对集体资产股份权能。出台实施《大理市农村集体资产股权量化股权管理指导意见》《大理市村级集体经济组织收益分配指导意见》，赋予农民对集体资产股份占有、收益、有偿退出及继承权。为确保集体资产安全，明确股份转让不能突破本集体经济组织范围，并对受让方占有的股份比重合理设置上限，个人股不得突破总股本的5%，以户为单位的不得突破总股本的10%。

（4）建立健全农村产权交易平台。依托大理公共资源交易中心，搭建市级农村产权交易平台；依托乡镇公共资源交易中心，搭建乡镇农村产权交易中心。目前，全市各乡镇已在乡镇公共资源交易中心加挂农村产权交易中心牌子，并开展交易工作。截至2017年年底，全市完成产权交易28项，成交金额1785.87万元，溢价金额766.76万元，溢价率为75.31%。

（5）积极探索土地股份合作制。以银桥镇阳波村为代表的无经营性资产农业村，探索成立土地股份合作社，以土地入股、农民入社的方式，实现了"资源变股权、农民变股东"。自2015年以来，全市实现土地承包经营权规模流转近4万亩。

2. 试点成效。大理市改革试点全面完成成员资格认定，有效地保障了集体经济组织成员权益；摸清村集体的"家底"，使集体资产得到了有效保全；明晰产权归属，建立了集体资产运行机制；将股权量化到集体经济组织成员，农民财产性收入显著增加；完善监督管理机制，防止了集体资产流失；调动村民积极性，使村集体经济发展活力得到增强。目前，已在全市范围内初步建立起了"归属清晰、权责明确、利益共享、监管有力"的新型农村集体经济产权制度，形成了一些典型案例，总结出了一些可复制、可推广的改革试点模式，改革试点取得的部分经验已经在全州、全省范围内得到推广。农村集体资产股份权能改革盘活了集体资源性资产，突破了保护发展难题，加快了农村改革发展。

（三）与农村土地制度改革之间的联系

农村集体资产股份权能制度改革、农村土地制度改革都是农村产权制度改革的重要内容，两项试点是对现有农村社会生产关系重大调整的探索与实践，是激发农业农村发展活力的重大改革举措。

1. 集体经济组织成员资格认定为，宅基地制度改革"户"的认定奠定了基础。农村土地制度改革试点明确，具备农村集体经济组织成员身份的人员，才能在本集体经济组织内享有土地承包经营权、宅基地使用权等土地权益。因此，农村集体资产股份权能制度改革试点完成人口调查、集体经济组织成员资格认定，是农村土地制度改革三项试点进行"户"的认定的前提和基础。

2. 清产核资，摸清土地资源底数为，农村土地制度改革三项试点工作统筹协调推进提供了前提保障。农村集体资产股份权能制度改革试点开展清产核资工作，摸清了全市农村集体建设用地、企业用地等土地资源的总量和存量，为做好集体经营性建设用地入市、土地征收制度改革、宅基地制度改革三项改革之间的统筹谋划协调提供了前提保障。

3. 赋予农民对土地等集体资产股份权能，成立集体经济组织有利于实现土地规模化经营。农村集体资产股份权能制度改革进一步明晰了村组集体的农村土地所有者地位，以及村组和个人对土地权益的分配权和分配方式。成立农村集体经济组织，有利于实现对土地等集体资源的规模化利用，科学化、规范化管理和运营，有力地推动了现代农业发展和促进了农民增收致富。

二　同步推进农民住房财产权抵押贷款试点

2016 年 3 月，中国人民银行、中国银行业监督管理委员会、中国保险行业监督管理委员会、财政部、国土资源部、住房和城乡建设部联合印发《关于印发〈农民住房财产权抵押贷款试点暂行办法〉的通知》，大理市被列为国家级农民住房财产权抵押贷款试点城市，试点任务完成时限为 2017 年 12 月。

（一）试点目标和任务

1. 试点目标。改革试点目标是充分运用农村宅基地使用权和农民住房所有权确权登记成果，完善开展农民住房财产权抵押贷款业务配套服务平台和工作机制，积极稳妥推进抵押贷款工作，为"三农"经济发展提供有力的信贷支持，促进农民增收致富和农业现代化加快发展。

2. 试点任务。试点主要任务是搭建农民住房财产权流转交易平台，探索建立农村产权评估及抵押物处置机制，制定农民住房财产权抵押贷款管理办法和相关信贷政策，建立风险补偿和缓释机制，配套信贷和监管政策支持。

（二）试点完成情况及成效

1. 试点完成情况。

（1）搭建农民住房财产权流转交易平台。依托公共资源交易中心建设农村产权交易平台，大理市已制订了《大理市农村产权交易平台建设工作实施方案》及交易管理办法等配套制度，将农民住房财产权纳入平台进行流转交易，乡镇公共资源交易中心完成农村产权交易 10 项，成交额 514.88 万元，溢价率为 78%。

（2）建立风险补偿机制。市政府拟设立 1000 万元农民住房财产权抵押贷款风险补偿基金，先期 500 万元资金已到位，对承办农民住房财产权抵押贷款的银行机构给予一定的损失补偿。

（3）扎实开展抵押贷款业务。农民住房财产权抵押贷款首发仪式上，大理市农合行给予获得《不动产权证书》的 5 户农户农房抵押贷款授信额度共计 45 万元。邮政储蓄银行、大理渝农商村镇银行也在积极推进办理贷款业务，截至 2017 年 12 月，全市农民住房财产权抵押贷款在贷农户 7826 户，贷款余额 12.91 亿元，不良贷款率 0.85% 且比重逐步下降。

2. 试点成效。试点工作的积极推进为建立健全大理市农村产权交易体系建设做了探索与实践，贷款业务的开展，拓宽了农民融资渠道，为农村金融注入了新活力。

（三）与农村土地制度改革之间的联系

1. 宅基地确权和不动产登记颁证是开展农民住房财产权抵押贷款的基础。宅基地制度改革试点入户调查核实、宅基地确权，以及"房地一体"农村不动产登记颁证工作，确定了农民的住房财产权利，是开展农民住房财产权抵押贷款业务的基础条件。

2. 农民住房财产权抵押贷款业务的开展提高了农户办理不动产权证书的积极性。农民住房财产权抵押贷款业务的深入开展，完善了宅基地用益物权，增加了农民财产性收入，有利于发挥贷款业务的示范带动作用，推动农户办理不动产权证书的积极性，实现贷款业务与大理市农村土地制度改革三项试点相互促进。

3. 农民住房产权流转交易和农村集体经营性建设用地入市共同充实了农村产权交易体系的内容。依托农村产权交易平台搭建农民住房财产权流转交易平台，将农民住房财产权、土地承包经营权、农村集体资产资源、林权等一并纳入农村产权交易平台进行规范化交易，使农村产权交易体系建设不断得到深化。

三 同步推进"多规合一"试点

2014 年 8 月，国土资源部、国家发改委、住建部、环保部联合印发《关于开展市县"多规合一"试点工作的通知》（发改规划〔2014〕1971号），大理市被确定为全国"多规合一"试点城市之一，试点任务完成时限为 2016 年 12 月。

（一）试点意义和任务

1. 试点意义。开展市县"多规合一"试点，是解决市县规划自成体系、内容冲突、缺乏衔接协调等突出问题，保障市县规划有效实施的迫切需要；是强化政府空间管控能力，实现国土空间集约、高效、可持续利用的重要举措；是改革政府规划体系，建立统一衔接、功能互补、相互协调的空间规划体系的重要基础。

2. 试点任务。开展试点的主要任务是探索经济社会发展规划、城乡规划、土地利用规划、生态环境保护规划等"多规合一"的具体思路，研究提出可复制可推广的"多规合一"试点方案，形成一个市县一本规划、一张蓝图。同时，探索完善市县空间规划体系，建立相关规划衔接协调机制。

（二）试点完成情况及成效

1. 试点完成情况。

（1）以城乡总体规划为统领，构建"一张蓝图"。统筹考虑经济社会发展、城乡、土地利用、生态环境保护等各类规划的目标任务和空间管制要素，将大理市全域作为一个完整的地理单元进行统筹规划，科学编制了《大理市城乡总体规划（2015—2030 年）》，建立以"四区九线"为基础的全域空间管理体系，科学管控全市城乡空间资源。2016 年 7 月，省城乡规划委员会第二次全体会议审议并通过了《大理市城乡总体规划（2015—2030 年）》（以下简称"多规合一"）。

（2）以信息化建设为基础，搭建"一个平台"。成立大理市规划编制与信息中心，按照"全域覆盖、共建共享"的原则和思路，组织开展基础地理信息数据库、规划数据库、"多规合一"信息平台建设。"多规合一"信息平台依托于大理市电子政务系统，现已在市级各部门内部进行使用。基于"多规合一"数据平台，投入6000多万元，全面修编完善了洱海流域自然村村庄规划，并将成果纳入"多规合一"数据库进行管理。

（3）以行政协调制度为保障，形成"一套机制"。按照"一盘棋管理"的原则和要求，建立完善协调制度。调整充实了大理市城乡规划委员会，强化对城乡发展和"多规合一"的统领，制定了《大理市城乡统筹规划管理暂行办法》，进一步明晰部门事权、空间要素管理及规划冲突协调办法，形成市规委统一协调、部门乡镇各司其职的协同规划管理模式。

（4）以实现四级联动为抓手，编织"一张密网"。制定了村镇规划管理和农村建房相关制度，明晰部门、乡镇、村组的规划管理职责权限和规划控制标准、审批流程。健全了市级领导包镇、镇领导及市级部门包村、村组干部包组的四级联动管理机制，建立自然村土地规划建设专管员制度、村庄建设现场公示制度、违法建设举报奖励制度，构建了部门监督指导、乡镇主体责任、公众全面参与的村庄规划建设监督管理网络，形成了齐抓共管的网格化管理全覆盖格局。

2. 试点成效。大理市扎实推进"多规合一"试点工作，实现了"规划一张图、建设一盘棋、管理一张网"，全面提升了规划建设水平，有力地推动了洱海保护和统筹城乡一体化发展，为努力建设国际一流旅游城市奠定了坚实基础。同时，试点成果为出台《云南省人民政府关于科学开展"四规合一"试点工作的指导意见》和《云南省县（市）域"多规合一"试点工作技术导则》提供了依据，为开展省域层面"多规合一"和启动省级空间规划编制奠定了工作基础。

（三）与农村土地制度改革之间的联系

1. "多规合一"试点推动实现了村庄发展规模和宅基地总规模控制。"多规合一"试点要求全面启动自然村的村庄规划修编工作，明确了划定村庄增长边界，留足生态环保用地，合理预留宅基地和集体经济发展用地。通过土地利用总体规划和村庄规划之间形成无缝对接，实现了对村庄发展规模和宅基总规模的控制。

2. "多规合一"试点为探索集体经营性建设用地入市奠定了基础。大理市各村集体经营性建设用地分布较散，成片开发利用难度大，难以形成有力的用地补充和支撑。通过"多规合一"试点，结合村庄规划修编，大理市赋予存量集体建设用地经营性用途，为推进农村土地制度改革的集体经营性建设用地入市试点奠定了基础。

四　同步推进国家新型城镇化综合试点

2014 年 12 月，国家发改委等 11 个部门联合印发《关于印发〈国家新型城镇化综合试点方案〉的通知》（发改规划〔2014〕2960 号），大理市被列为第一批国家新型城镇化综合试点地区，是云南省唯一的县级试点地区。《国家新型镇化综合试点方案》要求到 2017 年各试点取得阶段性成果，形成可复制、可推广的经验，2018—2020 年逐步在全国范围内推广试点地区的成功经验。

（一）试点目标和任务

1. 试点目标。大理市试点工作的目标是建立起"城乡一体、全域城镇，以人为本、公平共享，优化布局、集约高效，生态文明、绿色低碳，文化传承、彰显特色，市场主导、政府引导，统筹规划、分类指导"的新型城镇化发展模式。2015 年，实现城市聚集经济和人口的能力进一步增强，城市综合承载能力和辐射带动能力显著提升，城镇化布局与形态更加优化，城市生态环境进一步改善，人居环境质量明显提升，城镇化率达到 63.5%。到 2020 年，城乡一体化格局基本形成，城镇基础设施配套完善，现代城镇和社会保障体系更加健全，生态环境和城市品质进一步提升，城镇化率达到 70% 以上，滇西中心城市核心龙头地位更加凸显。

2. 试点任务。试点主要任务是建立农业转移人口市民化成本分担机制，建立多元化可持续的城镇化投融资机制，改革完善农村宅基地制度、探索建立行政管理创新和行政成本降低的新型管理模式，综合推进体制机制改革创新，大理市在此基础上增加了统筹基础设施建设提高城乡综合承载能力、统筹生产力布局强化城乡产业支撑两大任务。

（二）试点推进落实情况及成效

1. 试点推进落实情况。

（1）建立农业转移人口市民化成本分担机制。不断深化户籍制度改革，全面落实"居民身份证三项制度"，推进无户口人员登记户口工作，全市享受优惠政策和同城化待遇的流动人口约 22 万人次；已建立城镇基本公共服务支出分担机制，正在探索建立财政转移支付同市民化挂钩新模式、城镇基本公共服务支出分担奖补机制和 10 亿元被征地人员养老保障金使用方案。

（2）建立多元化可持续的城镇化投融资机制。全面推进农村金融服务改革创新工作，设立惠农支付服务点 122 个；多元化可持续的城镇化投融资机制建立并日益完善，PPP 投融资模式广泛运用于洱海保护治理、城乡一体化生活垃圾处理等领域。

（3）改革完善农村宅基地制度。在全市全域推开宅基地制度改革试点，试点工作稳步有序推进并取得了明显成效。

（4）探索建立行政管理创新和行政成本降低的新型管理模式。镇村管理体制改革取得阶段性进展，《大理市关于调整下关镇和凤仪镇部分行政区域设立下关、太和、满江街道的方案》经市委九届六次全体会议审议通过；市、乡、村、组四级"河长制"全面推行；智慧城市建设步伐加快，建成大理市云计算中心并逐年进行扩建增容，已累计发放市民卡 56 万张，覆盖全市 89% 的户籍人口。

（5）综合推进体制机制改革创新。完善了自然、历史、文化资源保护和有偿使用制度；完成全市 146 座村落污水处理设施市场化、专业化运营管理改革；组建了大理市洱海流域综合联动执法大队，成立大理市旅游发展管理委员会、历史文化名城保护管理局；建立了旅游市场"1 + 3 + N + 1"综合管理模式。

（6）统筹基础设施建设提高城乡综合承载能力。5527 套棚改任务全面开工，完成第六水厂二期、第四水厂、农村危房改造和抗震安居工程 3800 户的项目建设，城乡信息基础设施建设城镇光网覆盖率达 99%、行政村光缆通达率达 100%，在 142 个社区全面启动了"四位一体"社区警务工作模式并将公安网接入社区，海绵城市、智慧城市等改革试点工作稳步推进。

（7）统筹生产力布局强化城乡产业支撑。出台了《关于支持高原特色生态农业促进休闲农业规范发展的实施意见》等文件；大理经济技术开发区工业、物流项目加快落地，专业市场搬迁工作有序推进；大理海东新区规划范围调减为 53.89 平方千米；完成力帆骏马 20 万辆出口型载货汽车等重大项目，东盟果蔬、良迅农产品市场正式投入运营。

2. 试点成效。大理市国家新型城镇化综合试点工作按照"城乡一体化、全域景区化、建设特色化"的理念，坚持规划引领、保护优先、特色取胜，通过积极探索、大胆实践，目前初步探索出了一条符合大理市实际、记得住乡愁的新型城镇化发展路子。与 2014 年相比, 2017 年大理市完成地区生产总值 379.68 亿元, 规模以上固定资产投资 315.16 亿元, 城镇常住居民人均可支配收入 33857 元, 农村常住居民人均可支配收入 14609 元, 城乡收入比为 2.32∶1, 优于全国平均水平。2016 年, 常住人口城镇化率 64.33%, 户籍人口城镇化率 49.33%。2016 年, 城市建成区面积 59.5 平方千米, 增加 4.47 平方千米, 增长 8%。在推进国家新型城镇化综合试点过程中, 大理市"智慧城市"试点、精简行政审批事项改革、政务服务标准化试点、PPP 模式推广运用、"多规合一"试点等相关工作得到了国家和省州的肯定和表彰。

2017 年, 生产总值 379.68 亿元, 增长 8.1%, 其中, 第一产业增加值 24.75 亿元, 增长 4.5%; 第二产业增加值 170.63 亿元, 增长 7.6%; 第三产业增加值 184.30 亿元, 增长 9.1%; 财政总收入 53.06 亿元, 增长 12.33%; 一般公共预算收入 31.67 亿元, 增长 5.33%; 一般公共预算支出 53.79 亿元, 增长 14.94%; 固定资产投资 315.16 亿元, 增长 6%; 社会消费品零售总额 156.90 亿元, 增长 12.2%; 接待海内外游客 1674.27 万人次, 增长 11.05%, 旅游社会总收入 292.58 亿元, 增长 18.59%; 城镇常住居民人均可支配收入 33857 元, 增长 8.5%, 农村常住居民人均可支配收入 14609 元, 增长 9.6%。

五 同步推进国家全域旅游示范区创建工作

2016 年 2 月, 国家旅游局印发《关于公布〈首批创建"国家全域旅游示范区"名单〉的通知》, 大理市被列入首批国家全域旅游示范区创建名单, 该通知明确首批国家全域旅游示范区创建工作的时间原则上为 2—3 年。

(一) 创建工作的意义和要求

1. 创建工作意义。全域旅游是将特定区域作为完整旅游目的地进行整体规划布局、综合统筹管理、一体化营销推广, 促进旅游业全区域、全要素、全产业链发展, 实现旅游业全域共建、全域共融、全域共享的发展模式。开展国家全域旅游示范区创建工作, 通过试点示范和引领带动, 有利于各地因地制宜、突出特色、塑造品牌, 形成各具特色、开放包容、共建共享的旅游发展新生态; 有利于充分调动各方力量、整合资源、优化配置, 开创大旅游发展新格局。

2. 创建工作要求。国家对开展全域旅游示范区创建工作的要求是要适应大众化旅游发展需求，切实加强旅游基础设施和公共服务体系建设，实现区域内旅游交通便捷、服务便利，旅游厕所数量充足、质量达标，旅游标识完备、公共信息完善；要满足多样化旅游发展要求，因地制宜、突出特色，大力推进旅游产品建设，构建多层次、特色活动、中高端旅游产品体系；要坚持以人为本，促进开放共享，着力加强旅游环境秩序建设，实现全域景区化、景区内外环境一体化、市场秩序规范化、旅游服务精细化；要适应现代旅游综合产业、综合执法要求，加快旅游管理体制和执法机制改革创新，鼓励有条件的创建单位率先推广设立综合性旅游管理机构和旅游警察、旅游法庭、旅游工商分局等"1＋3"模式。

（二）创建工作情况

1. 创建工作推进落实情况。

（1）制定全域旅游发展实施意见、编制全域旅游发展规划。2017年8月，《大理市关于加快全域旅游发展的实施意见》经市人民政府第九届第十次常务会议原则通过；2017年2月，市旅游文体广电局与北京大地风景旅游景观规划设计有限公司签订了《大理市全域旅游发展规划》编制合同，目前规划正在进行修改完善。同时，结合大理市被列为国家级旅游业改革创新先行区的试点机遇，制订了《大理市建设国家级旅游业改革创新先行区实施方案》。

（2）组建成立大理市旅游发展委员会。大理市旅游发展委员会组建方案已经过市人民政府第九届人民政府第九次常务会议和市委第九届第三十四次常委会审议通过，进入州委、州政府审批阶段。

（3）积极推进落实旅游市场"1＋3＋N＋1"综合管理模式。"1＋3＋N＋1"综合管理模式，即旅游指挥调度中心平台＋旅游公安、旅游工商、旅游法庭＋其他涉旅相关部门＋纪委监委监督的体系建设。目前，大理市已经成立了旅游市场监管综合调度指挥中心；大理古城、喜洲旅游巡回法庭已经挂牌成立并开展工作；《关于对〈大理市全面开展市场将管理综合联动执法改革实施方案〉（征求意见稿）征求意见的函》明确要成立旅游市场监管分局；旅游警察治安管理中队已经于2013年成立；全市涉旅45个部门、单位、乡镇、办事处在大理旅游市场监管综合调度指挥部的统一调动和安排下认真开展旅游市场综合监管工作，设置了监察办公室对各单位落实旅游监管职责情况进行督查检查。

2.《大理市关于加快全域旅游发展的实施意见》的主要内容。《大理市关于加快全域旅游发展的实施意见》内容包括总体要求、主要任务、实施步骤和保障措施四大方面，明确主要任务是完善旅游产业体系，提升旅游发展硬实力；健全旅游发展大机制，提升旅游发展软实力；突出旅游发展特色亮点，彰显大理旅游独特魅力。

（1）完善旅游产业体系方面。着力打造两个游客中心、6 个游客休息站、18 个旅客服务点，加快建设国际水平的大理古城特色小镇、全国一流的喜洲特色小镇、全省一流的大理龙尾关特色小镇和双廊特色小镇，建设一批精品旅游景区、创建文化旅游基地、完善旅游便行系统、打造特色美食品牌、完善多元住宿体系、打造精品文化品牌。

（2）健全旅游发展大机制方面。实施文化＋旅游、体育＋旅游、农业＋旅游、康养＋旅游、工业＋旅游、互联网＋旅游等"N＋旅游"战略，建立"1＋3＋N＋1"旅游监管新机制，完善旅游人才培育机制，创新旅游产业投融资机制，创新旅游宣传营销工作机制。

（3）突出旅游发展特色亮点方面。打造"风花雪月、自在大理"的旅游城市品牌，打造环洱海精品旅游圈、建设环大理旅游经济圈、努力建设环滇西旅游经济圈"三个特色旅游圈"，打响风花雪月、五朵金花、妙香佛国、文献名邦"四张城市旅游名片"，突出苍洱风光游、休闲度假游、古国探秘游、民族风情游、禅修康养游"五大特色旅游主题"。

六 同步推进农村污水治理示范县（市）建设工作

根据住房和城乡建设部《关于推荐农村污水治理示范县（市）的函》（建村房函〔2015〕75 号）的要求，大理市于 2015 年 7 月组织了农村污水处理示范县的申报工作，并于 2016 年 3 月被住房和城乡建设部列为全国农村生活污水治理示范县（市），任务完成时限为 2018 年年底。

（一）示范要求和工作任务

1. 示范要求。全国农村污水治理示范县（市）的示范要求是县（市）域城乡污水统一规划、统一建设、统一管理；因地制宜地选择治理模式，城镇周边的纳入市政管网，人口集中的采用村庄集中污水处理站，山区及人口较分散的采用户用处理设备；治理技术和产品标准化、模块化、产业化，质量具有高效性和稳定性；推广 PPP 模式、企业投入、政府购买服务、金融信贷支持；企业一体化参与项目投资、建设和运营管理全过程；农户合理承担运行费用。

2. 工作任务。大理市确定的主要工作任务是在原来已经实施了一批农村生活污水收集处理系统的基础上，进一步加大农村污水治理工作力度，力争在三年时间内实现大理市农村生活污水治理面上基本覆盖、农户普遍惠及、排放基本达标的要求。2016—2018 年，新建镇（乡）村落生活污水收集处理项目 514 个（其中，330 个村落仅新建排水管网就近排入环洱海截污系统中，剩余 184 个村落新建污水处理设施），新增污水处理能力 9879 立方米/天，新建配套排水管网 537 千米，农户出户管改造 83911 户。

（二）工作推进情况及成效

1. 工作推进情况。

（1）制定和完善相关制度。在原有《大理市供排水专项规划》《大理市市域镇（乡）供水、污水和生活垃圾处理设施建设体系规划》《洱海流域城镇"两污"处理设施建设"十三五"规划》等基础上，完成《大理市市域农村生活污水处理专项规划》编制；印发了《大理市污水处理费征收使用管理实施办法》《大理市建制镇污水处理费征收工作方案》，积极推进大理市建制镇污水处理费征收工作。

（2）积极推进项目建设。截至 2017 年年底，在积极向上争取资金的同时，协调中国农业发展银行制订了《改善农村人居环境信贷专项贷款计划》，采取 PPP 模式实施大理市农村污水治理项目；实行农村"四水全收、雨污分流"，投资 3.45 亿元，建成 4 座城镇污水处理厂，新建化粪池 2.4 万个、生态库塘 143 个、村落污水处理系统 37 座，建成机关企事业单位、中小学、农村客事办理场所污水处理设施 539 座，铺设大理至下关污水应急管道 16 千米。大力推行 PPP 模式参与洱海保护治理工作，洱海环湖截污工程一期完成主管建设 95%，二期完成管网建设 88.2%，双廊等 4 个再生水厂完成主体工程建设。全市村镇污水处理设施已经覆盖 371 个自然村，农村生活污水收集处理设施覆盖率达到 72%。

2. 工作成效。全国农村污水处理示范县（市）相关工作的开展，推动了大理市市域污水收集处理系统得到进一步完善，农村人居环境得到显著提升，洱海保护治理取得明显成效。同时，拓宽了融资渠道，PPP 模式成功地运用于农村污水治理项目建设中。在工作中探索出了分散与集中相结合，不同处理工艺的污水收集处理设施等多种污水处理模式，为全市污水治理工作建立了长久持续的模式和机制。

（三）与农村土地制度改革之间的联系

农村污水治理示范县（市）建设工作在保障农村宅基地使用，实行耕地保护的前提下，立足土地资源的科学合理利用，开展了农村污水处理的相关规划编制，以及污水处理项目施工建设，完善了农村污水治理体系。农村土地制度改革三项试点和农村污水治理示范县（市）建设工作的同步推进落实共同推动了农村的发展，改善了农村的人居环境，促进了美丽乡村建设，为洱海保护治理工作建立起到了长期有效的保障基础。

七　同步推进统筹城乡发展试点

2014 年 6 月，中共云南省委农村工作领导小组下发《关于印发〈统筹城乡发展试点县（市、区）名单〉的通知》（云农发〔2014〕4 号），大理市被列为省级统筹城乡发展试点城市，试点任务完成时限为 2017 年年底。

（一）试点目标和任务

1. 试点目标。大理市试点工作的总体目标是按照建设美丽幸福新大理和滇西中心城市建设的总体战略部署，以实现城乡一体化为根本目标，围绕实现"八大城乡统筹"，重点实施"六大示范工程"，努力建成 2 个历史文化名镇、3 个中心集镇、3 个经济走廊、4 个示范片区、100 个示范村、1000 个示范户，加快推进农业产业化、农村城镇化和农民市民化进程。到 2017 年，基本形成城乡一体化发展规划，逐步形成产业发展、社会事业、社会保障、社会治理等体系，让广大农民平等参与现代化进程、共享现代化成果。

2. 试点任务。统筹城乡规划建设、统筹城乡产业布局、统筹城乡基础建设、统筹城乡社会事业、统筹城乡社会保障、统筹城乡生态建设、统筹城乡社会管理、统筹城乡综合改革，重点实施新农村建设示范工程、特色集镇建设示范工程、旧村改造示范工程、乡村旅游示范工程、农村社区示范工程、现代农业示范工程"六大示范工程"。

（二）试点完成情况

1. "八大城乡统筹"推进落实情况。

（1）城乡规划建设方面。以"多规合一"试点为契机推进城乡规划建设，出台了《大理市城乡统筹规划管理暂行办法》，完成《大理市城乡总体规划（2015—2030 年）》的报批。

（2）城乡产业发展方面。推进产业结构调整和供给侧结构性改革，第一、第二、第三产业结构进一步优化；结合大理市实际，出台《关于支持高原特色生态农业促进休闲农业规范发展的实施意见》支持特色农业发展；积极构建新型农业经营体系，2016 年年底，全市有新型经营主体 712 家、农民专业合作社 524 家。

（3）城乡基础建设方面。大力推进新农村建设、特色集镇创建、旧村改造、农村社区化等示范工程，"美丽乡村"建设和传统村落保护取得显著成效；探索"两污"市场化运作改革，建成了一批城市和城镇污水处理厂、村落污水处理系统、农户庭院污水处理设施。

（4）城乡社会事业方面。积极推进教育领域综合改革，完成外来务工人员随迁子女平等接受义务教育试点工作；市镇村医疗卫生服务一体化管理已经实现；开展了以水价改革为核心的农田水利改革，城乡统筹供水工程海西片区水厂正式通水；"三农"金融服务工作深化，农民住房财产权抵押贷款试点不断推进；市、乡镇两级公共资源交易中心体系建成并开展交易。

（5）城乡社会保障方面。自 2016 年 7 月 1 日起，大理市全面放开了城镇落户限制，支持农业转移人口市民化的政策措施已经修订完善；全面贯彻落实房地产去库存政策，棚改工作稳妥有序推进实施；农村殡葬改革获得老百姓的支持和认可；县级公立医院改革等工作正在积极推进。

（6）城乡生态建设方面。实施"七大行动"全方位推进洱海保护治理工作；启动实施"生态修复、城市修补"改革试点；严格耕地保护留住田园风光，积极推进村庄环村林建设。

（7）城乡社会管理方面。完成政府机构改革，改革后大理市人民政府精简统一为 24 个工作部门；推进"放管服"改革，全面取消了非行政审批事项，"多证合一、一照一码"登记制度施行；大理市村庄网格化管理实现全覆盖，建立了市、镇、村三级矛盾纠纷大调解中心；城市综合执法体制改革等工作深入推进。

（8）城乡综合改革方面。积极推进新型城镇化、农村土地制度改革、智慧城市、自然村村民自治等各项改革试点任务，以及教育领域综合改革、旅游综合改革、镇村管理体制改革、农田水利改革、集体林权制度改革等工作，以城乡综合改革的深入推进带动了城乡一体化发展。

2. "六大示范工程"建设情况。试点工作开展以来，"六大示范工程"得到了重点推进落实。2016 年，完成 8 个省级美丽乡村示范村建设、20 个市级美丽乡村示范村建设；完成大理镇西门村等 5 个村的旧村改造；

2016 年，大理市农村人居环境改善（传统村落保护和乡村旅游）建设项目全面完成；《大理市"村改居"工作实施方案》经市委专题会议研究通过，明确"村改居"工作在大理市撤镇设街道工作全部结束后再进行；2016 年，大理市有州级以上重点龙头企业 30 家、新增 2 家，新增州级现代农业庄园 1 个、州级示范家庭农场 1 个，累计创建各级农业庄园 8 个，各级示范家庭农场 10 个。2017 年，"六大示范工程"任务基本完成，正在开展扫尾工作。

（三）与农村土地制度改革之间的联系

1. 农村土地制度改革有力地推动了城乡统筹发展的体制机制建设。土地征收制度改革和农村集体经营性建设用地入市，有助于建立城乡统一的建设用地市场，保障土地所有者和使用者的土地权益，使国家、集体、个人能够公平分享土地增值收益，推动城乡统筹发展。大理市改革完善被征地人员基本养老办法，推行被征地人员基本养老保障与基本养老保险并轨，确保了被征地农民公平享有社会保障。

2. 农村土地制度改革有力地促进了美丽乡村建设和现代农业发展。农村土地制度改革三项试点工作紧密结合城乡一体化发展，贯彻优化城乡国土资源合理开发利用的理念，积极支持名镇名村创建、新农村建设、乡村旅游等示范工程建设，支持农村污水处理设施建设，支持开展"空心村"整治、推行农村殡葬改革、探索农村土地股份合作等，以上工作促进了农村基础设施建设、民风民俗转变和现代农业发展。

八　同步推进农村土地承包经营权确权登记颁证试点

根据中共云南省委、云南省人民政府《关于开展农村土地承包经营权确权登记颁证工作的意见》（云发〔2014〕17 号），2014 年 12 月，大理市被列为省级农村土地承包经营权确权登记颁证整县推进试点城市，试点任务完成时限为 2016 年 10 月。目前，根据工作实际情况，大理市试点任务完成时限已经调整至 2018 年 8 月。

（一）试点指导思想和工作目标

1. 指导思想。以党的十八届三中、四中全会和中央农村工作会议精神为指导，以稳定现有农村土地承包关系、完善农村土地承包经营制度、维护农村稳定、促进现代农业发展为宗旨，全面开展农村土地承包经营权确权登记颁证工作，将农民承包地块、面积、空间位置、权属证书落实到户，依法赋予农民更加充分、更有保障的土地承包经营权。

2. 工作目标。以实现承包面积、承包合同、承包经营权登记簿、承包经营权证书"四相符"和承包地块、面积、合同、权属证书"四到户"为主要目标，对全市耕地、园地等承包经营的农用地进行确权登记颁证，推进土地承包经营权物权化、信息化管理。

（二）试点工作进展情况

1. 调查情况。截至 2017 年 12 月，摸底调查和承包方调查方面，完成下关镇等 5 个镇的村组摸底调查，完成下关镇等 6 个镇的承包方调查填写工作，共调查承包户 49454 户，共有 211619 人，收集权属证明材料 45996 户；地块调查方面，完成下关镇等 5 个镇 64 个村委会、741 个村民小组、56473 户有地户的地块调查，共调查 221591 个地块，面积 174568.21 亩。

2. 审核公示情况。截至 2017 年 12 月，完成下关镇等 6 个镇 1998 年二轮承包台账清理的公示及勘误工作，有影像覆盖的 51 个村委会补充 GPS 实测和精度检查工作完成，49 个村委会的调查成果公示图表（6514 幅公示表、607 幅公示图）制作结束，基本完成 47 个村委会的调查信息审核公示及勘误工作，全市公示确认户数 38951 户，公示未确认户数 447 户数，公示未参与户数 3573 户，公示确认面积 118216.58 亩，确认地块 163538 块。

（三）与农村土地制度改革之间的联系

开展农村土地制度改革三项试点和农村土地承包经营权确权登记颁证试点，都是进一步完善农村土地制度的重要举措。农村土地承包经营权确权后，农民可以把土地交给农业企业、家庭农场等进行合理开发，以土地换收入、换股权，还可以用土地抵押贷款，解决资金不足问题。通过实施农村土地承包经营权确权登记颁证和农村土地制度改革的农村房屋不动产登记颁证工作，进一步稳定、固化和规范了农村产权体系，强化了农民的土地权益。两项试点工作的开展，均有利于固化土地权益、增加农民收入，为农村长期可持续科学发展奠定坚实基础。

九 同步推进自然村村民自治试点

根据大理州党委、州政府探索开展自然村村民自治试点工作的要求，2014 年，大理市率先在全州、全省范围内组织开展了自然村村民自治试点工作。

（一）试点工作的意义

自然村村民自治试点是新形势下乡村治理形式和运行机制的探索创

新，是完善农村社会管理制度，推进乡村治理科学化、制度化建设的探索实践。试点工作的开展，有利于实现村庄治理创新，提升村民自治意识，推动村级集体经济发展，促进美丽宜居乡村建设，实现农村移风易俗，助力洱海保护治理。

（二）试点工作开展情况

2014 年，大理市选取村民民主意识较强的大理镇龙下登自然村，经济发展相对缓慢、村民民主意识较弱的下关镇大麦地自然村开展以自然村为基本单元的村民自治试点工作，积极探索不同情况下村民自治的有效实现形式。在取得试点经验的基础上，2015—2017 年，在全市 11 个乡（镇）、2 个办事处的 184 个自然村进一步推开了自然村村民自治试点工作。截至 2017 年年底，184 个试点自然村依法依规、严格按照程序和本着群众自愿的原则，选举出了 5—7 人组成的自然村村民理事会和 3 人组成的自然村村民监事会。在村民理事会的带领下，先后召开会议 386 次，做出 254 项决定，制定了《村民代表会议制度》《村民理事会章程》《村民监事会章程》和《村规民约》四项基本制度，根据村庄治理需要，制定了《村庄环境卫生管理制度》《客事从简管理制度》等相关制度，通过自然村村民自治探索实践新形势下的乡村治理新机制。通过探索和实践，自然村村民自治弥补了村民委员会和村民小组之间自然村自治功能的缺失，进一步保障和强化了村民的知情权、参与权、决策权和监督权。许多自然村村内事务管理实现了从"政府要求做"到"村民要求做"的转变，村民参与的积极性得到提高，村内事务的管理成本得到降低、成效得到明显提升。

（三）与农村土地制度改革之间的联系

大理市通过开展自然村村民自治试点工作，在自然村形成了"党支部＋代表（户长）会议＋村民理事会"三位一体的组织格局。在农村土地规划建设管理中，将宅基地新批、退出、因特殊困难缓交或免交使用费等事项纳入了村民民主决策，自然村村民理事会等村民自治组织在农村土地制度改革过程中，充分发挥改革政策宣传、改革落实动员等作用，有力地促进了农村土地制度改革三项试点工作在大理市得以深入推进和落实。自然村村民自治试点工作的开展，提高了村民参与集体事务的意识，群众的集体土地观念和依法用地意识也得到了普遍增强。

第十八章　大理市统筹推进改革的经验与展望

第一节　协同改革取得的成效与经验

大理市农村土地制度改革三项试点，按照中央和省州部署要求，结合实际，稳妥有序推进落实，取得了农民得利益、农村得治理、企业得空间、产业得发展、土地得盘活、耕地得保护等"一举多得"的效果。改革试点紧密结合全市经济社会发展，在解决土地利用历史遗留问题筑牢发展基础、支持和带动"三农"工作助力乡村振兴、健全体制机制推动城乡融合发展、回应群众期盼凝聚改革创新共识等方面发挥了积极的作用。大理市立足全市经济社会长远发展，不断深化统筹推进农村土地制度改革三项试点任务，以农村土地制度改革引领农村综合改革，以涉农改革试点任务的统筹协同推进带动"三农"发展和城乡一体化发展。通过紧紧抓实农村土地制度改革三项试点机遇，大胆创新、攻坚克难、努力推进改革试点任务，有力地促进了全市经济社会发展水平实现不断提升。

一　解决突出难题，筑牢发展基础

过去，由于对农民建房的管理力度不够、管理不规范，加上村庄规划编制相对滞后、与土地利用规划衔接不够，导致一户多宅、少批多占、未批先占的现象较为普遍。近年来，随着乡村旅游的快速发展，洱海周边餐饮客栈日益增多，对利用宅基地上房屋开展经营活动的管理急需规范化。宅基地历史遗留问题多、村庄无序扩张、洱海保护形势严峻等这些情况，严重制约了全市经济社会的可持续健康发展。大理市充分利用被列为国家农村土地制度改革试点县市的契机，结合实际，开展了农村集体经济组织成员资格认定、宅基地调查测量、集体存量建设用地底数调查、农村房屋权籍调查测绘和颁发不动产登记证书等工作，在此基础上大胆探索、创新实践，通过"三协同""四结合""九同步"推进农村土地制度改革三项试点和农村综合改革，用改革的方式破解了发展中碰到的一些难题。在宅基地历史遗留问题处理上，制定了不同历史时期宅基地遗留问题的分类认定标准和分类处置办法，界定了宅基地登记发证上限标准，确保各种历史遗留问题基本得到解决。在解决村庄无序扩张方面，开展"空心村"整治退出闲置宅基地、有效地盘活提升土地利用效益等工作，结合改革试点，统筹推进自然村村庄规划修编工作，调整衔接村庄规划和土地利用规划，加快推进宅基地集中调整定点审批，以改革的方式方法解决了长期以来无法解决的土地粗放利用的问题。在洱海保护治理方面，开启"抢救模式"全力推进洱海保护治理"七大行动"，严守洱海保护的"三条红线"、严禁违法占用基本农田，严格查处土地违法案件和拆除各类违法建筑，严控非公共利益需求的建设用地布局，进一步规范了利用宅基地上房屋开展经营活动的监督管理，洱海保护治理取得了显著成效。

目前，土地制度改革相关文件的出台试行，进一步夯实了土地资源科学合理利用和开发的制度性保障；全市411个自然村的村庄规划修编工作完成，为节约集约利用土地和优化村庄发展布局做出了长远规划；结合洱海保护治理工作，立案查处土地违法案件1611起，拆除各类违法建筑1373户、18.5万平方米，规范了民宿客栈的用地管理。农村土地制度改革三项试点的深化统筹推进落实，逐步完善了以"洱海保护"为核心的生态环境保护前提下土地资源合理开发利用的体制机制，为全市经济社会长远发展筑牢了坚实的基础。

二　带动"三农"工作，助力乡村振兴

长期以来，大理市土地利用主要以农用地为主，且耕地资源较少，从2016年统计数据看，全市农用地面积为12.98万公顷，占总用地面积的75%；总耕地面积2.28万公顷，人均耕地面积约为0.5亩，远低于1.47亩的全国平均水平。在此情形下，要实现"三农"快速发展，就必须探索农民多渠道收入途径，集约高效利用土地发展高原特色农业，加快新农村基础设施建设步伐。大理市农村土地制度改革三项试点，一方面，通过赋予集体建设用地经营性用途，建立入市制度，实现了入市土地收益的最大化，增加了村集体和农民的收入；结合农村集体资产股份权能改革，成立了农村集体经济组织，赋予农民对集体资产股份权能，部分村组积极探索农民土地股份合作制等方式，通过按股分红增加了农民的财产性收入；同步推进农民住房财产权抵押贷款试点过程中，鼓励各银行业金融机构开办农民住房财产权抵押贷款业务，提升农民发展的能力。另一方面，通过统一搭建农村集体产权交易平台，推进农村集体资产资源发包出租、农村土地承包经营权流转等农村产权交易，实现了村级集体经济组织资产、资源的合理开发利用，延长产业链，拓展了农村产业发展渠道，解决了规模化经营和农业转型升级健康发展的问题，夯实了农业发展的动力源泉；在全市新型农业经营主体数量不断增多的同时给农民带来了更多的就业机会。此外，依托环洱海周边交通便利、旅游文化资源富集的优势，探索宅基地增加用途审批管理，对利用宅基地发展民宿业的行为进行规范管理并由集体收取土地收益调节金，促进了乡村旅游有序发展；对因历史原因形成的少批多占、一户多宅以及非本集体经济组织成员因继承房屋或其他方式占有使用宅基地的行为，在符合标准、村民同意的前提下，由村集体主导收取有偿使用费，将农村集体经营性建设用地入市的部分收益用于公益设施建设，有力地补齐了乡村基础设施落后的短板；土地制度改革积极支持特色镇、特色村建设和传统村落保护，特色乡村建设步伐不断加快。

据 2016 年统计数据，大理市农村集体经济组织实现经营收入 8845.6 万元，同比增长 44.17%，发放红利 4528.58 万元，同比增长 36.6%；与 2014 年相比，全市农村常住居民人均可支配收入从 11095 元增加到了 13329 元，增长了 20.1%；产业结构比重从 7∶48∶45 调整到了 7∶44∶49，产业结构逐步优化，符合发展预期。目前，大理市农村基础设施和公共服务日益完善，以喜洲特色古镇、古生美丽乡村、22 个农村综合改革发展示范村为代表的乡村建设取得了显著成效，农村已经成为让人向往的地方。

三 健全体制机制，促进城乡融合

按照省州党委政府安排部署，大理市结合城市特点，树立了"城乡一体化、全域景区化、建设特色化"的城市建设理念，坚持走以"两保护、两开发"为核心、符合大理市实际的就近就地新型城镇化发展道路。大理农村土地制度改革试点始终坚持与统筹城乡一体化发展相结合，注重以土地改革助力支持城乡协同发展、整体发展、融合发展。一是在基础设施建设和产业发展方面，土地制度改革紧密结合国家新型城镇化综合试点、国家全域旅游示范区创建等工作开展。统筹推进农村环境连片整治、传统村落保护和农村殡葬改革等，提升了城乡基本公共服务均等化水平；利用集体经营性建设用地，建设城乡环洱海游客休息站、村落污水处理系统、停车场等基础设施，通过改善农村生产生活条件、构建全域旅游格局，带动了洱海周边农村就地城镇化，走旅游带动型的新型城镇化路子；改革试点积极服务农业和农村发展，推动农村全面进步，农村吸引力增强，提升了农民就近就地城镇化的意愿。二是在制度保障方面，健全城乡一体化发展体制机制，完善宅基地用益物权和农民住房财产权制度，增强了农村后续发展能力，对全部退出宅基地或放弃宅基地申请资格、全家迁移到城镇购房居住的，在规定的面积标准内，由政府按购房面积给予经济奖励，推动了城镇化进程；全力推进农村集体资产股份权能改革，在成员资格认定、股权设置、股权管理中，坚持"尊重历史、照顾现实"，合理保障进城落户农民的集体收益分配权益，让有意愿、有条件的进城农民能够安心定居落户。与此同时，利用改革试点的难得机遇，大理市进一步规范了利用宅基地发展民宿业的管理制度，为推动全域旅游健康发展和走旅游带动型新型城镇化路子提供了有力的制度保障。

2016 年，大理市城镇和农村常住居民人均可支配收入同比增长率分别为 8.8% 和 9.7%，城乡居民收入差距减小；年末常住人口城镇化率为 64.33%，户籍人口城镇化率为 49.33%。2017 年上半年，户籍人口城镇化率达 50.18%。大理市城乡差距逐步缩小，全域旅游发展格局逐步构建，农村土地制度改革三项试点工作在城乡一体化发展和城乡融合发展过程中发挥了积极的推动作用。

四　回应群众期盼，增进改革意识

大理市作为经济社会发展相对落后的少数民族地区，发展眼光有限，加上受到一些传统观念和习俗的影响，人民群众的改革创新意识相对滞后。在推进农村土地制度改革三项试点过程中，大理市始终把充分反映农民利益诉求，积极化解矛盾、解决问题，努力使改革成果惠及广大农民作为出发点和落脚点，使改革得到群众的支持和认可。

1. 改革试点明确"户""宅"认定标准时结合了地方传统习俗，得到农民群众的普遍赞同；对少批多占、一户多宅等情况，采取多占、超占部分退回集体，对无法退出的情形收取有偿使用费，对宅基地上房屋增加用途用于经营的行为收取土地收益调节金，维护了村集体和农民利益，彰显了公平正义，"一户一宅"的思想理念得到强化。

2. 开展农村房屋不动产登记和农民住房财产权抵押贷款试点，解决了农民群众融资难题；开展"空心村"整治和宅基地集中调整定点审批，保障了住房困难户的建房用地需要；通过协同推进农村集体资产股份权能改革，实现农村集体资产确权和股份合作制，把集体资产确权到每一个集体经济组织成员身上，让农民群众拥有了更多获得感。

3. 通过统筹推进自然村村民自治试点，将农村宅基地分配、有偿使用和土地增值收益调节金收取等事务纳入了村民组织议事范围，赋予了群众话语权，农民群众参与改革、支持改革的意识不断得到提升。

农村土地制度改革试点开展以来，大理市基本完成了"两探索、两完善"的总体目标。通过广泛开展改革宣传、全面带动群众参与、全力推进改革试点，农村土地制度改革三项试点工作增加了农民财产性收入，发展壮大了集体经济，促进了美丽宜居乡村建设，提升了农村基层治理能力，推进了新型城镇化进程，改革回应了群众期盼。2016年，大理市全面深化改革满意度测评中，干部群众对全市改革工作的满意率为99.8%。一个又一个"看得见、摸得着"的改革实惠，让改革理念更加深入人心，人民群众理解改革、支持改革、参与改革等方面得到了不断提升。

第二节 统筹深化改革的思考与建议

改革是农村发展的强大动力，农村改革永远在路上。当前，我国经济发展进入新常态，农村经济社会深刻变革，农村改革涉及的利益关系更加复杂、目标更加长远、影响因素更加多样、任务更加艰巨，只有进一步解放思想深化农村改革，从提高农村改革的系统性、整体性、协同性出发，实施农村综合改革，才能最大限度地释放改革的综合效应，促进"三农"发展，实现乡村振兴，推动城乡一体化统筹协调发展。我们认为，当前和今后一个时期，深化农村改革，大理市要结合实际在以下三个方面做出努力，进一步释放"三农"发展的活力，形成推动乡村振兴的强劲动力。

一 加快集体土地确权，深入推进农村集体产权制度改革

明晰的产权是市场经济的核心，农村集体产权越清晰，农村的市场活力就越强大。反之，在历史遗留问题没有得到解决、产权归属不明晰的情况下，资源流转次数越多、范围越广、频率越高，引发矛盾纠纷的潜在因素将越来越多。2008 年之后，在国家、省里的统一安排下，大理市先后完成了集体林权、集体土地所有权、集体建设用地使用权、部分小型水利设施的确权，开展了农村土地承包经营权确权颁证工作；自2015 年起，结合农村土地制度改革试点和农村集体资产股份权能改革试点，完成了农村集体经济组织成员资格认定、宅基地调查确权、农村房屋调查测量工作，有集体经营性资产的村组成立了村经济股份合作社。通过摸底—确权—盘活，农村集体资产的经营效益得到了明显提升。

实践证明，加快集体土地确权、深入推进农村集体产权制度改革，是完善社会主义市场经济体系的基础。只有通过确权，依法确认农民土地权利，才能强化全社会的土地物权意识，有效地解决农村集体土地权属纠纷，在城镇化、工业化和农业现代化进程中切实维护农民权益；只有加快确权，依法确认和保障农民的土地物权，进而深化改革，还权赋能，才能最终形成产权清晰、权能明确、权益保障、流转顺畅、分配合理的农村集体土地产权制度，为建立城乡统一的建设用地市场，促进农村经济社会发展，实现城乡统筹提供动力源泉。

二 适当拓展发展空间，结合地方实际选择产业发展方向

城乡建设空间分布不合理、规模结构与资源环境承载能力不匹配，增加了经济社会和生态环境成本。提高城乡土地利用效率，加快产业和人口集聚，充分发挥城镇发展潜力，必须优化国土开发空间，加快划定城市开发边界、永久基本农田和生态保护红线，促进生产、生活、生态用地合理布局。大理市在努力闯出一条跨越式发展路子过程中，始终坚持绿色发展，统筹推动生态环境保护、生态经济发展和生态文明制度建设，实现了保护与发展的有机统一。基于区位、资源等优势，明确了"一圈、两带、四城、四廊"的城市发展空间布局，加快构建以旅游产业为主导、新型工业为支撑、现代服务业为主体、高原特色农业为基础的现代产业体系取得显著成绩。在农村改革中，坚持因地制宜的原则，重点盘活农村土地资产，建设用地主要为农村居民生活和发展经营留下空间，并着力推进农村生产方式和组织方式改革，农民的生产生活方式逐步改变；按照建设全国全域旅游示范区的要求，进一步加强古城、古镇、古村、古街、古遗迹、古建筑的保护和管理，利用集体建设用地完善环洱海生态环保和旅游基础设施，旅游产业发展水平提升；探索集体经营性建设用地入市，引进工商资本投入，促进建设用地适度向工商企业流转，投资效应日益增强；重视发展现代农业和农业的集约化生产方式，引导农业产业结构调整升级，大力发展创意农业、智慧农业、休闲观光农业，加快优势产业全产业链发展，发挥了产业聚集效应。

实践证明，适当拓展发展空间、结合地方实际，选择产业发展方向，是解决保护与发展矛盾的有效途径。必须按照"框定总量、限定容量、做优增量、提高质量"的要求，倒逼用地方式转变；必须创新供地方式，推进城镇低效用地再开发，及时处置闲置土地，优化城镇建设用地结构；必须统筹开展城乡建设用地增减挂钩、工矿废弃地复垦利用、低丘缓坡未利用地开发，优化城乡用地布局，促进城乡统筹发展；调整完善供地政策，坚持有保有压，促进新产业、新业态发展，引导产业转型升级。

三　推行城乡一体管理，着力提升城乡公共服务均等化水平

我国当前的城镇化发展最大的问题是农村改革发展跟不上城镇化发展的速度，土地城镇化快于人口城镇化。在此情况下，必须解决好建设用地粗放低效问题，按照"控制数量、提高质量，节约用地、体现特色"的要求，推进城乡建设，推动以人为核心的新型城镇化发展。大理市坚持把"一尊重五统筹"要求贯穿城市发展全过程，按照"城乡一体化、全域景区化、建设特色化、管理精细化"的理念，高起点规划、高标准建设、高强度投入、高效率经营、高水平管理，形成推动城市发展的强劲动力。通过农村土地制度改革试点，摸清底数、划定边界、明确权益，以经济杠杆促进宅基地集约利用，以盘活利用闲置集体土地增强集体经济发展后劲，以调整增值收益分配比例保障农民土地财产权益，以土地规划建设城乡一体化管理推动全域统筹保护开发，违法建筑整治、农村闲置土地盘活、农村殡葬改革等工作取得突出成绩，农民群众节约集约用地意识明显增强。同时，通过统筹全国新型城镇化综合试点、全国农村人居环境改善试点和省级统筹城乡发展示范市工作，大力实施农村改造提升，全面完成城乡电网改造，实现城乡生活垃圾一体化处理、100%行政村道路硬化和100%自然村通公路，城乡统筹供水、污水管网全域覆

盖工程正在加快推进，城乡居民基本养老保险实现全覆盖，社会救助制度全面建立，住房保障能力明显增强，社会保障水平不断提高，探索出了以旅游、工业和城镇带动农业转移人口就近就地城镇化的新模式，城乡融合发展体制机制和政策体系不断完善。

实践证明，推行城乡一体管理，提升城乡公共服务均等化水平，是加快新型城镇化建设的有力抓手。必须坚持以规划引领城乡建设，切实做到先规划后建设，努力实现城乡规划全覆盖、城乡建设全设计、城乡风貌有特色；必须坚持把生态环境保护和民族历史文化传承摆在更加优先的位置，严格保护好自然资源资产，继承发展好民族历史文化，推动实现跨越式发展；必须坚持根据自然历史文化禀赋，体现山水特色、历史特色和民族特色，塑造独具特色的城市形象，让城市始终保持吸引力和生命力；必须坚持把各项改革有机结合起来，发挥试点政策、项目、资金叠加效应，统筹解决好建设发展资金不足、基础设施建设滞后、公共服务保障能力弱等"瓶颈"问题，保障新型城镇化建设取得实质性进展。

第三节　优化国土空间，推动跨越发展

农民和土地的关系，一直是观察中国经济制度变迁的"晴雨表"，新中国成立以来的每一次土地制度重大改革都对我国经济社会发展产生了深刻影响。深化农村土地制度改革，是促进农业农村现代化的重要支撑，是推动经济社会发展尤其是乡村振兴发展的关键一环。"十三五"时期，是大理市实现跨越发展的重要历史时期。2015年1月，习近平总书记考察云南并亲临大理视察，更加鼓舞了全市各族群众与全国同步建成小康社会、共同实现中国梦的坚定信心；国家"一带一路"倡议、孟中印缅经济走廊等重大发展战略和一系列重大政策的深入实施，为进一步提升滇西中心城市地位、扩大对外开放带来新的重大机遇；"绿色发展"理念的确立，为加强洱海保护治理、努力建设美丽大理带来新的历史机遇；多项国家级和省级改革试点叠加，为推进制度创新、促进保护与发展带来先行先试的优势。大理市将坚持发展为第一要务，深入贯彻新发展理念，深入践行以人民为中心的发展思想，统筹推进"五位一体"总体布局和协同推进"四个全面"战略布局，立足优化国土开发空间，构建科学适度有序的城乡空间布局体系，突出耕地保护和自然资源保护，把"生态＋"的理念融入经济社会化发展全过程，奋力开创大理市绿色发展、共享发展、跨越发展新局面。

一　建设带动区域发展的滇西中心城市

以交通为重点的"五网"基础设施建设成效凸显，全省综合交通次中心和滇西交通枢纽的地位更加巩固，大理市的开放优势、发展优势和竞争优势进一步提升。以旅游产业为主导、新型工业为支撑、现代服务业为主体、高原特色农业为基础的现代产业体系更加完善，产业创新升级步伐不断加快，综合经济实力显著提升。滇西教育、医疗、商贸、物流、金融、文化中心作用充分显现，中心城市的承载力、辐射力和带动力明显增强。

二　建设山清水秀的生态宜居城市

自然生态更加秀美，城乡风貌更加鲜明，乡愁记忆更加浓厚，生态、智慧、人文、民族特质得到充分彰显。全市基础设施、公共服务基本达到现代化水平，城乡规划建设实现精细化、常态化管理，"城乡一体化、全域景区化、建设特色化"水平不断提高。绿色低碳发展方式和生活方式深入人心，资源开发利用效率大幅提高，环境友好型社会建设成为新风尚。"山美水美、文美脉美、城美乡美、房美田美"的城乡人居环境不断优化，生态文明建设走在全国前列，成功争创联合国人居奖。

三　建设国际知名的旅游度假城市

旅游发展与城镇、文化、产业、生态、乡村建设深度融合，旅游业态不断创新发展，观光、休闲、度假、康体、养生等复合型旅游基本形成。旅游资源整合、旅游产品开发、旅游宣传营销实现新突破，精品旅游景区建设取得新进展，生态旅游、乡村旅游、民俗旅游等高端旅游品牌影响力不断扩大，国家全域旅游示范区创建成效显著。资源共享、客源互送、信息互通、互惠互利的旅游交流合作机制健全完善，智慧旅游、跨境旅游、无障碍旅游协调发展，建设世界级旅游目的地和休闲度假胜地的目标基本实现。

四　建设文明和谐的民族团结示范城市

精准脱贫攻坚战深入开展，绝对贫困现象基本消除，民族贫困地区同步全面建成小康社会。民族团结、进步、繁荣、稳定、幸福示范区建设成效显著，民族关系、宗教关系和谐和睦，各族群众实现共建共享、包容发展。就业、教育、文化、社保、医疗、住房等公共服务体系更加完善，基本公共服务均等化水平稳步提升。法治政府、法治社会、法治城市基本建成，人民权益得到有效保障。中国梦和社会主义核心价值观更加凝魂聚力，人民群众思想道德素质、科学文化水平明显提高。

附　　录

大理市农村土地制度改革试点文件

序号	分类	文件名称
1	宅基地制度改革	大理市农村宅基地审批管理办法（试行）
2		大理市农村宅基地流转管理办法（试行）
3		大理市农村宅基地退出管理办法（试行）
4		大理市农村宅基地有偿使用指导意见（试行）
5		大理市农村宅基地历史遗留问题处理意见（试行）
6		大理市农村宅基地有偿使用费及土地收益调节金收取管理使用办法
7		大理市人民政府关于农村集体经济组织成员资格认定的指导意见（试行）
8		大理市关于积极探索宅基地所有权资格权使用权分置的实施意见
9	土地征收制度改革	大理市集体土地征收管理办法（试行）
10		大理市集体土地征收程序规定（试行）
11		大理市农村土地征收增值收益分配指导意见
12		大理市改革完善被征地人员基本养老保障实施办法（试行）
13		大理市征地补偿安置争议处理办法（试行）
14		大理市土地征收社会稳定风险评估指导意见
15		大理市缩小土地征收范围试点实施意见
16		大理市人民政府关于集体土地征收补偿标准的指导意见
17		大理市集体土地上房屋征收补偿安置办法（试行）
18		关于加强洱海东北片区规划建设管理的意见

序号	分类	文件名称
19	集体经营性建设用地入市	大理市农村集体经营性建设用地入市管理办法（试行）
20		大理市招标拍卖挂牌出让农村集体经营性建设用地使用权规范（试行）
21		大理市农村集体经营性建设用地协议入市办法（试行）
22		大理市农村集体经营性建设用地土地增值收益调节金征收使用管理办法（试行）
23		大理市农村集体经营性建设用地入市收益分配指导意见
24		大理市农村集体经营性建设用地登记管理实施办法（试行）
25		大理市农村集体经营性建设用地使用权抵押登记办法（试行）
26		大理市农村集体经营性建设用地项目规划建设管理办法（试行）
27		关于建立大理市农村土地民主管理工作机制的指导意见
28	农民住房财产权抵押贷款	大理市农民住房财产权抵押贷款风险补偿基金管理实施细则
29		大理市农民住房财产权抵押登记办法
30		大理市农民住房财产权价值评估工作指引
31		大理市农民住房财产权抵押贷款抵押物处置指导意见
32		大理市农村宅基地及地上房屋转让和出租实施细则
33	不动产登记	关于农村房地一体不动产登记中历史遗留问题的处理意见
34		大理市洱海保护治理"七大行动"农村房屋权籍调查实施方案
35		大理市农村房地一体不动产登记颁证分级认定审查意见
36		大理市加快农村房地一体不动产登记颁证工作意见
37	其他配套制度	大理市耕地保护　宅基地集中调整定点审批工作实施方案
38		大理市"空心村"集中整治工作实施方案
39		大理市农村个人建房联审联批制度（试行）
40		大理市农村在建户住房项目建设审查审批若干意见
41		大理市乡村民宿客栈管理办法（试行）
42		大理市餐饮业管理办法（试行）

大理市农村土地制度改革三项试点已完成报告清单

序号	类别	报告名称
1	洱海保护	大理市增减挂钩可行性分析报告
2		大理市环洱海流域湖滨缓冲带生态修复与湿地建设工程用地保障问题情况报告
3		洱海保护治理及生态建设用地保障专题研究报告
4	征地	大理市土地征收增值收益研究
5		大理市被征地人口分类认定报告
6		大理市农村土地征收安置现行多元保障工作的调研报告
7		大理市海东镇给水工程社会稳定风险评估报告
8		大理市城市污水处理厂污泥资源综合利用工程社会稳定风险评估报告
9	入市	大理市集体建设用地土地定级与基准地价测算初步成果报告
10		大理市国有建设用地土地增值收益测算
11		大理市存量集体建设用地分布图及分析报告

大理市农村土地制度改革试点相关数据统计表

表 1　　　　大理市农村集体经济组织成员资格认定情况统计表

乡镇（办事处）	村委会（社区）	自然村	村民小组	调查户数（户）	调查人口数（人）	成员资格认定人口数（人）
下关镇	14	38	123	14567	52647	50007
大理镇	12	25	155	13836	52820	52289
银桥镇	8	32	94	7299	31397	31203
湾桥镇	7	18	74	6317	26180	25819
喜洲镇	13		171	16559	63810	63516
上关镇	13	49	142	10992	42896	42317
双廊镇	7		78	5200	19060	18514
挖色镇	6		53	5730	22476	22433
海东镇	8		55	8426	25585	25420
凤仪镇	14	74	126	15804	60575	59087
太邑乡	5		60	2190	9012	9012
天井办事处	4	4	4	3608	10632	9683
满江办事处	3	15	15	5597	20750	20430
合计	114	255	1150	116125	437840	429730

说明：数据统计时间为 2016 年 12 月。

表 2　　　　　　　　大理市户、宅情况分类统计表　　　　　　　　单位：户、宗、平方米

乡镇（办事处）	认定户数	总认定						分类认定				住房困难户
		宅基地		一户一宅		一户多宅		主体资格不符		未批先建		
		宗数	面积	户数	面积	户数	面积	户数	面积	户数	面积	
下关镇	13643	15501	5107466	11796	4128068	1645	929373	202	50025	267	92818	482
大理镇	12989	14608	3633605	9931	2512290	1891	850732	1167	270583	589	185637	426
银桥镇	6706	8055	2865599	5386	2149732	1025	659347	295	56520	252	87753	382
湾桥镇	5835	7083	2174209	4413	1390031	1174	724709	248	59469	357	109543	373
喜洲镇	14578	16332	5066224	12191	3898698	1663	1033859	724	133667	335	143927	792
上关镇	9822	11005	3622541	8532	2964660	1164	621058	126	36823	234	59948	183
双廊镇	4466	4916	1392926	3958	1122489	430	249568	78	20869	505	158665	396
挖色镇	6692	7349	2213458	5919	1815295	601	366513	172	31650	34	8429	251
海东镇	7355	8744	2850981	5896	2030840	1339	789328	120	30813	632	201533	325
凤仪镇	14455	17970	6357299	10464	4156576	3514	2110636	477	90087	1922	544527	689
太邑乡	2230	2338	607471	2094	550722	97	48076	39	8673	400	104160	34
天井办事处	1802	2057	587078	1529	440352	249	143119	24	3607	113	21920	3
满江办事处	4990	6245	2065444	3736	1306616	1246	757831	8	997	192	68427	0
合计	105563	122203	38544301	85845	28466369	16038	9284149	3680	793783	5832	1787287	4336

说明：1. 总户数＝一户一宅＋一户多宅＋主体资格不符；2. 平均面积：户均365立方米；宗均315立方米；3. 分类占比：一户一宅比例81.3%、一户多宅比例15.2%，主体资格不符比例3.5%，未批先建比例4.1%。

表3　　　　　　　大理市农村土地"两权"调查数据统计表

单位：户、宗、立方米

地籍区号/地籍区名称	测量（宗）	共用宗（宗）	共用宗面积 平方米	共用宗（户）	争议（宗）	集体建设用地（宗）	宅基地（宗）	国有（宗）	调查（户）	宗地面积 <110 平方米	宗地面积 平方米	建筑面积 平方米	建筑占地面积 平方米
532901101 喜洲镇	15539	3137	1449976.24	7275	1106	211	13951	271	19960	812	6083407.25	5567164.74	3185535.48
532901102 凤仪镇	18167	2111	1009779.19	4722	3089	242	14693	143	18909	1578	6614544.80	6337224.53	3475970.30
532901103 下关镇	15360	1723	709447.84	6946	2337	116	12726	181	16063	945	5028338.90	7434422.65	3064393.04
532901104 大理镇	16101	1868	766787.29	4336	1476	169	14342	114	17906	1063	5337268.66	5121324.50	2887645.47
532901105 湾桥镇	6887	1133	578001.16	3266	344	82	6459	2	8907	189	3034704.04	2497554.51	1552352.47
532901106 银桥镇	7503	1281	583600.12	3562	626	111	6754	12	9075	307	2969054.40	2580369.30	1547977.02
532901108 海东镇	7679	704	311757.4	1908	457	165	7030	27	8533	455	2605307.44	2460295.46	1349031.75

地籍区号/地籍区名称	测量（宗）	共用宗（宗）	共用宗面积 平方米	共用宗（户）	争议（宗）	集体建设用地（宗）	宅基地（宗）	国有（宗）	调查（户）	宗地面积 <110 平方米	宗地面积 平方米	建筑面积 平方米	建筑占地面积 平方米
532901109 挖色镇	5518	702	287982.58	1704	525	123	4852	18	5899	349	1799190.39	1677780.90	939015.98
532901110 双廊镇	5068	294	99298.79	638	794	47	4219	8	4800	672	1505714.41	13374845.12	807317.08
532901111 上关镇	10618	563	238966.57	1226	1231	119	9241	27	10154	495	3791818.63	3242773.55	1932942.13
532901208 太邑乡	2924	86	37871.42	182	803	62	2058	1	1998	750	742717.07	654239.74	383280.38
532901112 天井办事处	3045	442	193142.35	984	1073	5	1954	13	2704	327	900320.63	2088452.94	640500.74
532901113 满江办事处	5054	534	239382.52	1268	611	49	4394	0	5664	222	1758173.03	2157473.29	978538.20
合计	119463	14578	6505993.47	38017	14472	1501	102673	817	130572	8164	42170559.65	43193921.23	22744500.04

表 4　　　　　　　　　**大理市预留村庄建设发展用地统计表**　　　　　单位：亩

乡镇（办事处）	地块数量（块）	预留面积	已收回面积	未收回面积
大理镇	60	1192.25	36	1156.25
湾桥镇	40	437.75	12.59	425.16
喜洲镇	41	552.69	46.04	506.65
银桥镇	37	396.75	396.75	0
下关镇	95	471.7	113.36	358.34
凤仪镇	33	601.36	3.6	597.76
海东镇	1	8	8	0
挖色镇	5	72.346	33.62	38.726
双廊镇	9	356.094	182.14	173.954
上关镇	52	450	0	450
太邑乡	59	393	0	393
天井办事处	3	70	70	0
满江办事处	17	1150.93	0	1150.93
合计	452	6152.87	902.1	5250.77

表 5　　　　　　　　　**大理市历年被征地人员情况统计表**　　　　　单位：人

乡镇（办事处）	被征地人员失地程度			被征地人员年龄结构						合计
	完全失地	大部分失地（人均耕地面积不足0.3亩）	其他失地（人均耕地面积大于0.3亩）	完全失地人员		大部分失地人员（人均耕地面积不足0.3亩）		其他失地人员（人均耕地面积大于0.3亩）		
				16—60周岁	60周岁以上	16—60周岁	60周岁以上	16—60周岁	60周岁以上	
下关镇	13006	4999	1322	11210	1796	4082	917	1120	202	19327
大理镇	2068	1008	1917	1851	217	899	109	1601	316	4993
银桥镇	104	694	3227	85	19	599	95	2812	415	4025
湾桥镇	31	340	2136	26	5	309	31	1860	276	2507
喜洲镇	990	2851	4759	814	176	2559	292	4225	534	8600
上关镇	81	8402	5710	70	11	7371	1031	4947	763	14193

续表

乡镇（办事处）	被征地人员失地程度			被征地人员年龄结构						合计
	完全失地	大部分失地(人均耕地面积不足0.3亩)	其他失地(人均耕地面积大于0.3亩)	完全失地人员		大部分失地人员（人均耕地面积不足0.3亩）		其他失地人员（人均耕地面积大于0.3亩）		
				16—60周岁	60周岁以上	16—60周岁	60周岁以上	16—60周岁	60周岁以上	
双廊镇	1881	3032	961	1612	269	2636	396	826	135	5874
挖色镇	70	2980	4248	58	12	2516	464	3682	566	7298
海东镇	4248	5099	4004	3716	532	4213	796	3477	527	13351
凤仪镇	11913	7383	7981	10152	1761	6492	891	6617	1364	27277
太邑乡	209	118	0	156	53	110	8	0	0	327
天井办事处	4072	0	0	3644	428	0	0	0	0	4072
满江办事处	12490	540	233	11210	1280	466	74	202	31	13263
合计	51163	37446	36498	44604	6559	32252	5104	31369	5129	125107

　　说明：1. 该统计表由乡（镇）、办事处、村委会填报；2. 年龄结构按签订征地协议时的时间确定。

表6　　　　　　　　　大理市存量集体建设用地汇总表　　　　　单位：亩

乡镇（办事处）	农村宅基地	村庄道路和公益设施用地	采矿用地	对外出租利用	空地	合计
大理镇	6256.53	2691.72	7.27	35.77	118.67	9109.96
凤仪镇	8011.05	4906.44	168.23	17.91	1523.4	14627.03
上关镇	4577.41	2069.47	0	2.04	88.66	6737.58
银桥镇	4022.59	1537.59	7.11	4.98	200.74	5773.01
喜洲镇	6301.71	2727.02	171.42	20.85	311.88	9532.88
挖色镇	2288.4	859.04	53.07	0	145.87	3346.38
海东镇	3447.18	1626.02	11.85	118.59	1192.91	6396.55
湾桥镇	3075.59	1208.15	0	0	87.94	4371.68

续表

乡镇 （办事处）	农村宅基地	村庄道路和 公益设施用地	采矿用地	对外出租利用	空地	合计
双廊镇	1203.92	510.33	0	0	1.88	1716.13
下关镇	4702.38	1871.74	0	64.15	23.37	6661.64
满江办事处	1585.66	586.22	845.47	0	2.31	3019.66
合计	45984.69	20534.89	1264.42	264.28	3697.62	71745.9

大理市农村集体产权制度改革试点情况统计表（一）

填报单位（盖章）：　　　　　　　2017 年 1 月 7 日

序号	乡镇	村委会 （社区）	自然村	小组	调查户数 （户）	调查人口 数（人）	成员资格认定 人口数（人）	备注
1	下关镇	14	38	123	14567	52647	50007	
2	大理镇	12	25	155	13836	52820	52289	
3	银桥镇	8	32	94	7299	31397	31203	
4	湾桥镇	7	18	74	6317	26180	25819	
5	喜洲镇	13			16559	63810	63516	
6	上关镇	13	49	142	10992	42896	42317	
7	双廊镇	7			5200	19060	18514	
8	挖色镇	6			5730	22476	22433	
9	海东镇	8		53	8426	25585	25420	
10	凤仪镇	14	74	125	15804	60575	59087	
11	太邑乡	5		60	2190	9012	9012	
12	满江办事处	3	15	22	5597	20750	20430	
13	天井办事处	4	4		3608	10632	9683	
	合计	114	255	848	116125	437840	429730	

填表人：　　　　　　　单位负责人：

大理市农村集体产权制度改革试点情况统计表（二）

2017 年 1 月 7 日

清产核资情况（截止到 2016 年 5 月 31 日）

序号	乡镇	村委会（社区）	自然村	小组	银行存款（万元）	固定资产（万元）	债权（万元）	债务（万元）	经营性资产（万元）	经营性资源（万元）	经营性资产数量（平方米）	经营性资源（亩）
1	下关镇	14	38	123	25443.26	140791.71	28562.96	21495.63	143504.37		767970.8	34455.2
2	大理镇	12	25	155	8154.55	17944.74	1188.93	6666.67	3707.76	87.67	47229.39	231.82
3	银桥镇	8	32	94	3246.59	5039.68	776.14	4339.68	692.16		19330.36	27447.6
4	湾桥镇	7	18	74	1091.99	2984.12	184.24	374.45	1937.27			29317.3
5	喜洲镇	13			3267.8	22810.41	779.53	3363.98			34242	300
6	上关镇	13	49	142	1548.78	7354.85	56.6	25.21		9.36		6124.3
7	双廊镇	7			1383	4077	28	1199				13
8	挖色镇	6		53	975.77	4063.82	100.76	629.55	183.2		678	26618.7
9	海东镇	8			9570.45	10383.76	254.21	2736.61	990.08		1206.1	
10	凤仪镇	14	74	125	15649.6	17541.4	3616.6	16259.16	16		73746.13	1477.43
11	太邑乡	5		60	796.18	2845.22	66.98	409.46				
12	满江办事处	3	15	22	21988.92	16315.75	162.58	16129.2	24.6	296.98		1310.92
13	天井办事处	4	4		4427.67	4203.37		152.63	3485.04		11018.95	565.19
	合计	114	255	848	81894.96	256355.83	35777.53	73781.23	154540.48	394.01	955421.73	127861.56

填表人：　　　　　　　　　　单位负责人：

大理市农村集体产权制度改革试点情况统计表（三）

2017 年 1 月 7 日

序号	乡镇	村委会（社区）	自然村	小组	机构成立名称	合作社单独分设帐套数	股东人数（人）	股东代表数（人）	理事会人数（人）	监事会人数（人）	制定章程（个）	发放股权证数量（本）	其中：以户发放数量（本）	以人发放数量（本）
1	下关镇	7	38	123	60	0	60212	3634	313	203	60	27489	27489	0
2	大理镇	3	25	155	16		17841	1085	86	48	16	16976		16976
3	银桥镇	1	32	94	1		2029	46	7	3	13	510	510	
4	湾桥镇		18	74										
5	喜洲镇	5			6		21218	345	38	22	6	23595		21218
6	上关镇	2	49	142	2	2	5734	88	8	6	2			
7	双廊镇													
8	挖色镇	1			1									
9	海东镇	8		53	3		9397	203	33	9	3	9397		9397
10	凤仪镇		74	125	27		15724	2601	139	81	27	324	324	
11	太邑乡			60										
12	满江办事处	3	15	22	11		7773	176	50	30	10	7773		7773
13	天井办事处	4	4		6	4	10072	162	18	18	6	8093		8093
	合计	34	255	848	133	6	150000	8340	692	420	143	94157	28323	63457

填表人：　　　　　　　　　　　　单位负责人：

大理市农村集体产权制度改革试点情况统计表（四）

2017 年 1 月 7 日

序号	乡镇	村委会（社区）	自然村	小组	机构成立名称	经营性资产原值 金额（万元）	经营性资产原值 数量（平方米）	资源性资产原值 金额（万元）	资源性资产原值 数量（亩）	经营性资产折股量化情况 折股总额（万元）	经营性资产折股量化情况 股份数量（股）	资源性资产折股量化情况 折股总额（万元）	资源性资产折股量化情况 股份数量（股）
1	下关镇	7			60	143504.38	767971		34455.2	142942	339674		339674
2	大理镇	3			16	15378.16	39716.1			5783.7	226255		
3	银桥镇	8			1								
4	湾桥镇												
5	喜洲镇	5			6	1937.27	34242		300	1937.27	265238		29650
6	上关镇	7											
7	双廊镇	2			2				8.64				
8	挖色镇	6			1	123.29	678			18.79	2146		
9	海东镇	8			3	990				984	13585		
10	凤仪镇				27	16	73746.13		1477.42	16	8209		22800
11	太邑乡												
12	满江办事处	2			11		19.18		1174.8				7773
13	天丰办事处	4			6	3485.04	11019		565.19		9951		9951
	合计	50			133	165434.14	927391.4		37981.25		865058		409848

填表人：　　　　　　　　　　　　　　单位负责人：

大理市农村集体产权制度改革试点情况统计表（五）

2017 年 1 月 7 日

序号	乡镇	村委会（社区）	自然村	小组	机构成立名称	经营性资产						股数合计
						集体股		个人基本股		贡献股		
						股数（股）	占总股本的%	股数（股）	占总股本的%	股数（股）	占总股本的%	
1	下关镇	7			60	14621.5	45	325324.65				339946.15
2	大理镇	3			16	45886		167380		12989		226255
3	银桥镇	1			1							
4	湾桥镇											
5	喜洲镇	5			6	53048		212180				265228
6	上关镇											
7	双廊镇	2										
8	挖色镇	6			1			2146				2146
9	海东镇	8			3	2717		10746		122		13585
10	凤仪镇	27			27	2327		5882				8209
11	大邑乡											
12	满江办事处	2			11	152	20	607				759
13	天井办事处	4			6			9683	687.55	268	12.45	9951
	合计	35			133	118751.5		733948.65		13379		866079.15

填表人：

负责人：

大理市农村集体产权制度改革试点情况统计表（六）

2017 年 1 月 7 日

序号	乡镇	村委会（社区）	自然村	小组	机构成立名称	资源性资产						股数合计
						集体股		个人基本股		贡献股		
						股数（股）	占总股本的%	股数（股）	占总股本的%	股数（股）	占总股本的%	
1	下关镇	7	38	123	60	14349.5		248322.02				256721.5
2	大理镇		25	155	16							
3	银桥镇	8	32	94	1	3112		1033.69				4145.69
4	湾桥镇		18	74								
5	喜洲镇				6							
6	上关镇	7	49	142	2							
7	双廊镇				2	1436		5734		12		7182
8	挖色镇				1							
9	海东镇			53	3							
10	凤仪镇		74	125	27	4985.65		17814.35				22800
11	大邑乡			60								
12	满江办事处	2	15	22	11	1974.7	20	7772.5	80			9720
13	天井办事处	4	4		6			9683	687.55	268	12.45	9951
	合计	28			133	25857.85		290359.56		280		310520.2

大理市农村集体产权制度改革试点情况统计表（七）

2017 年 1 月 7 日

序号	乡镇	村委会（社区）	自然村	小组	机构成立名称	无（或有少量）经营性资产资源进行了股东固化情况		发放股权证数量（本）	其中：以户发放数量（本）	以人发放数量（本）	备注
						户数	股东数（人）				
1	下关镇										
2	大理镇	7	3	19		7841	31998				
3	银桥镇										
4	湾桥镇		18	74		6097	25819				
5	喜洲镇	9	24	162		10889	42298				
6	上关镇										
7	双廊镇	7		78		3298	12780				
8	挖色镇										
9	海东镇	8				7228	20521				
10	凤仪镇										
11	太邑乡					2190	9012				
12	满江办事处										
13	天井办事处										
	合计	31				37543	142428				

填表人：　　　　　　　　　　　　　　　　　单位负责人：

大理市 2016 年度农村集体产权制度改革试点统计报表

大理市农村集体产权制度改革试点统计报表

填 报 单 位：大理市农村集体产权制度改革试点统计报表

填 报 人 员：杨　辉

审 核 人 员：

单位负责人：

填 报 日 期：2017 年 1 月 8 日

大理市积极发展农民股份合作赋予农民

对集体资产股份权能改革试点领导组办公室

大理市户宅分类统计表

单位：户、宗、平方米

序号	乡镇	认定户数	宅基地		一户一宅		一户多宅		主体资格不符		未批先建		住房困难户	备注
			宗数	面积	户数	面积	户数	面积	户数	面积	户数	面积		
1	下关镇	13643	15501	5107466	11796	4128068	1645	929373	202	50025	267	92818	482	
2	大理镇	12989	14608	3633605	9931	2512290	1891	850732	1167	270583	589	185637	426	
3	银桥镇	6706	8055	2865599	5386	2149732	1025	659347	295	56520	252	87753	382	
4	湾桥镇	5835	7083	2174209	4413	1390031	1174	724709	248	59469	357	109543	373	
5	喜洲镇	14578	16332	5066224	12191	3898698	1663	1033859	724	133667	335	143927	792	
6	上关镇	9822	11005	3622541	8532	2964660	1164	621058	126	36823	234	59948	183	
7	双廊镇	4466	4916	1392926	3958	1122489	430	249568	78	20869	505	158665	396	
8	挖色镇	6692	7349	2213458	5919	1815295	601	366513	172	31650	34	8429	251	
9	海东镇	7355	8744	2850981	5896	2030840	1339	789328	120	30813	632	201533	325	
10	凤仪镇	14455	17970	6357299	10464	4156576	3514	2110636	477	90087	1922	544527	689	
11	大邑乡	2230	2338	607471	2094	550722	97	48076	39	8673	400	104160	34	
12	天井办	1802	2057	587078	1529	440352	249	143119	24	3607	113	21920	3	
13	满江办	4990	6245	2065444	3736	1306616	1246	757831	8	997	192	68427	0	
	合计	105563	122203	38544301	85845	28466369	16038	9284149	3680	793783	5832	1787287	4336	

备注：1. 总户数：总户数＝一户一宅＋一户多宅＋主体资格不符；

2. 平均面积：（1）户均365平方米；（2）宗均315平方米；

3. 分类占比：（1）一户一宅比例81.3%；一户多宅比例15.2%；主体资格不符比例3.5%；

（2）未批先建比例5.5%；（3）住房困难户比例4.1%。

大理市乡镇统计表

地籍区号	地籍区名称	测量 (宗)	共用宗 (宗)	共用宗面积 (平方米)	共用宗 (户)	争议 (宗)	集体建设用地 (宗)	宅基地 (宗)	国有 (宗)	调查 (户)	宗地面积 <110 平方米	宗地面积	其他地类面积	建筑面积	建筑占地面积	备注
532901101	喜洲镇	15539	3137	1449976.24	7275	1106	211	13951	271	19960	812	6083407.25		5567164.74	3185535.48	
532901102	凤仪镇	18167	2111	1009779.19	4722	3089	242	14693	143	18909	1578	6614544.80		6337224.53	3475970.30	
532901103	下关镇	15360	1723	709447.84	6946	2337	116	12726	181	16063	945	5028338.90		7434422.65	3064393.04	
532901104	大理镇	16101	1868	766787.29	4336	1476	169	14342	114	17906	1063	5337268.66		5121324.50	2887645.47	
532901105	湾桥镇	6887	1133	578001.16	3266	344	82	6459	2	8907	189	3034704.04		2497554.51	1552352.47	
532901106	银桥镇	7503	1281	583600.12	3562	626	111	6754	12	9075	307	2969054.40		2580369.30	1547977.02	
532901108	海东镇	7679	704	311757.4	1908	457	165	7030	27	8533	455	2605307.44		2460295.46	1349031.75	
532901109	挖色镇	5518	702	287982.58	1704	525	123	4852	18	5899	349	1799190.39		1677780.90	939015.98	
532901110	双廊镇	5068	294	99298.79	638	794	47	4219	8	4800	672	1505714.41		1374845.12	807317.08	
532901111	上关镇	10618	563	238966.57	1226	1231	119	9241	27	10154	495	3791818.63		3242773.55	1932942.13	
532901112	天井	3045	442	193142.35	984	1073	5	1954	13	2704	327	900320.63		2088452.94	640500.74	
532901113	满江	5054	534	239382.52	1268	611	49	4394	0	5664	222	1758173.03		2157473.29	978538.20	
532901208	太邑	2924	86	37871.42	182	803	62	2058	1	1998	750	742717.07		654239.74	383280.38	
合计 (13)		119463	14578	6505993.47	38017	14472	1501	102673	817	130572	8164	42170559.65		##############	22744500.04	

单位：亩

大理市村民建房用地预留统计表

序号	乡镇	预留面积	地块数量（块）	已收回集体面积	未收回集体面积	备注
1	大理镇	1192.25	60	36	1156.25	
2	湾桥镇	437.75	40	12.59	425.16	
3	喜洲镇	552.69	41	46.04	506.65	
4	银桥镇	396.75	37	396.75	0	
5	下关镇	471.7	95	113.36	358.34	
6	凤仪镇	601.36	33	3.6	597.76	
7	满江办	1150.93	17	0	1150.93	
8	海东镇	8	1	8	0	
9	挖色镇	72.346	5	33.62	38.726	
10	双廊镇	356.094	9	182.14	173.954	
11	上关镇	450	52	0	450	
12	大邑乡	393	59	0	393	
13	天井办	70	3	70	0	
	合计	6152.87	452	902.1	5250.77	

大理市历年被征地人员情况统计表

乡镇	被征地人员失地程度			被征地人员年龄结构						合计
	完全失地	大部分失地（人均耕地面积不足0.3亩）	其他失地（人均耕地面积大于0.3亩）	完全失地人员 16—60周岁	60周岁以上	大部分失地人员（人均耕地面积不足0.3亩） 16—60周岁	60周岁以上	其他失地人员（人均耕地面积大于0.3亩） 16—60周岁	60周岁以上	
下关镇	13006	4999	1322	11210	1796	4082	917	1120	202	19327
大理镇	2068	1008	1917	1851	217	899	109	1601	316	4993
银桥镇	104	694	3227	85	19	599	95	2812	415	4025
湾桥镇	31	340	2136	26	5	309	31	1860	276	2507
喜洲镇	990	2851	4759	814	176	2559	292	4225	534	8600
上关镇	81	8402	5710	70	11	7371	1031	4947	763	14193
双廊镇	1881	3032	961	1612	269	2636	396	826	135	5874
挖色镇	70	2980	4248	58	12	2516	464	3682	566	7298
海东镇	4248	5099	4004	3716	532	4213	636	3477	526	13351
凤仪镇	11913	7383	7981	10152	1761	6492	891	6617	1364	27277
太邑乡	209	118	0	156	53	110	6	0	0	327
天井办	4072	0	0	3644	428	0	0	0	0	4072
满江办	12490	540	233	11210	1280	466	74	202	31	13263
合计	51163	37446	36498	44604	6559	32252	4942	31369	5128	125107

填表说明：1. 该统计表由乡（镇）、办事处、村委会填报；2. 年龄结构按签订征地协议时的时间确定。

大理市存量集体建设用地汇总表

乡镇（办事处）	农村宅基地	村庄道路和公益设施用地	采矿用地	对外出租利用	空地	合计
大理镇	6256.53	2691.72	7.27	35.77	118.67	9109.96
凤仪镇	8011.05	4906.44	168.23	17.91	1523.4	14627.03
上关镇	4577.41	2069.47	7.11	2.04	88.66	6737.58
银桥镇	4022.59	1537.59		4.98	200.74	5773.01
喜洲镇	6301.71	2727.02	171.42	20.85	311.88	9532.88
挖色镇	2288.4	859.04	53.07		145.87	3346.38
海东镇	3447.18	1626.02	11.85	118.59	1192.91	6396.55
湾桥镇	3075.59	1208.15			87.94	4371.68
双廊镇	1203.92	510.33			1.88	1716.13
满江办事处	1585.66	586.22	845.47		2.31	3019.66
下关镇	4702.38	1871.74		64.15	23.37	6661.64
合计	45984.69	20534.89	1264.42	264.28	3697.62	71745.9

大理市农村土地制度改革试点相关图片（部分）

一　大理风光

图1　古城春晓（摄影　杨焕英）

图2　雾绕苍山（摄影　赵济舟）

图3　洱海开海节（摄影　赵渝）

图4　三塔倒影（摄影　袁爱忠）

图5　喜洲镇仁里邑村村庄一角（摄影　陈兴果）

二　试点工作

图6　宣传牌

图7 青瓦白墙的白族民居

图8 银桥镇召开改革试点工作培训会

图9　填写宅基地使用情况核实表

图10　宅基地确权调查测量

图 11　大理市农民住房财产权抵押贷款仪式

图 12　双廊镇拆除违法建筑现场

图 13　银桥镇鹤阳村集中规划宅基地村民表决会议

图 14　"空心村"整治后可用于建房的地块

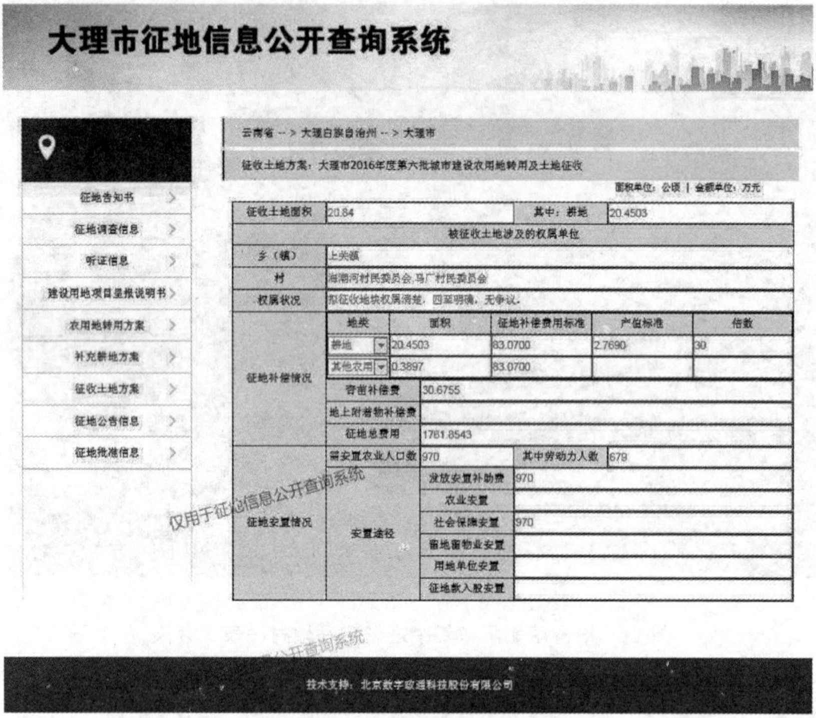

大理市征地信息公开查询系统

征地告知书	>
征地调查信息	>
听证信息	>
建设用地项目呈报说明书	>
农用地转用方案	>
补充耕地方案	>
征收土地方案	>
征地公告信息	>
征地批准信息	>

云南省 --> 大理白族自治州 --> 大理市

征收土地方案：大理市2016年度第六批城市建设农用地转用及土地征收

面积单位：公顷 | 金额单位：万元

征收土地面积	20.84		其中：耕地		20.4503	
被征收土地涉及的权属单位						
乡（镇）	上关镇					
村	海潮河村民委员会、马厂村民委员会					
权属状况	拟征收地块权属清楚，四至明确，无争议。					
征地补偿情况	地类	面积	征地补偿费用标准	产值标准	倍数	
	耕地	20.4503	83.0700	2.7690	30	
	其他农用地	0.3897	83.0700			
	青苗补偿费	30.6755				
	地上附着物补偿费					
	征地总费用	1761.8543				
征地安置情况	需安置农业人口数	970	其中劳动力人数	679		
	安置途径	发放安置补助费	970			
		农业安置				
		社会保障安置	970			
		留地留物业安置				
		用地单位安置				
		征地款入股安置				

技术支持：北京数字政通科技股份有限公司

图 15　大理市征地信息公开查询系统

后　记

　　大理市着眼乡村振兴，深化对农村土地制度改革重要性的认识，全面把握农村土地管理的区域性和阶段性特征，从村庄规划全覆盖、农村产权清晰界定、历史遗留问题清理处置入手，通过健全管理制度、搭建管理服务平台、压实乡镇的主导责任、突出农民集体的所有者地位，着力激活主体，激活要素，激活市场，保障农民财产权益，壮大集体经济，农村土地制度改革三项试点工作取得了初步成效，为西部多民族聚居和乡村旅游业快速发展地区的农村土地制度改革提供了可复制、可推广的实践经验。

　　当前，农村土地制度改革工作正在抓紧推进，全国33个试点县市的工作特色、成效逐步显现。我们希望通过客观地记录大理市的探索实践，初步分析工作中遇到的困难和问题，能够为进一步总结形成系统的改革试点成果提供个案样本，为推动全国农村土地制度改革贡献绵薄之力。

　　本书的完成得益于多方面的支持和帮助。国内从事农村土地制度研究的专家、学者在实地调研过程中，从理论角度对我们的具体做法予以归纳总结，帮助我们构建了本书的结构体系；其他试点地区同人积极与我们开展交流，为我们拓宽视野、及时梳理提炼工作经验提供了有益的借鉴；大理市各部门、乡镇、村组的改革实践者，不仅在工作中全力推动改革举措落地，还在本书成稿过程中提供了大量翔实的数据、鲜活的案例和中肯的意见建议。对各界的辛勤付出我们深表感谢。

　　本书是一项集体性研究成果。李文辉、王磊撰写前言和后记，第一篇和第二篇由陶家祥、姚亚明、赵顺标、张克生、苏海靖、桂平、马阳、赵志雄、林雅婷、杨亚梅执笔，第三篇由何叶茂、赵儒扬、张智翔、张晓君、张志芳执笔，第四篇由杜学胜、张家童、赵钰、杨扬、杨燕琴执笔，第五篇由何全锋、王红萍执笔。杨砚池参与全书的修改和定稿。

大理市国土资源局

2018 年 9 月 26 日